陕西师范大学历史文化学院　陕西历史博物馆　编

JOURNAL OF THE SILK ROAD STUDIES
丝绸之路研究集刊

|第一辑|

商务印书馆
The Commercial Press

2017年·北京

图书在版编目(CIP)数据

丝绸之路研究集刊·第一辑/陕西师范大学历史文化学院,陕西历史博物馆编. —北京:商务印书馆,2017
(2017.7重印)
ISBN 978-7-100-13249-7

I.①丝… Ⅱ.①陕…②陕… Ⅲ.①丝绸之路—丛刊 Ⅳ.①K928.6-55

中国版本图书馆CIP数据核字(2017)第055066号

权利保留,侵权必究。

丝绸之路研究集刊
第一辑
陕西师范大学历史文化学院 陕西历史博物馆 编

商 务 印 书 馆 出 版
(北京王府井大街36号 邮政编码100710)
商 务 印 书 馆 发 行
北 京 冠 中 印 刷 厂 印 刷
ISBN 978-7-100-13249-7

2017年5月第1版　开本880×1230 1/16
2017年7月北京第2次印刷　印张23
定价:98.00元

《丝绸之路研究集刊》编委会

主办单位： 陕西师范大学历史文化学院
陕西历史博物馆

本期主编： 沙武田 陕西师范大学丝绸之路历史文化研究中心

编　　委：（以姓氏字母排序）
程　旭　陕西历史博物馆
Daniel C. Waugh　美国华盛顿大学西雅图分校 *The Silk Road* 杂志编辑部
肥田路美　早稻田大学文学学术院
葛承雍　中国文化遗产研究院
何志龙　陕西师范大学历史文化学院
霍　巍　四川大学历史文化学院
刘进宝　浙江大学历史系
罗　丰　宁夏文物考古研究所
Matteo Compareti（康马泰）　意大利威尼斯大学东方系
ПАВЕЛ ЛУРЬЕ（Pavel Lurje）　俄罗斯冬宫博物馆东方馆中亚与高加索部
荣新江　北京大学中古史研究中心
沙武田　陕西师范大学丝绸之路历史文化研究中心
松井太　日本大阪大学大学院文学研究科
王　辉　甘肃省文物考古研究所
王建新　西北大学文化遗产学院
王子今　中国人民大学国学院
杨　瑾　陕西历史博物馆
伊林娜·波波娃　俄罗斯科学院东方文献研究所　陕西师范大学
于志勇　新疆维吾尔自治区博物馆
张建林　陕西省考古研究院
张先堂　敦煌研究院
郑炳林　兰州大学敦煌学研究所
周伟洲　陕西师范大学中国西部边疆研究院

编辑成员： 郭　静　刘人铭　马丽　杨丹　杨冰华　杨效俊　朱生云　翟战胜
本期执行编辑： 杨冰华

发刊词

丝绸之路的历史精彩纷呈，在这条道路上刻写着人类文明发展的曲折进程，记载丝路沿线各民族努力与外界沟通交往的艰辛轨迹，展示内陆欧亚各国各民族万花筒般交融互动的历史。针对丝绸之路的研究，不仅仅是历史学、考古学、民族学、宗教学、艺术学等现代学科的研究旨趣所在，其最终的核心宗旨是揭示一部丰富多彩的人类文明演进史。

透过历史文献、考古发掘、田野考察对这些被时间湮没的历史进行探究，往往会有意想不到的收获与启迪。其中最引人入胜的研究即包括对漫长丝绸之路上不同时期、不同区域、不同地点保存或新发现的考古遗迹、遗物或图像等"形象"资料的解读所得到的历史认知。我们今天的工作，充其量是以少积多，以小见大，最后如果能达到万涓成溪，百川归海，力图为完整的丝绸之路历史研究做些力所能及的工作，也就十分满足了。

当今时代，丝绸之路研究展现出全新的时代气象，有关丝绸之路研究新的学术热潮已然来临。在这样的时代和学术背景下，创办《丝绸之路研究集刊》是学术发展的需要，更是一种学术情怀使然。汉唐长安是丝绸之路的起点，理当是今天丝绸之路研究的重镇。因此，我们有责任和义务在古都西安接续国际学术界百年来未断之丝绸之路研究的学术传统和热情，搭建新的学术平台，为推动丝绸之路研究尽绵薄之力，才不枉对丝绸之路起点汉唐长安留给我们的丰富的历史馈赠。

本刊的任务是借学术同道的力量，深入挖掘丝绸之路历史、地理、民族、宗教、语言、文字、考古、艺术的"新资料"和"旧材料"，提出"新问题"，复原丝绸之路上跌宕起伏、有血有肉的历史，展示丝绸之路研究在人文社会科学、精神文明建设中的无穷魅力。但丝绸之路研究涉及的学术领域极其广泛，我们能力所限，不敢求全，只能有所侧重。因此，就具体的研究方向而言，本刊尤其关注考古、艺术、图像资料所带来的"视觉形象"，倡导"以图证史"的研究方法，以期在漫长丝绸之路上保存或发现的各类色彩丰富、题材多样、可观可感的"艺术"与"图像"实物中探寻丝绸之路真实、复杂、生动、有趣、"见物见人"的"形象历史"。

当然，任何与丝绸之路研究有关的资料翔实、观点新颖、学术规范、文风朴实的文章都是十分受欢迎的。

任何学术刊物的发展，都需要学术界同仁的支持。同样，除了我们在做好本职工作、积极为学术同行服务的同时，诚请学术界同仁给予支持！若能为繁荣学术、繁荣丝路、推动丝路研究做些增砖添瓦的工作，也就足够了！

目 录

发刊词 .... 沙武田 ii

中古时代胡人的财富观 .... 葛承雍 1

河西"之蜀"草原通道：丝路别支考 .... 王子今 16

河西考古学文化与月氏乌孙之关系 .... 杨富学 29

丝绸之路的起始点与最初的走向 .... 刘 瑞 46

跨越洲际的旅程
　　——敦煌壁画中日神、月神和风神图像上的希腊艺术元素 ...... 张元林 56

西域"红蓝"花名考 .... 刘景云 杨建军 69

胡瓶传入和唐人注酒方式的改变 .... 高启安 80

从波斯到中国
　　——丝绸之路上来通角杯的传播与变迁 .... 韩 香 93

唐代玉带銙上的胡人伎乐形象 .... 杨 瑾 108

丝绸之路交通贸易图像
　　——以敦煌画商人遇盗图为中心 .... 沙武田 122

金山国时期肃州地区的归属
　　——以法藏敦煌文书 P.3633 为中心的考察 .... 杨宝玉 156

河西走廊出土文献中的丝绸之路意象 .... 贾小军 164

论古代新疆"说一切有部思想文化带" .... 霍旭初 173

北凉石塔刻经与写经生 .... 崔中慧 191

西域瑞像流传到日本
　　——日本13世纪画稿中的于阗瑞像 ················ [日] 肥田路美 著　卢超 译　200

古代中韩舍利瘞埋的比较研究
　　——以南北朝至隋唐时期为中心 ······································ 冉万里　215

莫高窟第220窟甬道南壁宝冠佛像浅析 ·· 张小刚　240

窟主与敦煌石窟的开凿与重修
　　——以阴氏家族为中心 ·· 张景峰　253

《历代名画记》中的"鬼""神"考 ·· 杨丹　268

西夏佛经版画再探 ································ [美] 黄士珊 著　杨冰华 译　279

和田达玛沟出土棕地黄色莲花舞蹈狩猎图案锦时代考 ······················ 张世奇　310

阿斯塔那古墓群发掘简况及墓葬编号
　　——以可移动文物普查与国保档案为中心 ···························· 李亚栋　318

Lions from Sogdiana to Chang'an (550—755) ································ 毛铭　328

英文摘要 ·· 346

英文目录 ·· 356

《丝绸之路研究集刊》征稿启事 ··· 358

《丝绸之路研究集刊》稿件格式规范 ··· 359

中古时代胡人的财富观

葛承雍

(中国文化遗产研究院)

中古时代，粟特胡人文化属于突厥文化、波斯文化和中亚文化的混合体，突厥的游牧生活使得其"财富观"有种突然渴望暴富的欲望，粟特与波斯的邻居关系又使得他们的经商观念冲破了狭隘的地域限制，由于整个中西古道上的商旅之路与边界集市常常容纳着不同文化、不同族属、不同需求的人们，胡商的贸易界点、冒险经营、中介掮客等行为都追着利润跑，不仅使得中亚粟特与黑海、咸海、锡尔河、伊犁河、额敏河的日常生活连成一体，而且"跨文化贸易"吸引更多的胡商闻风而至，他们甚至被打扮成逐利起家的"商业之神"。

一 快速发财的暴富欲望

中亚昭武九姓诸国并没有严格的民族区分和地域划分，康国、安国、史国、米国、石国、穆国、曹国等，都没有形成统一的封建式国家。在西突厥汗国管控下，更没有建立大帝国的可能。这一特点带来了两个影响：一是彼此相互融合，并不强烈排斥，互为通婚，互为依靠。二是相互争夺地域与人口，没有明确的边界疆域。先有绿洲城邦式国家，后有部落式主体民族。所以中亚昭武九姓的历史就是一部始终处在连续不断的相互征伐和劫掠的历史（图1）。[1]

经历过上千年的劫掠和征伐，绿洲邦国之间存在着长久的争夺战，常常会把历史的偶然性看作是必然性，将随时出现的"城头变幻大王旗"导致的财富转移看作是正常的规律，汗国之间吞并与抄掠影响到他们的财富观，认为人与人之间变幻无常，部族与部族之间翻脸无情，把劫掠和征伐造成的"一夜暴富"或者"瞬间赤贫"看作是生活常态，从而使为金钱所奴役的贪婪人性展示得淋漓尽致，这似乎也是中亚内陆的宿命。所以汉文典籍里记载胡人商家往往都是用"性贪""奸诈"等贬斥的语气。

玄奘《大唐西域记》绪论中就说粟特胡人"建城郭，务殖田畜，性重财贿，俗轻仁义。嫁娶无礼，尊卑无次，妇言是用，男位居下"。同书卷一又说："风俗浇讹，多行诡诈，大抵贪求，父子计利，财多为贵，良贱无差。虽富巨万，服食粗弊，力田逐利者杂半矣。"玄奘两次强调粟特民族"性重财贿，俗轻仁义"，"大抵贪求，父子计利"，可见对他们有着颇不以为然的蔑视。

从公元前2000年开始，中亚草原一带气候变得越来越干燥，传统农业劳作渐渐无法进行，粗放式的畜牧业成为最主要的生产方式，受绿洲城堡文明的影响，有很多粟特人由游牧生活转向定居文明后，

---

[1] 葛承雍：《丝绸之路与古今中亚》，《历史》1998年第3期（台湾）。

图1-1 吉尔吉斯碎叶城遗址探方与宣礼塔

图1-2 波斯萨珊王朝执权杖国王（选自《中国西北丝绸之路珍宝僧侣和商人》）

经营果园、提高园艺，从事商贸和其他生计。居住在山区的粟特人则是放羊畜牧的另一番生活状态，与阿姆河和锡尔河之间泽拉夫珊流域大大小小绿洲上的粟特人迥然不同（图2）。

当时中原汉人并不清楚粟特人的地理形貌和生活状况，在汉人眼里粟特人就是一个商业种族，《新唐书·西域传下》记载康国"善商贾，好利，丈夫年二十，去傍国，利所在无不至"[1]。从3世纪到9世纪，大批粟特商人西走东入，左右逢源，动辄数百人至上千人，组成的胡商驼队闻名于世（图3）。经商的胡人在各地经营时逐渐形成了自己的贸易网络，但是要长久维持除了建立起移民聚落，还必须依靠本地的统治者或官府，特别是与北方游牧民族兴贩，担当起协助突厥、嚈哒、柔然、回纥等种族的中转者、中介人与沟通者（图4）。

突厥的游牧经济是一种生产部类单一的不完全经济，大部分生活必需品特别是奢侈品不能自己生产，所以游牧民族对交换的需求远远高于农耕民族，依靠的商人在游牧社会中地位亦高于中原汉地。突厥活跃在草原时，可汗集团中就有着粟特商人的身影，掌管着理财赋税，网罗天下大利，有时甚至成为与隋唐商贩交往的垄断者，而且这些胡商鼓动可汗南侵掠财，不仅可以获得暴富，还沉湎于享受荒淫腐败的生活之中。《通典》卷197《突厥上》记载："颉利每委任诸胡，疏远族类。胡人贪冒，性多翻覆。以故法令滋章，兵革岁动。国人患之，诸部携贰。"[2]

在突厥强盛时，出于对东西方利益的共同兴

---

[1]（唐）杜佑撰：《新唐书》卷二二〇《西域传》下，中华书局，1975年，第6244页。
[2]（宋）欧阳修、宋祁撰：《通典》卷一九七《突厥上》，中华书局，1984年，第1070页。

趣，游牧的突厥族和擅长经商的粟特人经常相互协作，成为6—8世纪"东西方贸易的担当者"。粟特人因此大量进入并留居于突厥汗国政治中心所在的漠北地区，粟特商人与突厥贵族互为一体的现象不是个案，至少是合伙人。突厥要借助不断的扩张战争来获得暴富，也必须倚仗粟特商人，特别是远程贸易的商团离不开突厥统辖下的保护，双方结合成为惯例。突厥部落中甚至有专门的胡部。始毕可汗（611—619）时期，其宠信的粟特胡人史蜀胡悉"性贪"，率领胡人部落，"尽驱六畜，星驰争进，冀先互市"[1]。为了抢做生意，胡人不惜全部落驱动，撇开突厥人群争抢利益。颉利可汗（620—630）亲信的"胡酋"康苏密携隋末逃亡突厥的萧后及炀帝孙投降归唐，"胡酋"自然领有以胡人为主组成的部落。《安菩墓志》记录"其先安国大首领，破匈奴衙帐"，他们很早就由安国融进突厥部落，直到贞观四年"领衙帐部落"随同突厥降众进入长安[2]。

每当突厥人掠夺到的财富与奴隶消耗殆尽时，又开始新一轮的军事征服再次掠夺，逼迫休养生息的农业民族再度抵抗。为防御突厥抢掠，汉地只好开设边关贸易，但突厥的交换贸易总需要胡人的协助，胡商的特质决定了这种扭曲的商贸兴盛，不惜杀鸡取卵，巧夺豪取，而用汉地传统儒家重农轻商理论反对这种掠净劫光、竭泽而渔的扭曲，显然不符合粟特胡商的财富观，汉人恨商、仇富心理只会引起胡人的更大反感，双方观念的碰撞在所难免。

西安北周安伽墓中胡人商旅图，显示胡商载物

图2　巴基斯坦考古博物馆藏僧院出土4—5世纪胡人供养者和其妻子

图3　美国纽约J. J. LAlly东方艺术馆收藏唐代陶骆驼和胡商俑

---

[1] （唐）魏征等撰：《隋书》卷六七《裴矩传》，中华书局，1973年，第1582页。
[2] 赵振华、朱亮：《安菩墓志初探》，《中原文物》1982年第3期，第37—39页。

中古时代胡人的财富观　｜　3

图4-1 西安唐李凤墓胡商牵驼壁画

图4-3 平定西关村M1墓室东南壁胡商驼运图　　图4-2 太原金胜村唐墓胡商牵驼壁画

图5 西安北周安伽墓中野宴商旅图及线描图

驮运的场景，可是随后就是与突厥人相见会聚宴饮乐舞图（图5）[1]。史君墓石椁西壁上表现胡人商队行进中的狩猎图，也有披发突厥人擎隼合作形象[2]，紧接着就是欢庆宴饮的场景（图6）。日本秀美博物馆粟特围屏的胡商骆驼图中，亦有披发突厥人骑马护送的图像（图7）[3]。隋代安备墓中石椁画也是胡商首领佩珠戴镯、饮酒作乐[4]，颇有即时奢靡筵宴的胡风（图8），真实地反映了当时胡人"竞择生存、及时享乐"的观念。

胡商的暴富心态与经商观念，使得他们有着强烈的占有欲，只能看到眼前利益，无论是对突厥的

1　西安市文物保护考古研究院编，杨军凯著：《西安北周安伽墓》图版三七正面屏风，文物出版社，2003年。
2　陕西省考古研究所：《北周史君墓》图120石堂背立面图（北），文物出版社，2014年，第115页。
3　MIHO MUSEUM，South Wing 南馆图录，日本美秀美术馆编集发行，1997年，第251—255页。
4　葛承雍：《隋安备墓新出石刻图像的粟特艺术》，《艺术史研究》第12辑，中山大学出版社，2010年，第1—13页。

图6 史君墓胡商宴饮图及线描图

图7-1 日本Miho博物馆藏突厥首领和狩猎者石刻　图7-2 日本Miho博物馆藏中亚乐舞场景石刻

依附或是对汉族的朝贡，以及对嚈哒、柔然、阿拉伯的贸易中都求快速发财、短期刺激，他们热衷为自己财富骄傲时，从不显示它的来源，隐藏在昂贵价值的外衣下的，是他们沉溺于这种财富观中不能自拔的状态。

二 财多为贵的炫富心态

隋唐时期的中国已经达到了封建王朝的高峰，当隋唐重新统一中原疆域的时候，粟特胡人区域不时发生混乱，碎片化版图的小王国从未真正统一过。然而，横跨欧亚大陆交界的东罗马帝国与西亚波斯帝国形成的消费市场突破了地域性的限制，与中亚区域市场产生互动，直接促使粟特胡人商团的兴起，他们历经艰险，走向四方，长距离的贩运贸易不仅开辟了多条商路，而且促成了一批商业城镇沿着商

图8 洛阳安备墓宴饮图

中古时代胡人的财富观 | 5

道陆续兴起[1]。这也是粟特胡商开启东西方商路的历史性贡献。

丝绸之路沿线的重要城市如长安、洛阳、酒泉、张掖、武威、原州（固原）等以及延伸的节点城市如云州（大同）、并州（太原）、定州（定县）、营州（朝阳）等，都是商品、资本、贸易、宗教、文化的汇聚点，尤其进入隋唐时代后，长安、洛阳成为吸引粟特人新的财富的磁石。《开元户部格》颁布垂拱元年八月廿八敕云："诸蕃商胡若有驰逐，任于内地兴易，不得入蕃，仍令边州关津镇戍，严加捉搦。其贯属西、庭、伊等州府者，验有公文，听于本贯已东来往。"[2]也就是说，唐朝交易管理体制中，粟特胡商取得过所公文是可以不受限制进入内地的。特别是，奢侈品是丝绸之路繁荣的源泉。西方要向中国输入奢侈品，贵族富有阶层对进口的奢侈品有着极大的兴趣，拂菻、波斯等高档奢侈品十分受欢迎，长安市场推动着奢侈品的热销，达官贵人最钟爱的物品许多都是外来的，金银器、玻璃器、毛织品、香料药材、貂皮裘毛等。隋唐朝廷都"盛言胡中多诸宝物"，不时派遣或委托胡商寻觅异域奇珍异宝。

胡商对商业利润的追求，特别是奢侈品的运输和高额的利润，不仅引发统治阶级和贵族富豪贪婪欲望的无限放纵，也是推动胡商贪欲和关注社会需求的扩展动力，一夜暴富的神话流传在西域中亚亦是他们渴望财富积聚的动力。

粟特人爱幻想"机遇难得、不劳而获"和一夜暴富，这种财富观形成了他们的独特性格，他们要及时行乐，放纵挥霍，尽情享受，不惜一掷千金，耽于声色之中。敦煌文书P.3813《文明判集》中记述"长安县人史婆陀，家兴贩，资财巨富，身有勋官骁骑尉，其园池屋宇、衣服器玩、家僮侍妾比侯王"。虽然他们没有唐人夸耀的族望，可是"侮慢朝章，纵斯奢僭。遂使金玉磊砢，无惭梁、霍之家；绮縠缤纷，有逾田、窦之室。梅梁桂栋，架向浮空；绣楣雕槛，光霞烂目。歌姬舞女，纤罗袂以惊风；骑士游童，转金鞍而照日"[3]。这些留在汉人印象里的粟特胡商是多么骄奢淫逸，而且粟特人的财富观极易导致他们处理人与人之间关系时过分"金钱化"，重利轻义，同是粟特人的邻里"借衣不得，告言违法式事"，亲兄弟家贫壁立，也不分给救济。粟特人连死后埋葬还要口含金币，葬俗中渡阴河必须缴纳金钱，生活中金银钱币的追求是他们的一贯爱好。

胡商身上"粟特人"的性格特征是十分复杂的，很多对立统一的特征与因素存在于这群人之身，被称为"多面孔"：豪迈与细腻，粗狂与小心，冲动与隐忍，诚信与狡诈，但他们有一个共同特性，就是"好面子"。《太平广记·魏生》说："胡客法，每年一度与乡人大会，各阅宝物，宝物多者，戴帽居于坐上，其余以次分列。"描写魏生参加商肆中胡人商贾居多的"亮宝会"时，因为持有"大逾径寸"的明珠，"三十余胡皆起，扶生于座首，礼拜各足"[4]。从史书上看，排位子、论名次、看穿着、观举止，都与炫富和"面子"直接相关，没有"面子"是一件十分严重的事情，有时需要用赌博全身力气

---

1 荣新江：《北朝隋唐粟特人之迁徙及其聚落》，《中古中国与外来文明》，三联书店，2001年，第37—110页。
2 郝春文主编：《英藏敦煌社会历史文献释录》第五卷S.1344《开元户部格》，社会科学文献出版社，2006年，第377页。
3 刘俊文：《敦煌吐鲁番唐代法制文书考释》，中华书局，1989年，第444—445页。
4 （北宋）李昉、扈蒙、徐铉等撰：《太平广记》卷四〇三《魏生》，中华书局，1961年，第3252页。

去维护，这也导致他们与亲朋好友之间往来受到一些限制，有时商人之间的冲突竞争是直截了当地拼"面子"。

《安禄山事迹》卷上记载安禄山在幽州担任范阳、平卢两节度使时，"潜于诸道商胡兴贩，每岁输异方珍货计百万数。每商至，则禄山胡服，坐重床，烧香列珍宝，令百胡侍左右，群胡罗拜于下，邀福于天"[1]。这是一边集体举行祭祀祆神活动，一边"列珍宝"大摆"宝主"有财的面子。

胡商"财多为贵"，经营好胜心强烈，热衷于比阔显富，只要争得面子，挽回心理落差，不求回报，就算成功了。胡商总是幻想通过珠宝突然发财，有着斗宝的传统，其"斗宝"不仅有着"点石成金""神力暴富"的心理，而且面子心理异常强烈。戴孚《广异记》中《宝珠》说"夜闻胡斗宝，摄衣从而视之"，结果诸胡发现"冠上缀珠"竟是传言丢失的中国宝珠，诸胡恨叹不能已有。[2]唐人描写胡人的笔记小说有近三十条，里面有许多识宝、鉴宝、寻宝、赛宝的故事[3]，都反映了胡人的财富观（图9）。所以胡人在中原汉人眼中既是吝啬贪财的奸商，又是大手大脚的阔佬，其异样心态不仅在笔记小说中被刻画得入木三分，而且《宣和画谱》卷一说唐代大画家阎立本还专门画过《异国斗宝图》。

胡商的个人面子促使粟特人要赢得种族面子，维护自己的商业网络，所以在利益划分方面不惜动武冲突，以至引入其他大国干预或介入，历史上西突厥汗国长期控制着西域、中亚，有时就与粟特人

图9 7世纪塔吉克片治肯特富商家壁画宴饮图

引入、臣服以求得突厥庇护有关。

胡商进入隋唐时期的中国，既顺应了社会稳定和财富急剧积聚的时势，也钻了汉人不屑于经商致富的空子。胡人擅长游商的客商与"坐贾"定居胡商相结合，形成了大规模的商业活动，隋代《安备墓志》中甚至用战国"白圭之术"和"玄高之业"两个经商致富典故，赞颂粟特胡商善抓商机、精明经商从而"闻于邦国"[4]，而且墓志透露出安备利用自己仕宦北齐至隋的经历，与各地胡人有着频繁密切的联系，这也是胡商聚落为"点"、长途贩运为"线"的特点。

中亚河中地区和里海周边，游牧形态下的商业运作，与儒家为代表的中华文明影响不同，绿洲城邦国家游牧的生产方式与中原定居农耕的生产方式在财富积累方面也存在着差异。追求金钱与财富主宰了粟特人社会生活的目标，与中国传统社会尊重知识、爱惜家庭、讲究儒雅、和气生财、诚信礼义等价值观念形成鲜明对比。在粟特人眼中，汉人迂

---

1 （唐）姚汝能撰：《安禄山事迹》卷上，上海古籍出版社，1983年，第12页。
2 《太平广记》卷四〇二《宝珠》，中华书局，1961年，第3238页。
3 王青：《西域文化影响下的中古小说》，中国社会科学出版社，2006年，第257页。
4 葛承雍：《祆教圣火艺术的新发现——隋代安备墓文物初探》，《美术研究》2009年第3期，第14—18页。

腐、不识时务、固土守财、节俭省费、不愿远游、袭旧不化等。而胡商善于利用各个政权的权力资源，选择与突厥可汗、匈奴（嚈哒）单于、汉人贵族官员等几方进行合作，在政权更迭变换期间更会趁虚而入。唐初武威安国移民曾经帮助唐朝平定凉州李轨的割据势力，从而获得了稳定的长期居住权。安史乱后以粟特人石野那为代表的"回纥首领开府"六人使团入京朝见唐代宗[1]，他们既是外交使节又是官商代表，不仅政治上推进了唐朝回纥联盟，经济上同样获得了巨大的回报，这本质上依旧是一门互相利用的生意，尤其是风险和利益同在且巨大的生意。

三 铤而走险后的尽情享乐

中古文人在文学作品中站在自己的立场，用穿凿附会的文学演绎，将胡商"标签化"成贪婪喜财、人性狡黠的奸商形象，"幻化"为财大气粗、身家巨万的豪商富贾，但很少描写他们侥幸逃过商道上的艰难险阻，没有人关心胡商兴贩时暗地里的担忧，私底下的恐慌。在跨国经商过程中，胡商执商道上大宗行业物品，一个来回耗费数年，只有在异域结帮入伙组成商队才能互相扶持照应。风险巨大和利益均沾都是相辅相成的。在跨界、跨国贸易中没有什么胡汉道德准则和商业原则的标准，它就是一桩桩生意而已，赚亏无常，而且是如履薄冰、如临深渊的高风险生意。

胡人贩运于丝绸之路上，野外露宿或入店休息，经常遇到盗贼抢劫和敌对国家官军的劫掠，即使有

图10-1 敦煌莫高窟第45窟胡商遇盗图

图10-2 胡商遇盗图线描图

少量武装护卫，也会遇到危险紧急状况，就像敦煌莫高窟45窟所绘的那幅著名的《胡商遇盗图》，胡商们只能把货物交出摆放在强盗眼前，用货物免去一死（图10）。对于这样的突发事件，尽管史书没有留下具体记载，但是我们知道胡商只能藏物躲避。1959年在新疆克孜勒苏柯尔自治州乌恰县一个山崖缝隙间，曾发现947枚波斯银币、16根金条[2]，可能就是商人遇到劫掠者时不得已紧急掩埋的遗留物。青海西宁城关城隍庙街也发现藏有萨珊波斯银币76

---

1 （后晋）刘昫等撰：《旧唐书》卷一九五《回纥传》，第5206页。《资治通鉴》卷二二三也记载："回纥遣其酋长石野那等六人入见天子"，中华书局，1975年，第7301页。
2 李遇春：《新疆乌恰县发现金条和大批波斯银币》，《考古》1959年第9期，第482—483页。

枚的窖藏，推测也是商人遇见紧急事件发生时埋藏。[1] 其他在中国各地发现的成批金银钱币也在陆续公布，基本都是有意埋藏的，说明商道长途贩运时危机四伏，险情随出。

《大慈恩寺三藏法师传》记载玄奘与商人一起结伴从疏勒（今喀什）到沮渠（叶城）期间，"同伴五百皆共推玄奘为大商主，处为中营，四面防守"。说明商队露营的险象与"环团"措施。玄奘曾在阿耆尼（焉耆）亲眼见到"时同侣商胡数十，贪先贸易，夜中私发，前去十余里，遇贼劫杀，无一脱者"[2]。佛经中有五百商人遇盗图，虽不一定非是五百人，但表现的就是这种几百人共同结伴的实际。西魏废帝二年（553）吐谷浑与北齐贸易，凉州刺史史宁"觇知其还，率轻骑袭之于州西赤泉，获其仆射乞伏触拔、将军翟潘密、商胡二百四十人，驼骡六百头，杂彩丝绢以万计"[3]。粟特商队首领"萨宝"往往兼任武装护卫职责，加授军事都督等官号，利用管理胡人聚落的方便，传递、串联和控制商道沿线的贸易信息，保障贩运往返的安全。

商人的首要目标是让经商资本更安全，其次才是增值更快。胡商常常将珍稀珠宝缝在身上胳膊臂下或是大腿根处，隐蔽携带就是担心遇盗或不测之事。商人有钱赚是做生意的根本价值，做生意要遵从双方互惠互利的基本原则，给自己也给买家带来丰厚的利润。胡商并不因为缘分而心怀感恩，本质上讲究交易是合法、合理的，相互都不需介怀什么。

特别是若长途遇到灾害失事、关津没收、半道遭劫、瘟疫传染等风险，担保、补偿、赔付等办法往往无法落实，历经艰辛的财富顿时会消失，所以用汉地伦理道德来衡量粟特胡人的商业精神常常不得要领、南辕北辙。

胡商与汉商交往的常态，既有合作又有竞争，吐鲁番出土文书《唐西州高昌县上安西都护府牒稿为录上讯问曹禄山诉李绍谨两造辩辞事》[4]，清楚地显示咸亨年间（670—673）居住在长安的"兴胡"粟特商人与汉人结伴来到安西、弓月城及中亚经商，曹禄山之兄曹炎延诉讼汉人李绍谨借贷资金（练绢丝绸）产生的纠纷，这种"同伴"相互融资贸易关系活跃于整个唐代。

汉人对胡人的"警世通言""醒世通言"就是大量增加的财富会成为精神重负，会有惶惶不可终日的焦虑，因为即使定居在城市的富商也会遇到抢劫。所以富裕起来的胡人转而乞灵于宗教，皈依佛教，悟道入神，我们看到新疆吐鲁番柏孜克里克千佛洞壁画中胡商供奉菩萨图，胡商的载重毛驴和负重骆驼卧下，佛祖身下两侧五个胡商，有的手捧装有九个钱袋的盘子，祈求佛祖保佑；有的手端装满宝物的托盘供奉佛祖，其余形象各异的胡商则合掌下跪，虔诚拜佛的样子表现出对平安的祈盼（图11）[5]。这无疑是最生动的解读，求佛保佑正是胡商们感到无法预测自己命运时的心灵寄托（图12）。

植根于中亚粟特定居的中心城堡，他们对积累

1　夏鼐：《青海西宁出土的波斯萨珊朝银币》，《考古学报》1958年第1期，第105—110页。
2　（唐）慧立、彦悰著：《大慈恩寺三藏法师传》卷二，中华书局，2000年，第25页。
3　（唐）令狐德棻等撰：《周书》卷五〇《异域传》下吐谷浑，中华书局，1971年，第913页。
4　唐长孺主编：《吐鲁番出土文书》第6册，文物出版社，1985年，第470—479页。
5　岳峰主编：《新疆历史文明集粹》，吐鲁番柏孜克里克千佛洞第20窟佛本行集经变图，新疆美术摄影出版社，2009年，第281页。

的财富本来就尽量消费，装饰华丽的大厅，炫耀自己的豪华，捐献宗教建筑的公产，其潜在的观念就是尽情过上贵族的生活，把商业财富与贵族文化融为一体。西突厥征服并控制中亚后将北齐、北周贡纳的中国缯絮彩锦等丝绸品交给粟特人，大量丝绸由此转运西方获得不菲财富（图13），更加增添了粟特人意外降临财富的心理，所以他们借助突厥汗国的力量尽力拓展商业利益，有着坐收渔人之利的强烈的快富、暴富的心愿。

北朝时胡商大量涌入中国，"西胡化"的北齐不仅"胡人小儿"充斥宫廷，而且胡人富商入仕朝廷，疯狂索取经济回报，一度引起汉人朝臣的极大反感，胡人"金钱化"的财富观造成各阶层普遍腐败，胡商本身也急剧分化，刚入道的年轻胡商对现实社会充满失望，对未来也没有期望，所以形成爱占便宜的性格，总想用最少的劳动获得最多的钱财，甚至违背社会公理与正义，对整个社会的负面影响是显而易见的，因而隋代建立后朝臣中极力推行儒家的社会价值观，胡商曾一度遭到贬斥，以纠正"滥得富贵"的歪风邪气。

四 商业竞争的垄断独占

粟特位于中亚阿姆河两河地带的正中央，比起其他边缘地区地理位置优越，经济和文化发展水平要高于周边地区，但也是频繁遭受外部侵扰的地区，迫使其不得不打开封闭的眼界。早在4世纪初，粟特人的商队就以敦煌为据点深入中国腹地，并与自己的祖国保持着经常的联系，7—8世纪，粟特人的聚落型的居住网点已经布满了西域（现新疆）。根据已发现的粟特遗物和刻铭文字，以及中国和阿拉伯

图11　新疆吐鲁番柏孜克里克20号洞窟胡商供奉菩萨图

图12　新疆克孜尔石窟萨薄商主燃臂引路救商人壁画

图13　乌兹别克布哈拉出土8世纪对狮织锦

文献记载，可知粟特商人组成的使团访问过波斯伊朗和拜占庭。[1]俄罗斯东方学家Ｂ.Ｂ.巴尔托利德院士认为，粟特人的驼运商业活动，不亚于腓尼基沿海运商路的文化活动。

《新唐书·西域传》记载何国"城左有重楼，北绘中华古帝，东突厥、婆罗门、西波斯、拂菻等诸王，其君旦诣拜则退"[2]。在同一座城墙建筑上同时绘画有中国、突厥、印度、波斯、东罗马诸国的统治者形象，这样的城市，恐怕世界上任何别的国家都没有。撒马尔干阿弗拉西阿卜遗址绘制在贵族府邸客厅的《大使出行图》，西壁上康居国王拂呼缦接见各国朝贡使者，突厥卫士和贵族围绕着他，中国使节和粟特贵族列队前趋（图14）。[3]这不仅充分反映了粟特人广阔的文化视野，也表现了粟特人商业贸易四通八达的财富观的标志。

因为阿拉伯帝国与波斯帝国之间的战争，一度阻断了胡商的贸易路线，迫使他们不得不向东发展以扩大生意。欧洲一些学者认为这是关键点，即并不是胡商主动选择的，而是被时代大潮裹挟到了中国，不是荣耀的移民，而是逃离的难民。我们判断主要是粟特胡商垄断独占中亚到中原的商业网络，不仅波斯商人受到粟特人的阻拦，而且拜占庭向东贸易都受到排斥。入华的波斯胡商大概多是从海路来到中国经商的。

1　[法]魏义天著，王睿译：《粟特商人史》，广西师范大学出版社，2012年，第146—157页。
2　《新唐书》卷二二一《西域传》下，第6247页。
3　[法]葛乐耐（Frantz Grenet）著，毛民译：《粟特人的自画像》，图3《阿弗拉西阿卜壁画》西墙，见《粟特人在中国——历史、考古、语言的新探索》（《法国汉学》第十辑），中华书局，2005年，第321页。

图 14　大使厅壁画线描

中国是粟特胡商最大的商品销售市场，不管是长安还是洛阳这传统的两京畿辅，或是"扬一益二"的扬州与益州商业城市，胡商都在这里积累了大量的财富，虽然文学上夸耀贵比王侯，实际上他们是贸易先驱的主力商队与商团，突破了限制市场规模的国界，通过长途贸易把"异国风情"传入汉地，甚至在坊里间走街串巷、沿街叫卖、挨户兜售，留下了许多胡商背负囊包、风尘仆仆的小贩"橐囊"的形象（图15）[1]。

中原地区汉人普遍的社会价值和普遍的判断标准，与粟特人显然有巨大差别，隋唐文儒宣扬重农抑商和"商为四民之末"的观念，《大唐新语》记载唐代官员批评扬州"江淮俗商商贾，不事农业"[2]。认为只有农业耕稼才是勤劳致富，行商犹如抢夺别人财物的行为，鄙视胡商挥霍钱财不会"量入为出"以及借钱欠贷不还的心态。在汉人看来，胡商贪财求富是功利追求，贪财是万恶之根，财富是万恶之源。所以胡汉"财富观"与价值观有着种种差异，涉及双方的心理归属、文化接纳、价值认可。

中国史书中大多充满各种对经商的指责，对胡商更是讥讽他们忘恩负义，唯我是利，占了便宜之后转移资产到故土，面对社会动荡造成的经济危机不是承担责任而是全面撤离，影响到中国经济的信心，涉及官员为政治绩，甚至唐代官员说朝廷的经济停滞困难，是胡商豪商畸形的经济手法导致的。至于胡商讲究宴饮酣畅、贵气十足、锦衣华服、歌舞狂欢，展示出他们及时行乐的享受心态，愈发引起汉地人们的另眼看待。

初唐到盛唐时期，唐朝改善营商环境有法律保障，贸易准入机制稳定，胡商反应灵敏、把握市场行

---

[1] 葛承雍：《唐代胡商形象俑研究》，《唐研究》第二十卷，北京大学出版社，2014年，第169页。
[2] （唐）刘肃：《大唐新语》卷三《清廉》第六，中华书局，1984年，第48页。

情最为擅长，加之长袖善舞交接权贵，寻求庇护不遗余力，甚至跻身官途，针对达官贵人金帛宝物等奢侈品消费巨大的状况，大量贩运高档物品，经营物品小利润大最见成效，因而在唐朝境内最负盛名。武则天延载元年（694）在洛阳端门修建"大周万国颂德天枢""诸胡聚钱百万亿"[1]。《大唐新语》进一步解释天枢建立是"番客胡商聚钱百万亿所成"[2]，胡商纷纷捐钱不仅说明他们富有实力，而且借助官府庇护自己驰骋商场，树立商贸垄断上的独霸地位（图16）。

安史之乱后唐朝廷急于用钱，胡乱征税，厚税敛赋的"榷商"竟使长安为之罢市，胡商面对长安营商环境更想捞一把暴富后离开，普遍有一种商业"恐惧感"，虽然其后朝廷实施商贾保护政策，但是腰缠万贯的胡商刺激了中原官府的官员，他们对胡商发财致富羡慕嫉妒，采取掠夺式攫取，直接影响了粟特商人发展的生命线。

图15　河南洛阳出土唐代西亚胡商俑

图16　敦煌北周第296窟商队图

1　（北宋）司马光：《资治通鉴》卷二〇五"则天后延载元年（694）八月"条，中华书局，1956年，第6496页。
2　《大唐新语》辑佚《则天后》，第204页。

中古时代胡人的财富观　｜　13

图17　日本Miho博物馆藏粟特人墓葬石棺床屏风骆驼载物图

中唐以后，唐朝社会动荡不已，更加增强了胡人期望一夜暴富的意识，造成一些胡商对财富的贪欲，如果说绿洲外界频繁的变化压力是强加给胡商的经商机会，那么胡商自身对财富的疯狂攫取则是其内部衰败的原因。回纥借助粟特胡商为己敛财，粟特商人也乘机大捞一把，不管是绢马贸易，还是奢侈品贩运，都加剧了经济危机和社会动荡（图17）。

我们认为，中古社会与丝路商贸上最活跃的是粟特人，"神话"胡商与"妖魔化"胡商都是不可取的，关键是要明白他们的财富观和价值观。胡商有着善识商机、冒险犯难、竞争流动的进取精神，但不要误以为胡商就应该"乐善好施""笃行仗义"，试图让胡商承担国家兴衰变化的责任与拯救民众的义务，恐是误判的观念。商人首要的条件就是赢利、赚钱，如果亏本就不会去补贴官府赋税，外国"奸商"入华更是以挣钱赢利为目的，要胡商回报社会、捐助拯救饥民这显然是荒谬的。汉儒空洞的政治考量和虚假的道德说教，试图让胡商或其他商人去承担国家的政治责任，试图用政治权力去影响商人的经营理念，这无疑是封建集权社会下一厢情愿的政治幻想。

我们更应考虑中古时期北方草原霸主东、西突厥和吐蕃、回纥、中亚昭武九姓诸国以及萨珊波斯的种种错综复杂的变幻关系，结盟与反叛，扩张与反目，抗衡与限制，粟特胡商要在多极政权下游刃有余、获得利润，为自己寻找符合自己利益的空间，只能采取实用主义的投机态度，与每一方有优势的政权周旋达成交换利益的筹码，甚至参与地缘政治操作，表达政

图18　山西太原出土北齐载货骆驼俑

治效忠和贸易朝贡，这正是胡商长久驰骋在中西古道的原因。因而，胡人"财富观"并不是现代舶来品，而是合乎情理的历史事实（图18）。

通过中古胡人的"财富观"可以透视人性的本真，特别是一个物欲横流、愿为财狂、以财富论高下的社会里，使人从"神性的奴役"转换成"贪婪的奴役"，形成暴富的短视的经商理念，沉溺于财富丰厚的享受不能自拔，就无法摆脱"财奴"束缚而给社会经济注入长久的活力。至于粟特胡商将祆教传入突厥，将摩尼教传入回纥，将景教传入中亚和中原，似乎只有宗教文化才能纠正人们"财富观"的偏差，每当遇到困难或陷入绝境的胡商占卜拜巫、祈求神灵、许愿报答时，他们就皈依佛教、祆教、景教、摩尼教等多元宗教信仰，就是不愿失去精神的依托，祈求在漫漫的商道上福佑自己的族群。

河西"之蜀"草原通道：丝路别支考*

王子今

（中国人民大学国学院出土文献与中国古代文明研究协同创新中心）

考古学资料所见石棺葬等现象南北长距离的空间分布，反映甘青至川西北草原道路的早期开通，是值得重视的历史存在。"鲜水"地名在不同地方共同出现，应理解为移民运动的文化遗存。这一移民现象的主题可能与羌文化的分布有关。河西汉简所见"蜀校士"身份以及"驱驴士""之蜀"等劳作内容的简文记录，体现汉代丝绸之路交通又一重要路径的历史作用。蜀地出土汉代画像资料所表现的胡人与骆驼等形象，或许也可以看作这条古代交通线路历史意义的文物证明。通过有关青海湖"鲜水"与黑河"鲜水"的历史记忆的军事地理与民族地理分析，理解"南羌"的活动以及汉军河西四郡军事建设"鬲绝胡羌"的意义，也是丝绸之路研究应当重视的主题。

一 严耕望论"西北河湟青海地区南通长江流域"之"要道"

在古代交通史研究者的视野中，草原地貌作为可以为交通提供便利的自然条件应当受到关注。

严耕望著《唐代交通图考》是20世纪中国交通史研究的最突出成果，也是这一领域最值得称羡的学术成就，就其对于以后中国交通史研究的影响而言，也成为学者公认的典范[1]。严耕望总结其研究所获超出事先所能想象者，列举10例。其中首先说到的第1例和第2例，与本文讨论的主题相关：

1. 如松潘高原，向视为荒芜绝境，人迹罕到；乃其实，自汉末至南北朝以来，岷岭、松潘草原即为西北河湟青海地区南通长江流域之一要道。

2. 唐蕃兵争之核心在河湟青海地区，盖地形所限，两国交通惟此为坦途也。故唐人于此极力经营，州军镇戍星罗弈布，前人皆瞢然莫辨。经此详考，当时唐蕃兵争之形势，使臣商贸之进出，皆得按图指证。[2]

其实，我们关注汉代"松潘草原"及"河湟青海地

---

* 基金项目：中国人民大学科学研究基金（中央高校基本科研业务费专项资金资助）项目"中国古代交通史研究"成果（项目编号：10XNL001）。

[1] 诚如有的学者所说："文中详考道路之里程、沿途地理形势、物产、所经过之城市、乡村、关隘、桥梁、驿站、寺庙等，甚至某处路旁有一奇特之大树，亦根据资料描述。并附论与该道路有关之历史事件。"廖伯源：《严耕望传》，《国史拟传》第7辑，国史馆，1998年。对于这部前后历时半个世纪的大规模研究的最终成果，学界以其工作条件和工作质量的对比，称作"一个难以想像的奇迹"，以其丰厚的学术内涵，誉为"传之久远的大著作"。余英时：《中国史学界的朴实楷模——敬悼严耕望学长》，《充实而有光辉——严耕望纪念集》，稻禾出版社，1997年。

[2] 严耕望：《唐代交通图考》，"中央研究院"历史语言研究所专刊之83，1985年，第1册，第3—5页。

区"草原的交通作用,也可以获得重要的交通史迹的发现。

有历史迹象可以说明,这一草原地区交通作用的早期实现,也许并不迟至"汉末"。

二 汤因比论草原是"交通的天然媒介"

汤因比在他的名著《历史研究》中曾经专门就"海洋和草原是传播语言的工具"有所论说。他写道:"在我们开始讨论游牧生活的时候,我们曾注意到草原像'未经耕种的海洋'一样,它虽然不能为定居的人类提供居住条件,但是却比开垦了的土地为旅行和运输提供更大的方便。"汤因比指出:"海洋和草原的这种相似之处可以从它们作为传播语言的工具的职能来说明。大家都知道航海的人民很容易把他们的语言传播到他们所居住的海洋周围的四岸上去。古代的希腊航海家们曾经一度把希腊语变成地中海全部沿岸地区的流行语言。马来亚的勇敢的航海家们把他们的马来语传播到西至马达加斯加、东至菲律宾的广大地方。在太平洋上,从斐济群岛到复活节岛,从新西兰到夏威夷,几乎到处都使用一样的波利尼西亚语言,虽然自从波利尼西亚人的独木舟在隔离这些岛屿的广大洋面上定期航行的时候到现在已经过去了许多世代了。此外,由于'英国人统治了海洋',在近年来英语也就变成世界流行的语言了。"汤因比指出:"在草原的周围,也有散布着同样语言的现象。由于草原上游牧民族的传布,在今天还有四种这类的语言:柏伯尔语、阿拉伯语、土耳其语和印欧语。"就便利交通的作用而言,草原和海洋有同样的意义。草原为交通提供了极大的方便。草原这种"大片无水的海洋"成了不同民族"彼此之间交通的天然媒介"[1]。

回顾中国古史,确实可以看到北边的草原和东方的海域共同为交通提供了便利条件。孕育于黄河、长江两大流域的文明通过这两个方面实现了与其他文化体系的外际交流,形成了大致呈"┐"形的文化交汇带。[2] 草原便利交通的作用,可以看作"无水的海洋""未经耕犁的海洋""未经耕种的海洋""未曾开垦的海洋"[3]。我们回顾草原文化交流道路畅通的历史作用,当然不能忽视游牧民族的功绩[4]。

中国历史文献中"草原"一语使用较晚。但是"大漠""瀚海"之说[5],似乎也暗示人们关于"草原"

---

[1] [英]阿诺德·汤因比著,曹未风等译:《历史研究》上册,上海人民出版社,1964年,第234—235页。1972年版《历史研究》缩略本对于草原和海洋对于交通的作用是这样表述的:"草原的表面与海洋的表面有一个共同点,就是人类只能以朝圣者或暂居者的身份才能接近它们。除了海岛和绿洲,它们那广袤的空间未能赋予人类任何可供其歇息、落脚和定居的场所。二者都为旅行和运输明显提供了更多的便利条件,这是地球上那些有利于人类社会永久居住的地区所不及的。""在草原上逐水草为生的牧民和在海洋里搜寻鱼群的船民之间,确实存在着相似之处。在去大洋彼岸交换产品的商船队和到草原那一边交换产品的骆驼商队之间也具有类似之点。"阿诺德·汤因比著,刘北成、郭小凌译:《历史研究》(修订插图本),上海人民出版社,2000年,第113页。

[2] 王子今:《中国古代交通文化》,三环出版社,1990年,第45—49页。

[3] [英]阿诺德·汤因比著,[英]D.C.萨默维尔编:《历史研究》,第163页。

[4] 王子今:《草原民族对丝绸之路交通的贡献》,《山西大学学报》2016年1期,第52—63页。

[5] 《史记》卷一一一《卫将军骠骑列传》:"封狼居胥山,禅于姑衍,登临翰海。"裴骃《集解》:"张晏曰:'登海边山以望海也。'"司马贞《索隐》:"崔浩云:'北海名,群鸟之所解羽,故云翰海。'《广异志》云:'在沙漠北。'"第2936—2938页。《汉书》卷五五《卫青传》:"封狼居胥山,禅于姑衍,登临翰海。"颜师古注:"张晏曰:'登海边山以望海也。有大功,故增山而广地也。'如淳曰:'翰

与"海洋"之间的联想。《说文·水部》对"海"与"漠"的解说相邻:"海,天池也,以纳百川者。从水,每声。漠,北方流沙也。一曰清也。从水,莫声。"[1] 元代学者刘郁《西使记》写道:"今之所谓'瀚海'者,即古金山也。"[2] 岑仲勉《自汉至唐漠北几个地名之考定》赞同刘郁之说,认为"瀚海"是"杭海""杭爱"的译音。柴剑虹进一步发现维吾尔语汇中突厥语的遗存,"确定'瀚海'一词的本义与来历",以为"两千多年前,居住在蒙古高原上的突厥民族称高山峻岭中的险隘深谷为'杭海'","后又将这一带山脉统称为'杭海山'、'杭爱山',泛称变成了专有名词"。不过,亦如柴剑虹所说,"诚然,唐人许多作品中'瀚海'确实是指戈壁沙漠"[3],我们看到的明确的例证有李世民《饮马长城窟行》:"塞外悲风切,交河冰已结。瀚海百重波,阴山千里雪。"[4] 王维《燕支行》:"书戟雕戈白日寒,连旗大旆黄尘没。叠鼓遥翻瀚海波,鸣笳乱动天山月。"[5] 李白《塞上曲》:"转战渡黄河,休兵乐事多。萧条清万里,瀚海寂无波。"[6] 钱起《送王使君赴太原行营》:"惊蓬连雁起,牧马入云多。不卖卢龙塞,能消瀚海波。"[7]

三 康巴草原民族考古的收获

四川省文物考古研究院和故宫博物院组织的2005年康巴地区民族考古调查,就民族史和区域文化史而言,取得了丰富的收获。从古代民族活动的区域和路径来认识相关信息,也获得了交通史的新知。考察者认识到,康巴草原在古代中国西北地区和西南地区的文化交往过程中发挥过重要的作用。

司马迁在《史记》卷一一六《西南夷列传》中写道:

及元狩元年,博望侯张骞使大夏来,言居大夏时见蜀布、邛竹、杖,使问所从来,曰"从东南身毒国,可数千里,得蜀贾人市"。或闻邛西可二千里有身毒国。骞因盛言大夏在汉西南,慕中国,患匈奴隔其道,诚通蜀,身毒国道便近,有利无害。于是天子乃令王然于、柏始昌、吕越人等,使间出西夷西,指求身毒国。至滇,滇王尝羌乃留,为求道西十余辈。岁余,皆闭昆明,莫能通身毒国。[8]

(接上页)海,北海名也。'"第2487页。《四库全书》齐召南《前汉书卷五五考证》:"'按翰海'《北史》作'瀚海',即大漠之别名。沙碛四际无涯,故谓之'海'。张晏、如淳直以大海、北海解之,非也。本文明云'去病出代、右北平二千余里',则其地正在大漠,安能及绝远之北海哉?且塞外遇巨泽大湖,通称为'海',如苏武牧羊北海上,窦宪追至私渠北鞮海,皆巨泽大湖,如后世称'阔滦海'之类,非大海也。"文渊阁《四库全书》本。

1 (汉)许慎撰,(清)段玉裁注:《〈说文解字〉注》,上海古籍出版社据经韵楼藏版,1981年,第545页。对于草原民族的机动性,汉代史家有"其见敌则逐利,如鸟之集;其困败,则瓦解云散矣"的说法。《史记》卷一一〇《匈奴列传》,第2892页。就其交通运行节奏,则有"至如猋风,去如收电"的表述。《汉书》卷五二《韩安国传》,第2401页。
2 又见(元)王恽《玉堂嘉话》卷二及《秋涧集》卷九四,文渊阁《四库全书》本。
3 对于"唐人许多作品中'瀚海'确实是指戈壁沙漠",论者写道:"但是,难道就没有别的含义的用法吗?"柴剑虹:《"瀚海"辨》,《学林漫录》二集,中华书局,1981年。
4 (宋)郭茂倩:《乐府诗集》卷三八,中华书局,1979年,第559页。
5 《乐府诗集》卷九〇,第1168—1169页。
6 《乐府诗集》卷九二,第1168—1289页。
7 (清)彭定求等:《全唐诗》,中华书局,1960年,第2658页。
8 (西汉)司马迁:《史记》,中华书局,1959年,第2995—2996页。

《史记》卷一二三《大宛列传》又记载：

> 骞曰："臣在大夏时，见邛竹杖、蜀布。问曰：'安得此？'大夏国人曰：'吾贾人往市之身毒。身毒在大夏东南可数千里。其俗土著，大与大夏同，而卑湿暑热云。其人民乘象以战。其国临大水焉。'以骞度之，大夏去汉万二千里，居汉西南。今身毒国又居大夏东南数千里，有蜀物，此其去蜀不远矣。今使大夏，从羌中，险，羌人恶之；少北，则为匈奴所得；从蜀宜径，又无寇。"……天子欣然，以骞言为然，乃令骞因蜀犍为发间使，四道并出：出駹，出冉，出徙，出邛、僰，皆各行一二千里。其北方闭氐、筰，南方闭嶲、昆明。[1]

所谓"出西夷西"，所谓"其北方闭氐、筰"，都说明汉武帝时代曾经试图经过康巴及其邻近地区打通前往身毒国的国际通路。我们现在尚不能确定汉武帝派使节"间出西夷西，指求身毒国"，以及"乃令骞因蜀犍为发间使，四道并出：出駹，出冉，出徙，出邛、僰，皆各行一二千里"其出使的具体方向和路径，但是重视这些历史记录，在今后这一地区的民族考古工作中注意相关信息的采集和分析，显然是必要的[2]。

如果从交通考察的视角分析考古学调查和民族史研究获得的相关资料，或许也有益于揭示这样的历史疑案的谜底。事实上，通过此次考察而得到学界重视的炉霍石棺墓出土的海螺[3]，已经可以说明川西北草原的古代居民，很早就与滨海地区实现了交通往来。海螺经过加工，可能被作为巫术的法器使用。其出产地与出土地点有遥远的空间距离，可以看作反映当时交通活动的重要资料。

2005年康巴民族考古的重要收获之一，是对大渡河中游地区和雅砻江中游地区石棺葬墓地考察所获得的新资料。就丹巴中路罕额依和炉霍卡莎湖石棺葬墓地进行的考察以及丹巴折龙村、炉霍城中、炉霍城西、德格莱格石棺葬墓地的发现，都对石棺葬在四川地区的分布提供了新的认识。甘孜地区各地所发现数量颇多的古石棺墓，其方向、规格、形制以及随葬品组合，都说明其文化共性。这些遗迹的共同点，与草原交通条件的历史作用有关。由西北斜向西南的草原山地文化交汇带，正是以这一埋葬习俗，形成了历史标志。以《2005年度康巴地区考古调查简报》未作具体记述的德格莱格石棺葬墓群为例，其规模相当可观。新版《德格县志》称之为"古石板墓群"。据记载："1988年，在金沙江东岸的龚垭乡喇格村境内发现一古石板墓群，石板墓数量近千座，公布面积约1平方公里。经州、县文物部门初步考察，发现有古陶器（单耳陶罐）随葬品，有关人士初步推断，古石板墓距今已有2200～3000年历史。"[4]新版《道孚县志》也记载："石棺葬亦称石板墓，在道夫县境鲜水河两岸瓦日乡孟拖、朱倭、布日窝、易日、勒瓦、根基等村，麻孜乡沟尔普、菜子坡两村，格西乡足湾村都有发现。"[5]研究者认为："关于这批石棺葬的族属，这批石棺葬出土了装饰有羊头的陶器，而'羊'与'羌'有着直接的关系，说明这批石棺葬的墓主人可能与

---

1 《史记》，第3166页。
2 王子今：《汉武帝"西夷西"道路与向家坝汉文化遗存》，《四川文物》2014年5期，第57—64页。
3 故宫博物院、四川省文物考古研究院：《2005年度康巴地区考古调查简报》，《四川文物》2005年6期，第3—9页。
4 四川省德格县志编纂委员会编纂：《德格县志》，四川人民出版社，1995年，第418页。
5 四川省道孚县志编纂委员会编纂：《道孚县志》，四川人民出版社，1998年，第452页。

图1 四川炉霍宴尔龙石棺墓出土青铜戈（采自《四川文物》2012年第3期）

羌族有着直接的关系。"[1]这一判断，提出了值得重视的意见。

正如汤因比曾经指出的："一般而论，流动的氏族部落及其畜群，遗留下来的那些可供现代考古工作者挖掘并重见天日的持久痕迹，即有关居住和旅行路途的痕迹，在史前社会是为数最少的。"[2]与草原交通有密切关系的这种古代墓葬资料，因此有更值得珍视的意义。

已经有研究者指出："炉霍石棺墓出土的羊、虎、熊、马等形象与鄂尔多斯文化系统同类形象相似。""炉霍石棺墓出土的铜牌，也是北方草原民族特有的文化样式，尤其是虎背驴铜牌与宁夏固原出土虎背驴铜牌几乎一模一样。"炉霍县石棺葬的主人"可能来自北方草原，而且与鄂尔多斯文化系统联系十分紧密"[3]。炉霍石棺墓出土带有典型北方草原风格特征的青铜动物纹饰牌，构成了这种文物在西北西南地区分布的中间链环。学者在分析这种鄂尔多斯式青铜器与周围诸文化的关系时（图1），多注意到与中原文化之关系、与东北地区文化之关系、与西伯利亚文化之关系[4]，而康巴草原的相关发现，应当可以充实和更新以往的认识[5]。

四 "鲜水"：移民运动的历史纪念

《汉书》卷二八上《地理志上》"蜀郡旄牛"条下说到"鲜水"："旄牛，鲜水出徼外，南入若水。若水亦出徼外，南至大莋入绳，过郡二，行千六百里。"[6]《续汉书·郡国志五》"益州·蜀郡属国"条下刘昭《注补》引《华阳国志》也说到"鲜水"："旄，地也，在邛崃山表。邛人自蜀入，度此山甚险难，南人毒之，故名邛崃。有鲜水、若水，一名洲江。"[7]谭其骧主编《中国历史地图集》标定的"鲜水"，在今四川康定西。[8]即今称"立启河"者。然而于雅江南美哲和亚德间汇入主流的"雅砻江"支流，今天依然称"鲜水河"。今"鲜水河"上游为"泥曲"和"达曲"，自炉霍合流，即称"鲜水河"。今"鲜水河"流经炉霍、道孚、雅江。道孚县政府所在地即"鲜水镇"，显然因"鲜水河"得名。讨论古来蜀郡旄牛"鲜水"，应当注意这一事实。

前说蜀郡旄牛"鲜水"。又有西海"鲜水"。《汉书》卷一二《平帝纪》记载，汉平帝元始四年，"置西海郡，徙天下犯禁者处之"[9]。清代学者齐召南《前

---

1 故宫博物院、四川省文物考古研究院：《2005年度康巴地区考古调查简报》，《四川文物》2005年6期，第3—9页。
2 ［英］阿诺德·汤因比著，刘北成、郭小凌译：《历史研究》（修订插图本），第114页。
3 炉霍县政府编：《中国西部石棺文化之乡——炉霍》（内部资料），2005年。
4 田广金、郭素新：《鄂尔多斯式青铜器》，文物出版社，1986年，第189—191页。［日］小田木治太郎：《オルドス青銅器——遊牧民の動物意匠》，天理大学出版部，1993年，第1—2页。
5 王子今：《康巴民族考古与交通史的新认识》，《中国文物报》2005年10月5日；《康巴地区民族考古综合考察》，天地出版社，2008年；王子今、王遂川：《康巴草原通路的考古学调查与民族史探索》，《四川文物》2006年3期，第71—76页。
6 （东汉）班固撰：《汉书》，中华书局，1962年，第1598页。
7 （刘宋）范晔编撰：《后汉书》，中华书局，1965年，第3514页。
8 谭其骧主编：《中国历史地图集》第2册，中国地图出版社，1982年，第29—30页。
9 《汉书》，第357页。

汉书卷一二考证》关于"置西海郡"事写道："按莽所置西海郡在金城郡临羌县塞外西北。《地理志》可证。西海曰仙海，亦曰鲜水海，即今青海也。"[1] 王莽诱塞外羌献鲜水海事，见于《汉书》卷九九上《王莽传上》有关元始五年史事的记载。王莽出于"致太平"的虚荣，"遣中郎将平宪等多持金币诱塞外羌，使献地，愿内属。宪等奏言：'羌豪良愿等种，人口可万二千人，愿为内臣，献鲜水海、允谷盐池，平地美草皆予汉民，自居险阻处为藩蔽。……'"事下王莽，王莽复奏："今谨案已有东海、南海、北海郡，未有西海郡，请受良愿等所献地为西海郡。"于是，"奏可。又增法五十条，犯者徙之西海。"[2] 稍早有关西海"鲜水"的著名的历史记录，见于赵充国事迹。《汉书》卷六九《赵充国传》记载："分兵并出张掖、酒泉合击罕、开在鲜水上者。"汉宣帝在指示赵充国进军的诏书中说到"北方兵"进击羌人"入鲜水北句廉上"。赵充国后来又上屯田奏，计划"冰解漕下，缮乡亭，浚沟渠，治湟狭以西道桥七十所，令可至鲜水左右"[3]。扬雄为未央宫功臣画像作颂，其中文句有"请奋其旅，于罕之羌，天子命我，从之鲜阳"。所谓"鲜阳"，颜师古注引应劭曰，以为"鲜水之阳"[4]。《汉书》卷六九《赵充国传》中四次说到的"鲜水"[5]，多是指今天的青海湖。谭其骧主编《中国历史地图集》标示作"西海（仙海）（鲜水海）"[6]。《水经注·河水二》说到浩亹河"东南迳西平之鲜谷塞尉古城南"[7]。《嘉庆重修一统志》卷二〇七《西宁府二·古迹》："鲜谷塞故城，在大通县西北，临甘州府界。《水经注》：'合门水径西平之鲜谷塞。'即此。"[8] 所谓"鲜谷塞尉古城""鲜谷塞故城"，也应当与"鲜水"有关。此言"鲜谷"，应当并非指"鲜水海"，或与"鲜水左右"之"鲜水"相关。

又有张掖"鲜水"。《史记》卷一一〇《匈奴列传》记载，贰师将军等出击匈奴，"匈奴闻，悉远其累重于余吾水北"。司马贞《索隐》引《山海经》："北鲜之山，鲜水出焉，北流注余吾。"[9] 说到"北鲜之山"所出"鲜水"。《史记》卷二《夏本纪》："道九川：弱水至于合黎，余波入于流沙。"张守节《正义》引《括地志》："合黎，一名羌谷水，一名鲜水，一名覆袤水，今名副投河，亦名张掖河，南自吐谷浑界流入甘州张掖县。"[10]《后汉书》卷六五《段颎传》在汉羌战争记录中说到张掖"令鲜水"。李贤注："令鲜，水名，在今甘州张掖县界。一名合黎水，一名羌谷水也。"[11] 所谓"鲜水"与"令鲜水"名称差异，

1　《文渊阁四库全书》第二百五十一册，台湾商务印书馆。
2　《汉书》，第4077页。
3　《汉书》，第2986页。
4　《汉书》卷六九《赵充国传》，第2995页。
5　《汉书》，第2977、2980、2986、2988页。
6　谭其骧主编：《中国历史地图集》第2册，第33—34页。
7　(北魏)郦道元撰，陈桥驿校证：《〈水经注〉校证》，中华书局，2007年，第50页。
8　《中国古代地理总志丛刊》之《嘉庆重修一统志》，中华书局，1986年，第13290页。
9　《史记》，第2918页。
10　《史记》，第70页。
11　《后汉书》，第2150页。

或许体现出译名特征。谭其骧主编《中国历史地图集》标示"羌谷水"由祁连山宛转而下，进入河西走廊，经张掖郡治折而西北，入酒泉郡，最终东北汇入"居延泽"[1]。

思考"鲜水"水名在不同地方共同使用的原因，不能不注意到民族迁徙的因素。古地名的移用，往往和移民有关。因移民而形成的地名移用这种历史文化地理现象，综合体现了人们对原居地的忆念和对新居地的感情，富含重要的社会文化史的信息[2]。有学者称类似情形为"（地名）从甲地移植于乙地"的现象，即"地名搬家"现象，或称之为"移民地名"，因"迁徙"而出现的地名[3]，并确定其为地名形成的渊源之一。

这种迁徙之人"皆取旧壤之名"命名地方的现象[4]，更早又见于有关少数民族迁徙的历史记录中。如《汉书》卷二八上《地理志上》"京兆尹下邽"[5]、"弘农郡陆浑"[6]，又如《汉书》卷二八下《地理志下》"上郡龟兹"[7]等，都体现了类似的情形。

"鲜水"地名在不同地方的重复出现，从许多迹象看来，与古代羌族的活动有密切关系。张掖"鲜水"时亦名"羌谷水"，也透露出羌人活动的痕迹。在羌人迁徙的历史过程中，是可以看到相应的地名移用的痕迹的。有学者指出："酒泉太守辛武贤要求出兵'合击罕、开在鲜水上者'，是罕、开分布在青海湖。赵充国云：'又亡惊动河南大开、小开'。河南系今黄河在青海河曲至河关一段及到甘肃永靖一段以南地区，即贵德、循化、尖扎、临夏等地。阚骃《十三州志》载：'广大阪在枹罕西北，罕、开在焉。'枹罕故城在临夏县境。又《读史方舆纪要》说，'罕开谷在河州西'。河州即临夏。""罕、开羌后来多徙居于陕西关中各地，至今这些地方尚有以'罕开'命名的村落。"[8]以同样的思路分析在羌人活动地域数见"鲜水"的事实，或许可以推进相关地区的民族考古研究。

羌族在古代中国的西部地区曾经有非常活跃的历史表演。其移动的机动性和涉及区域的广阔，是十分惊人的[9]。

两汉时期，西海"鲜水"地区曾经是羌文化的重心地域。而有学者指出，羌人中的"唐牦"部族"向西南进入西藏"，而"牦可能是牦牛羌的一些部落"[10]。有的学者认为，青海高原上的羌族部落，有

1　谭其骧主编：《中国历史地图集》第2册，第33—34页。
2　如《汉书》卷一下《高帝纪下》说到"太上皇思欲归丰，高祖乃更筑城寺市里如丰县，号曰'新丰'，徙丰民以充实之"的故事，第73页。类似地名，还有所谓"新秦中"。"新蔡""新郑"，也属于同样的情形。
3　华林甫：《中国地名学源流》，湖南人民出版社，1999年，第215、124、106、131、159、177、247、291页。
4　《隋书》卷二四《食货志》："晋自中原丧乱，元帝寓居江左，百姓之自拔南奔者，并谓之侨人。皆取旧壤之名，侨立郡县。"第873页。
5　《汉书》卷二八上《地理志上》"京兆尹下邽"条，颜师古注："应劭：'秦武公伐邽戎，置有上邽，故加下。'师古曰：'邽音圭，取邽戎之人而来为此县。'"第1544页。"下邽"，地名，是因"邽戎"迁徙而确定。
6　《汉书》卷二八上《地理志上》"弘农郡陆浑"条写道："陆浑，春秋迁陆浑戎于此。"第1549页。"陆浑戎"族名，原本或已有地名含义。其迁徙之后的新居地以"陆浑"为名，或许也可以作为对故地的纪念。
7　《汉书》卷二八下《地理志下》"上郡龟兹"条写道："龟兹，属国都尉治。有盐官。"颜师古注："龟兹国人来降附者，处之于此，故以名云。"在研究少数民族活跃的西部和北边的历史地理时，人们常常会注意到类似的情形。参看陈守忠、陈秀实《两河西、两云中、双龟兹——历史地理考证》，《西北史研究》第1辑上册，兰州大学出版社，1997年。
8　冉光荣、李绍明、周锡银：《羌族史》，四川民族出版社，1985年，第59—60页。
9　参看马长寿《氐与羌》，上海人民出版社，1984年；冉光荣、李绍明、周锡银：《羌族史》，四川民族出版社，1985年。
10　李吉和：《先秦至隋唐时期西北少数民族迁徙研究》，民族出版社，2003年，第60页。

的后来迁移到川西北地方[1]。有的学者则说:"迁徙到西藏的羌人还有唐牦。牦很可能是牦牛羌的一些部落。牦牛羌在汉代还有一部分聚居于今四川甘孜、凉山地区,吐蕃也有牦牛王的传说,两者间也许有关系;但要说西藏的牦牛种即是四川牦牛羌迁移而去的尚难于肯定。就地理环境而言,川藏间横断山脉,重重亘阻;古代民族迁移路线多沿河谷地带而行,翻越崇山峻岭是十分困难的。因此,极大可能是羌人中的牦牛部从他们的河湟根据地出发,一支向西南进入西藏,另一支向南进入四川,还有的则继续南下至川南凉山一带。"[2] 也有学者指出,早在秦献公时代,"湟中羌"即"向南发展","其后一部由今甘南进入川滇"[3]。现在看来,虽然年代难以明确判定,然而蜀郡旄牛"鲜水"很可能与羌族南迁的史实有关,是大致可信的。

有的学者从交通作用出发,赋予康巴区域以"藏彝走廊"[4]或"民族文化走廊"[5]之称谓。对于相关定名的学术合理性,还可以继续讨论。然而进行康巴地区的民族考古,确实不能不重视交通的文化因素。

五 河西出土"蜀校士"简文

陈直《居延汉简释文校订》写道:"居延简食校士者,有蜀、犍为、昌邑等郡国名。"[6] 其中"蜀校士""昌邑校士",多有学者重视。"校士",以往曾释"材士""牧士"。或从"牧"之字义予以解说,理解为"在汉代边境屯田的工作中""专门养牛的人材",或说边地专职饲养屯田所用"官牛"的人。现在看来,"校士"释文是正确的。"校士"身份的分析,应关注强调"蜀"和"昌邑"等"郡国名"的意义。我们看到出现"蜀校士"简文者有如下简例:

(1)合出糜大石三石六斗　始元二年六月庚午朔以食蜀校士二人尽己亥卅日积六十人人六升(275.12)

(2)合出糜大石三石四斗八升　始元二年九月己亥以食蜀校士二人尽丁卯廿九日积五十八人人六升(275.18)

(3)合始元二年八月己巳朔以食蜀校士二人尽戊戌卅日积(534.4)

我们注意到,"校"的实施,多由上级派员负责。由于工作特殊的程序要求,有可能已经出现了专职负责"校"的工作者。"校士"或许就是这样的主持"校"的专业人员。"二人"或"三人""四人"的组合[7],比较适应职任要求。对于等级较高和性质较为特殊的部门,也许需要考虑地区回避因素。这或许就是"蜀校士""昌邑校士"[8]在居延汉简中出现的原因。如果这样的推想成立,则后世易地派遣通常二人一组的监察审计人员的方式,可以在汉代行政

---

1 闻宥:《论所谓南语》,《民族语文》1981年1期,第16—25页。
2 冉光荣、李绍明、周锡银:《羌族史》,第92—93页。
3 李文实:《西陲古地与羌藏文化》,青海人民出版社,2001年,第444—445页。
4 石硕主编:《藏彝走廊:历史与文化》,四川人民出版社,2005年。
5 泽波、格勒主编:《横断山民族文化走廊》,中国藏学出版社,2004年。
6 陈直:《居延汉简释文校订》,《居延汉简研究》,天津古籍出版社,1986年,第641页。
7 居延简文又可见"昌邑校士三人"(308.3)及"昌邑校士四人"(275.16)等例。
8 据陈直说,还有"犍为校士"。

制度中发现先声[1]。

我们更为关注的，是"蜀校士"自蜀郡抵达居延地区的交通路线问题。现在未可排除"蜀校士"经由严耕望所说"松潘草原"及"河湟青海地区"草原通路前往河西地方执行任务的可能。

六 "驱驴士""之蜀"

敦煌汉简多有反映汉代河西军事控制、行政管理和社会生活的内容。其中可见出现"驱驴士""之蜀"字样的简文：

> 官属数十人持校尉印绂三十驴五百匹驱驴士五十人之蜀名曰劳庸部校以下城中莫敢道外事次孙不知将（981）[2]

张德芳著《敦煌马圈湾汉简集释》因照相技术利用红外线辨识简牍字迹，提供了更清晰、更精确的可能，而照排出版能力的提高，也有革命性的进步[3]，这条简文的释读却并没有变更[4]。这说明原释文的准确性当无疑义。现在看来，简文内容尚未能全面理解。但是涉及"驴"的文字，大致反映了这种西来畜种应用于交通运输，相关劳作方式已形成一定规模的情形。

汉武帝轮台诏有"朕发酒泉驴橐驼负食，出玉门迎军"文句[5]，可知河西地方较早役使"驴"以为运输动力[6]。东汉时期，驴用于交通运输的情形非常普遍。武都"运道艰险，舟车不通"，曾经役使"驴马负载"。运输成本据说"僦五致一"[7]。可知专门以"驴""僦"载的民间运输业经营，拥有相当可观的运力。这一则交通史料也与蜀地交通有关。关于用驴"负载"，《说文·木部》所谓"极，驴上负也"正可以为证。段玉裁解释说："当云'驴上所以负也'，浅人删之耳。《广韵》云'驴上负版'，盖若今驮鞍。"[8]东汉时北边"建屯田"，"发委输"供给军士，并赐边民，又曾经以"驴车转运"[9]。汉明帝永平年间（58—75），曾计划从都虑至羊肠仓通漕，"太原吏人苦役，连年无成，转运所经三百八十九隘，前后没溺死者不可胜筭"。于是汉章帝建初三年（78）"遂罢其役，更用驴辇"。以驴为牵引动力的"驴辇"成功地承担起转运任务，"岁省费亿万计，全活徒士数千人"[10]。这一史例说明"驴"曾经成为

---

1 王子今：《居延汉简"校士"身份及"拘校"制度推考》，《国际简牍学会会刊》第7号（2013），兰台出版社，2013年。
2 吴礽骧、李永良、马建华释校：《敦煌汉简释文》，甘肃人民出版社，1991年，第100页。
3 王子今：《简牍学新裁——评张德芳著〈敦煌马圈湾汉简集释〉》，《光明日报》2014年4月15日16版。
4 张德芳：《敦煌马圈湾汉简集释》，甘肃文化出版社，2012年，彩色图版第147页，红外线图版第327页。张德芳《集释》："印绂，即印绶。绂为印之组页。"《敦煌马圈湾汉简集释》，集释第622页。
5 《汉书》卷九六下《西域传下》，第3913页。
6 《后汉书》卷一上《光武帝纪上》记载，王莽时代，刘秀曾在长安求学，"王莽天凤中，乃之长安，受《尚书》，略通大义"。李贤注引《东观记》曰："受《尚书》于中大夫庐江许子威。资用乏，与同舍生韩子合钱买驴，令从者僦，以给诸公费。"第1页。可知两汉之际长安地方以"驴""僦"运已经成为一种营生手段。
7 《后汉书》卷五八《虞诩传》，第1869页。李贤注："僦五致一，谓用五石赁而致一石也。"
8 段玉裁还写道："或云'负笈'字当用此，非也。《风土记》曰：'笈，谓学士所以负书箱，如冠箱而卑者也。'谢承《后汉书》曰：'负笈随师'。然则笈者书箱，人负所以徒步者，不得合为一也。"（汉）许慎撰，（清）段玉裁注：《〈说文解字〉注》，第266页。
9 《后汉书》卷二二《杜茂传》，第777页。
10 《后汉书》卷一六《邓禹传》，第608页。

大规模运输的主力。汉灵帝中平元年（184），北地先零羌及枹罕河关人起义，夜有流星光照营中，"驴马尽鸣"[1]，说明"驴"还与"马"同样，被用作主要军运动力。

巴蜀地区亦有用"驴"挽车情形，据《后汉书》记载，成都人张楷"家贫无以为业，常乘驴车至县卖药"[2]。《艺文类聚》卷三五引汉王褒《僮约》有"食马牛驴"字样[3]。顾炎武《日知录》卷二九"驴骡"条："王褒《僮约》：'调治马驴，兼落三重。'其名始见于文。"黄汝成《集释》："案：如《僮约》，则驴亦人家所长畜矣。"[4]《初学记》卷一九《奴婢》引王褒《僮约》"调治马驴"[5]，指出蜀中庄园中主要劳作内容包括"驴"的饲养驯用[6]。

汉代"驴"在蜀地社会经济生活中相当普遍的作用殆无疑义。人们自然会思考这样的问题，经由河西引入的"驴"，是通过怎样的路径进入蜀地的？

敦煌马圈湾简文"官属数十人持校尉印绶三十驴五百匹驱驴士五十人之蜀名曰劳庸部校以下城中莫敢道外事次孙不知将"（981），提示我们有大队的"驴"由"驱驴士"役使，直接以"之蜀"为交通运输的目标。

交通史研究者或当特别关注"蜀校士"的由来以及"驴五百匹驱驴士五十人之蜀"的交通线路。循通常思路，人们会考虑经由陇西再通过蜀道南下的"之蜀"道路。但是还有另一种可能，即由今青海地方南行"之蜀"。通过"鲜水"地名数处移用现象的考察，可知自青海湖左近至川西草原，曾经有便利的交通通道。[7]西汉时青海湖称"鲜水海"[8]，说明汉代这条道路即已通行。

承张德芳教授提示，肩水金关简还有一则涉及"驴"的重要的简文，或可反映相关交通条件：

西海轻骑张海　马三匹驴一匹　丿（73EJF3:149）[9]

"西海轻骑张海"的事迹，丰富了我们对当时"西海郡"形势的认识。而"马三匹驴一匹"简文，可以看作反映"驴"应用于"西海"地方交通运输的文物实证。或许我们讨论的敦煌马圈湾简文"驴五百匹驱驴士五十人之蜀"有可能经汉代"西海"草原通路南下

1　《后汉书》卷七二《董卓传》，第2320页。
2　《后汉书》卷三六《张楷传》，第1243页。
3　文渊阁《四库全书》本。又文渊阁《四库全书》本《太平御览》卷五〇〇引汉王褒《僮约》作"饮食马牛"。中华书局，1960年2月用上海涵芬楼影印宋本复制重印本《太平御览》作"饮马食牛"，第2289页。
4　（清）顾炎武著，（清）黄汝成集释，秦克诚点校：《日知录集释》，第1009页。
5　（唐）徐坚等著：《初学记》，中华书局，1962年，第467页。
6　（宋）章樵《古文苑》卷一七引王褒《僮约》，《四部丛刊》景宋本。文渊阁《四库全书》本《太平御览》卷五九八引王褒《僮约》则作"调治马户"。《全汉文》卷四二王褒《僮约》谓据《初学记》十九，又见《古文苑》"，则作"调治马户"。（清）严可均校辑：《全上古三代秦汉六朝文》，中华书局，1958年，第359页。董治安主编《两汉全书》亦作"调治马户"，山东大学出版社，2009年，第4114页。中华书局1960年2月用上海涵芬楼影印宋本复制重印本《太平御览》作"调治马胪"，第2693页。今按："马户""马胪"，均是"马驴"之误。
7　王子今、高大伦：《说"鲜水"：康巴草原民族交通考古札记》，《中华文化论坛》2006年4期；《康巴地区民族考古综合考察》，天地出版社，2008年；《巴蜀文化研究集刊》第4卷，巴蜀书社，2008年。
8　《汉书》卷九九上《王莽传上》："宪等奏言：羌豪良愿等种，人口可万二千人，愿为内臣，献鲜水海、允谷盐池，平地美草皆予汉民，自居险阻处为藩蔽"，第4077页。
9　甘肃简牍博物馆、甘肃省文物考古研究所、甘肃省博物馆、中国文化遗产研究院古文献研究室、中国社会科学院简帛研究中心编：《肩水金关汉简》（伍），中西书局，2016年。

"之蜀"的推想，也可以因此得到侧面的补证[1]。

七 汉代画像所见蜀地"胡人""橐驼"

四川省博物馆藏1985年四川什邡收集的一件汉画像砖，《中国画像砖全集》定名为《骑吏画像砖》（图2）。图版说明："画面二骑，彩头结尾。骑上二吏，头戴武冠，腰系箭箙左手执幢麾，迎风招展，右手握缰绳，夹马奔驰。骑吏皆深鼻高目，胡须蓬张，似为'胡人'。当为千石以下官吏出行仪仗。"[2]有研究者则称此为"1959年四川成都市新都区出土'二骑吏'画像砖"。据介绍："马上的骑行者身材魁梧，头戴武冠，高鼻深目，显然是西域胡人。"[3]这些"胡人"的来路，不能排除经历甘青至川西草原通路的可能。

另一件四川省博物馆藏1978年成都新都区马家乡出土的所谓《骆驼画像砖》（图3、图4），也值得注意。图版说明："画面上骆驼昂首张口，缓步前行。驼背佩鞍，两峰之间竖一建鼓，鼓上饰羽葆。前峰跪坐一人，曳长袖击鼓（图之左面击鼓人残损，同墓出土的残砖上，可知有一击鼓人与之对称）。当为官吏出行时的仪仗鼓吹乐队之一。"[4]对于这件汉画像砖，研究者描述："这一幅非常有特点的画像砖中仅仅绘制了一人鼓吹的图像。画面中一头骆驼正缓步前行，在驼峰之间有一建鼓，鼓上树有羽葆前后分开。有一人反向坐在前面的驼峰上击鼓。一般我们见到的骑吹图都是以马作为骑吹者的坐骑，以骆驼为坐骑的非常少见。骆驼本是北方沙漠地区的交通工具，却出现在了四川的画像砖中，可见当时南方与北方、汉王朝与其他民族、国家已经有密切的经济文化往来。北方沙漠之地的骆驼被运送到了西南四川，作为官员出行的仪仗前导。"[5]《史记》卷一一〇《匈奴列传》称"橐驰、驴、骡、駃騠、駼騟、驒騱"为匈奴"奇畜"（图5）[6]。其中"橐驰"位列第一。《盐铁论·力耕》载大夫言说到"异物内流"情形："汝汉之金，纤微之贡，所以诱外国而钓羌胡之宝也。夫中国一端之缦，得匈奴累金之物，而损敌国之用。是以骡驴馲驰，衔尾入塞，驒騱騵马，尽为我畜。鼲貂狐貉，采旄文罽，充于内府。而璧玉珊瑚瑠璃，咸为国之宝。是则外国之物内流，而利不外泄也。异物内流则国用饶，利不外泄则民用给矣。《诗》曰：'百室盈止，妇子宁止。'"[7]所谓"骡驴馲驰，衔尾入塞，驒騱騵马，尽为我畜"，指出了草原畜产传入，为中原人利用以为生产动力和交通动力的情形[8]。

"胡人"和"骆驼"进入蜀地的路径自有多种可能。但是河西汉简"驱驴士""之蜀"，即很可能经由"西海"草原的路线的捷近和方便，自然是交通史研究者不会忽略的。

---

1 王子今：《说敦煌马圈湾简文"驱驴士""之蜀"》，《简帛》待刊。
2 《中国画像砖全集》编辑委员会编：《中国画像砖全集·四川汉画像砖》，四川美术出版社，2006年，第39页图五四，图版说明第22页。
3 王微、陈至学：《四川汉代车马出行画像砖试析》，《文物天地》2016年4期，第84—91页。
4 《中国画像砖全集》编辑委员会编：《中国画像砖全集·四川汉画像砖》，第341页图五六，图版说明第23页。
5 王微、陈至学：《四川汉代车马出行画像砖试析》，《文物天地》2016年4期，第84—91页。
6 《史记》，第2879页。
7 王利器校注：《〈盐铁论〉校注》（定本），中华书局，1992年，第28页。
8 王子今：《骡驴馲驰，衔尾入塞——汉代动物考古和丝路史研究的一个课题》，《国学学刊》2013年4期，第37—43页。

图 2　骑吏画像砖

图 4　四川博物院藏成都新都区马家乡出土骆驼画像砖拓片

图 3　四川博物院藏成都新都区马家乡出土骆驼画像砖

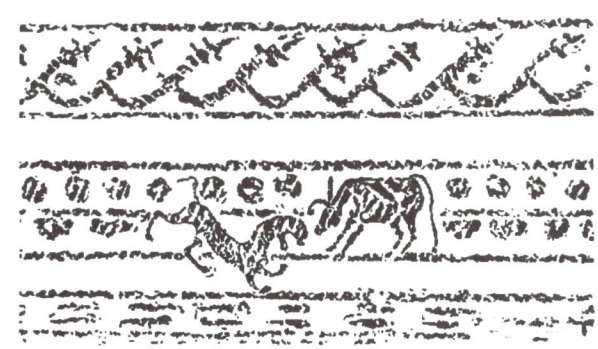

图 5　山东邹县出土汉画像石驴虎相斗图

八　"南羌"的草原民族定位与交通能力评说

汉王朝针对匈奴的军事和外交战略，特别关注制止这一草原政治实体与羌的联合。汉代文献中，于是有"鬲绝胡羌"的明确表述。

《史记》卷一一〇《匈奴列传》："西置酒泉郡，以鬲绝胡与羌通之路。"[1]《汉书》卷九四上《匈奴传上》："西置酒泉郡，以隔绝胡与羌通之路。"[2]《汉书》卷二八下《地理志下》凡四次说到"南羌"：

> 酒泉郡……县九：禄福，呼蚕水出南羌中，东北至会水入羌谷，莽曰显德。……敦煌郡……县六：……冥安，南籍端水出南羌中，西北入其泽，溉民田。……龙勒。有阳关、玉门关，皆都尉治。氐置水出南羌中，东北入泽，溉民田。[3]

自武威以西，本匈奴昆邪王、休屠王地，武帝

---

[1] 《史记》，第2913页。
[2] 《汉书》，第3773页。
[3] 《汉书》，第1614页。

时攘之，初置四郡，以通西域，鬲绝南羌、匈奴[1]。

《汉书》卷九六下《西域传下》也说到河西四郡设置对于"隔绝""南羌"与其他草原部族之联系的意义：

> 赞曰：孝武之世，图制匈奴，患其兼从西国，结党南羌，乃表河西，列四郡，开玉门，通西域，以断匈奴右臂，隔绝南羌、月氏。单于失援，由是远遁，而幕南无王庭[2]。

河西四郡的设置，有向西开拓西域通路的作用，也有"鬲绝南羌、匈奴"的作用。"南羌"称谓的出现，应有以河西汉地作为基准的方位观的基础。

匈奴"结党南羌"，导致对汉帝国的战略优势。而汉军"断匈奴右臂，隔绝南羌、月氏"之后，在"幕南"的强势地位终于形成。《后汉书》卷八八《西域传》记载："延光二年，敦煌太守张珰上书陈三策"，建议对"北虏呼衍王"积极进击，在回顾了汉武帝时代"隔绝南羌"取得的历史性成功之后，面对当时形势，再一次提出对"北虏"与"南羌"联合的忧虑：

> （孝武）遂开河西四郡，以隔绝南羌，收三十六国，断匈奴右臂。是以单于孤特，鼠窜远藏。……西域内附日久，区区东望扣关者数矣，此其不乐匈奴慕汉之效也。今北虏已破车师，势必南攻鄯善，弃而不救，则诸国从矣。若然，则虏财贿益增，胆势益殖，威临南羌，与之交连。如此，河西四郡危矣[3]。

对匈奴"结党南羌"，以及"威临南羌，与之交连"的担忧，因由不仅在与这两部分与汉文化多有隔阂的部族联盟自身军事的强势，还在于双方在交通能力方面的优越。《汉书》卷五二《韩安国传》对于匈奴的交通运行节奏有"至如猋风，去如收电"之说[4]，而羌人同样作为草原民族，交通能力是相近的。还应该看到，在汉王朝努力实现了"鬲绝南羌、匈奴"战略任务的河西地方，其实"本匈奴昆邪王、休屠王地"，从"鲜水""羌谷水"等地名遗存，可以知道羌人在此纵横往来，有长久的历史。这也是"鬲绝"任务十分艰难的原因之一。

就甘青"之蜀"交通地理条件的早期开拓和利用而言，羌人有重要的历史功绩。而他们优越的交通能力，使得在与中原政权实行军事对抗的时代，形成了对汉王朝的严重威胁。

"鬲绝南羌、匈奴"，其实只是河西军事建设战略意义的一个方面。《后汉书》卷三一《孔奋传》记载："遭王莽乱，奋与老母幼弟避兵河西。建武五年，河西大将军窦融请奋署议曹掾，守姑臧长。八年，赐爵关内侯。时天下扰乱，唯河西独安，而姑臧称为富邑，通货羌胡，市日四合，每居县者，不盈数月辄致丰积。奋在职四年，财产无所增。"[5]河西又有"通货羌胡"的经济作用。这也是我们考察丝绸之路交通史时应当注意的。

---

1 颜师古注："鬲与隔同。"《汉书》，第1644页。
2 《汉书》，第2928页。
3 《后汉书》，第2912页。
4 《汉书》，第2401页。
5 《后汉书》，第1098页。

河西考古学文化与月氏乌孙之关系

杨富学

（敦煌研究院民族宗教文化研究所）

河西走廊地处内陆，为一独立的地理单元，恰处400毫米年等降水量线上，这是中国北方农牧区的分界线，该线横穿走廊而过，使河西走廊成为中原农耕文化和北方游牧文化交错进退的地带。其独特的气候环境，狭长的地形，加上来自祁连山的丰沛水源，使得这条走廊孕育了发达的农牧业，"有松柏五木，美水草，冬温夏凉，宜牧畜养"[1]。是众多古代先民理想的栖居地，考古学资料为此提供了丰富的证据。本文拟以近百年来的考古资料为依据，结合史书的记载，探求河西走廊地区史前牧业文明与月氏、乌孙之关系。

一 河西史前畜牧业的发展

河西考古学文化以马家窑文化（公元前3300—前2650）为最早，主要分布在武威、酒泉地区，但遗址点分布稀疏，仅在个别地点有少量遗物发现。[2]在马家窑文化之前河西是否有人类居住尚未可知。河西史前遗址较早期者一般显示出的生业方式一般以农业为主，以马家窑文化为典型。马家窑文化及嗣后半山文化的生业方式是以农业为主的，同时兼营饲养业。[3]马家窑以后则体现为由农业向牧业的过渡，此可以马厂文化（公元前2300—前2000）为代表。至齐家文化（公元前2300—前1800）以后发展为以牧业为主，以农业为辅。

河西史前考古学文化在东西部略有差异，主要体现在齐家文化之后，东部的考古序列为马家窑文化→半山文化→马厂文化→齐家文化→沙井文化，西部序列为马家窑文化→马厂文化→齐家文化→四坝文化→骟马文化。[4]

广泛分布于山丹以西至新疆东部的四坝文化，内涵丰富，是河西走廊地区独具特色的一支含有大量彩陶的青铜文化，绝对年代为公元前1950—前1550年，相当于中原地区夏代晚期和商代早期。[5]从其丰富的出土物中，可以看出河西地区生业方式由农向牧转化的过程。

继其后兴起的骟马文化（公元前1000）主要分

---

* 基金项目：教育部人文社会科学重点研究基地重大项目"敦煌民族史研究"（项目编号：14JJD770006）
1 （北宋）李昉：《太平御览》卷50引《西河旧事》，河北教育出版社，1994年，第457页。
2 甘肃省文物考古研究所、北京大学考古文博学院：《河西走廊史前考古调查报告》，文物出版社，2011年，第413—414页。
3 谢端琚：《甘青地区史前考古》，文物出版社，2002年，第71页。
4 甘肃省文物考古研究所、北京大学考古文博学院：《河西走廊史前考古调查报告》，第427页。
5 甘肃省博物馆：《甘肃省文物考古三十年》，《文物考古工作三十年（1949—1979）》，文物出版社，1979年，第144页；甘肃省文物考古研究所、北京大学考古文博学院：《河西走廊史前考古调查报告》，第423页。

布于张掖、酒泉、敦煌、玉门、瓜州等地[1]。这一时期，河西走廊的畜牧业比重进一步增加，这表现在骟马文化遗址中出土的作物种类减少，家畜种类主要是羊、牛，还出现了骆驼和马这种大型食草动物，但不见猪骨（图1）。猪的饲养要以农业的发展为依托，骟马文化中猪的饲养减少，这说明其种植业比重在下降，畜牧业得到强化，并占据主导地位。

与骟马文化大体同时，在河西走廊东部分布着沙井文化（公元前1000），主要分布于张掖、民勤、永昌、武威等地[2]，其经济形态更多地倾向于畜牧业，已发展到稳定的状态，饲养动物种类繁多，规模也很大（图2）。沙井文化用于农耕的生产工具很少，而用于畜牧的铜刀、箭镞却占有很大比例，说明其生业方式是以牧业为主的。遗址中出土有大量的动物骨骼、皮革制品，尤其是草原气息浓厚的青铜器物，如鹰头饰、鹿形饰、犬纹牌饰、涡轮形饰等[3]，

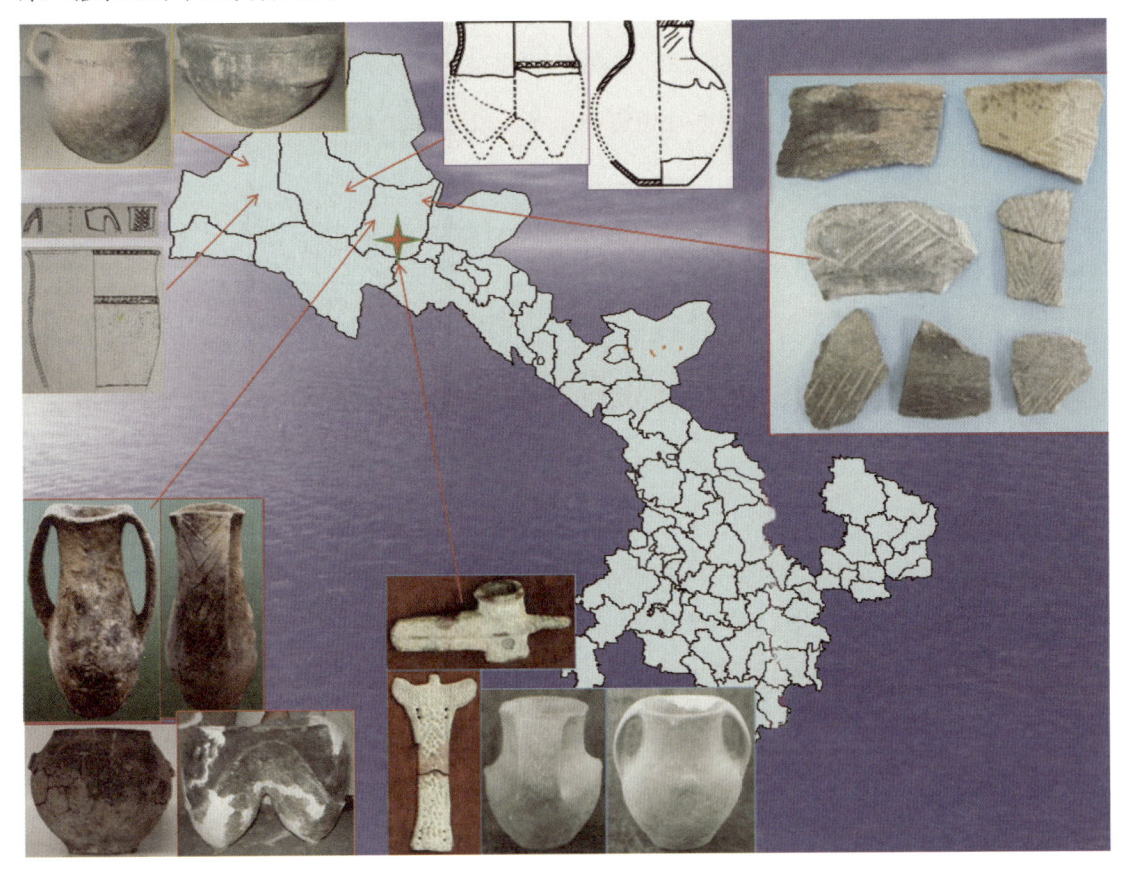

图1 骟马文化分布区域与典型器物

---

1 甘肃省博物馆：《甘肃省文物考古三十年》，《文物考古工作三十年（1949—1979）》，第144页；甘肃省文物考古研究所、北京大学考古文博学院：《河西走廊史前考古调查报告》，第424页；李水城、水涛、王辉：《河西走廊史前考古调查报告》，《考古学报》2010年第2期，第251页。
2 J. G. Andersson, Research into the Prehistory of the Chinese, *Bulletin of Museum of Far Eastern Antiquities*, No. 15, Stockholm, 1943.3.
3 甘肃省博物馆文物工作队：《甘肃永登榆树沟的沙井墓葬》，《文物与考古》1981年第4期，第34—36页。

都不无北方牧业文化的色彩。

史前河西地区畜牧业得到了较大的发展,从历史记载和考古资料看,早在春秋战国时期,河西地区即有羌、月氏、乌孙等民族繁衍生息。是以,河西史前考古学文化与这些古族的关系问题就颇为引人注意。美籍学者张光直先生曾言:

> 河西走廊在公元前数世纪之内史前文化的分布,可以说是研究月氏和乌孙史前史的最紧要的资料。假如这些民族与四坝或沙井文化有直接的关系,同时月氏和乌孙的民族种属果然近似西方高加索种,则这对于四坝文化的来源以及与齐家文化的民族上之关系,都提供了非常重要的线索。[1]

那么,上文所述考古学文化与河西古族之间存在着怎样的关系呢?

四坝文化、骟马文化、沙井文化之畜牧业比重呈现出不断增加的趋势,此前以原始农业为主的生

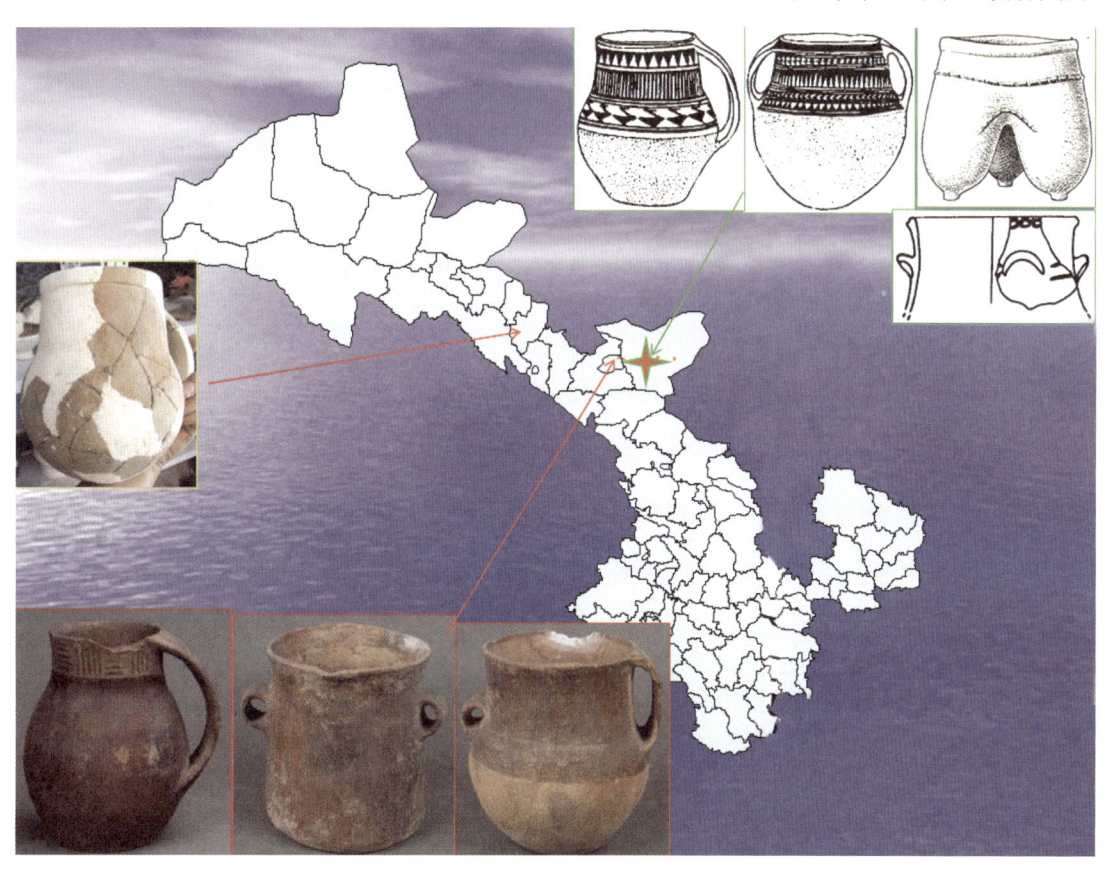

图2 沙井文化分布区域与典型器物

---

[1] 张光直:《考古学上所见汉代以前的西北》,《"中央"研究院历史语言研究所集刊》第42本第1分,台北"中央"研究院,1970年,第96页。

业方式逐步让位于畜牧业，其中以养羊业最为兴盛，尤其是玉门火烧沟，出土动物骨骼甚多，其中又以羊骨为最，有些墓葬中葬有成对的羊角，足证火烧沟人所经营的主要是牧羊业。尽管有学者认为四坝文化之火烧沟类型就是月氏文化的遗存[1]，但近年来对火烧沟文化的研究却更多地指向羌文化[2]。我国古文献把羌人称为西戎牧羊人，如《说文·羊部》谓："羌，西戎牧羊人也。从人，从羊；羊亦声。"[3]大致相同的记载又见于《太平御览》卷794引《风俗通义》，文曰："羌，本西戎卑贱者也，主牧羊。故'羌'字从羊、人，因以为号。"[4]《后汉书》亦载西羌"依随水草，地少五谷，以产牧为业"[5]。于省吾先生言："追溯羌字构形的由来，因为羌族有戴羊角的习俗，造字者遂取以为象。"[6]

从这些记载可以看出，羌本为一个以牧羊，或者说是以畜牧业为主要生业方式的古代民族，兼事农耕，但处于次要地位。河西走廊四坝文化遗址中多有以羊为殉牲的现象，其中以玉门火烧沟遗址最甚，有的墓葬随葬羊多达44只，足见养羊业的发达。大量的考古资料表明，四坝文化是以畜牧业为主要经济形态的，与羌族生业方式相同。有可能为羌族的一支。[7]

另外，在玉门火烧沟遗址出土器物中存在大量羊的形象，有四羊首青铜权杖头，羊被铸造在代表权威和身份地位的权杖上，精美而神圣；另一件手纹羊头柄方杯，双手捧羊，敬若珍宝，推而论之，羊在四坝人生活中具有重要地位，甚或可能具有图腾的意义。果若如此，则与羌族旧俗几无二致，因为，在历史上，"羊极大可能是羌人早期阶段崇拜的一种图腾"[8]。7世纪由西羌后裔所建吐蕃王朝尊大角牡羊为大神，其图腾意义更为明显。四坝人与羌族在这一点上极为相近，尽管不能遽断四坝人就是羌人或羌人一支，但可以肯定，四坝人与羌族有着极为密切的关系。

学术界有一种倾向，认为古代社会发展由牧业过渡到农业是一种进步，而由农业转化为牧业则是一种后退。这种观点是站不住脚的。人类早期，由于受生产力条件所限，人们只能在山坡高地及河谷发展原始农业和原始畜养相结合的经济。大致自七八千年至四千年以前，随着青铜时代的到来，生产力水平有了较大提高，人们才有能力去发展大规模的畜牧业[9]。还有一种意见认为，是由于自然环境的恶化，导致原始农业生产无法保障人类生存和社

1　赵建龙：《关于月氏族文化的初探》，《西北史地》1992年第1期，第71页。
2　甘肃省博物馆：《甘肃省文物考古三十年》，《文物考古工作三十年（1949—1979）》，第143页；韩康信、潘其风：《关于乌孙、月氏的种属》，《西域史论丛》第3辑，新疆人民出版社，1990年，第16—17页；陈炳应、卢冬：《古代民族》，敦煌文艺出版社，2004年，第24页。
3　（东汉）许慎：《说文解字》，天津古籍出版社，1991年，第78页。
4　（东汉）应劭撰，王利器校注：《〈风俗通义〉校注·佚文》，中华书局，1981年，第488页；《太平御览》卷794《湟中月氏胡》，第3524页。
5　《后汉书》卷87《西羌传》，第2869页。
6　于省吾：《释羌、笱、敬、美》，《吉林大学学报》1963年第1期，第44页。
7　甘肃省博物馆：《甘肃省文物考古三十年》，《文物考古工作三十年（1949—1979）》，第144页；韩康信、潘其风：《关于乌孙、月氏的种属》，《西域史论丛》第3辑，第7页。
8　冉光荣、李绍明、周锡银：《羌族史》，第15页。
9　俞伟超：《关于"卡约文化"和"唐汪文化"的新认识》，《中亚学刊》第1辑，中华书局，1983年，第20页（收入氏著《先秦两汉考古学论集》，文物出版社，1985年，第208页）。

会的需求，于是，畜牧业经济逐步成为主要的经济模式[1]。比较典型的例证是位于鄂尔多斯高原东部的朱开沟文化，其生业方式经历了如下的演变过程：

> 从朱开沟文化第三段以后，随着鄂尔多斯地区自然条件急剧向冷、干方向的发展，人们越来越无法抵御恶劣环境所造成的不利因素。以农业为主导的经济形态，已无法保障人类生存和社会的需求，而畜牧业经济则愈来愈表现出了在新的自然环境下顽强的生命力和极大的优越性。考古发掘资料反映的朱开沟文化从第四段开始，农业经济衰退、畜牧业经济有了很大发展，由以农业为主的经济形态转变为半农半牧经济形态。这是由于鄂尔多斯地区的自然环境发生了由利于农业生产发展到不利于农业生产发展的变化。人们要想生存和发展，只得适应新的自然环境条件，调整土地利用方式及传统经济结构。朱开沟文化第五阶段的社会生活中，农业虽然仍占有相当的比重，但其地位已受到畜牧经济的强烈冲击，畜牧经济正逐渐从农业经济中分离出来。[2]

畜牧业的发展，不管是主动的，还是被动的，都说明畜牧业的形成是原始农业发展到一定阶段的产物。这些认识，对于研究河西走廊史前时期的生业形态及其由农业到牧业的转变具有启示意义。

二 沙井文化、骟马文化与月氏、乌孙居地的对应关系

继四坝文化而兴起的骟马文化，主要分布在河西走廊西部，而与之并存的沙井文化，主要分布在河西走廊东部，他们与先秦时代活动于河西走廊地区的乌孙和月氏存在着关联。

史载月氏与乌孙同居河西。《史记·大宛列传》云："始月氏居敦煌、祁连间，及为匈奴所破，乃远去。"《汉书·西域传》所载略同，唯将"始月氏居敦煌、祁连间"改为月氏"本居敦煌、祁连间"。《汉书·张骞传》载："乌孙王号昆莫，昆莫父难兜靡，本与大月氏俱在祁连、敦煌间，小国也。"《后汉书·西羌传》又称："湟中月氏胡，其先大月氏之别也，旧在张掖酒泉地。"这些记载都说明，月氏、乌孙的最初活动地区就在"敦煌、祁连间"。虽然敦煌、祁连的地望至今仍不能确定，众说纷纭，但比较统一的意见还是认为《史记》《汉书》所记的敦煌、祁连略同于今之敦煌与祁连山。月氏、乌孙西迁中亚之前，曾长期活动于甘肃河西走廊地区是一个不争的事实，二者尽管并非土著（详后），但至少在先秦秦汉时期曾一度控制河西走廊地区全境或大部分地区。

先秦秦汉时代的月氏、乌孙均为以畜牧业生产为主要经济形态的民族，蓄养家畜，过着衣皮食肉的生活。除此之外的月氏、乌孙文化面貌，则全然不可知。随着考古工作的进行，河西走廊地区发现的沙井文化各遗址走进人们的视线。根据这些文化遗址的大致分布范围，可以确定其与先秦秦汉时期月氏、乌孙的活动范围十分相近。遗址中出土了大量反映春秋战国时期的遗迹遗物，包括大量的动物（包括羊、马、牛、犬、驴、驼等）骨骼、青铜

---

1 魏坚、任冠：《中国北方畜牧业起源新探——以朱开沟遗址为中心》，《早期丝绸之路暨早期秦文化国际学术研讨会论文集》，文物出版社，2014年，第138—146页。
2 内蒙古自治区文物考古研究所编著：《朱开沟——青铜时代早期遗址发掘报告》，文物出版社，2000年，第288页。

工具、装饰品、毛纺织品、皮革制品等。这些遗迹遗物足以说明，沙井人主要从事着畜牧业经济，并伴有少量的农业。通过分析沙井文化遗址分布状况，我们可以推测，这些遗址所在地的气候环境适宜发展畜牧业。

对于沙井文化的族属，学术界存在不同意见，一种归为月氏[1]，一种归诸乌孙[2]，第三种意见笼统地把沙井文化称作月氏与乌孙之遗物[3]。还有一种意见认为："沙井文化应属西北地区羌戎体系中的一支。"[4]虽无大误，但显得过于笼统，随后又有学者进一步推定"沙井文化或许更接近于古代西戎之一的义渠"[5]。各种观点见仁见智，虽各有所据，但又不无难以服人之处。相对而言，月氏/乌孙说似乎更易于接受。

至于乌孙，一种说法认为沙井文化是乌孙的遗存，如前引赵建龙文，更多的学者则将乌孙遗存与骟马文化联系在一起[6]。

揆诸史籍所载月氏、乌孙在河西地区的活动时间，住牧的区域与活动范围，以及其文化属性，都与北方草原文化色彩浓厚的骟马文化、沙井文化相吻合，因此可以认为骟马文化、沙井文化应是古代月氏、乌孙在河西走廊住牧时期的文化遗存，但要具体明言到底为月氏文化或乌孙文化，如果仅凭出土文物，尚不足以为之定性，毕竟二者都属于草原文化，同质性很高，而且相关的历史记载又语焉不详，有赖于月氏、乌孙在河西活动范围的确定。

河西走廊东部的沙井文化，其分布区域学界意见不一，一种意见认为分布较广，包括民勤、永昌、金昌、山丹、张掖、武威、天祝、永登和兰州等地[7]，一种意见认为分布没有那么广，"其分布区未能越出民勤、永昌、金昌三县市"[8]。骟马文化主要分布于酒泉、敦煌、玉门、瓜州，此外张掖也有少量发现[9]，

---

1 俞伟超：《关于"卡约文化"和"唐汪文化"的新认识》，《中亚学刊》第1辑，第17页（收入氏著《先秦两汉考古学论集》，第205页）；[日] 横田祯昭：《河西にちけるる匈奴文化の影響——沙井文化考》，氏著《中国古代の東西文化交流》，東京雄山阁出版，1983年，第178—179页；蒲朝绂：《试论沙井文化》，《西北史地》1989年第4期，第9页；甘肃文物考古研究所：《永昌三角城与蛤蟆墩沙井文化遗存》，《考古学报》1990年第2期，第231页；戴春阳：《月氏文化族属、族源刍议》，《西北史地》1991年第1期，第14页。

2 赵建龙：《关于月氏族文化的初探》，《西北史地》1992年第1期，第71页。

3 甘肃省博物馆：《甘肃省文物考古三十年》，《文物考古工作三十年（1949—1979）》，第144页。

4 李水城：《沙井文化研究》，《国学研究》第2卷，北京大学出版社，1994年，第509页。

5 陈健文：《试论一些与月氏有关的考古文化问题》，《简牍学研究》第2辑，甘肃人民出版社，1998年，第189页。

6 潘策：《秦汉时期的月氏、乌孙和匈奴及河西四郡的设置》，《甘肃师大学报》1981年第3期，第50—55页；高荣：《月氏、乌孙和匈奴在河西的活动》，《西北民族研究》2004年第3期，第29页；陈炳应、卢冬：《古代民族》，第59—60页。

7 J. G. Andersson, Research into the Prehistory of the Chinese, *Bulletin of Museum of Far Eastern Antiquities* No. 15, Stockholm, 1943；蒲朝绂：《试论沙井文化》，《西北史地》1989年第4期，第9页；甘肃文物考古研究所：《永昌三角城与蛤蟆墩沙井文化遗存》，《考古学报》1990年第2期，第231页。

8 李水城：《沙井文化研究》，《国学研究》第2卷，第503页。

9 甘肃省博物馆：《甘肃省文物考古三十年》，《文物考古工作三十年（1949—1979）》，第144页；甘肃省文物考古研究所、北京大学考古文博学院：《河西走廊史前考古调查报告》，第424页；李水城、水涛、王辉：《河西走廊史前考古调查报告》，《考古学报》2010年第2期，第251页。

大致涵盖河西走廊西部地区。如果能够确定月氏与乌孙的居地,则文化的归属问题也就容易解决了。

关于月氏、乌孙在河西的居地,学界存在着不同的看法。白鸟库吉先是将月氏故地推定在肃州(酒泉)党河及布隆吉河流域[1],后又改定在甘州(张掖)地区[2]。藤田丰八推定月氏故地在张掖一带,而乌孙故地在瓜州地区[3]。王炳华、王明哲认为,月氏和乌孙分居河西两端,乌孙居于以敦煌为中心的河西走廊西部,月氏居地在河西走廊东部。[4]关于这一说法,史料依据如下:

瓜州戎为月氏所逐。(《十三州志》)

塞种本允姓之戎,世居敦煌,为月氏所迫,遂往葱岭南奔。(《广弘明集》卷27荀齐《论佛表》)

乌孙,战国时居瓜州……乌孙本塞种。(张守节《史记正义》)

这些记载比较确切,是故,月氏居东乌孙居西之说得到了学术界比较广泛的认可[5]。唯日本学者桑原骘藏提出不同看法,认为乌孙在东,月氏在西,推定张掖应是乌孙的故地,敦煌为月氏故地。其所举主要证据有二。

其一,《史记·大宛列传》言:"昆莫之父,匈奴西边小国也。"

其二为《史记·大宛列传》所载张骞向汉武帝的建言:"厚币赂乌孙,招以益东居故浑邪之地。"同传又有"乌孙能东居浑邪地。"同样的内容,在《汉书》中记载有异。《汉书·张骞传》及《西域传》:"厚赂乌孙,招以东居故地"。《汉书·西域传》:"乌孙能东居故地。"桑原先生认为,《史记》言为浑邪王故地,《汉书》仅言故地,说明浑邪王故地就是乌孙故地。而《汉书·地理志》载张掖郡即原匈奴浑邪王地,因此断定月氏西居敦煌,乌孙东居张掖[6]。

这里所列两条证据都难以立足。首先说第一条,其意明显在于表示乌孙位处匈奴之西,其中不言二者地域相连。相反,《史记·匈奴列传》称匈奴"右方王将居西方,直上郡以西,接月氏、氐、羌"。明言匈奴与月氏是地域相连的。秦汉时代,上郡位处月氏的东方,其西鄙与月氏相连,正说明月氏在东,乌孙在西。

第二条,《史记》载张骞建议招乌孙东迁居浑邪王故地。且不言只是建议,不曾变为现实,仅就浑邪王故地之说就足证那里与乌孙无关,否则就应该说招乌孙东迁原张掖故地或乌孙故地了。《汉书》不言浑邪王故地,而只言故地,意在表明乌孙来自河

---

1 [日]白鸟库吉:《乌孙に就いての考》,《史学杂志》第12编第1—2号,1901年,第55—62页。
2 [日]白鸟库吉:《西域史上の新研究》,《东洋学报》第3卷第2号,1913年,第230—232页。
3 [日]藤田丰八著,杨鍊译:《月氏乌孙之故地》,《西域研究》,商务印书馆,1937年,第83页;[日]藤田丰八著,杨鍊译:《月氏故地与其西移年代》,《西北古地研究》,商务印书馆,1935年,第65、75页。
4 王炳华、王明哲:《乌孙历史上几个重大问题的探讨》,《新疆社会科学》1982年第3期,第36页;王炳华、王明哲:《乌孙研究》,新疆人民出版社,1983年,第3—4页。
5 黄文弼:《大月氏故地及西迁》,《西北史地论丛》,上海人民出版社,1981年,第114页;杨建新:《关于汉代乌孙的几个问题》,《新疆大学学报》1980年第2期,第67—68页;苏北海:《西域历史地理》,新疆大学出版社,1988年,第2页;蒲朝绂:《试论沙井文化》,《西北史地》1989年第4期,第9页;钱伯泉:《乌孙和月氏在河西的故地及其西迁的经过》,《敦煌研究》1994年第4期,第106页;高荣:《月氏、乌孙和匈奴在河西的活动》,《西北民族研究》2004年第3期,第29页。
6 [日]桑原骘藏:《张骞の远征》,《桑原骘藏全集》第三卷,岩波书店,1968年,第274页。

西，自为其故地。职是之故，乌孙居西，月氏居东，庶几可以定谳矣。进而可推定，河西走廊东部的沙井文化应为月氏遗存分布区，而骟马文化则应为乌孙遗存分布区。

三 沙井文化、骟马文化为月氏、乌孙遗存说

沙井文化和骟马文化都属于牧业文化，其文化层堆积广布河西诸地，只是目前经过正式发掘者为数不多，现已得到发掘的那些大都有着深厚的文化层堆积。如沙井文化永昌三角城遗址，在其西北角处发现的文化层堆积厚达210—220厘米，堆积层内含大量的炭粒、草木灰、陶片、弹丸、兽骨等遗物，异常丰富[1]。民勤柳湖墩遗址，也是沙井文化之重要遗址，多被流沙覆盖，遗址文化层厚达4米左右，内涵非常丰富，有大量生产工具、生活用具以及兽骨等遗物[2]。骟马文化各遗址中也有深厚的文化层堆积，包含有丰富的畜牧业文化遗物。

沙井文化的面貌显示斯时的社会生活是以定居畜牧业为主的，有大面积聚落遗址，诚如沙井文化的发现者安特生（J. G. Andersson）所言：

> 沙井遗址，皆在平地，住处周围，常有土墙遗迹……古址之中，葬地住处均有发见。后者四侧围以土壁，盖地势平坦之中自当藉此以为屏障也。此等古址中之各种器物，颇相类似，故确可视为一期所出。[3]

此外，这种聚落遗址在永昌三角城、柴湾岗、民勤柳湖墩、黄蒿井等地都有发现。永昌三角城中的高大的城墙系利用天然地势用黄土垒筑而成，现存高度达4米，具有一定的防御功能。城内经发掘的房址有4座，呈圆形，室内有灶坑和火墙。根据房址F4的基址进行复原，发现其形状犹如蒙古包。城内还发现14个窖穴[4]。柴湾岗遗址中也发现有房屋遗迹，呈椭圆形，面积有40余平方米，室内有火塘和储物的窖穴[5]。三角城和柴湾岗遗址中的房屋周围均发现有构筑散水，可见当时建筑水平很高，沙井先民十分注重居址的建设，说明沙井先民长期过着定居的牧业生活。

以沙井文化与河西月氏相比较，其生业形态有同有异。史载河西月氏"本行国也，随畜移徙"[6]。相同处在于二者都以畜牧业为主，不同在于前者为住牧，后者为"游牧"（注意：这里的"游牧"实为畜牧业的概指，详后）。

早在汉代以前，月氏即生活于河西东部，已如前述。公元前176年，匈奴冒顿单于击败月氏，大致在公元前172—前166年间[7]，月氏主要部落西迁，达到塔里木盆地，由于无法找到适宜的牧场，他们经由吐鲁番而北上，抵达准噶尔盆地，击败原居住于那里的塞人部落，占据伊犁河流域及楚河流域。

---

1 甘肃省文物考古研究所：《永昌三角城与蛤蟆墩沙井文化遗存》，《考古学报》1990年第2期，第206—207页。
2 周飞飞：《民勤县历史文化遗迹的调查与研究》，兰州大学硕士学位论文，2012年，第10页。
3 [瑞典]安特生著，乐森珣译：《甘肃考古记》（地质专报甲种第五号），实业部地质调查所，1925年，第8、15页。
4 甘肃省文物考古研究所：《永昌三角城与蛤蟆墩沙井文化遗存》，《考古学报》1990年第2期，第208—209页。
5 甘肃省文物考古研究所、北京大学考古文博学院：《河西走廊史前考古调查报告》，第425页。
6 《汉书》卷96上《西域传》，第3890页。
7 关于月氏西迁，学界一般定于公元前176年，笔者认为应在公元前172—前166年之间，请参Yang Fuxue, The Yuezhi and Dunhuang, Kristi Vol. 1 (A Journal by Abha Prakashan in the Memory of Late Dr. P. Banerjee), Delhi, 2008, pp. 88—96。

匈奴军臣单于在位（公元前161—前129）时，支持乌孙西击月氏，月氏遂放弃伊犁河流域及楚河流域而再度西迁，至于中亚阿姆河流域，占据大夏地区[1]。为区别起见，史称西迁中亚者为大月氏，而将留居敦煌南山的月氏残部称作小月氏[2]。

月氏在伊犁河、楚河流域活动时间不长，不超过半个世纪，其生业方式虽史书未载，但那里自古以来就是牧区，后来乌孙逐走月氏而居之，照样从事畜牧业，至今相沿不改，推而论之，是时月氏的生业方式自当是畜牧业[3]。及至月氏再度西迁，抵达中亚阿姆河流域后，才开始转变为农耕生活，史载："大月氏国，治监氏城……土地风气，物类所有，民俗钱货，与安息同。"[4]安息帝国以农为本，月氏与之同，说明大月氏人在大夏地区总体上以务农为主，此可由张骞的记载得到印证，据张骞言，他西使抵达大夏故地时，见大月氏人因"地肥饶，少寇，志安乐"[5]。

由上可见，大月氏西迁伊犁河及楚河流域后，仍如同在河西沙井文化显示的那样，过着定居的畜牧业生活，后来再度西迁至中亚后才改为定居的农业，生业方式有变，但定居则是一以贯之的。

考古资料也证明了这一点。1978年，由苏联与阿富汗考古工作者组成的联合考察队在古代大夏境内，即今阿富汗北部西伯尔汗（Siberghan）的黄金之丘（Tilly-Tepe）遗址发现了一处贵族墓地，排列着6座充满黄金的古墓，从中出土的金质艺术品多达20000余件，此外还有大批古代罗马、安息、天竺、斯基泰和西汉艺术品，被确认于公元前1世纪至公元1世纪之物[6]。而这个世纪正是大月氏攻灭大夏之后，尚未建立贵霜帝国之前的这段时间[7]。值得注意的是，墓地发现的服饰证明，居于大夏地区的大月氏尽管受当地条件所限，多数人已放弃畜牧而改事农耕，但牧业文化气息仍然非常浓郁，这种农牧业文化共存的现象可以通过黄金之丘贵族墓葬墓主人的着装看得出来，如1号墓、3号墓、5号墓、6号墓女主人皆着裙，2号墓女主人黄金之丘着马甲式上装（图3），4号墓男主人着裤（图4）[8]。

尤有进者，2011年在蒙古国东北部诺颜乌拉（Noyon uul）匈奴墓葬中出土了6件来自大夏（Bactria）的丝织物残片。其中四件出自巴罗（Barrow）31号

---

1 ［日］桑原骘藏：《张骞の远征》，《桑原骘藏全集》第三卷，第278、281页；黄靖：《大月氏的西迁及其影响》，《新疆社会科学》1985年第2期，第98页；余太山：《贵霜史研究》，商务印书馆，2015年，第1页。

2 对小月氏的研究，可参见［日］榎一雄《小月氏と尉迟氏》，《古代东アジア史论集》下卷，吉川弘文馆，1978年，第391—418页（斯英琦、徐文堪译载《民族译丛》1980年第3期，第48—54页；第4期，第50—60页）；荣新江：《小月氏考》，《中亚学刊》第3辑，第47—62页。

3 余太山先生称其为"游牧"，见其所著《大夏与大月氏综考》，《中亚学刊》第3辑，第33页。

4 《汉书》卷96上《西域传》，第3890页。

5 《史记》卷123《大宛列传》，第3158页；《汉书》卷61《张骞传》，第2688页。

6 V. I. Sarianidi, The Treasure of Golden Hill, *American Journal of Archaeology* Vol. 84, 1980, p. 130; Fredrik Hirbert & Pierre Crie Kdjr（eds.），*Afghanistan. Hidden Treasures from the National Museum, Kabul*, Washington: The National Geographical Society, 2007, p. 226.

7 V. I. Sarianidi, "The Treasure of Golden Mountain", *Archaeology* Vol. 33, no. 3, 1980, p. 40.

8 Fredrik Hirbert & Pierre Crie Kdjr（eds.），*Afghanistan. Hidden Treasures from the National Museum，Kabul*, Washington: The National Geographical Society, 2007，pp. 241，265.

图3 黄金之丘2号墓女主人着马甲式上装图示　图4 黄金之丘4号墓男主人着裤图示

墓，另两件分别出自巴罗6号墓和24号墓。其中，第一、二件描绘的为集体祭祀仪式，有人像13身（图5—7），第三件为战争场景，有人像四身（图7），全部着裤。有的身着红色长袖衣服，配以红色鞋子和白色的裤子和白腰带，有的则身着白色长袖衣服和鞋子，而裤子和腰带却是红色的。[1]

众所周知，裤子和马甲皆为游牧民族为适应骑马生活而发明的服装，自赵武灵王"胡服骑射"以后，开始传入中原[2]。这些发现说明，中亚时代的大月氏虽以农为本，但同时兼营畜牧，过着定居的生活。伊犁河流域及楚河流域大月氏的生活方式与沙井文化所见可以说完全相同，后来才有所改变，庶几可谓对河西时代定居畜牧生活的直接继承与发展。

考古学文化表明，沙井文化与此前河西存在的马家窑文化、半山文化、马厂文化和齐家文化等进行比较，发现他们之间"毫无继承关系。虽然有相当数量的彩陶，但在陶质、制法、纹饰以及器形上都和甘肃仰韶文化和辛店文化不同，同时还有丰富的铜器并存"[3]。以其在河西的突兀出现，学界推定其不是一种土著文化，而是外来的。河西地区最早的沙井文化遗存最早追溯到春秋早期，有意思的是，考古发现证明，这一文化与内蒙古鄂尔多斯高原的青铜文化存在着联系，尤其与凉城县毛庆沟、崞县窑子之"狄人"文化关系密切[4]。如果此说不误，则可推定，沙井文化当来自内蒙古鄂尔多斯地区的先狄文化。

沙井文化的北来，与月氏早期由北向南迁徙的方向颇为一致。关于月氏的来源，学术界存在着争议。一种意见认为，月氏的发祥地在甘肃河西地区，"俱在敦煌祁连间"的月氏和乌孙都是河西土生土长的古老民族[5]。惜此说没有提供任何证据，不足凭信。另一种意见认为月氏、乌孙的故地都不在河西，都是由外地迁过来的。清人何秋涛《王会解笺释》即认为月氏乃《逸周书·王会解》中的"禺氏"。王

1　Sergey A. Yatsenko, Yuezhi on Bactrian Embroidery from Textiles Found at Noyon uul, Mongolia, *The Silk Road* 10, 2012, pp. 39—48.
2　沈从文编著：《中国古代服饰研究》（增订本），商务印书馆，1992年，第93—95页；林梅村：《大夏黄金宝藏的发现及其对大月氏考古研究的意义》，氏著《西域文明——考古、民族、语言和宗教新论》，东方出版社，1995年，第271页；华梅：《中国服饰》，五洲传播出版社，2004年，第19—22页；沈从文、王㐨：《中国服饰史》，陕西师范大学出版社，2004年，第43—46页。
3　安志敏：《甘肃远古文化及其有关的几个问题》，《考古通讯》1956年第6期，第16页（收入氏著《中国新石器时代论集》，文物出版社，1982年，第86页）。
4　戴春阳：《月氏文化族属、族源刍议》，《西北史地》1991年第1期，第15、18页。
5　杨建新：《中国西北少数民族史》，宁夏人民出版社，1988年，第74页；李水城：《沙井文化研究》，《国学研究》第2卷，第507—508页。

图5 蒙古国诺颜乌拉匈奴墓出土集体祭祀仪式图

图6 蒙古国诺颜乌拉匈奴墓出土集体祭祀仪式图

国维采其说，认为"周末月氏故居盖在中国之北"[1]。戴春阳在前说基础上，结合考古资料，指出月氏即古文献所见的"禺氏""禺知"的音转，大致应于两周之际由鄂尔多斯迁徙到甘肃河西地区。[2]月氏来自中国北方，其情状与沙井文化的兴亡何其似也。

秦汉之际，月氏西徙，沙井文化随之播迁中亚，不复见于河西。鉴于沙井文化失却直接继承者，戛然中断这一情况，李水城先生经过分析，认为这一现象的出现应与匈奴的崛起有关[3]。这一结论与月氏被匈奴逐出河西的史实完全合拍，从一个侧面再次证明了沙井文化与月氏之内在关系。

图7 蒙古国诺颜乌拉匈奴墓出土战争图

从上面的论述可以看出，月氏在河西活动的区域与沙井文化重合，二者之居住方式与生业方式完全一致，尤有进者，二者同为外来文化，又同为匈

---

1 王国维：《月氏未西徙大夏时故地考》，《观堂集林·观堂别集》卷1，中华书局，1959年，第1156页。
2 戴春阳：《月氏文化族属、族源刍议》，《西北史地》1991年第1期，第18页。
3 李水城：《沙井文化研究》，《国学研究》第2卷，第508页。

奴所灭。诸多因素的默契，殊不能用偶然巧合来解释，使人不能不得出这样的结论：沙井文化非月氏遗存莫属。

与沙井文化相较，骟马文化遗存发现较少，经过发掘者更少，或许可视作月氏强于乌孙的一个旁证。近期，甘肃省文物考古研究所对玉门清泉火烧沟南侧的遗址进行了发掘，出土了大量的动物骨骼，种类有羊、牛、骆驼、马等，说明当时已经在驯养马、骆驼之类大型食草动物，足证其畜牧业的发达。同时发现的还有大麦籽粒，说明该文化尚保留部分农业经济的成分。就总体言，生业形态是以畜牧业为主的。这里还发现了固定的村落，还有使用陶鬲的现象[1]。说明骟马文化是定居的。骟马文化之陶鬲与沙井文化的同类器比较接近，二者之间在文化上有存在互动关系的可能性。

史载，乌孙与月氏、匈奴一样，"随畜逐水草"，而且"不田作种树"[2]，说明乌孙不经营农业种植。这是古代史料对乌孙迁居伊犁河流域后早期生业方式的高度概括，这一记载在考古资料中可以得到印证。伊犁河流域的乌孙墓中，出土有大量的马、羊犬等动物骨头，牧业社会特色相当明显[3]。吐鲁番阿拉沟河口西岸发掘的乌孙墓地都伴有相对丰富的随葬品，同样具有非常浓重的牧业文化特色[4]。但不能由此而否认乌孙相对定居与农耕生活存在的可能。史实告诉我们，乌孙存在着相对稳定的定居点，文献中提到的乌孙治所赤谷城，就是存在定居的直接证据。在新疆天山到伊犁河之间的广阔草原上，分布着规模巨大的乌孙墓葬群，其大量集中的地点往往是天山山口的河流附近的山前草原，或其他一些水草俱佳的小谷地内。墓群成行排列，巨形土冢远远可见，蔚为壮观。这些地点，应该也是乌孙人生活居住的中心[5]。在中亚地区，也有众多乌孙墓葬发现，如哈萨克斯坦南部江布尔地区的别尔卡拉大墓地有墓葬数百，而且墓式多样。1938—1940年，以伯恩施坦为首的苏联考古队在楚河和伊犁河流域进行发掘，仅在伊犁河地区的朱湾突坡墓地发现的古墓就有近千座，其中有不少即属于乌孙墓[6]。这些墓葬群延续的时间很长，从公元前3世纪延续到公元3世纪，历600年，大致可分为早中晚三个时期，当为乌孙定居而非完全游牧的力证。在昭苏县发掘的乌孙墓中，曾出土铁锸一件，重三公斤，舌形，与敦煌发现的西汉铜锸的形制大小几乎完全一样。有可能是从内地传入的，也有可能系乌孙所造[7]。此外，在苏联有关乌孙的考古资料中，也可看到有关农业经营的直接资料，如乌孙墓出土有烧焦的谷物、

---

1 甘肃省文物考古研究所、北京大学考古文博学院：《河西走廊史前考古调查报告》，第429—430页。
2 《汉书》卷96下《乌孙传》，第3901页。
3 王炳华、王明哲：《乌孙历史上几个重大问题的探讨》，《新疆社会科学》1982年第3期，第41页；王炳华、王明哲：《乌孙研究》，新疆人民出版社，1983年，第16页。
4 Ma Yong & Wang Binghua, The Culture of the Xinjiang region, Janos Harmatta, B. N. Puri & G. F. Etemadi (eds.), *History of civilizations Central Asia*, Vol. II: The development of sedentary and nomadic civilizations: 700 B. C. to A. D. 250, Delhi: Motilal Banarsidass Publishers Private Limited, 1999, pp. 218-221.
5 王炳华、王明哲：《乌孙历史上几个重大问题的探讨》，《新疆社会科学》1982年第3期，第39—40页；王炳华、王明哲：《乌孙研究》，新疆人民出版社，1983年，第11、14页。
6 黄振华、张广达：《苏联的乌孙考古情况简述》，载王炳华、王明哲《乌孙研究》，第188页。
7 王炳华、王明哲：《乌孙历史上几个重大问题的探讨》，《新疆社会科学》1982年第3期，第42页；王炳华、王明哲：《乌孙研究》，第18页。

有数量众多且制作粗糙的陶器，还有作物与粮食加工工具青铜镰刀、石磨盘、石碾等。这些都说明，如同河西骟马文化一样，乌孙最重要的是畜牧业，虽有农业的经营，但仅具有辅助作用[1]。从考古学文化材料可以看出，乌孙社会经济在不同时期有所变化，早期阶段主要从事畜牧业，既有游牧也有住牧，即使住牧不占主导成分，最起码应当有相当的分量。自1世纪始，乌孙经济形态发生了重要变化，开始由牧业为主变为农牧并重[2]。

骟马文化主要分布于酒泉、敦煌、玉门、瓜州、张掖等地，其中比较重要的遗址有玉门骟马、古董滩、火烧沟、酒泉赵家水磨、瓜州兔葫芦、敦煌古董滩、马圈湾、西土沟、肃北马鬃山等，而乌孙活动的区域恰在酒泉、敦煌间，鉴于骟马文化与乌孙分布地域的重合，加上骟马文化所反映出的社会状况与乌孙社会面貌十分相似，所以，有学者认为，骟马文化当为乌孙的遗存[3]。以之与前述月氏的情况相比照，笔者认为这种推测是可信的。值得注意的是，骟马文化与四坝文化的分布面重合，但看不出二者之间有丝毫的瓜葛[4]。说明乌孙也有可能是外来的，与月氏颇类。

四　月氏与乌孙"游牧"说辨析

前文言沙井文化、骟马文化都是定居的畜牧业，与考古资料所反映的月氏与乌孙生业生活方式非常相似，可以分别把沙井文化、骟马文化比定为月氏与乌孙的遗存。然而，观诸史书的记载，却大相径庭。《汉书·西域传》载大月氏"本行国也，随畜移徙，与匈奴同俗"，乌孙"随畜逐水草，与匈奴同俗。国多马，富人至四五千匹"。

史书如是记载，使人很容易得出月氏为游牧民族的结论。既为游牧，就很难将之与定居的沙井文化联系起来，致使研究者得出结论，认为：

沙井文化的住地已出现城郭（三角城），在时代上应该较晚。战国时期活动在这一带的是大月氏，他们是游牧民族……因此，沙井文化不可能属于大月氏，因为他们不可能有城郭。[5]

这一说法有其道理，故为学界所采纳[6]。该说直击"沙井文化大月氏说"的软肋，因为沙井文化为定居，而史称大月氏是游牧，内在矛盾清楚可见，不容回避。遗憾的是，持"沙井文化大月氏说"的诸位前贤在遇到这个棘手问题时皆绕道而行，自然授人以柄，难以服人。

河西的考古发现与西迁伊犁河、楚河流域后的月氏在生产方式和生活方式上完全合拍，反而和史书记载的"行国"之说方枘圆凿，不相契合。何以有如此大的差异？颇值得深思。

观《史记·大宛列传》的记载，被称作"行国"

1　［苏联］К.А.阿奇舍夫、Г.А.库沙耶夫著，孙危译：《伊犁河流域塞人和乌孙的古代文明》，兰州大学出版社，2013年，第208页。
2　《伊犁河流域塞人和乌孙的古代文明》，第222页。
3　甘肃省博物馆：《甘肃省文物考古工作三十年》，《文物考古工作三十年（1949—1979）》，第144页；戴春阳：《月氏文化族属、族源刍议》，《西北史地》1991年第1期，第14页。
4　甘肃省文物考古研究所、北京大学考古文博学院：《河西走廊史前考古调查报告》，第424页。
5　安志敏：《甘肃远古文化及其有关的几个问题》，《考古通讯》1956年第6期，第16页，收入氏著《中国新石器时代论集》，文物出版社，1982年，第86页。
6　陈健文：《试论一些与月氏有关的考古文化问题》，《简牍学研究》第2辑，第188页。

者有四，分别为乌孙、康居、奄蔡和大月氏：

> 乌孙……行国……随畜，与匈奴同俗。控弦者数万，敢战。
>
> 康居……行国，与月氏大同俗。控弦者八九万人。
>
> 奄蔡……行国，与康居大同俗。控弦者十余万。
>
> 大月氏……行国也，随畜移徙，与匈奴同俗。

在《汉书·西域传》中，被称作"行国"者有二，分别为大月氏与西夜国：

> 大月氏，本行国也，随畜移徙，与匈奴同俗。
>
> 西夜国，王号子合王，治呼犍谷……西夜与胡异，其种类羌氐行国，随畜逐水草往来。

再加上最具典型意义的"行国"——匈奴，共有6个。所谓"行国"，按照裴骃《史记集解》引徐广的话，就是"不土著"[1]。其生产生活方式体现在"逐水草迁徙，毋城郭常处耕田之业"[2]。哪里有水草，牲畜就会走到哪里，人自然也就跟随到哪里；反之，人走到哪里，牲畜也被驱逐到哪里[3]。由是以观，无城郭、非定居、不稼穑，可以称作游牧民的典型生产生活方式，但从历史发展的情况看，如此纯粹的游牧生产生活方式其实是很少见的。

这里且以具有典型意义的匈奴为例。史载匈奴"各有分地"[4]，是典型的"行国"，但考古资料却表明，匈奴帝国中存在着半定居性的住居或城塞之类的建筑物，还有城镇（如赵信城及作为单于庭的龙城等）[5]。匈奴统治河西55年，筑有休屠王城、盖臧城、觻得城、两座西城等，现知者至少有五座城池[6]。汉武帝元狩元年（前119），卫青兵至寘颜山赵信城，"得匈奴积粟食军。军留一日而还，悉烧其城余粟以归"[7]。后元元年（前88），匈奴因数月连降雨雪，致使"畜产死，人民疫病，谷稼不熟"[8]。汉昭帝时，匈奴曾二度"发骑田车师（今新疆吐鲁番）"，甚至欲"穿井筑城，治楼以藏谷"[9]。说明匈奴人不仅有城池的兴建，也有农耕业的发展。匈奴墓葬群广布于俄罗斯布里亚特恰克图附近和蒙古的中央省诺颜山、海尔罕山、色楞布贝勒赫山及杭爱省的呼尼河畔等地，著名者有俄罗斯外贝加尔地区的苏德日尼墓地（现存墓葬有214座）、吉达河左岸的德列斯图伊墓地（现存墓葬260座以上）和蒙古国诺颜乌拉墓葬（现存墓葬

---

1 《史记》卷123《大宛列传》，第3161页。
2 《史记》卷110《匈奴列传》，第2879页。
3 贾敬颜：《释"行国"——游牧国家的一些特征》，《历史教学》1980年第1期，第17页。
4 《史记》卷110《匈奴列传》，第2879页。
5 [日] 横田祯昭：《河西にちける匈奴文化の影响——沙井文化考》，氏著《中国古代の东西文化交流》，第178—179页；林幹：《匈奴城镇和庙宇研究》，《匈奴史论文集》，中华书局，1983年，第413—429页；Jean-luc Houle & Lee G. Broderick, "Settlement Patterns and Domestic Economy of the Xiongnu in Khanui Valley, Mongolia", Ursula Brosseder & Bryan K. Miller (ed.), *Xiongnu Archaeology. Multidisciplinary Perspectives of the First Steppe Empire in Inner Asia*, Bonn: Vor- und Fruhgeschichtliche Archaeologie Rheinische Friedrich-Wilhelms-Universitat Bonn, 2011, pp. 137—152.
6 李并成：《河西走廊历史地理》，甘肃人民出版社，1995年，第17—30页。
7 《史记》卷111《卫将军骠骑列传》，第2934页。
8 《汉书》卷94上《匈奴列传上》，第3781页。
9 《汉书》，第3781页。

212座）[1]。中国境内发现的匈奴墓葬群也很多，主要有内蒙古杭锦旗桃红巴拉的阿鲁柴登墓群（2座）、准格尔旗的西沟畔墓群（12座）、东胜补洞沟墓群（9座）、乌拉特中旗的呼鲁斯太墓群、宁夏同心倒墩子墓群（27座）、李家套子墓群（5座）等[2]。城池、耕地与大批墓葬群的存在，说明匈奴并非如史书记载的那样"不土著"，而是既有"土著"者，也有"不土著"者，只是后者占主导地位而已。

观《汉书·西域传》，可以看到一个奇特的现象，即但凡提到牧业经济时，一般都用"随畜逐水草"之类语言来概括。如：

婼羌……随畜逐水草，不田作，仰鄯善、且末谷。
鄯善……民随畜牧逐水草，有驴马，多橐它。
西夜……随畜逐水草往来。
休循……民俗衣服类乌孙，因畜随水草。
捐毒……衣服类乌孙，随水草依葱领（岭）。
尉头……田畜随水草，衣服类乌孙。

上述这些西域小国，皆跼促于面积狭小的绿洲之上，不可能像漠北地区诸民族那样，信马由缰，驰骋于冬牧场夏牧场之间。结合《汉书》对河西月氏、乌孙的记载，可以明显看出，班固所谓的"逐水草"，其实指的就是以畜牧业为主的经济形态，和我们今天所谓的"游牧"是不同的概念。就鄯善国之经济情况来说，农业和牧业同样发达。史载鄯善"地沙卤，少田，寄田仰给旁国……民随率牧逐水草"[3]。可以看出，鄯善国因为"少田"，而不得不借耕邻国田地（寄田）以满足自身对谷物类粮食的需要。鄯善所寄田之"旁国"，徐松考为"且末"[4]。当是。即便如此，邻近的婼羌还要仰赖于鄯善之谷[5]。可见，鄯善国的农业应是比较发达的[6]。在这种情况下，因农业生产不足而不得不发展畜牧业，作为农业经济的辅助，甚或农牧业并行发展，都是合乎情理的，但言其"民随畜牧逐水草"，将鄯善定性为游牧社会，似乎就有些不合乎情理了。

提到畜牧业，在大多数人眼中，其经营者一般都过着"逐水草而居"的生活，终年居无定所，就像古代驰骋在蒙古高原的匈奴、柔然、突厥、蒙古那样。其实，情况并非都是如此，不同的生态环境决定了人们的经济形态和生活习惯。河西走廊地形狭长，两侧为高耸的山脉，受内部山地隆起影响，走廊境内地貌复杂，独特的地形地貌制约着河西先

---

1 Istvan Erdélyi-C，Dorjsüren-D. Navan，Results of the Mongol-Hungarian Archaeological expeditions 1961-1964（a comprehensive report），*Acta archaeologica Academiae Scientiarum Hungaricae* 19/3-4（1967），pp. 334-370；R. E. van der Veen，*Ancient Grave Looting Reinterpreted. Reopened Xiongnu Tombs from the 3rd century BC to 2nd century AD in Mongolia and Russia*，Leiden: Faculty of Archaeology of University of Leiden，2013，pp. 24-26；[苏联] С.И.鲁金科著，孙危译，马健校注：《匈奴文化与诺彦乌拉巨冢》，中华书局，2012年，第7—9页。

2 张海斌：《试论中国境内东汉时期匈奴墓葬及相关问题》，《内蒙古文物考古》2000年第1期，第14—22页；杜林渊：《南匈奴墓葬初步研究》，《考古》2007年第4期，第74—86页；单月英：《匈奴墓葬研究》，《考古学报》2009年第1期，第35—68页。

3 《汉书》卷96上《西域传》，第3876页。

4 （清）徐松撰，朱玉麒整理：《〈汉书·西域传补〉注》，《西域水道记》（外二种），中华书局，2005年，第404—405页。

5 《汉书》卷96上《西域传》，第3875页。此处的婼羌仅指"去胡来王"一部，"其地大约相当于今代地图的阿克楚克赛"，见周连宽《汉婼羌国考》，《中亚学刊》第1辑，中华书局，1983年，第87页。

6 也有一种意见认为，"少田"说明鄯善国种植业经营规模小，在当地农业经济中起辅助作用。见李艳玲《田作畜牧——公元前2世纪至公元7世纪前西域绿洲农业研究》，兰州大学出版社，2014年，第45页。

民对畜牧业生产方式的选择，故自古迄今，这里没有也不可能形成像漠北那样大规模的游牧生业方式，但小规模的游牧还是存在的，如甘肃肃南裕固族自治县康乐区之草原分为四季牧场，每年根据季节，牧民全家老小携带帐篷随着畜群，在春夏秋冬四季牧场流动[1]。

大量的考古学资料证明，河西走廊早期畜牧业是以定居形式存在的。其实，学术界早已注意到这一点，惜大多泥于成说，未作深究，习惯性地把这种定居的牧业冠以"游牧"之名，如，有学者言："以游牧为主要形式经营畜牧业的方式早在距今4000年的马厂文化时期已经出现。"[2] 也有学者虽认识到河西史前畜牧业先民是定居的，但仍冠以"游牧部族"，认为："事实上游牧民族也过着定居生活，并在定居的基础上，发展起冶金、制陶、制革、纺织等手工业。"[3] 还有的言："三角城遗址的发现证明，游牧民族实际上存在着相对定居点。"[4] 这些说法既将河西的这些先民冠名为"游牧民族"，却又言其过着定居的生活，混淆了游牧与住牧的区别，显然是说不通的。

汉民族自古以来以稼穑为业，对牧业民族的认识有其局限性，不辨游牧与住牧之别，笼统地以"土著"表示农耕业，以"不土著"表示畜牧业。上举诸例，无不如此。更有甚者，马克思主义经典作家所言的"畜牧"，也被国人误译成"游牧"。

恩格斯在《家庭、私有制和国家的起源》的德文原版中，使用了 Hirtenstämme 一词，意为"畜牧部落"，汉译本中却被译作"游牧部落"。在德语中，"游牧部落"的对应词为 Nomadenstämme。在英译本中，使用的是 Pastoral tribe（畜牧部落），而非 Nomadictribe（游牧部落）。同样的，原文中的 Hirtenvölker、Hirtenleben，本意为"牧业民族""畜牧生活"，也被误译作"游牧民族""游牧生活"。这些术语文意原本都是很清楚的，惜国人通译 Hirten（畜牧）为"游牧"。这些明显属于词语误译，后果严重，直接导致了国人对原著的曲解，混淆了"游牧"与"畜牧"两种不同的生业方式[5]。比较典型者如新疆天山以南地区的绿洲，为沙漠所环绕，本身面积不大，不可能存在游牧，但《汉书·西域传》常以"随畜逐水草"来概括其牧业经济，受其影响，以至今人有用"南疆游牧文化"来指代这种绿洲畜牧业的情况。[6]

学者们对欧亚草原畜牧业发展史的研究证实，放牧养畜业是由农业发展而来的，"它是第一次社会分工的开始，这一分工在中亚地区出现的日期是在塞人时代"。放牧养畜业同时是"向游牧养畜业过渡的不可避免的阶段"[7]。游牧养畜业作为主要生产方式在欧亚草原的出现，大致在公元前9世纪，这种生业方式"不仅比渔猎经济晚得多，而且也比原始

---

1 中国科学院民族研究所甘肃少数民族社会历史调查组编：《少数民族史志丛书·裕固族简史简志合编（初稿）》，1963年内部铅印，第26页。
2 吴正科：《丝路古城黑水国》，甘肃人民出版社，2008年，第53页。
3 祝中熹：《甘肃通史·先秦卷》，甘肃人民出版社，2009年，第239页。
4 甘肃省文物考古研究所：《永昌三角城与蛤蟆墩沙井文化遗存》，《考古学报》1990年第2期，第230页。
5 王连兴：《关于世界古代史研究中若干重要理论问题的思考》，《史学月刊》1993年第1期，第94—95页。
6 贺卫光：《中国古代游牧文化的几种类型及其特征》，《内蒙古社会科学》2001年第5期，第42页；贺卫光：《中国古代游牧民族经济社会文化研究》，甘肃人民出版社，2001年，第63页。
7 [苏联] A.伯恩施坦著，罗志平译：《中亚古代游牧民族史的争论问题》，中国社会科学院民族研究所编译：《民族史译文集》，科学出版社，1959年，第110页。

农业和原始的定居的养畜业较晚"[1]。质言之,"畜牧""游牧"和"农耕"属于三个不同的概念,是三种不同的生业形式。[2]但在我国学术界,一般都将"畜牧"和"游牧"混为一谈了,古今皆如此。以"土著"表示农业,自然无误,但以"不土著"表示畜牧业,就大有问题了,因为畜牧业既可以"土著",也可以"不土著"。是故,《汉书》所见月氏、乌孙"随畜逐水草"之谓,不必理解为游牧,而应理解为畜牧,并且是定居的畜牧业。明白了这一点,我们就不难将沙井文化、骟马文化与月氏、乌孙对应起来了。

当然,这里所言"定居的畜牧业"只是一个相对的概念,是相对于"逐水草而居"和"居无恒所"的典型游牧经济而言的,并未否认游牧生业方式与之同时存在的可能。河西史前畜牧业,有可能存在"大定居,小游牧"的情况,具体言之,就如同今天河西有些牧民那样,设一定居点为大本营,作为安置老幼生存之所和冬季人畜的安居地,定居点附近草场夏秋时节妥加保护,以资冬用。夏秋季节,部分青壮年赶着牲畜,到比较偏远的地方逐水草而游牧,冬季回归定居点和家人团聚。[3]河西史前畜牧业,如果真有游牧存在,就应该大体类于这种情况,否则无法与地下出土考古材料相契合。河西考古学文化所见畜牧业具有明显的定居放牧特点,看不出游牧的明显征候。深厚的文化层堆积,以及先民们设计建造的建筑遗迹,也都表明他们曾经从事着定居的畜牧业。

---

1 [苏联] Л. П. 波塔波夫著,万颐安译:《论中亚细亚和哈萨克斯坦游牧民族宗法封建关系的本质》,《苏联关于游牧民族宗法封建关系问题的讨论》,科学出版社,1957年,第2页。

2 N. Ishjamts, Nomads in eastern Central Asia, Janos Harmatta (ed.), *History of Civilizations of Central Asia Vol. 2 The Development of Sedentary and Nomadic Civilizations: 700 B.C. to A. D. 250*, UNESCO Publishing, 1994, pp. 151-169; Roger Cribb, *Nomads in Archaeology*, Cambridge: Cambridge University Press, 1991, pp. 9-43.

3 唯河西走廊中部肃南裕固族自治县康乐区之裕固族牧民例外,至今仍以小规模游牧经济为主。

丝绸之路的起始点与最初的走向

刘 瑞

（中国社会科学院考古研究所）

正史中，中央与西域的大规模沟通始自汉武帝时期的张骞。《汉书·西域传》"汉兴至于孝武，事征四夷，广威德，而张骞始开西域之迹。……自贰师将军伐大宛之后，西域震惧，多遣使来贡献，汉使西域者益得职。是自敦煌西至盐泽，往往起亭，而轮台、渠犁皆有田卒数百人，置使者校尉领护，以给使外国者"，故称张骞有"凿空"之功。

从汉武帝开始，这条从首都长安出发，向西沟通中央与西域乃至更远地域的道路，就在政治与贸易、战争与和平、争夺与骚扰中坚强地延续了下来。1877年，德国人李希霍芬以其上贸易主品种的丝绸对之进行命名，之后"丝绸之路"很快得到学者认同。[1] 在联合国教科文组织开展的1988—1997年"文化发展十年"的三个世界性项目中，丝绸之路综合研究位列其中。[2] 伴随着中外交流的发展，对丝绸之路的研究引起了越来越多的重视，成果层出不穷。

在有关的研究中，丝绸之路走向问题一直为学者关注，并在不断的切磋论辩、实地考察中取得较多共识——当然也存在一些虽有明显分歧但较长时间一直未能得到解决的"路线"问题——包括丝绸之路从长安城出发后的具体走向。

对从长安出发后丝绸之路该如何走的问题，目前其实讨论得并不多——从学术史看大家似更喜欢讨论今甘肃、新疆境内的丝路走向——但这并不意味着长安出发后的路线就没有分歧。在现在可见的各种版本的"丝绸之路图"中，长安出发丝路的绘制方式大体分两种：

一、从长安开始即分两股，一股自长安向西北至灵台再向西，一股自西安直线向西至凤翔后向西，两种走法的道路在长安附近的两个地点分跨渭河。[3]

二、从长安西北跨渭河后再分路西行。

也就是说，丝路在长安城外的走向，存在着一股或二股的不同（当然，在诸如《剑桥中国秦汉史》等著作中，还存在着如"西域和丝绸之路图"对从长安开始一段路线阙如不绘的做法——当然这或是因章节内容的限制使然）。[4] 对两种丝路走法的具体路线，可以下述意见为代表。

---

[1] 林梅村：《丝绸之路十五讲》，北京大学出版社，2008年，第2页。
[2] 李健超：《丝绸之路中国境内沙漠路线的考察》，《汉唐两京及丝绸之路历史地理论集》，三秦出版社，2007年，第400页。
[3] 李健超：《丝绸之路中国境内沙漠路线的考察》，《汉唐两京及丝绸之路历史地理论集》，第401页"丝绸之路示意图"。又如齐涛《丝绸之路探源》，齐鲁书社，1992年，第91页"丝绸之路西安——玉关段路线图"。
[4] ［英］崔德瑞、鲁惟一：《剑桥中国秦汉史》，中国社会科学出版社，1992年，第438页，地图十六。

武复兴在《丝绸之路的起点——长安》中指出："从汉代开始，以长安为起点的丝绸之路在关中地区主要有两条。即一条由西渭桥渡渭水后，沿渭河西行，经今咸阳以东的窑店公社（秦咸阳所在地）、兴平、凤翔等地后，折向西北，过陇县，再过今甘肃的天水、临洮、兰州等地，然后沿河西走廊前往西域，张骞走的便基本上是这条路。另一条是由横桥（中渭桥）渡渭水，沿泾河西北行，经今礼泉、淳化、彬县、长武等地后，穿越甘肃省东南端，过宁夏固原县的萧关，再西北行进入河西走廊。沿泾河一路，是南接渭水北岸、东通三晋和西通河西走廊的大道。这条东西向的大道，最早为秦人所开发。[1]"一条跨西渭桥，一条过中渭桥，分途西行。

而孟凡人则在《丝绸之路史话》中指出了唐代从长安至凉州之路（简称长凉路）：

"其具体路线又分南北两道。南道东段大体沿渭河西行……南道出唐长安城开远门（西城北数第一门）约9公里，经中渭桥渡渭水，西行1公里至临皋驿。临皋驿在长安西北10公里、咸阳县东南10公里，为京师西行第一驿，公私送迎多宴饯于此。又西行经三桥、望贤宫10公里至咸阳县陶化驿……[2]

北道西出长安亦经临皋驿、咸阳驿，由此与南道分途……[3]

唐代的长凉南道和北道，是在前代的基础上逐渐发展形成的。汉、唐长安城所在的关中盆地介于山势巍峨的秦岭和北山之间，只有渭河、泾河河谷及其附近才能成为东西交通的重要孔道。故自秦建都咸阳以来，从咸阳和长安西行非此道莫属。[4]"从长安出发，在经中渭桥过渭河后始分路西行。

这样，因从长安出发到咸阳的一段在长凉南道、长凉北道中均相同，故其所附《河西之路长凉道》图中的从长安出发的丝绸之路就只有一股，即过咸阳后才分两股向西。

虽有分歧存在，但实际上目前在我们见到的大多数论述中，对前述从长安出来后丝路究竟该如何走，在不同时期的走向有何差异等问题，讨论的着实不多，殊为遗憾。有鉴于此，在收集相关论述并梳理汉长安城周边（特别是长安城西侧、北侧）考古资料后，我对这个问题略加梳理，呈陋于方家，敬请指正。

一 汉长安城及城西

要确定丝绸之路在起点出发后的具体走法，就需了解汉长安城及汉长安城北侧、西侧的相关区域。

众所周知，汉长安城是西汉王朝的首都，位于今西安市西北，是丝绸之路的起点都市。中国社会科学院考古研究所（前身为中国科学院考古研究所）自1956年开始，即对其开展了长时间系统的考古勘察与发掘，成果甚丰。[5]大体而言，1950年代后期和

---

[1] 武复兴：《丝绸之路的起点——长安》，陕西人民出版社，1985年，第57—58页；张燕：《长安与丝绸之路》，西安出版社，2010年，第104页。
[2] 孟凡人：《丝绸之路史话》，社会科学文献出版社，2011年，第68—70页。
[3] 孟凡人：《丝绸之路史话》，第73页。
[4] 孟凡人：《丝绸之路史话》，第76页。
[5] 刘庆柱：《汉长安城的考古发现与相关问题研究——纪念汉长安城考古工作四十年》，《考古》1996年第10期，第1—14页；刘庆柱、李毓芳：《汉长安城考古的回顾与瞻望——纪念汉长安城考古半个世纪》，《考古》2006年第10期，第12—21页。以下有关汉长安城考古的相关内容及叙述采自上述二文，不再出注。

1960年代初，汉长安城考古的工作主要勘察了汉长安城城墙、城门、城内的主要道路和长乐宫、未央宫、桂宫的地望与范围。1980年代则进一步勘察了未央宫、长乐宫和桂宫的结构和布局，究明了东市和西市的位置与基本形制，确定了高庙遗址的地望。1990年代，勘察了汉长安城中手工业作坊遗址的分布和北宫的地望、范围。2000年以后，在城内东北角发现北朝小城。

经考古确定，汉长安城的平面近方形，东城墙长6000米、南城墙长7600米、西城墙长4900米、北城墙长7200米，全城周长25700米。东、西城墙较平直；北城墙因邻近渭河，与河道走向基本平行，呈西南—东北方向；南城墙可能因迁就长乐宫、高庙及未央宫，中部呈外凸之状。城周12座门，每面3座。除清明门和雍门地面无迹外，其他10座城门尚保存有一些建筑遗迹。多年来共发掘城门址4座（宣平门、霸城门、西安门、直城门）、试掘1座（横门）。从相关资料看，每座城门中部均有两条隔墙，将城门分为3个门道，每门道宽约6—8米。在12门中，除与宫城宫门相对4门外，其余8门各与城内一条大街相连，或南北，或东西，其中安门大街最长约5400米，洛城门大街最短约850米。

长安城北临渭河，《汉书·成帝纪》建始三年（前30）："秋，关内大水。七月，虒上小女陈持弓闻大水至，走入横城门，阑入尚方掖门，至未央宫钩盾中。"应劭曰："虒上，地名，在渭水边"，表明当时渭河与城门之间相距不远。而正因渭河迁曲东行，汉长安城北侧的城墙弯曲不直，后人才附会出"斗城"之妄。

汉长安城西侧最主要的建筑是汉武帝时期修建的朝宫建章宫，以及范围更加广大的上林苑。据记载，建章宫建于汉武帝太初二年（前103），《汉书·武帝记》"起建章宫"，《史记·封禅书》："以柏梁灾故，朝受计甘泉……勇之乃曰：'越俗有火灾，复起屋必以大，用胜服之。'于是作建章宫，度为千门万户。前殿度高未央，其东则凤阙，高二十余丈。其西则唐中，数十里虎圈。其北治大池，渐台高二十余丈，名曰泰液池，中有蓬莱、方丈、瀛洲、壶梁，象海中神山龟鱼之属。其南有玉堂、璧门、大鸟之属。乃立神明台、井干楼，度五十余丈，辇道相属焉。"

建章宫的规模宏大，其大体位置基本明确。建章宫的前殿遗址，位于现西安市三桥街道高、低堡子村，面积约45万平方米。[1]建章宫东、北二宫门外所设之阙，前者称"凤阙"，后者称"圆阙"。凤阙遗址今位于建章宫前殿以东700米，长安城以西300米，双凤村东南，为二阙，东西并列，间距53米。西阙基址保存较好，现存高11米、底径17米，均夯筑。考古勘探发现二阙间有一条南北路，宽50米，由二阙向南450米，南北路与通往建章宫前殿的东西路相交。现存建章宫前殿基址约南北320米、东西200米，北高南低，高处高出今地面10余米。其西北450米有洼地，即"太液池"。池东北筑"渐台"，基址在今太液池苗圃东部，东南距前殿遗址550米，建章宫前殿西北1450米（太液池遗址以北800米）。此外，在今孟村北有一大型建筑台基，现存东西52米、南北50米，高10米。《汉书·东方朔传》载："今陛下以城中为小，图起建章，左凤阙，

---

[1] 国家文物局主编、陕西省文物事业管理局编：《中国文物地图集·陕西分册》，西安地图出版社，1998年，第52页。

右神明,号称千门万户。"学者认为孟村的汉代台基或即神明台遗址。

武帝时期建章宫作为朝宫使用,不仅在此视朝,臣民视建章如未央,故有"待罪建章阙下"之说。之后至昭帝元凤二年"自建章宫徙未央宫",朝宫的地位归位于未央。据文献,建章宫归属上林苑,故西汉晚期才有王莽"坏彻城西苑中建章、承光、包阳、大台、储元宫及平乐、当路、阳禄馆,凡十余所,取其材瓦,以起九庙"(《汉书·王莽传》)。

二 上林苑

上林苑,是秦汉时期最重要的皇家园林。据文献,至少战国秦时已在渭河以南逐渐兴建上林苑,而到秦统一后上林苑继续存在。如《史记·秦始皇本纪》讲"诸庙及章台、上林皆在渭南",阿房宫即建于上林苑中,"乃营作朝宫渭南上林苑中"。因此《三辅黄图》谓"汉上林苑,即秦之旧苑也"。

汉初,上林苑继续存在,但因空地甚多,故萧何出面为民请苑地耕种。《史记·萧相国世家》载"上林中多空地,弃,愿令民得入田"。同时,秦上林苑中的一些宫观,在汉初陆续修复使用。

从文献看,在汉代早期,上林苑也一直为天子使用。如《汉书·张释之传》载汉文帝"登虎圈,问上林尉禽兽簿"。《史记·梁孝王世家》载,梁孝王"入则侍景帝同辇,出则同车游猎,射禽兽上林中",然当时上林苑中建筑尚少,"其时未有甘泉、建章及上林中诸离宫馆也"(《汉书·冀奉传》),到汉景帝才"修治上林,杂以离宫,积聚玩好,圈守禽兽"(《汉书·枚乘传》),上林苑规模、建筑在景帝时得到较快发展。

到汉武帝刘彻,年少即位而习好游猎。《汉书·东方朔列传》载建元三年(前138),"微行始出,北至池阳,西至黄山,南猎长杨,东游宜春。……微行以夜漏下十刻乃出,常称平阳侯"。但因此时原来上林苑内的很多地方已有民居耕种,因此少年天子的游猎活动就必然与民众的生产生活出现冲突。其"入山下驰射鹿豕狐兔,手格熊罴,驰骛禾稼稻粳之地。民皆号呼骂詈,相聚会,自言鄠杜令。令往,欲谒平阳侯,诸骑欲击鞭之。令大怒,使吏呵止,猎者数骑见留,乃示以乘舆物,久之乃得去"。不久,汉武帝以游猎"道远劳苦,又为百姓所患"等为由,决定扩建上林苑,"使太中大夫吾丘寿王与待诏能用算者二人,举籍阿城以南,盩厔以东,宜春以西,提封顷亩,及其贾直,欲除以为上林苑,属之南山。又诏中尉、左右内史表属县草田,欲以偿鄠杜之民"。虽经东方朔极力谏阻,但"起上林苑"如故。

《三辅黄图》卷四有"西郊苑"之名,谓"汉西郊有苑囿,林麓薮泽连亘,缭以周垣四百余里,离宫别馆三百余所"。《类编长安志》卷三的记载不仅近同,且指出"西郊苑"记载出自《汉书》。但从文献看,上林苑的周垣规模亦有四百余里。如《西都赋》"缭以周墙,四百余里",张衡《西京赋》"缭垣绵联,四百余里"。因此,前述西郊苑的周垣规模,已与上林苑相差无几。而从《三辅黄图》《类编长安志》之外的其他文献看,汉长安城西侧,除包含建章宫在内的上林苑外,又再无其他苑囿,因此《三辅黄图》等所载的"西郊苑",应指的是上林苑在汉长安城西侧的部分。推究之所以有这样的名称,应源于《汉书·王莽传》中曾出现"城西苑"。因此,西郊苑大体应是上林苑在汉长安城西侧的部分。

丝绸之路的起始点与最初的走向 | 49

上林苑有垣墙环绕，"缭垣绵联"，制度森严，不仅苑门有专名，如"上林延寿门"（《汉书·外戚传》），而且"步兵校尉掌上林苑门屯兵"（《汉书·百官公卿表》），管理森严。《汉书·酷吏列传》载减宣"中废为右扶风，坐怒其吏成信，信亡藏上林中，宣使郿令将吏卒，阑入上林中蚕室门攻亭格杀信，射中苑门，宣下吏，为大逆当族，自杀"，减宣仅因射中上林苑门，即被坐"大逆当族"，其管理之严可见一斑。

上林苑不仅不能随意进入，而且不能随意猎捕苑中动物，即使是一些未曾具体实施的违法行为，也会得到严厉处罚。如《史记·高祖功臣侯者年表》就载元鼎四年（前113）安丘侯"指坐入上林谋盗鹿，国除"。类似记载还有很多，如山都侯在元封元年（前110）"坐与奴阑入上林苑，国除"。此外，即使在得到允许后进入上林苑中，其行动依然受到严厉约束，如《汉书·五行志》："章坐走马上林下烽驰逐，免官。"

因此，在汉长安城西侧为上林苑的情况下，在上林苑有着严格的门禁制度的情况下，上林苑就成为汉长安城西侧的庞然大物，横亘于汉长安城西侧，阻挡住从长安城向西的行人。在汉长安城西侧，上林苑的存在，使得这里不存在一条横穿上林苑而向西的大道。

于是乎，要从汉长安城向西，就只有两个选择：1.从长安城西门出来后，顺着城西的位于上林苑东墙向东的，位于长安城与上林苑之间的道路向北，在到达上林苑北墙的位置后，沿着北墙向西穿过渭河后向西；2.从长安城北门出发，穿过渭桥后再向西。

三 汉长安城附近的渭水桥梁[1]

文献中不仅对张骞从长安出发西域经何门未有记载，且对之后大量汉使出行的路程也没有反映，因此单从文献并不能确定丝绸之路在长安出发后近城段的路线走向。在既有的考古资料中，又长期未发现一条从长安城向北、向西的汉代道路遗存，在这种情况下如果要确定丝绸之路起始段的具体走向，较直接的办法就是寻找从汉长安城出来后跨过渭河时可能存在的汉代古桥或渡口，再借助与道路有密切关系的遗存，来判断丝绸之路究竟位于何处。

1. 文献中的渭水桥梁

文献中，渭河上共有三座桥梁，由西向东分别为西渭桥、中渭桥、东渭桥。《史记·张释之传·索隐》载："今渭桥有三所：一所在城西北咸阳路，曰西渭桥；一所在东北高陵道，曰东渭桥；其中渭桥在古城之北也。"到唐代，渭河三桥依然发挥着巨大的作用。《旧唐书·职官志》载唐"木柱之梁三，皆渭川，便桥、中渭桥、东渭桥也"。《雍录》卷六载："秦汉唐架渭者凡三桥，在咸阳西十里者名便桥，汉武帝造；在咸阳东南二十二里者为中渭桥，秦始皇造。在万年县东四十里者为东渭桥，东渭桥也者，不知始于何世矣。"

西渭桥又名便桥、便门桥，汉武帝建元三年（前138）建。《汉书·武帝纪》"初作便门桥"。苏林曰："去长安四十里。"服虔曰："在长安西北，茂陵东。"师古曰："便门，长安城北面西头门，即平门也。古者平便皆同字。于此道作桥，跨渡渭水以趋茂陵，其道易直，即今所谓便桥是其处也。"《三辅

---

[1] 本节内容改编自刘瑞《长安城北渭河上的桥》，《文史知识》2014年第5期，第97—101页。

黄图》卷六："便门桥，武帝建元三年初作此桥，在便门外，跨渭水，通茂陵。长安城西门曰便门，此桥与门对直，因号便桥。"

《水经注》卷一九："渭水又东与丰水会于短阴山内，无他高山异峦，所有惟原阜石激而已。水上旧有便门桥，与便门直对，张昌曰：桥在长安西北，茂陵东。如淳曰：去长安四十里。"

由于文献中对便门的地望记载不同，因此自然引起后人对西渭桥位置的讨论。

中渭桥，秦始皇造。《史记·孝文本纪·索隐》引《三辅故事》："咸阳宫在渭北，兴乐宫在渭南，秦昭王通两宫之间，作渭桥，长三百八十步。"又"《关中记》云石柱以北属扶风，石柱以南属京兆也"。《三辅黄图》卷六："渭桥，秦始皇造。渭桥重不能胜，乃刻石作力士孟贲等像祭之，乃可动，今石人在。渭桥在长安北三里，跨渭水为桥。"《水经注》卷一九："秦始皇作离宫于渭水南北，以象天宫，故《三辅黄图》曰：渭水贯都，以象天汉，横桥南度，以法牵牛。南有长乐宫，北有咸阳宫，欲通二宫之间，故造此桥。广六丈，南北三百八十步，六十八间，七百五十柱，百二十二梁。桥之南北有堤，激立石柱，柱南，京兆主之；柱北，冯翊主之。有令丞，各领徒千五百人。桥之北首，垒石水中，故谓之石柱桥也。旧有忖留神像，此神尝与鲁班语，班令其人出。忖留曰：我貌很丑，卿善图物容，我不能出。班于是拱手与言曰：出头见我。忖留乃出首，班于是以脚画地，忖留觉之，便还没水，故置其像于水，惟背以上立水上。后董卓入关，遂焚此桥，魏武帝更修之，桥广三丈六尺。忖留之像，曹公乘马见之惊，又命下之。"

东渭桥，汉景帝造。《史记·孝景本纪》景帝五年（前152）"三月，作阳陵、渭桥"。而《类编长安志》则谓："《三秦记》，汉之东渭桥，汉高帝造，以通栎阳道。"到唐代，唐东渭桥与汉东渭桥并不位于一地，《雍录》卷六载："东渭桥在万年县北五十里灞水合渭之地，奉天之乱刘德信入援，以东渭桥有转输积粟，进屯此桥。"其修建为崔元略，《旧唐书·崔元略传》："宝历二年四月，京兆府以元略前任尹日为桥道使，造东渭桥时……"《新唐书·崔元略传》："京兆刘栖楚又劾元略前造东渭桥……"《入唐求法巡礼行记》卷三，八月十九日，"过军营中，南行卅五里，到高陵县渭桥。渭水阔一里许，桥阔亦尔"。

2. 考古发现的相关桥梁

过去长安城周围附近发现的秦汉桥梁，主要有两座。一座位于汉长安城西南，北距渭河约10公里，地处今西安市未央区三桥街办湾子村东北约200米处，东距汉长安城西南角约400米，发掘者认为其建于由南向北流淌的皂河（古称沈水）上，为建章宫、长安城通向上林苑之桥[1]，与丝绸之路无关。而另外一座则位于长安城西南，地处咸阳市西南9公里的秦都区钓台乡资村西南的沙河河道，是NW5°的南北向多跨木梁柱桥，已发掘出桥长71米，加上已探明的向北延伸的均有成排的桥桩35米，桥残存总长106米，共清理出16排145根桥桩，桥宽16米，发掘者认为其即西渭桥[2]，但学界基本均

---

[1] 西安市文物保护考古研究院：《汉长安城沈水古桥发掘报告》，《考古学报》2012年第3期，第369—396页。

[2] 陕西省考古研究所：《西渭桥遗址》，《考古与文物》1992年第2期，第29—32页；段清波、吴春：《西渭桥地望考》，《考古与文物》1990年第6期，第84—89页；吴春、段清波：《西渭桥地望再考》，《考古与文物》1991年第4期，第104—108页。

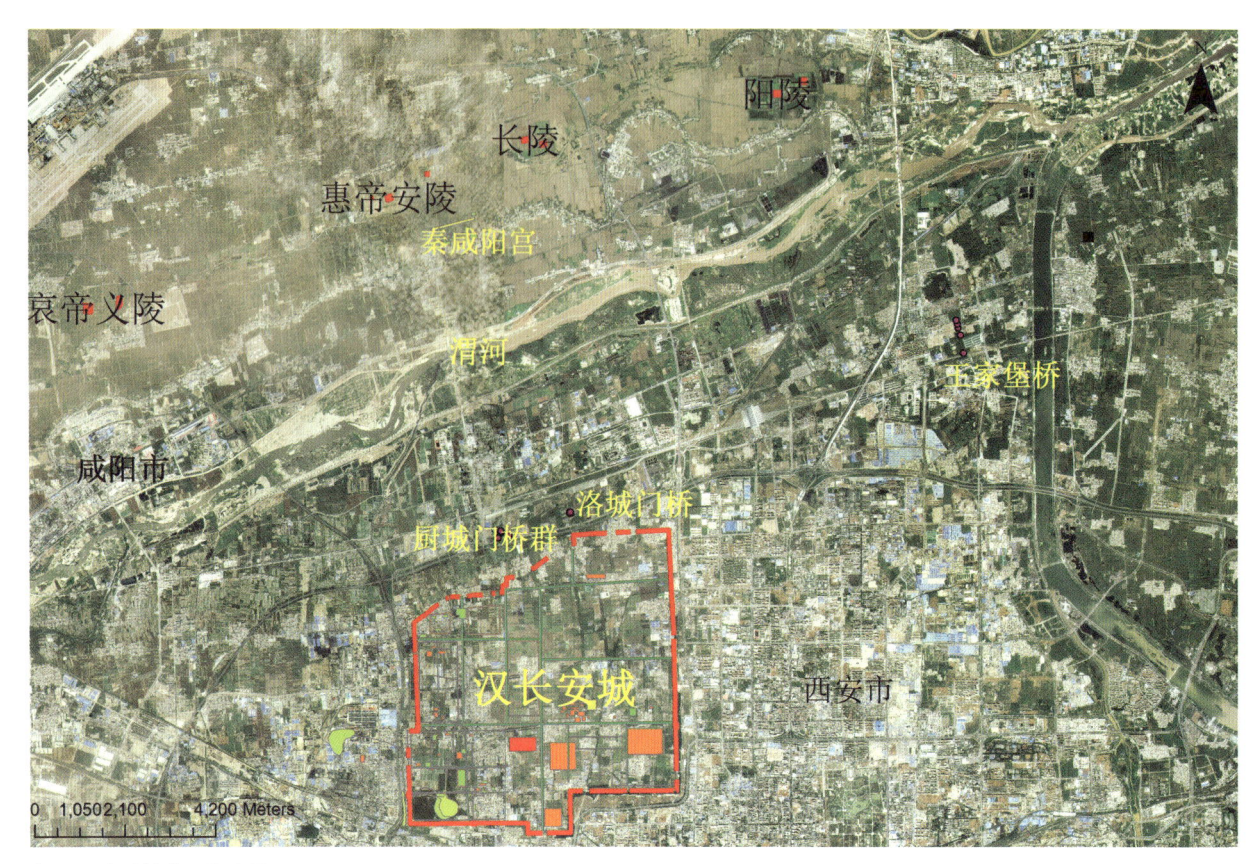

图1 西安渭桥遗址位置图

不同意此见，认为其为沙河（即沣河故道）上桥梁。[1] 此外，1980年代早期于汉长安城东北的陕西高陵县曾发现唐东渭桥遗址。[2]

但发现往往不期而遇。2012年4月，在汉长安城北城墙中间城门厨城门[3]外的一处盗采沙的工地，盗挖河沙的挖掘机意外碰到了大量木桩和石块，于是群众将这个发现汇报给了西安市文物局，盗采与破坏行为被及时制止。不久，在西安市文物局的安排下，由中国社会科学院考古研究所与西安市文物保护考古研究院联合组成的阿房宫与上林苑考古队对该地点进行了实地探查，确定其为古桥遗存，并在经过精确测量后，进一步确定其向南应正对厨城门遗址，按惯例，暂称其为"厨城门桥"（图1）。在结合遗址地望及出土遗物的考察后，初步判断这是一座大约为汉唐时期的渭河古桥，揭开了汉长安城北侧渭桥遗址考古发现的序幕。不久，在厨城门

---

[1] 辛德勇：《论西渭桥位置与新发现的沙河古桥》，《中国历史地理论丛》1991年第2辑；辛德勇：《论西渭桥的位置与新近发现的沙河古桥》，《历史地理》第11辑，上海人民出版社，1993年，第181—194页；李之勤：《"沙河古桥"为汉唐西渭桥说质疑——读〈西渭桥地望考〉》，《考古与文物》1991年第3期，第155—174页；时瑞宝、邓霞：《对陕西咸阳沙河古桥的初步认识——兼谈西渭桥地理位置》，《文博》1991年第4期，第63—65页；王维坤：《沙河古桥的新发现与研究》，《西北大学学报》（哲学社会科学版）2000年第8期，第121—126页；杨种堂：《陕西咸阳市沙河古河床沉积物研究——谈西渭桥位置》，《西北地质》1993年第2期，第18—24页；曹发展：《渭桥沣桥辨》，西北大学文博学院编：《考古文物研究（1956—1996）：纪念西北大学考古专业成立四十周年文集》，三秦出版社，1996年，第143—150页。

[2] 王仁波：《高陵县唐东渭桥遗址》，《中国考古学年鉴1984》，文物出版社，1984年，第167—168页。

[3] 汉长安城北城墙有三个城门，按照今天习见的意见，其由西向东依次为横门、厨城门、洛城门。

图2 厨城门一号桥渭桥遗址局部（北向南）

桥西侧200米左右的一处挖沙坑内发现另外一座古桥遗存，称"厨城门二号桥"，并通过该线索，在汉长安城北城墙东侧城门洛城门外挖沙坑内又发现一座古桥，称"洛城门桥"。

2012年6月，在陕西省文物局的安排下，陕西省考古研究院、中国社会科学院考古研究所、西安市文物保护考古研究院联合组成了渭桥考古队，开始对厨城门桥、洛城门桥进行考古发掘，至今发掘工作仍在进行之中。

而在经考古调查、勘探与发掘后，目前已在厨城门外发现了5座古桥（分别编号为厨城门一号桥、二号桥、三号桥、四号桥、五号桥），在洛城门外发现一座古桥（洛城门桥），并在汉长安城东北草滩镇王家堡发现一座古桥（王家堡桥），共3组7座。

而如加上早已发掘的唐东渭桥遗址，则渭桥数量将达4组8座，这与文献中渭河上仅有三桥的记载完全不同。

从发掘情况看，厨城门一号桥的规模最大，其发掘点正南1200米左右为厨城门遗址，直北3000米左右为今渭河的南岸大堤，西北6800米左右为咸阳宫一号、二号遗址，向东与洛城门桥相距约1700米左右，为一座南北向的木梁柱桥，横跨在东西流淌的渭河之上，其桥梁东西两侧桥桩间的宽度约为15.4米，桥梁北端在发掘后已大体确定（图2），北端位于发掘区南端向北约200米处，桥梁南端据早期大比例地图及物探资料，大体位于今唐家村北的旧皂河河道南岸附近，南北长约在880米左右。经北京大学碳十四实验室对桥桩用木材测年，一号桥的时代大体相当于西汉、东汉至魏晋两个时期。从现有资料看，厨城门一号桥宽达15.4米、长约880米左右的规模表明，它不仅是同时期全世界最大的木梁柱桥，而且是迄今为止发掘出的最大木构桥梁，具有重要的考古价值。

厨城门三号桥位于厨城门一号桥东侧约220米，从有限的发掘面积看，它亦为一座南北向的木梁柱桥，其东西两侧桥桩外皮之间宽约8.3米，南北两列桥桩之间间距约6—7米。由于发掘区的南北两侧多为建筑或现代垃圾堆置，无法开展考古勘探与发掘，目前该桥的长度尚难确定。经碳十四测年确定，其大体为唐代古桥。

洛城门桥正南750米左右为长安城北墙东侧城门洛城门，直北3500米左右为今渭河的南岸大堤。经发掘确定，该桥亦为南北向木梁柱桥，东西两侧桥桩外皮之间宽约15米，已发掘出东西3排桥桩，其相邻南北两排桥桩的间距约9—10米。同样因发掘区南北两侧多为建筑或现代垃圾堆置，无法开展考古勘探与发掘，该桥的长度亦尚待确定。碳十四测年结果显示，其大体为一座西汉晚期至东汉早期的古桥。[1]

四　出北门—过渭河—向西行

据《汉书·张骞传》："张骞，汉中人也，建元中为郎。时匈奴降者言匈奴破月氏王，以其头为饮器，月氏遁而怨匈奴，无与共击之。汉方欲事灭胡，闻此言，欲通使，道必更匈奴中，乃募能使者。骞以郎应募，使月氏，与堂邑氏奴甘父俱出陇西。径匈奴，匈奴得之，传诣单于。单于曰：'月氏在吾北，汉何以得往使？吾欲使越，汉肯听我乎？'留骞十余岁，予妻，有子，然骞持汉节不失。""初，骞行时百余人，去十三岁，唯二人得还。"张骞"身所至者，大宛、大月氏、大夏、康居，而传闻其旁大国五六，具为天子言其地形"，"骞还，拜为大行。岁余，骞卒。后岁余，其所遣副使通大夏之属者皆颇与其人俱来，于是西北国始通于汉矣。然骞凿空，诸后使往者皆称博望侯，以为质于外国，外国由是信之。其后，乌孙竟与汉结婚"，故后人言汉之西域、言丝绸之路者，皆必称自张骞始。

而据文献，西渭桥在汉武帝造建元三年（前138）所建（《汉书·武帝纪》谓是年"初作便门桥"）。汉王朝与西域之间进行大规模交流的时间，明显在张骞去世之后。这样，根据渭河桥梁的构建情况，我们复原的长安城作为丝绸之路的起点的走法，就应明显分为两个阶段：1.张骞出使西域之时，因西渭桥尚未建设，故其西行的路线必然是：出北门——过中渭桥——西行而去，这是丝绸之路"凿空"阶段的必然选择。2.张骞出发后不久，西渭桥建成，虽是时大规模的汉与西域交通还未开始，西渭桥的建设也主要是服务于茂陵的营建，但西渭桥作为从长安西去茂陵交通线上的必经之梁，却也解决了过去需经中渭桥的迂曲之苦，故应很快成为一条从长安城出发向西而行的重要选择。因此，在这之后，丝绸之路起始段的道路，就自然存在经中渭桥、经西渭桥的两种走法。

在居延汉简中，有一枚编号为EPT59.582的著名的里程简，其内容恰好就记述了从长安出发的路程及距离："长安至茂陵七十里/茂陵至茯置卅五里/茯置至好止七十五里/好止至义置七十五里……"表

---

[1] 陕西省考古研究院、中国社会科学院考古研究所、西安市文物保护考古研究院：《西安市汉长安城北渭桥遗址》，《考古》2014年第7期，第34—48页。

明从长安城至茂陵之间的驿路距离为70里。那它记载的是哪条道路呢？

据文献，汉以六尺为一步，三百步为一里，合1800尺为一里，以0.23为一尺计算，大体今414米为汉之一里，70里则约合今28980米。而通过GIS系统进行测量，从汉长安城西侧城墙北端城门雍门出发，顺着上林苑北垣外西行，经西渭桥过渭河，向西直到茂陵陵园南门的直线道路的距离约25400米左右。而如以茂陵邑东门为端点，这条道路的长度大体为23100米左右，均不足70里。但若从长安城北墙中间城门厨城门出发，经厨城门桥过渭河向北后再西行到茂陵邑东门的道路，长度约为29000米左右，非常接近前述的汉代70里。因此，从这个情况看，虽然在书写EPT59.582简的时候西渭桥已经修好并开始使用，但当时从汉长安至茂陵的这段驿路，却还是以厨城门为端点，经厨城门桥后西行到茂陵邑的东门——这应是丝绸之路（长安—茂陵段）的最主要的走法（图3）。

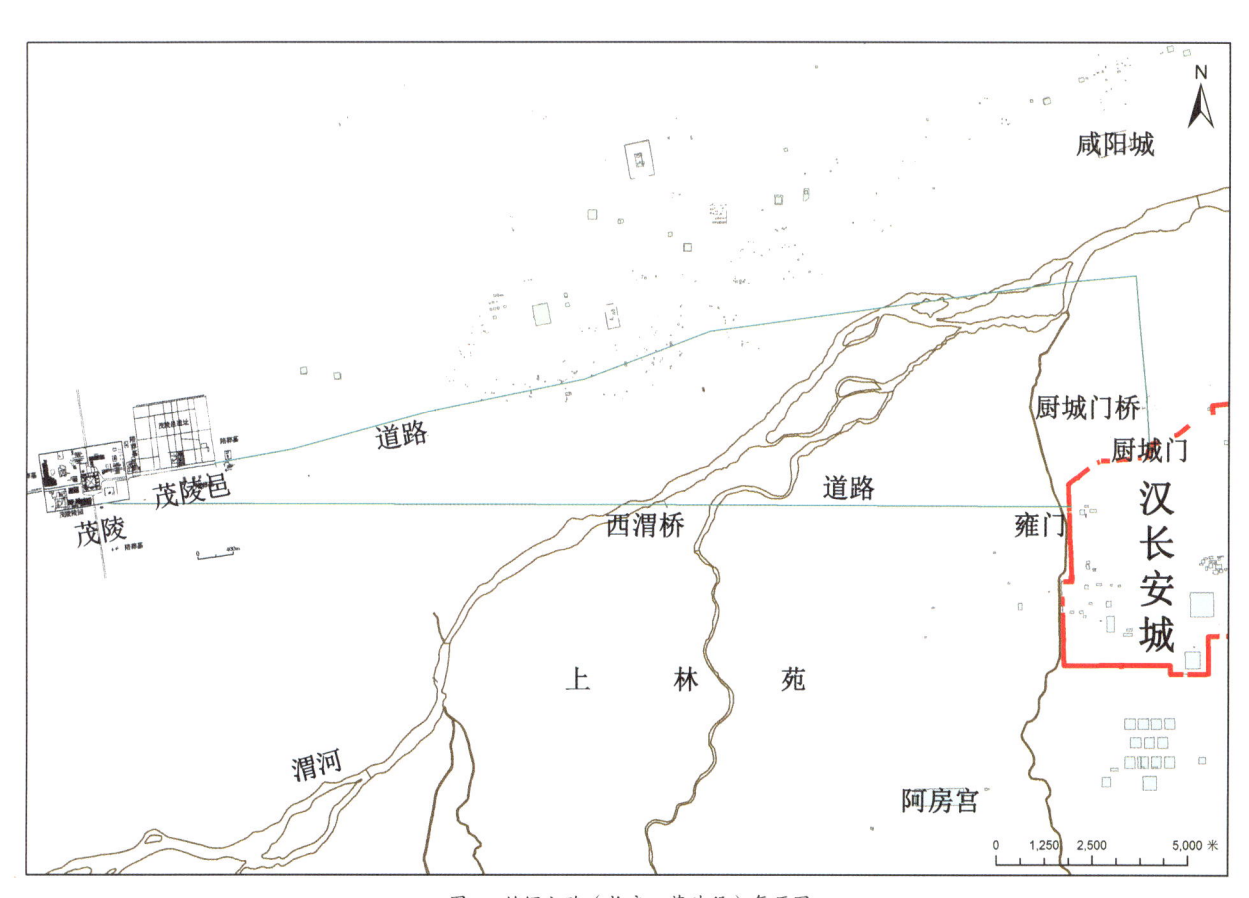

图3 丝绸之路（长安—茂陵段）复原图

跨越洲际的旅程
——敦煌壁画中日神、月神和风神图像上的希腊艺术元素

张元林

(敦煌研究院)

前言

对于日、月的拟人化联想，在世界上任何一种文明中都是永恒不变的话题。从古埃及到古代希腊—罗马，从古代巴比伦到古代波斯，从古代印度到古代中国，它们的图腾崇拜、神话传说，乃至于宗教信仰，都深深地烙上了日、月神话的烙印，出现了众多造型各异的日、月神的形象。在印度和中国古代的佛教文明中，日、月神的踪迹也处处可寻。作为"丝绸之路"重要的佛教文化遗址，敦煌石窟为我们保存了丰富的日神、月神图像。据笔者统计，至少100个洞窟中绘有日、月神图像。在敦煌藏经洞所出的绘画中也有近100幅上绘有日、月神图像。这些日、月神图像中，既有借自中国传统的在日轮中绘有阳鸟、月轮中绘有蟾蜍、玉树和玉兔的日、月神图像，又有佛教自己创造的跌坐于莲华座上的日神—月神图像，更有具有多种文化背景的"乘马车"日神和"乘天鹅车"月神图像。其中，"乘马车"日神和"乘天鹅车"月神图像是我们认识不同文明之间相互影响乃至于融合的历史的极为形象的例证。特别是，在这一类型的日、月神图像上，至今留存着最早见于希腊古典艺术中的日神和月神，或者与之相类的神祇的一些图像元素。这些图像元素，在逾千年的时间里，跨越地中海，在欧、亚大陆不同地域、不同民族的艺术中顽强地留存了下来，并传至敦煌，成为敦煌"乘马车"日神和"乘天鹅车"月神图像的一部分。同样，风、雨、雷、电虽然是自然现象，但在所有的古代文明中，都将其赋予了神秘的超自然性，认为是神的化现或神的意志的体现，而且都具有各自特征的图像表现。其中，与人们生产、生活息息相关的风或风暴，在不同地域、不同文化中就被拟人化为不同的风神形象。敦煌壁画中的风神形象，大体也有三种类型。第一类是从口中吹出风来。而中国汉代以来的风神多就是由嘴中吹气或是口衔吹管吹气来"造风"的。第二类是手持一风囊或风袋，风从中出来。这种形象从北魏时期开始出现在佛教石窟中。第三类即是手持一圆弧形风巾。这种形象，在敦煌壁画中仅见两例，在敦煌以西地区多见，但在敦煌以东地区则很少见。而从考古发现看，不仅"执风巾"的风神形象大量见于古希腊艺术留存中，而且在深受"希腊化"影响的古代贵霜故地，也发现了大量的骑牛的风神图像。这些图像，也促使我们进一步思考敦煌壁画中的相关图像中是否也留存着希腊艺术的一些元素。

下面，将就此做一些初步的探究。

二 敦煌壁画中的"乘马车"日神、"乘天鹅车"月神图像上的希腊艺术元素

敦煌石窟中的"乘马车"日神和"乘天鹅车"月神图像，均以组合的形式出现，未见单独的图像。从现存图像看，这种日、月神组合在敦煌最早出现于6世纪前期，晚至13世纪仍可见到。它们又可细分为"驷马、驷鹅两两相背型"和"五马、五鹅正向面型"两种图式。第一种"驷马、驷鹅两两相背型"的日神、月神组合在敦煌艺术中是孤例，见于莫高窟第285窟。该窟完工于西魏大统五年（539）左右，在其窟内西壁龛外两侧上部分别绘有日天、月天图像。南侧上部的日天图像由上、下两部分元素构成。上方是日轮，内着菩萨装的日天坐于由四匹马所拉的车厢中。四匹马两两相背，向着相反的方向奔跑。日轮下方，是一辆由三只凤鸟所拉的日车，车厢内站立两身深目高鼻的武士，前一身手执人面形盾牌，后一身双手用力托举着上方的日轮。上方的日轮和下方的月轮共同构成了一幅完整的日天图像（图1）。同样，西壁北侧上部的月天图像也由上、下两部分元素构成，构图与前者完全相同：上方月轮内着菩萨装的月天坐于由四只鹅所拉的车厢中。四只马两两相背，向着相反的方向奔跑。月轮下方，则是一辆由三只狮子所拉的月车，车厢内也站立两身深目高鼻的武士，前一身手执人面形盾牌，后一身双手用力托举着上方的月轮（图2）。第二种"五马、五鹅正向面型"基本构图是圆轮内的

图1 莫高窟西魏第285窟乘马车的日神

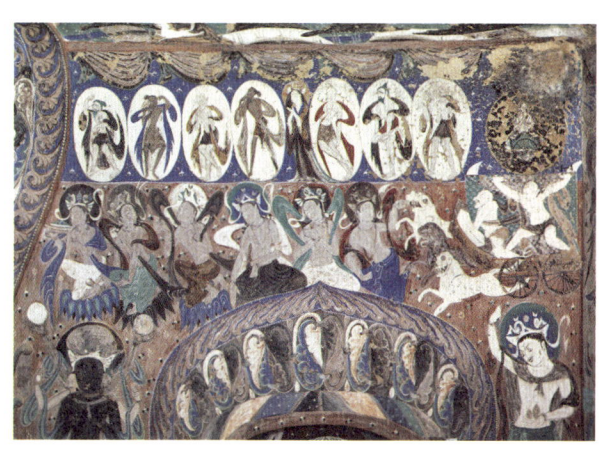

图2 莫高窟西魏第285窟乘天鹅车的月神

日天或月天正面坐于由马或鹅承托的莲华座上。马或鹅的数量几乎都是五只。其中，左右两侧的马或鹅各有两只，均呈3/4向外的姿势，中部一只则呈正面向姿（图3）。[1] 第二种图式的组合，在敦煌壁画多达十多例，加上敦煌藏经洞所出的绘画中的数列，达二十多例。

除了敦煌外，第一种图式的日、月神组合的图像在阿富汗巴米扬石窟亦可见到。如巴米扬第111窟佛龛两侧、第330窟"涅槃图"中（图4）。而第二种图式的组合，则在敦煌以外的地区难以见到。同时，这两种图式中的单个的"乘马车"日神图像，

---

1 据笔者调查，只有一例是七马、七鹅。

图3-1 莫高窟中唐第384窟乘马的日神

图3-2 莫高窟中唐第384窟乘天鹅的月神

在中国境内的新疆库车石窟群和青海省都兰县的吐蕃人墓葬、阿富汗巴米扬石窟、巴基斯坦犍陀罗地区、今天塔吉克斯坦片其肯特地区的粟特人遗址等地皆有发现。在印度本土也发现了这两种构图形式的印度教太阳神苏利耶的雕刻。这两种形式的单个的"乘马车"日神图像，甚至在更遥远的希腊、罗马地区也大量出现，而且时代更早（详后）。不过，单独的"乘天鹅"月神图像，则不见于上述地区，也不见于印度本土。[1]

关于敦煌壁画中的这两种类型的日、月神图像的来源，笔者在此前的研究中曾认为：它们作为一对组合出现，并不是自印度产生，而是各有源头。其中，第一种类型的组合很可能形成于中亚地区，而第二种类型晚至8世纪末才出现，当是受第一种类型的启发和影响所致。而且，"乘马日神"与"乘天鹅月神"的各自的图像源头也不相同。其中，第一种类型的日神图像综合吸收了印度教苏利耶雕刻和祆教的蜜特拉神图像中的"二马或驷马相背"，呈相反方向由二匹或四匹马牵拉，且车上有武士护卫的车乘的形式。第二种类型的日神的单纯的正面图像当直接来自于印度教或印度密教的太阳神形象。有别于"乘马日神"，至于图像，由于在印度本土未发现8世纪以前的"乘天鹅"月神的作品，故认为这一图像并非产生于印度，而是产生于阿富汗一带的中亚地区。[2]但是，随着研究的继续和图像资料的不断积累，笔者进一步认识到，敦煌"乘马车"日神和"乘天鹅车"月神图像其实仍旧保留着古代希腊—罗马艺术的元素。

留存至今的大量古代希腊艺术品告诉我们，在古代希腊神话中，驾马车是希腊众神最常见的出行方式。众神的马车一般表现为双马车或驷马车图式，其表现形式既有侧面式，也有正面式，如太阳神阿波罗的马车（图5、图6）。同样，在印度有着侧面式和

---

1 近日承印度学者相告，在印度有8世纪以后的同类作品，但不影响本文观点。
2 参见笔者有关敦煌艺术中日、月图像研究的系列论文：1)《莫高窟第285窟西壁日天图像的粟特艺术源流》，《敦煌学辑刊》2007年第3期；2)《敦煌藏经洞所出绘画品中的日、月图像研究》，《敦煌吐鲁番研究》总第12卷（2011年）；3)《敦煌乘马日天、乘天鹅月天图像研究》，《敦煌艺术、考古研究——纪念向达教授诞辰110周年国际学术讨论会论文集》，中华书局，2011年；4) Images of Sun and Moon Gods in Dunhuang Murals Between the Sixth and Tenth Centuries, *China And Beyond In The Mediaeval Period: Cultural Crossing and Inter-Regional Connections*, published by Ajay Kumar Jain for Manohar Publishers & Distributors in association with Cambria Press, 2014，pp.151-170。

图 4-1　巴米扬 5-6 世纪第 111 窟乘马车的日神和乘天鹅的月神

图 4-2　巴米扬 5-6 世纪第 111 窟乘天鹅的月神

正面式的乘马车的太阳神苏利耶的雕刻也大量存在。从公元前 3 世纪到 19 世纪，皆有作品留下来。印度教雕刻中，太阳神苏利耶的基本构图是：苏利耶站在由七匹或四匹马拉的车的中央，顶有头光，周围有 2—4 身侍卫。印度学者桑底·拉奥·那伽（Shanti Lal Nagar）所著的《苏利耶与太阳崇拜》一书中列举了许多实物资料，以七匹、四匹马拉车者为多。[1] 其中最有代表性的是雕刻于公元前 1 世纪左右的菩提伽耶围柱上的太阳神苏利耶浮雕。苏利耶站在驷马驾的二轮战车上，四匹马左右两端分为二，皆前蹄腾空，相背而驰。苏利耶立于战车中央，其左右各有一女神，皆向外拉弓射箭（图 7）。这种影响也延续至佛教的日天图像。在古代犍陀罗地区和中亚地区均发现了多例这样的日天形象。其中如日本平山郁夫收藏品中

图 5　纽约大都会美术馆藏公元前 420 年希腊彩陶罐上的太阳神阿波罗坐着马车离开奥林卑斯山

图 6　纽约大都会艺术博物馆藏公元前 500 年希腊彩绘陶罐驷马车上的太阳神

---

[1] Shanti Lal Nagar, Surya and Sun Cult (in Indian Art, culture, Literature and Thought), chapter 4: Iconography, pp.133-134, published by Aryan Books International, New Deli, 1995.

跨越洲际的旅程 | 59

图7 公元前1世纪印度菩提伽耶围柱太阳神苏利耶

图8 平山郁夫收藏3—4世纪犍陀罗乘马车的日神雕刻

出自犍陀罗的日神雕刻（图8）。[1]

笔者认为，敦煌石窟中的"乘马车"日神、"乘天鹅车"月神图像仍保留了希腊—罗马造型艺术的元素。

首先，就"乘马车"日神图像来看，与敦煌石窟中的另外两类日神图像迥异，这种图像表达的最初意念并非中国式的，而如前所述，是西方式的。至于马车的图式，虽然近有祆教的密特拉神[2]、印度教的苏利耶神图像，但是目前所见更远、更早的原型却可追溯至古希腊的驾着驷马车的太阳神形象。这种图像，在现存于世界各国博物馆中的古代希腊彩陶制品上很常见。如在一枚公元前2世纪中期的古希腊银币的背面就是太阳神赫利奥斯驾着驷马车的形象。太阳神呈正面姿站在由驷马拉的车厢中。右手持长矛，左手拉着缰绳。驷马呈两左两右，向着相反的方向奔跑。[3]相同的太阳神图式也见于1世纪的古罗马帝国时代的皇帝胸饰图案：希腊神话中的太阳神阿波罗锯齿形的头光象征太阳的光芒，他乘着驷马拉的战车，驷马两两相背，向着相反的方向奔跑（图9）。从巴米扬石窟、片其肯特遗址和青海都兰大墓所见的密特拉日神图像推测，这种日神图像的一些元素很可能随着亚历山大的东征及其后的"希腊化"过程传播至西亚波斯和巴克特利亚地区，并被祆教艺术吸收，成为密特拉神的图像元素。[4]其后又在犍陀罗地区发展成为具有多元文化印记的佛教的日神或月神的图像之一并经中国的新疆地区

---

1 ［日］田边胜美监修：《平山郁夫コレクション——ガンダーラとシルクロードの美術》，东京艺术大学美术馆展览图录，图版第173，朝日新闻社发行，2000年。

2 研究者一般认为阿富汗巴米扬石窟中的太阳神即取自祆教的密特拉神图像，但年代不早于5世纪。参见田边胜美《关于巴米扬东大佛的造立年代》，刊于日本《古代东方博物馆纪要》总第23期，2002年。

3 Ladislav Stanco, *Greek Gods in the East: Hellenistic iconographic schemes in the central Asia*, Fig 196, Univerzita Karlova v praze, Karolinum, 2012.

4 在都兰吐蕃人墓中发现多件乘马车的日神图像，许新国将其分为ABC三型，其中的C型图像与第285窟的日天图像构图很相似。参见许新国《青海都兰吐蕃墓出土太阳神图案织锦考》，《中国藏学》1997年3期，第67—81页。

图9　1世纪古罗马皇帝铠甲上的胸饰图案太阳神阿波罗

图10　公元前3000—前1450年克里特岛米诺斯时期大地之母雕刻

传入敦煌。在这里，又加上了中国文化的元素。这一渐进的传播过程前后延续达七八百年之久。虽然，如前所述，印度教的苏利耶也有这两种图式。但是，我们目前所见的印度最早苏利耶造像也不过是公元前1世纪左右的作品。而希腊所见的同类作品，则要早三四百年。宫治昭先生就认为，印度苏利耶雕刻作品中的"驷马两两相背"的构图模式，是受到来自西来的影响所致。[1]而笔者则进一步认为，苏利耶雕刻另一种图像的基本原型很可能亦来自于希腊

太阳神图像的正视形式的图式。

学界的研究也表明，随着公元前4世纪前半期亚历山大的东征及其后数百年的"希腊化"进程，这两种形式，特别是正视式构图也传到欧—亚间的广阔地域和古代印度，并对后来的印度教的太阳神苏利耶的图像范式产生了影响。

其次，虽然印度教中的日神苏利耶的雕刻十分盛行，但似乎并没有发现与之相匹配的"乘天鹅月神"雕刻。而且，我们至今在印度本土并未发现乘天鹅的月神图像。我们所见的乘天鹅的神祇主要是印度教的三大神之一的梵天。相反，从考古发现和文献记载来看，在古希腊等地中海周边古代文明中，以天鹅为坐骑的女神形象很早就已经出现。如爱琴海地区发现的米诺斯时期（公元前3000—前1450）的"大地之母"双手各执一鹅颈的雕刻（图10）。在希腊神话中，也不乏骑着天鹅的女性神祇形象。如大英博物馆所藏的公元前470年的希腊陶制盘中所绘制的爱与美的女神阿芙洛狄忒的形象，就是乘着天鹅（图11）。稍晚一点的作品，如约创作于公元前13—前9年间的罗马奥古斯都和平祭坛上的海洋女神侧身骑在一身硕大的天鹅背上（图12）。大英博物馆所藏的一件大体同时期的浮雕板上，也是一身骑在硕大的天鹅身上的女神（图13）。但是，类似的骑着天鹅的女神图像，在印度本土却是没有发现早于6世纪的作品。故此，笔者以为，作为近似女性属格的阴性神，中亚和敦煌的月神乘天鹅图像，即是希腊艺术元素持久影响力的产物。

值得注意的是，除了前述敦煌及巴米扬石窟外，在分处古丝路南道的和阗地区和丝路北道的吐鲁番

---

[1] 参见宫治昭著《インド美术史论》第四章"太阳神スリーヤの图像について"，日本中央公论美版社，2011年，第250—272页。

图12 公元前13—前9年间罗马奥古斯都和平祭坛浮雕海洋女神

图11 公元前470年希腊陶制盘绘画乘着天鹅的阿芙洛狄忒

图13 大英博物馆藏公元前1世纪骑天鹅女神浮雕

图14 约5-6世纪新疆和阗乘天鹅的月神像

地区也均发现有乘天鹅的月神图像。如日本大谷探险队在和阗地区热瓦克佛寺遗址发掘出一身乘着双鹅的脱模制月神像，双鹅呈背靠背姿，年代约在5—6世纪（图14）。近年在吐鲁番附近高昌回纥时期的拜西哈尔石窟第3窟也发现了一幅乘着双鹅的月天图像，双鹅亦呈背靠背姿。而在西安碑林博物馆所藏的唐代"释迦降伏外道"碑上，佛右手上举，手托一日轮，中为乘双马的日神浮雕，左手下垂，手中的月轮中是乘双鹅的月神浮雕（图15）。这些图像表明，这种骑马的日神、骑鹅的月神图像，正是

图15 西安碑林博物馆藏唐代释迦降伏外道碑

图16 罗马出土2世纪左右坐在狮车中的希波利女神

图17 阿富汗阿依·哈努姆（AI Khanoum）的"希腊化"古城遗址出土2世纪左右乘狮车的希波利女神

沿着丝绸之路从西向东传入的。

再次，由狮子相伴或以狮子为坐骑的女神或阴性神的图像在印度本土也不见。而古希腊城邦守护神的希波利（Cybele）女神与其坐骑狮子的雕刻作品，亦发现多例。如美国大都会博物馆所藏的一件罗马出土的2世纪的青铜雕刻作品，表现的就是坐在双狮拉的车厢中的希波利女神（图16）。而在今阿富汗阿依·哈努姆（AI Khanoum）的"希腊化"古城遗址也发现了2世纪左右的乘狮车的希波利女神雕刻（图17）。此外，我们还联想到了波斯祆教的一位重要神祇——娜娜女神。这位娜娜女神具有多元功能和外形。她有时是月神的女儿，有时又是太阳神的妹妹。其图像志中一个很重要的特征就是狮子坐骑。[1] 无论从中亚片其肯特等粟特人遗址出土的壁画残片，还是现流散于日本的北齐石棺床残片上，我们都可以看到乘着狮子的娜娜女神形象。笔

---

[1] Madhu: Nana, the 'Original' Goddess on the Lion, on JIAAA 1, 2006.

跨越洲际的旅程 | 63

图18 莫高窟北魏末—西魏初第249窟"执风巾"风神 　　图19 莫高窟西魏第285窟摩醯首罗天 　　图20 克孜尔石窟5—7世纪第38窟"执风巾"风神

者在此前的研究中曾认为，莫高窟第285窟乘天鹅车的月神下面又加画由三只狮子牵拉的狮车及武士，当是受祆教女神娜娜的图像影响所致。[1]这固然是近因，但其远因，当追溯至乘狮的希腊女神图像。可见，敦煌壁画中作为"乘马车"日神的对应神祇，"乘天鹅"的月神图像中也留存着希腊艺术元素。

三　敦煌风神图像上的希腊艺术元素

除了上述日、月神图像外，敦煌石窟的风神图像上也保留着明显的希腊文化元素，这主要体现在"执风巾"和"以牛为坐骑"两个图像模式上。

1. "执风巾"风神

首先，来看"执风巾"风神图像。这种图式的风神图像在敦煌壁画中仅见两例。一例见于北魏末—西魏初（5世纪末—6世纪初）的第249窟窟顶西披。画面上的风神呈"兽足（爪）、兽面、肩生蓝色双翼"的兽面形象，双手执一条圆弧状的风巾，作奔跑状（图18）。另一例仍见于第285窟西壁所绘的摩醯首罗天的头冠中。风神呈"深目高鼻"的中亚胡人形象，嘴角有短髭。其头部和双手从摩醯首罗天的头冠的花冠中伸出，双手紧紧执着一条圆弧状的风巾的两端（图19）。田边胜美首先注意到第249窟风神"手执风巾"这一图像特征与贵霜时期钱币背面的风神图像间的相似性。[2]在敦煌以西的地区，可见大量以"手执风巾"作为其明显特征的风神图例。在地处丝路北道的古龟兹地区的石窟群中，我们可看到在石窟顶天象图中出现的大量的手执风巾的风神图像。如克孜尔石窟第38窟窟顶的天相图中就绘有两身上手持风巾的风神图像（图20）。类似的手持风巾或风袋、具有"胡人胡貌"的风神形象在龟兹地区的石窟群中多见到。再往

1　张元林：《粟特人与莫高窟第285窟的开凿》，《2005年云冈国际学术研讨会文集》（研究卷），文物出版社，2006年。

2　Katsumi Tanabe, The Kushan Representation of ANEMOS/OADO and its Relevance to the Central Asian and Far Eastern Wind Gods, pp.51-80, VoⅠof Silk Road Art and archaeology, 1990.

图21 阿富汗巴米扬5—6世纪第155窟"执风巾"风神

图22 片其肯特7—8世纪壁画残块风神"韦什帕克"

西,在阿富汗巴米扬石窟第155窟天井壁画的两侧也各绘有一身头戴高尖帽,双手执风巾的风神形象(图21)。[1]值得我们关注的是,迄今发现的贵霜钱币的背面上,也出现了多例具有希腊人面相、手持风巾奔跑着的风神形象。如贵霜王国迦尼色迦一世(144—173/127—147)时期和胡维什卡(155—187)时期铜币背面的手执曳满风的风巾奔跑的风神形象。[2]而前述奥古斯都和平祭坛上的海洋女神,也是双手紧执呈圆弧状的风巾,以求海洋上强劲的海风。同样,前述大英博物馆所藏罗马时代的乘天鹅女神的双手,也紧紧握着一条圆弧状的风巾两端,以表现强劲的风势。

其次,再来看"以牛为坐骑"的风神图像。莫高窟第285窟西壁绘的摩醯首罗天形象头戴宝冠,三头六臂,半侧身盘腿骑坐于青牛背上。如前所述,其正面天王相头顶宝冠中还绘有一身双手执风巾的风神形象。其下身原着红色兽皮裙。兽皮裙下的男性器官明显隆起。20世纪60年代,在今塔吉克斯坦片其肯特壁画中发现了带有粟特文名字的风神图像。此地即唐代昭武九姓中的米国的都城钵息德(一般认为该遗址年代在7—8世纪——作者注)。这身风神形象是经壁画碎片拼合而成,身穿甲胄,三头四臂,上臂分执弓和三叉戟(图22)。因在其右腿下侧题有粟特语名文,经识读,为"Wyšprkr"(韦什帕克,粟特文"风神"之意)。国际学术界已经公认为它是祆教中的风神之一:"三头神的衣服上有铭文 wšprkr(或 wyšprkr)。语言学家提出,这处名字出自粟特文 Vyšprkr,与贵霜钱币上的 Oēšo 这个名字联系在一起,而 Oēšo 出自琐罗亚斯德教的风神伐由。据信 Vēšo-parkar(维什帕克)出自阿维斯陀 vaiiuš Uparō Kairitiō(吹拂上界的风)。在佛的粟特文译本中他与湿婆(大天[Mahadeva])相应,被告描写成有三

---

[1] 参见京都大学考察队、樋口隆康编《バーミヤーン——京都大學中亞學術調査報告》,京都同朋舍,1983年,第1编《圖版篇》,第3编《本文篇》。

[2] 田边胜美(Katsumi Tanabe)认为它们就是贵霜信奉的风神OADO,并且认为它们是中亚及敦煌第249窟风神图像的最早例证。

图23 芝加哥大学博物馆藏古巴比伦王国时期陶土浮雕板风暴神

张脸。因此在片其肯特艺术中发现的这个有粟特文名字Vyšprkr的神看来是与湿婆崇拜联系在一起的，这与粟特文的文献传统是一致的。"[1]笔者在前述诸文中结合其头冠中的"执风巾"风神形象以及与第285窟开凿相关的历史背景和供养人图像等因素，认为这身摩醯首罗天独特的图像表达方式的来源即是祆教的风神韦什帕克。[2]不过，囿于当时资料和认识所限，并没有对这一图像的其他元素，特别是这一图像本身及其坐骑公牛与希腊风神、甚至更久远的巴比伦风神图像之间可能存在的联系进行探究。

2 "以公牛为坐骑"的风神

"以牛为坐骑"是印度湿婆神的显著特征，也是敦煌壁画中摩醯首罗天图像的最主要的特征之一。笔者在前述拙文中，已经论述了莫高窟第285窟骑青牛的摩醯首罗天图像直接来自于祆教的风神韦什帕克。有意思的是，从一些贵霜时期的钱币背面图案中由公牛相伴、手持三叉戟的神祇形象旁的古希腊文题铭可知，它们也是贵霜文化中的另一种风神。[3]实际上，风神与公牛相伴的图例像，早在贵霜王国和波斯萨珊帝国时期就已出现了。早在1992年田边胜美就认为，部分贵霜钱币和波斯钱币背面的希腊字母铭文OHδO并非指此前普遍认为的印度教的SIVA，即湿婆神，而是指伊朗的风神。他因此而推断，贵霜帝国时期的风神有两种类型。一种是前述手执风巾的风神形象，另一种即是此前被认为是所谓的"湿婆神"的风神。它们或是三头多臂，手持三叉戟和绳索等持物，或是一头双臂但有一只公牛相伴的站立着的风神。[4]如在一枚贵霜王之一的Vasudeva I 时期（191—231）的钱币背面图案上即是这样一身一头双臂，两手分持手持三叉戟和绳索

---

1 [俄] B.A.李特文斯基主编：《中亚文明史—文明的交会：公元250—750年》，第三卷，中国对外翻译出版公司，2003年。
2 张元林：《敦煌、和阗所见摩醯首罗天图像及相关问题》，《敦煌研究》2013年第6期。
3 Katsumi Tanabe, The Kushan Representation of ANEMOS/OADO and its Relevance to the Central Asian and Far Eastern Wind Gods, pp51-80, VoⅠof *Silk Road Art and archaeology*,1990.
4 Tanabe, *OHδO*: another Kushan Wind God，The Art and Aarchaeology of the Silk Road, pp.51-71,1991/1992.

且有一只公牛相伴的站立着的风神形象。从其旁有希腊字母铭文OHδO可知，它也是一身风神。同样的风神形象和希腊字母铭文还可在波斯萨珊帝国的创立者Ardashir I 时期（206—242）的钱币背面看到。现藏于芝加哥大学博物馆的一件约制作于公元前2500年—前1600年间的古巴比伦王国（公元前3500—前729）时期的陶土浮雕板上，就清晰地塑造出一身左手执二股叉，站立于一头公牛背上的风暴神形象（图23）。这是笔者所见的相关的最早以公牛为坐骑的图例。而在另一件现藏于叙利亚阿勒颇市博物馆的一件制作于公元前10世纪晚期—前9世纪早期、很可能是亚述帝国（约公元前2000—前605）时期的造像碑上，也雕刻有一身左手持三股叉、右手执短斧，站立于公牛背上的风神形象。[1]这表明，早在古代两河流域和安纳托利亚地区的神话中，公牛形象和三叉戟就已经是风暴神图像的"标配"元素了。而我们知道，在希腊神话中，作为奥林匹斯山上的众神之首，宙斯神掌管雷电风暴。而公牛即是他的化身之一。现藏于马德里国立考古博物馆的一件制作于公元前475—前425年间的陶土雕塑，表现的就是宙斯化现为一只公牛诱拐了腓尼基公主欧罗巴的故事（图24）。更有意思的是，在一件出土于地处古代东西方文明交会的"十字路口"的阿富汗贝格拉姆古城遗址，约制作于1世纪的彩绘玻璃杯上，绘有表现古希腊众神之王宙斯神先后化作风暴神和老鹰攫取特洛伊王子、美少年加尼米德前往奥林匹斯山的场景。画面上，宙斯化现的风暴神不但骑在公牛背上，而且双手执着曳满风的呈弧形风巾的两端（图25）。[2]而在500多年之后，在数千公里

图24　公元前475—前425年间希腊陶土雕塑宙斯诱拐欧罗巴

图25　阿富汗贝格拉姆古城遗址出土1世纪左右彩绘玻璃杯上的化为风暴神的宙斯神图像

1　Guy Bennens，*A New Luwian Stele and the Cult of Storm God At Til Barsib Masurari*，Fig7/Fig8,Louvain·Paris·Dudley（MA），2006.
2　笔者于2014年6月与沙武田教授在法国巴黎吉美博物馆考察时共同注意到了这件作品。

之外的敦煌莫高窟第285窟，"执风巾"和"骑牛"这两种风神的图像模式再一次令人惊奇地结合在了一起。这无疑表明，前述贵霜两种风神图像以及祆教的韦什帕克风神图像，还有莫高窟第285窟摩醯首罗图像中共同保留着希腊艺术元素。

可见，虽然前后相隔千年以上，地域横跨两大洲，且处在不同类型的古代文明中，但在表现同一神祇的图像中，希腊元素却十分"顽强地"留存下来了。其背后的历史原因固然并不单一，但笔者以为，最大的原因是公元前4世纪的亚历山大东征及其后亚洲腹地长期"希腊化"对欧亚大陆古代文明产生的巨大影响。

结 语

如上所论，敦煌壁画中的乘马日神、乘天鹅月神和"执风巾"风神以及骑牛风神图像中，都不同程度地保留着希腊艺术中表现同类图像的艺术元素。这些艺术元素，从一个侧面展示出古希腊艺术跨越时空，对古代东方艺术、特别是佛教艺术所产生的深刻而持久的影响。而这种影响，是间接的、渐进式的。当然，敦煌壁画中留存的希腊艺术元素并不仅仅限于上述几种神祇图像，在敦煌壁画中的人物形象、人物服饰、建筑图案乃至装饰图案中和神祇形象等图像上都不同程度地显示着希腊艺术的持久影响。这一方面，也应该是我们探讨古代欧、亚大陆上不同文明、文化之间相互交流、相互影响时的课题。

西域"红蓝"花名考

刘景云（香港志莲净苑文化部）

杨建军（清华大学美术学院）

一 引子

"红蓝"，是自然界一种可以提取天然染料和颜料的植物和花朵（图1、图2），因为它的实用价值和实际生活的关系，成为人类古代文明的象征。早在五千年前的古埃及，就已经开发利用，于两千多年前始从西域传入中国。

红蓝，顾名思义，就是"红"与"蓝"，它一定与颜色相关。古人爱美，常用其花朵制作染料和颜料，染渍布帛，涂抹脂粉，历代栽培传袭，经久不息，至今家喻户晓。

"红蓝"，学名Carthamus tinctorius，属菊科，一年生草本植物。夏季开花红黄色，古人以其花冠汁液，制作胭脂及红色颜料。中医以其花入药，性温味辛，有祛瘀生新、通经活血等功效。

汉文献早有记载，晋惠帝（290—306）太傅崔豹《古今注·草木》称："燕支，叶似蓟（《玉篇·艸部》：'蓟，同蓟，俗。'），花似蒲公，出西方，土人以染，名为燕支，中国亦谓为红蓝。以染粉为妇人色，谓之燕支粉。"

晋张华（232—300）《博物志》载："张骞使西域还，得大蒜、安石榴、胡桃、蒲桃、胡葱、苜蓿、胡荽、黄蓝。"又，"张骞得种于西域，一名红蓝，一名黄蓝，以其花似蓝也"。

这大概是文献中最早涉及所谓"红蓝"花，其"出西方"，为汉张骞出使西域时引进，异名"黄蓝"。土人知其花可以染色，本不知西人称呼，遂以西域边地"燕支"命名，而中国径以其色素特性称"黄蓝""红蓝"，后史籍多以"红蓝"称之，亦简称"红花"。

这里引出一个有趣的历史学问题，值得深思。燕支"红蓝"，本就是"红花"，与"蓝"颜色无涉。自从"红蓝"的引进，其花名一直纠结着学术界，何以"红""蓝"并称，而且又有"黄蓝"异名？这么个"蓝"字，不说数千年，至少是困惑学术界的一个难解问题。

二 "红蓝"异名

（一）"红蓝"，原名"燕支"。燕支，本西域地名，与"祁连"相邻，亦称"焉支"。《史记·匈奴传》："汉使骠骑将军〔霍〕去病将万骑出陇西，过焉支山千余里，击匈奴，得胡首虏万八千余级，破得休屠王祭天金人。"张守节正义引《括地志》："焉

图1 红蓝花线描图

图2 红花形态图

支山,一名删丹山,在甘州删丹县南五十里。《西河故事》云:'匈奴失祁连、焉支二山,乃歌曰:亡我祁连山,使我六畜不蕃息;失我焉支山,使我妇女无颜色。'"好自凄哀悲壮。

清王琦注引唐李吉甫《元和郡县志》亦称:"燕支山,一名删丹山,在甘州删丹县南五十里。东西百余里,南北二十里,水草茂盛,与祁连同。"唐李白《王昭君》:"燕支常寒雪作花,蛾眉憔悴没胡沙。"此"燕支"既指称胡地,又与"娥眉"对,暗喻"胭脂"。

(二)唐虞世南《北堂书钞》卷一三五引晋习凿齿《与燕王书》:"此下有红蓝花,足下先知之不?北方人采红蓝,取其华,染绯黄,挼取其英鲜者作烟支,妇人粉时为颜色。"

清王士禛《五代诗话》卷一引《稗史汇编》亦称:"北方有焉支山,上红蓝,北人采其花染绯,取其鲜者作胭脂,妇人妆时用此颜色,殊鲜明可爱。"

南朝齐萧统《美人晨妆》:"散黛随眉广,燕脂逐脸生。"南朝陈徐陵《玉台新咏·序》:"南都石黛,最发双蛾;北地燕支,偏开两靥。"一本作"燕脂"。

又,唐杜甫《曲江对雨》:"林花着雨燕脂落,水荇牵风翠带长。""燕脂"对偶"翠带",皆谓色彩。白居易《题郡中荔枝诗十八韵兼寄万州杨八使君》:"燕支掌中颗,甘露舌头浆。"喻"红"。

燕支,即"烟支""燕脂""胭脂"等,妇人化妆脂粉,引申喻指"红"色。

(三)"阏氏",音谐"燕支"。唐李白《秋思》:"燕支黄叶落,妾望白登台。"一本作"阏氏(yānzhī)"。《史记·匈奴传》:"单于有太子名冒顿,后有所爱阏氏,生少子。"司马贞索隐:"匈奴皇后号也。"《史记·韩信卢绾传》:"匈奴骑围上,上乃使人厚遗阏氏。"张守节正义:"阏,于连反,又音燕;氏音支。单于嫡妻号,若皇后。"《广韵·仙韵》:"阏氏,单于妻。"

《史记·匈奴传》:"匈奴,其先祖夏后氏之苗裔也,曰淳维。唐、虞以上有山戎、猃狁、荤粥,居于北蛮,随畜牧而转移。……毋文书,以言语为约束。……其俗有名不讳,而无姓字。"实际上,"阏氏"并非匈奴单于妻子姓氏,其俗本无姓氏,而以地名"焉支"谐音呼之。之所以用"阏"字,大概是皇后居于后宫,不干朝政的缘故。《说文》:"阏,遮拥也。"犹"遮盖抱拥"之意。《列子·杨朱》:"夫耳之所欲闻者音声,而不得听,谓之阏聪;目之所欲见者美色,而不得视,谓之阏明。"不听不见,尽"阏氏"妇道之责。

又,李白《代赠远》有言:"燕支多美女,走马轻风雪。"唐马缟《中华古今注》亦称:"匈奴人名妻为阏氏,音同燕脂,谓其颜色可爱如燕脂也。"宋罗愿《尔雅翼》:"匈奴名妻阏氏,言可爱如燕支也。"匈奴单于夫人既族居西域"燕支"之地,又艳丽如"燕脂",故谐音称名"阏氏"。

"红蓝"花,其初名得自"燕支";而"燕支"一词,本指地名,或称"焉支";"燕支"取花汁加工,色泽似烟霞,绯红艳丽,常常用作妇女化妆,故有"烟支""燕脂""胭脂"等异称。

三 "红花"的起源

汉文献称"红花"是稍晚的事,史料亦有载记,《南史·循吏传·王洪范》:"先是青州资鱼盐之货,或强借百姓麦地以种红花,多与部下交易,以祈利益。"明沈受先《三元记·挺生》:"消痰加枳壳,活血用红花。"显然,"红花"即指燕支"红蓝"。

图3 红花

图4 药用红花

追溯"红花"（图3、图4），据说古埃及第六王朝时代（公元前2345—前2181）的碑文，有关于"红花"的记载。在公元前2500年的埃及古墓中，也曾发现有用"红花"作染料染成的黄色或淡红色带状织物。在公元前1300年的另一座埃及古墓中，还发现了野生"红花"植物的残迹。这些都是世界上发现有关"红花"的最早实物。由此可知，在距今四五千年前，埃及就已经将"红花"作为染料使用了。

由于考古发现了古埃及的"红花"资料和"红花"染织物，其时代最为久远，所以，大多数研究者倾向于将埃及北部看作是"红花"的起源中心。其可能西向传播到希腊、意大利等欧洲国家和地区，东向经印度传入中国、日本。

另外，在两河流域的美索不达米亚地区，出土储存有"红花"种子的石壶，其考古年代与埃及发现的"红花"染织物的时代相当。据此也有一部分研究者认为"红花"的原产地应该是美索不达米亚地区。

再者，日本学者星川清亲认为"红花"的起源中心为非洲的埃塞俄比亚，还绘制出以埃塞俄比亚为中心的"红花"传播路线图，以此旁证自己的观点。[1]

"红花"在中国古名"红蓝"花，据传，要早于汉武帝（公元前140—前87）时的张骞使西域，大约于秦汉时期，从中亚一带传入中国北方的匈奴游牧民族地区，后作为提取织物染料和制作胭脂颜料的植物，栽培于焉支山，最早称"燕支"。

出土于中国新疆吐鲁番阿斯塔纳古墓的唐代（618—907）"绛色印花纱"，以及日本东京国立博物馆收藏的奈良时代（710—784）"红地七宝纹绞缬裂"等，都反映了古代"红花"染制工艺技术的高超水平。日本正仓院还收藏有大量纸类作品，其中有不少也是使用"红花"染制加工的。[2]

四 佛经中"红蓝"与"郁金"

佛经也有出现，梵语"俱逊婆"（Kusumbha），

---

[1] 赵丰：《红花在古代中国的传播、栽培和使用》，《中国农史》1987年第3期，第61页。
[2] 中华有"黄檗纸"。《齐民要术》曰："古人写书用黄纸曰檗，染之可用辟蟫。"颜之推曰："读天下书未遍，不得妄下雌黄。"雌黄（砒霜）与纸色相类，故用以修正灭误。道佛二家写书，犹用黄纸。晋孙盛《晋阳秋》："王衍，字夷甫，能言，于意有不安者，辄更易之，时号口中雌黄。"

译言"红蓝花"，为橙红色复瓣花，用以染线。

唐善无畏《苏悉地羯罗供养法》卷中："其腰线法，令童女搓合，以俱逊婆染，此云红蓝花，或郁金染。如前法成就，乃至持诵千遍。于念诵时、护摩时及以睡时系于腰间，能止失精。"

唐不空《七俱胝佛母所说准提陀罗尼经会释》卷中，所述类同："又云，以红蓝华染，或郁金染，如前法成就已。以结索真言持诵千遍。于念诵、护摩时，及以睡时，系于腰间，能止失精。"

东晋佛陀跋陀罗共法显译《摩诃僧祇律》卷第二十八："复次佛住舍卫城，广说如上。尔时诸比丘着上色衣，为世人所嫌：'云何沙门释子着上色衣，如俗人无异。'诸比丘以是因缘具白世尊。佛言：'不听着上色衣。'上色者，丘伕染、迦弥遮染、俱鞞罗染、勒叉染、卢陀罗染、真绯郁金染、红蓝染、青染、皂色华色，一切上色不听。应用根染、叶染、华染、树皮染，下至巨磨汁染。"（巨磨，梵文Gomaya，《行事钞》卷下一："巨磨，此翻牛屎。"）

唐道宣《四分律删繁补阙行事钞》卷下："上色染衣不得畜。当坏作袈裟色（此云不正色染），若作五纳衣者得，上色碎段者，裁作五纳亦得。……《僧祇》云：'真绯郁金染、红蓝染、皂色青染，花色不听用，听用根、叶、花、树皮，下至巨磨汁等。'"

以"俱逊婆染"辨，"红蓝""郁金"似一物；以《摩诃僧祇律》辨，其又似二物。其中之"染"字就是指"染渍"，故称"红蓝染""郁金染"……

（一）中草药"郁金"，属姜科植物，为多年生草本，冬、春两季挖取块根，洗净蒸、煮至透心，取出晒干。郁金同类有姜黄、莪术、蓬莪术等。郁金有广郁金（黄郁金）与川郁金（黑郁金）之分。广郁金产于四川，为姜黄的块根，色鲜黄；川郁金产于浙江温州，又俗称温郁金，为郁金的块根，色暗灰。两者功效相似而少异，广郁金偏于行气解郁，川郁金偏于活血化瘀。

似乎此"郁金"表现为块根，无有取其花制作染料记载，与"红蓝花"无涉。

（二）郁金香，学名Tulipa gesneriana，百合科郁金香属的草本植物。《本草拾遗》《太平御览》称郁金香，《本草纲目》称红蓝花、紫述香。花叶三至五枚，条状披针形，或卵状披针状；花单朵顶生，大型而艳丽；花朵花瓣红色或杂有白色和黄色，有时为白色或黄色；六枚雄蕊等长，花丝无毛。花期四至五月。

原产中国古代西域及西藏新疆一带，早在一千三百多年前（隋唐时期），唐李白《客中作》就有记载："兰陵美酒郁金香，玉碗盛来琥珀光。"后经丝绸之路传至中亚，又经中亚流入欧洲等地。目前世界各地均有种植，为荷兰、新西兰、伊朗、土耳其、土库曼斯坦等国的国花，被誉为世界花后。

（三）唐玄应《一切经音义》卷二十四："郁金，此是树名，出罽宾国。其花黄色，取花安置一处，待烂压取汁，以物和之，为香。花粕犹有香气，亦用为香也。"（《阿毗达磨俱舍论》第十三卷）古希腊人称中亚喀布尔河为Kophen，罽宾为其音译。罽宾国又作凛宾国、劫宾国、羯宾国，为西汉至唐时的西域古国。此"郁金"树栽培时间更早，为木本，与草本"郁金香"异。

郁金，不管草本、木本，其与《古今注》所言"叶似蓟"，尤其与"花似蒲公"的"红蓝"虽然存有差异，其原产地与传播路径不能说没有关联。其花朵色彩也相类，主要有红、黄二色，可能古人已经混同，如果提取染剂，主要有红、黄二色，与"红蓝""黄蓝"之"红花"也有几分类似（学名有异）。

五 "番红花"与"红花"

番红花，学名Crocussativus，即通常中国所说的"藏红花"，也称"西红花"。因其与燕支之"红花"同名，花色又相近，经常被误以为是同一种植物。其实，二者科属来源完全不同。"番红花"是鸢尾科番红花属，多年生草本植物。原产于希腊、西班牙、波斯、安纳托利亚（小亚细亚）等地。

根据元代《饮膳正要》以及明代《回回药方》《本草品汇精要》等记述，番红花还有"撒法郎""撒馥兰"及"咱夫兰"等音译异名，经印度传入西藏，再由西藏传入中国内地，这正是中国将"番红花"称为"藏红花"的原因。

李时珍在《本草纲目》中记载："番红花出西番回回地面及天方国，即彼地红蓝花也。"并说"张骞得红蓝花种于西域，则此即一种，或方域地气稍有异耳"。此是稍后，古人也有将"西番回回地"与张骞"西域地"红花视为一物，"番红花"与"红蓝花（红花）"浑然一体，存疑。清代赵学敏在其药学著作《本草纲目拾遗》明言："出西藏，形如菊。"显然将"番红花"混同"红蓝花"。

"番红花"与"红花（红蓝花）"的区别主要有四点：

（一）从植物学科属角度来看，"番红花"属于单子叶植物纲的鸢尾科，是多年生草本植物。而"红花"属于双子叶植物纲菊科，是一年生或二年生草本植物，也称"草红花"。

（二）从各自起源和传播历史的角度看，"番红花"原产欧洲南部和安纳托利亚（小亚细亚）等地，明代（1368—1644）经印度传入西藏地区，而后从西藏又传入中国内地，因而常被称为"藏红花"。而"红花"起源于埃及，公元前3—前2世纪（秦汉时期）经印度、中亚传入中国西北地方，1—2世纪（东汉时期）沿"丝绸之路"传到中原一带。

（三）从提取染料的植物部位和色素特性来看，"番红花"的染料采用的是雌蕊柱头，雌蕊柱头含丰富黄色素而无红色素，只能用于染制黄色，多用于食品色素。雌蕊顶端分三叉，摘取整个雌蕊柱头用炭火小心烘干，一百根雌蕊仅得约一克染材。而"红花"染色使用的是全部花瓣，将其直接晾干或加工为红花饼状用于染色。"红花"花瓣同时含有红色素和黄色素，红色素用于染色和制作化妆品，黄色素多用于食品色素，也可用于染黄色。

（四）除了作为药材和染材之外，二者的其他用途也不尽相同。"番红花"具有天然香气，可用于去除鱼类、贝类的腥臭味道，是一种很好的天然香料。而"红花"的色素除了可用于食品加工和化妆品生产，其种子榨油的亚油酸含量很高，可制成烹饪油和用于工业精密机件喷漆等。

此外，因其产量的多与寡，导致两者的商品价格悬殊，也是历来显而易见的。

六 "黄蓝""红蓝"辨

晋崔豹《古今注》"燕支"称"红蓝"，晋张华《博物志》称"黄蓝"，何以"黄蓝"又称"红蓝"？

一说，"红蓝""黄蓝"名称中的"红""黄"二字，应该均与"红花"开放时的色彩变化有关。按照植物学的分类方法，"红花"属菊科一年生或二年生草本植物。依据种植所在地的气温条件，红花在每年的五至七月间开放，花朵从初绽至盛开，花瓣颜色由浅黄色、黄色、橙黄色，至鲜红色慢慢渐变，几乎每日都有微妙的色彩变化，持续近月。花瓣颜色的变化，很可能是古称"黄蓝"或"红蓝"的直接来源。另外，在制作染剂时，"燕支"花朵所含红、黄色素是可以分离的，所以花名有了"红、黄"二称。

又一说，古音"黄（huáng）"，《广韵》胡光切，平声唐韵，匣母；"红（hóng）"，《广韵》户公切，平声东韵，匣母。二字声母相同，韵母 –ang 与 –ong 相近，古音通。譬如偏旁中的声旁从"黄（huáng）"之字"黉、巆、横"，均读同"红（hóng）"，就是古音"红""黄"相通的明证：

（一）黉（huáng）：古代学校。《周书·薛端传》："初为太学生，时黉中多是贵游，好学者少，唯裕躭翫不倦。"宋蔡襄《士伸知己赋》："今兹有人，远陶圣世，少齿乡黉。"

（二）横（hóng）：本横竖之"横（héng）"，《说文》："横，阑木也。"段玉裁注："阑，门遮也，引申为凡遮之偁。凡以木阑之皆谓之横也。"此本义。

又通"黉"，学舍。《资治通鉴·晋元帝太兴四年》："〔慕容廆〕作东横，以平原刘赞为祭酒，以皝（慕容皝）与诸生同受业。"胡三省注："横，与黉同，学舍也。"《后汉书·儒林传论》："其服儒衣，称先王，游庠序，聚横塾者，盖布之于邦域矣。"李贤注："横，又作黉。"

（三）巆（hōng）：慨叹，慨叹声。《玉篇·口部》："巆，喷声。"《司马法·定爵》："骄骄，慑慑，吟巆，虞惧，事悔，是谓毁折。"《严诉碑》："发愤授笔，舒虞巆唱。"《广韵·庚韵》："巆，鼓钟声。"

晋习凿齿《与燕王书》出现"红蓝花"可以"染绯黄"之说，《说文新附》称："绯，帛赤色也。""绯"特指"赤"，"绯黄"也就是其色泽处于红、黄相间，红中有黄，黄中有红，红黄融为一体。而佛经所言"真绯郁金染"，《字汇·目部》："真，正也。""真绯"就是"正绯"，也就是"正赤"，纯正之"赤"。

又例，汉字"囱"二读，《广韵》楚江切（chuāng），《说文》："囱，在墙曰牖，在屋曰囱。窗，或从穴。""囱"即窗子之"窗"本字。譬如，宋苏轼《柳子玉亦见和因以送之兼寄其兄子璋道人》："晴囱咽日肝肠暖，古殿朝真屦袖香。"又，《广韵》仓红切（cōng），《玉篇·囱部》："囱，通孔也，竈突也。"即烟囱之"囱"。同"怱怱（匆匆，忽忽）"之"怱"，宋陆游《读胡基仲旧诗有感》："囱囱去日多于髮，不独悲君亦自悲。"这其中的字韵 –ang 与 –ong 通。

明代陈第在汉语语言学史上有句名言，于《毛诗古音考》称："时有古今，地有南北，字有更革，音有转移。"

与宋时处于同一时代的西夏（1038—1227），其创制的西夏文字"红"字，在医学药方中往往假借作"黄"字。俄藏黑水城文献ИНВ.No.6476《治热病要论》第十五方，"黄芪"之"黄"，本为西夏"红"字，音借用作汉字"黄"，此亦一旁证。作为"黄蓝""红蓝"，古人受语言音变的影响，称为一物，也是可以理解的。

七 "红蓝"之"红"字考

"红蓝"之"红"正是"燕支"主色，应该无疑义。

晋崔豹《古今注》："旧谓赤白之间为红，即今所谓红蓝也。"其观点出自东汉许慎，《说文》："红，帛赤白色也。从糸，工声。"又，"赤，南方色也。从大火"。而于"赤"字，究竟是什么具体颜色，述说非常模糊，大概颜色如熊熊"大火"之色。

真正的"红"，应该是一个"绛"字。《说文》："绛，大赤也。"段玉裁注："大赤者，今俗所谓大红也。上文（《说文》：'絑，纯赤也。《虞书》丹朱如此。从糸，朱声。'）纯赤者，今俗所谓朱红也。朱红淡，大红浓。大红如日出之色，朱红如日中之色。日中贵于日出，故天子朱市（芾），诸侯赤市（芾），赤即绛也。"显然，"绛"非但是"赤"，而且是"大赤"，颜色超过"赤"，极端纯赤。这大概是我们今天所理解的"红"字，指"大红"。

因为"红蓝"花颜色"绯黄"，属红黄相间，其色汉字有"缇、纁"二字。《说文》："缇，帛丹[1]，黄色也。从糸，是声。袛，缇或作袛。""纁，帛赤黄色也。一染谓之纁，再染谓之赬，三染谓之纁。从糸，熏声。"

《说文》凡言及颜色，都以"帛"为参照物，譬如："红，帛赤白色也。"《说文》："帛，缯也。从巾，白声。"段玉裁注："《糸部》曰：'缯，帛也。'《聘礼》、《大宗伯》注皆云：'帛，今之璧色缯也。'"徐灏笺："帛者，缣素之通名。璧色，白色也。故从白。"

《说文》："白，西方色也。"《论语·阳货》："不曰白乎，涅而不缁。"何晏注："孔曰：'至白者，染之于涅而不黑。'""白"与"至白"是有区别的，"至白"就是极端的白，犹如"雪白"，而"帛"之"白"只能是本白了。

《说文》："素，白致缯也，从糸、垂，取其泽也。"《礼记·杂记下》："纯以素，紃以五采。"孔颖达疏："素，谓生帛。"[2] "生帛"，就是素缣，也就是未加染渍的本色丝织物，非"至白"。"帛"，如蚕茧本白，略带浅浅乳黄。

所以，"红蓝"之"红"，一是泛指，二是如"帛赤白"，略近"绯黄"之色。

八 "蓝""染"考

宋苏颂《本草图经》："红蓝花，即红花也。生梁汉及西域……其实亦同，叶颇似蓝，故有蓝名，又名黄蓝。"明李时珍《本草纲目》："其花红色，叶颇似蓝，故有蓝名。"明胡震亨《唐音癸签》："此则红花也，本非蓝，以其叶似蓝，因名为红蓝。"

说得明白，因其花"红"色，叶似"蓝"草，故沿袭称"红蓝"。至于异名"黄蓝"，为"红蓝"音变（见上文）。

似乎据晋习凿齿《与燕王书》称，于"红蓝"，"取其华，染绯黄"和"取其英鲜者作烟支"，并不与今天所称颜色之"蓝"相关。

关于"红蓝"之"蓝"，说不明道不明。晋张华《博物志》称"花似蓝"，宋苏颂《本草图经》称"叶颇似蓝"，明李时珍《本草纲目》亦称"叶颇似蓝"，因而称之。

（一）《说文》："蓝，染青草也。从艸，监声。"段玉裁注："《小雅·传》：'蓝，染艹也。'"见《诗·小雅·采绿》："终朝采绿，不盈一匊，予发曲局，薄言归沐。终朝采蓝，不盈一襜，五日为期，六日不詹。"所言"绿""蓝"皆泛指青草也，并不具体指称什么"草"。

《荀子·劝学》："青，取之于蓝，而青于蓝。"宋《通志·昆虫草木略一》："蓝，三种。蓼蓝染绿，大蓝如芥染碧，槐蓝如槐染青。三蓝皆可作淀（同'靛'）色成胜母，故曰'青出于蓝而胜于蓝'。"明宋应星《天工开物·蓝靛》："凡蓝五种，皆可为靛，茶蓝即菘蓝，插根活；蓼蓝、马蓝、吴蓝等，皆撒

---

1 《说文》："丹，巴越之赤石也。象采丹井，一象丹形。"《广雅·释器》："丹，赤也。"
2 《说文》："紃，圜采也。从糸，川声。"《集韵·谆韵》："紃，采也。"

子生；近又出小叶者，俗名苋蓝，种更佳。"

从所谓的"三蓝""五蓝"，《本草纲目·草部·蓝靛》说得明白："以蓝浸水一宿，入石灰搅至千下，澄去水，则青黑色。亦可干收，用染青碧。其搅起浮沫，掠出阴干，谓之靛花。""三蓝""五蓝"沉淀所制之"蓝"，称"靛"。而且"蓝（lán）""靛（diàn）"亦一声之转。反过来，能制"靛"之草特别称作"蓝"。

"红蓝"之"蓝"，不同于"三蓝""五蓝"。其提取的染料和颜料，从无蓝靛青黛之色。可能"红蓝"可以提取"染料"，"三蓝""五蓝"也可以提取染料，"染"是一回事，就不分"绯""靛"，就借用蓝靛之"蓝"，但不有"蓝靛"之义。

（二）"蓝"本就是草或青草，《说文》称"染青艹"，《小雅·传》称"染艹"，那么"蓝（lán，古音上声lei）"训诂义通"染（rǎn，古音入声ngei）"。

1.《说文》："染，以缯染为色。从水，杂声。"古人标定和辨别颜色，以"缯染"为标准，缯即是帛，是不经印染的素色丝绸，所以"帛"字从"白"，即以"帛"为基准。"白"即"空白"，就是"无有"之义，《新唐书·苗晋卿传》："奭持纸终日，笔不下，人谓之'曳白'。"所以称素色"帛"。

除五行色以方位定而外，如黄地之色、青东方色、赤南方色、白西方色、黑北方色，大多其他颜色都冠以"帛"字，如：红，帛赤白色也；绿，帛青黄色也；紫，帛清赤色也等；缥、绡、缙、缇、纁、纔、绀、缥、缲、缁、纔、縿、缊等，非但字从"糸"，训释之词前缀"帛"字，"帛"字属上，文义更通。譬如："红帛，赤白色也""绿帛，青黄色也""紫帛，清赤色也"。它如：絑纯赤也（纯，丝也）、绛大赤也、䋃绛也、纁浅绛也、绾恶绛也、䋛赤缯也，等等，都与丝帛相关，省"帛"字。[1]

这个"蓝"字，从"艹、监"，属草之类；不从"糸"，不与丝帛相关，本不与颜色相关。汉字有从"糸、监"之"纜"，《说文》不收。《集韵·谈韵》："襤，衣名。《说文》：'裯谓之襤褛。'或从糸。"显然是个后起字，表示"无缘衣"，与颜色无关。

"蓝"从"艹"，特指"青草"。因为青草色青绿，也就喻指"蓝"有"青色"之义。《荀子》的"青取之于蓝，而青于蓝"应该可以赋予新意，前半句就指具体的"青草""蓝草"，后半句则是"青草""蓝草"的借义，喻颜色色泽"乌青"胜于"青绿"。

值得注意的是，《说文》："缟，帛青经缥（'缥，帛白青色也。'）纬，一曰育阳染。""缟帛"织物，其经纬色泽分别为"青"与"白青"，现成的织物大概于青帛上外露细细雪花小点，十分素雅。段玉裁注："育阳，汉南郡属县。县在育水北，故曰育阳。育与缟叠韵。育水，《水部》作淯水。"即织物称"育阳染"（佛经有"红蓝染""郁金染"）。

2.徐铉注《说文》"染"字称："徐锴曰，《说文》无杂字。裴光远云：'从木，木者所以染，栀茜之属也；从九，九者染之数也。'未知其审。"

《汉书·货殖传》："……若千亩卮茜，千畦姜韭：此其人皆与千户侯等。"严师古注引孟康曰："茜草、卮子可用染也。"《说文》："栀，木。实可染。从木，卮声。"又，"茜，茅蒐也。从艹，西声。"

许慎说"染"字"从水，杂声"，应该说有这么个"杂"，只是《说文》未收该字，于是裴光远穿凿

---

[1] 另外，从崙之䌷繌，分别谓白黑相次与黑青相次纹理织物，其崙亦布帛之衣；崙从㒼，㒼从巾。《说文》："巾，佩巾也。从冂，丨象糸也。"巾还是糸。

附会，尤其是"九染"之说，致使徐锴不能定夺。

（三）现代汉语将"杂"列为"雜"的简体字，是据"雜"左偏旁的草体而来，其字头"九"为"衣"草体的楷化。但是汉字"杂"古代还真有其字，许慎《说文》不误，并且与"雜"字相关。

1.《说文》：＂襍，五彩相合。从衣，集声。＂邵瑛群经正字：＂今经典作杂。＂《集韵·合韵》：＂杂，或从衣、集。＂＂襍＂是本字，＂杂＂是满足书法结构需要的变形字，宛如汉字＂荊＂作＂荆＂等。

2.＂染＂正如许慎《说文》所言从＂水、朵＂，而且＂朵＂是训诂义如＂集＂字的特殊简体，意思近乎＂从水，集声＂。既然，＂襍（杂）＂谓＂衣＂之＂五彩相合＂；那么，＂染＂亦谓＂水＂之＂五彩相合＂，喻指染液五彩缤纷，可以成全＂襍（杂）＂之＂五彩＂。

3.汉字有从＂水、集＂之＂潗＂字，其训诂义不与＂襍（杂）＂同，也不与＂染＂同。

《史记·司马相如列传》：＂滃潗鼎沸。＂司马贞索隐引周成《襍字》曰：＂滃（chì）潗，水沸之皃也。＂又，《文选》木华《海赋》：＂葩华踠沮，㴸汀潗㴌。＂李善注：＂潗㴌（nì），沸声。＂《广韵·缉韵》：＂潗，泉出。＂明岳元声《方言据》：＂水出而急谓之潗。＂

＂滃潗＂＂潗㴌＂皆如急泉涌现之貌，并咕嘟之声。＂潗＂＂染＂二字迥别。

（四）＂杂＂字不从＂九、木＂，而从＂九（shū）、木＂。＂九＂＂九＂形近而误。《说文》＂染＂，应该＂从水杂声＂。那么＂杂＂是何字？[1]

1.《说文》：＂九，鸟之短尾飞九九也。象形。读若殊。＂饶炯部首订：＂九九者，形容短羽鸟飞也。＂那么＂九＂就是＂短尾鸟＂，何谓短羽鸟？《说文》：＂隹，鸟之短尾总名也。象形。＂王筠句读：＂谓凡短尾者，通名为隹，非从隹之字皆短尾鸟也。＂也就是＂九＂同＂隹＂。而＂鸟＂则是长尾鸟，《说文》：＂鸟，长尾禽总名也。象形，鸟之足似匕，从匕。＂

《说文》：＂鳬，舒鳬，鹜也。从鸟，九声。＂其中＂舒＂与＂九＂之读音＂殊＂同，《说文》释词可以写作＂鳬，九鳬。＂所以，《尔雅·释鸟》：＂舒鳬，鹜。＂郭璞注：＂鸭也。＂鸭正是短尾鸟，属＂隹＂。＂九＂是个象形字，读音同＂舒、殊＂。

2.《鳬叔匜》《仲鳬父簋》中钟鼎文＂鳬＂，其＂九＂皆写若＂乙＂。而＂乙＂之＂乚＂又作短曲笔，为＂乙＂之曲头，象鸭首，为＂隹＂之省形，（《乙六六〇》甲骨文作'隹'）。

《说文》：＂乙，象春艸木冤曲而出，阴气尚彊，其出乙乙也。＂＂乙＂，甲骨文乙（《佚二五五》）、钟鼎文乙（《散盘》）皆画同小鸟＂隹＂。

3.《说文》：＂西，鸟在巢上，象形。日在西方而鸟栖，故以为东西之西。＂徐锴系传：＂此本象鸟栖也。＂段玉裁注：＂下象巢，上象鸟。＂这＂鸟＂字就画同＂乙＂。《广韵·齐韵》：＂栖，同棲。＂＂西＂是＂鸟栖＂本字，谓昏暮太阳西落，鸟归巢而＂西＂。因巢大多筑于树木之端，会意成从＂木＂之＂栖＂；声旁＂妻＂＂西＂同音，再以＂栖＂假借＂棲＂。

4.《说文》：＂巢，鸟在木上曰巢，在穴曰窠。从木，象形。＂徐锴系传：＂臼，巢形也；巛，三鸟也。＂其实＂巢＂字从巛、臼、木，意思为＂树上鸟巢里有三只雏鸟＂。这＂巛＂字，篆文画作＂川＂，如三个＂乙＂，示＂小雏鸟＂。而且＂雏（chú）＂与＂乙＂之读音＂殊、舒＂一声之转。[2]

---

[1] 此＂杂＂，谓＂集＂或字，非现代汉语＂杂＂简体。
[2] 《说文》：＂雏，鸡子也。从隹，刍声。鶵，籀文雏从鸟。＂段玉裁注：＂雏，引申为鸟之细小之称。＂

西域"红蓝"花名考 | 77

《说文》："喿，鸟群鸣也。从品在木上。"桂馥义证："喿，俗作噪。""喿（zào）""巢（cháo）"一声之转。[1]

《说文》："雧，群鸟在木上也。集，雧或省。"《楚辞·离骚》："制芰荷以为衣兮，雧芙蓉以为裳。"王逸注："雧，一作集。"

训诂义，巢、喿、雧同，鸟集于巢木，其鸣声嘈杂也。"集"本身就有"杂"之义。

5.既然"儿、九、口"形近相通，"杂"应该是"呆"字的变体。《说文》："呆，古文保。"即"襁褓"初字，象形，与"杂"无涉。

如读作呆傻之"呆（dāi）"与呆板之"呆（ái）"，才真正是"染"之声旁"杂"。吴方言沪语"染"读入声ni或ngái，"呆"亦读作ngái。显然，《说文》"染，从水杂声"，"杂"是"呆"字的或体。

《说文》："品，山岩也，从山，品。""品"与"染"古读同，读若从"疒"之"癌"，吴方言沪语仍读作ngái。

呆，可能是个方言词，金董解元《西厢记诸宫调》卷一："道着保也不保，焦也不焦，眼瞇瞇地伴呆着。"元范康《竹叶舟》第二折："我笑你这呆头，扁夺得个状元来应了口。"第四折："呆汉，你这一遭赶科场去，夺一个状元中，则管拜我怎的。"吴方言俗称"呆大（ngai-du）"，即"戆大（gang-du）"。清末韩邦庆著名的吴语小说《海上花列传》第五十一回："耐个呆大末少有出见个，随便啥闲话，总归瞎答应。"

（五）"玄鸟"二解：

1.《说文》："乙，玄鸟也。齐鲁谓之乙，取其鸣自呼，象形。鳦，乙或从鸟。"徐锴系传："此与甲乙之乙相类，此音轧，其形举首下曲，与甲乙字异也。"段玉裁注："本与甲乙字异，俗人恐与甲乙乱，加鸟旁为鳦。""轧（yā）"音同"鸭（yā）"，与《尔雅》郭璞注同，其鸣亦"轧（方言音gá）"。

《说文》："玄，幽远也。黑而赤色者为玄。象幽而入覆之也。幺，古文玄。"王筠句读："幺、玄二字古文本同体，特两音两义耳。小篆始加入以别之。"《说文》："幺，小也，象子初生之形。"

"乙"此为"玄鸟"，不作"黑鸟"解。此"玄"字同"幺"，"乙"为"幺鸟""小鸭子""小佳"也，文义遂通。譬如《尔雅·释亲》："曾孙之子为玄孙。"其训诂义"幺"。

2.《说文》："燕，玄鸟也。籋口，布翄，枝尾，象形。"宋晏殊《浣溪沙》："无可奈何花落去，似曾相识燕归来。"即春来秋往的家燕，黑色小鸟。

《诗·邶风·燕燕》："燕燕于飞，差池其羽。"汉毛传："燕燕，鳦也。"孔颖达疏："此燕〔燕〕即今之燕也。古人重言之。"《尔雅·释鸟》："燕燕，鳦。"郭璞注："一名玄鸟，齐人呼鳦。"邢昺疏："此燕燕即今之燕，古人重言之。以其玄色，故谓之玄鸟。"

古人可能将"玄鸟"之"燕"，与"幺（同'玄'）鸟"之"乙"混为一谈，因为"燕""鳦"古音只是去声与入声的区别，均读作"yi"。如果"燕燕"谓"鳦"，就不是"玄色"之"燕"。数千年来，无有深究。

（六）据此，已经可以得出结论了，"染"之"杂"，其字头"九"实"儿""乙"之形误，本小鸟"佳"简体，居"木"上，为"集"之简体；又误作"呆"，古音同"染"。从"水"，训诂义同"襍（杂）"之"衣之五彩"，表示"水之五彩"。

---

[1]《说文》："品，众庶也。从三口。"《尔雅·释诂下》："庶，众也。"可以判断，"喿"之"品"亦"巛"字，"儿、九、口"皆形近。"喿"为"巢"简体。

九 "蓝"与"染"

《说文》"蓝染青艸",同《小雅·传》的"蓝,染艸也",可以读作"蓝,染。青艸也",那么,此"蓝"就等同于"染"了。"蓝"纯粹是提取染料的"青艸"。又因为"青艸"花朵花色的区别,也就有了"五彩"的分别,"蓝"所指就是"染"字。

(一)日本平安时代承平年间(931—937),源顺应勤子内亲王的要求编纂了日本最早的百科全书《和名类聚抄》(又名《倭名类聚抄》),江户时代(1615—1868)学者狩谷棭斋为之撰写了校注本《笺注倭名类聚抄》,有一段话至关重要,称:"愚按:红蓝,叶不似蓝叶。谓之红蓝者,'蓝'之染草,人所普知,而'红蓝染物'与'蓝'同,故谓之红蓝。"

原来"红蓝",并不因为"蓝叶"得名。"蓝"仅仅是"染草",进一步,以其功能简略说,"蓝"就是"染",而且"人所普知"。狩谷棭斋所谓的"红蓝染物"同"蓝",就是染渍加工的"杂",其与"染"之色同,这染色就是"蓝",就是指"五彩相合"之衣物与"五彩相合"之"染液";只可惜没有点明"蓝"就是"染"。

(二)"蓝(《广韵》鲁甘切,平声谈韵来母)"、"染(《广韵》而琰切,上声琰韵日母;又而艳切)",古音近,通。章炳麟《国故论衡》有"娘日二妞归泥说"。譬如:

1.汉字"娘"

《广韵》女良切(niáng),平声阳韵娘母;《玉篇·女部》:"娘,少女之号。"《古今韵会举要》:"娘,母称曰娘。"《太平广记》卷九十九引《法苑珠林》:"母语女言:'汝还努力为吾写经。'女云:'娘欲写何经?'"

2.汉字"孃"

《广韵》女良切(niáng),平声阳韵娘母;《玉篇·女部》:"孃,母也。"古诗《木兰诗》:"旦辞爷孃去,暮至黄河边。"唐杜甫《兵车行》:"耶孃妻子走相送,尘埃不见咸阳桥。"

又,《广韵》汝阳切(ráng),平声阳韵日母。《说文》:"孃,烦扰。一曰肥大也。从女,襄声。"段玉裁注:"烦,热头痛也;扰,烦也。今人用扰攘字,古用孃。《贾谊传》作抢攘、《庄子·在宥》作伦囊、《楚辞》作恇攘,俗作劻勷,皆用叚借字耳。今攘行而孃废矣。又按,《广韵》孃,女良切;母称娘,亦女良切,少女之号。唐人此二字分用画然,故耶孃字,断无有作娘者,今人乃罕知之矣。"

"娘""孃"二字,训诂义作"母亲"解,同音(niáng,泥母),通。"娘"声母"良(liáng,来母)","孃"本读"攘(ráng,日母)";古声母来、日音近,亦音转。既然"娘""孃"同,同样,从来、日二母的"蓝(lán,古音léi)""染(rǎn,古音ngéi)"亦通。

佛经《苏悉地羯罗供养法》的"红蓝""郁金染"并称,是取"蓝"之"染"义。《说文》的"育阳染",如果宽泛一点,似乎可以称作"育阳蓝"。

结 论

闻名千年的西域"红蓝",异称"黄蓝",俗称"红花",其与地名"燕支""焉支",颜料"烟支""燕脂""胭脂",单于夫人"阏氏",及"郁金染""育阳染"都密切相关。困扰人的"红蓝"之"蓝",不指"青蓝"之色,而是"蓝靛"之草"三蓝""五蓝"的借字,训诂义又为汉字"染"的谐音借字。

"红蓝",应该就是梵语的"俱逊婆"(Kusumbha),也应该就是古埃及碑文上录有的"红花"。

胡瓶传入和唐人注酒方式的改变

高启安

（兰州财经大学）

"胡瓶"是一种特殊的盛容器，因其形制从西亚、中亚传来，所以中原人给它起了一个反映传入地、流行地和使用者民族属性的名字——"胡瓶"。

胡瓶是中西饮食文化交流的一个明显例证。东西饮食文化交流中的一个大宗是饮食器的交流。中亚、西亚饮食器的东传，单纯就数量而言，不亚于饮食品的东传。对此，学者多有研究。"胡瓶"的传入是学界有强烈兴趣并一直关注、着力研究的一个课题。有关胡瓶的定义、质地、形制、传入时间、出土地以及唐墓壁画中的胡瓶样式等，学者研究多矣。[1]大体认为胡瓶是从西方传入的一种有别于东土瓶类盛容注器的一种特殊器皿。但胡瓶传入中土后对中土饮酒方式的影响如何？学界着墨尚不多。

一 瓶形器及胡瓶造型

"胡瓶"，顾名思义，就是从西方传入的一种盛容器的称谓。"胡瓶"是中土因其从外域传入而起的名字。其他的叫法还有"注瓶""银瓶""注子""执壶""凤首瓶""带把长颈瓶""环柄长颈鸡头壶""长颈大口瓶壶""带把壶""单柄壶"等，不一而足。

瓶形器皿，作为盛容器，中土早有，史料多载其形制及用途。早先，中土的瓶形器，多用来作汲器。

《说文解字》："瓶，瓮也。瓮，甏也，汲瓶也。瓾，形似瓶。"

瓶形器这种功能，或者继承了彩陶时代尖底瓶的职事功能。

《方言》："缶谓之瓬瓿，音偶，其小者谓之瓶。"[2]

《礼记·礼器》："夫奥者，老妇之祭也，盛于盆，尊于瓶。"郑注曰："盆、瓶，炊器也。"[3]

《仪礼·士丧礼》："新盆、盘、瓶、废敦、重鬲，皆濯造于西阶下。"郑注"盆以盛水；盘承溃，濯瓶以汲水也。"[4]

汉扬雄《酒赋》记述了当时"瓶"的职事：

---

* 基金项目：国家社会科学基金规划项目（11BZS075）；兰州大学中央高校基本科研业务费专项资金"一带一路"重点项目"丝绸之路商业民族——粟特人在甘肃的基础数据调查与研究（15LZUJBWZX011）"阶段性成果。

1 齐东方：《唐代金银器研究》，中国社会科学出版社，1999年，第305—324页；罗丰：《北周李贤墓出土的中亚风格鎏金银瓶》，《考古学报》2000年3期；罗丰：《胡汉之间——"丝绸之路"与西北历史考古》，文物出版社，2004年，第80—84页；董健丽：《唐代胡瓶》，《收藏家》2004年10期；杨瑾：《说唐墓壁画中的胡瓶》，《唐墓壁画国际学术研讨会论文集》，三秦出版社，2006年。赵晶：《唐代胡瓶的考古发现与综合研究》，西北大学硕士论文，2008年，其他涉及胡瓶的研究论著众多，不烦一一。

2 华学诚：《扬雄方言校释汇证》，中华书局，2006年，第357页。

3 （清）阮元辑：《十三经注疏》，浙江古籍出版社，1998年，第1435页。

4 《十三经注疏》，第1130页。

子犹缾矣。观缾之居，居井之湄，处高临深，动常近危，酒醪不入，藏水满怀，不得左右，牵于缠徽，一旦击碍，身投黄泉，骨肉为泥，自用如此，不如鸱夷，鸱夷滑稽，腹大如壶，尽日盛酒，人复藉酤。常为国器，讬于属车。出入两宫，经营公家。繇是言之，酒何过乎！[1]

和《淮南子》所说"古者抱瓶而汲"[2]相同。

古乐府词也有"后园凿井银作床，金缾素绠汲寒浆"[3]之语。

说明当时的瓶子主要用来汲水，而非酒器。

古代，"瓶"因属瓦器，故写作"缾"，是一种小而常用于汲水的盛容器。就是说，瓶非礼器，只是普通的日常用器，因而并非酒之盛容器。

"三年，春二月辛卯，邾子在门台，临廷。阍以缾水沃廷，邾子望见之，怒。"[4]

可见，早先中土即有瓶形器，不过属于日常用具，没有晋升到礼器范畴。器型无柄无流，功能上多用于汲水、洒水、"沃廷"。汉代陶灶灶门口多有瓶，其实用功能尚不明确。有学者认为亦可能与老妇祭灶时使用有关，所以，灶门一边为一执火棍老妇，一边为瓶[5]。笔者认为灶门口的瓶用于盛容水，需不时于釜中添水。有一点很明确，这样的瓶，与胡瓶在功能和用途上有较大区别。

如果我们给早先的瓶下个定义，则是侈口、细颈、鼓腹、圈足（间有尖底）的盛容器，日常用于汲水、洒水，从目前出土实物及图像、记载看，早先的酒事中，均无瓶出现，盛酒、挹注酒、饮酒，多是瓮、尊、勺数种。瓮用于储存酒；尊用于饮酒时盛酒；勺用于从尊中挹酒；羽觞（耳杯）则用于饮酒。瓶与酒事无涉。

那么，何时，瓶开始与酒有联系了呢？

早先瓶的大小和功能，为胡瓶传入并大行其道留足了使用空间。

杨瑾认为胡瓶的造型特征是"大口、鸭嘴式流、细长颈、椭圆形腹、长曲柄、圈足或无足"[6]。

赵晶认为：胡瓶是"具有鸟嘴状口、鼓腹、单柄、圈足这些基本特征的器物"[7]。

之所以将西方传入的这种器皿称作"瓶"，是因为其形与原先中土的瓶相似。

除出土者外，唐代胡瓶图像多见于三彩骆驼驮载或饮酒场合，侈口，槽状流（或可称之为"喙状流"），细颈，鼓而垂腹，喇叭形高足，执柄安在口沿与肩部。

质言之，"胡瓶"一词，乃是中原汉人语境下对一种从西亚（图1、图2）[8]、中亚（图3、图4）[9]传

---

[1] （北宋）李昉等编：《太平御览》卷七百五十八、卷七百六十一，中华书局，1960年，第3365、3380页。
[2] 《太平御览》卷七百五十八，第3365页。
[3] （宋）郭茂倩编：《乐府诗集》，中华书局，1998年，第792页。
[4] 《春秋左传正义》卷五十四，《十三经注疏》，第2132页。
[5] 刘卫鹏、张红玲：《关中地区出土的陶灶》，《陕西历史博物馆馆刊》总第15期，2008年，第69—81页。但其他陶灶也显示，灶门口老妇所持器物，用于吹送气助燃。
[6] 杨瑾：《说唐墓壁画中的胡瓶》，《唐墓壁画国际学术研讨会论文集》，第251—266页。
[7] 赵晶：《唐代胡瓶的考古发现与综合研究》，西北大学硕士学位论文，2008年，第4页。
[8] 东京国立博物馆、大阪市立美术馆、日本经济新闻社编：《シルクロードの遺宝－古代中世の東西文化交流》，1985年，日本经济新闻社发行，第79图，银胡瓶，5—6世纪，伊朗；第149图，金胡瓶，伊朗，5世纪。
[9] 东京国立博物馆、大阪市立美术馆、日本经济新闻社编：《シルクロードの遺宝－古代中世の東西文化交流》，第129图，银质胡瓶，翼驼，7世纪，粟特地区；第155图，青铜胡瓶，伊朗，8—9世纪。

图1 伊朗出土5—6世纪银质胡瓶 　　图2 伊朗出土5世纪胡瓶 　　图3 粟特出土7世纪胡瓶

图4 伊朗出土8—9世纪胡瓶 　　图5 日本藏凤首壶 　　图6 正仓院藏胡瓶

图7 日本天理大学天理参考馆藏胡瓶　　图8 固原李贤墓出土胡瓶　　图9 内蒙古李家营子胡瓶

入的盛容、注器的称谓，相对于中夏瓶形器而言。其形为单柄，有盖或无盖，喙状流（有学者称其为"槽式流"。就胡瓶的"流"的形状，学者们进行了细致的分类研究）、垂腹（有些为鼓腹，论者也称其为"椭圆形腹"）、细颈、圈足（或无足尖底），有执柄（柄上间有人头像，其人头像亦有设计上的使用功能，即在倾倒注入时可起到阻滞手虎口向前滑动的作用）。这种流可能受到了早期西亚器皿鸟喙流的影响；其功能主要为盛容、注入，甚至烧开液体饮料。无论其质为金为银为铜为玻璃为陶，其功能、形制均大同小异（图4—7）。

中夏胡瓶的图像资料范围：墓葬壁画、线刻画；艺术品（主要以骆驼驮载胡瓶为主）、石棺床刻画；敦煌壁画、敦煌绢画、纸画；出土实物资料等。

日本正仓院藏有两件瓶类盛容器（图5、图6）[1]，其中一件标明为"胡瓶""受三升"："漆胡瓶一口银平脱花鸟形银钿细镂连系鸟头盖受三升"，有盖。另一件为玻璃质料。这为判断大量出土实物和各类图像定名提供了参照物（图7）[2]。

此形之胡瓶，各地出土或收藏甚多，国内最著名的要数宁夏固原南郊乡深沟村北周李贤夫妇墓出土的鎏金胡瓶和内蒙古敖汉旗李家营子出土的唐代银质胡瓶（图8[3]、图9[4]）。

而许多唐墓壁画、出土之三彩骆驼负载物中，均有大量胡瓶图样。专家学者对此有专题研究，不烦赘举。

---

1 奈良国立博物馆：《平成十年正仓院展目录》，株式会社便利堂，1998年，第14、15页，北仓，图1；第68页，中仓，图63。
2 日本天理大学天理参考馆所藏盛唐铅质胡瓶。天理大学、天理教道友社共编：《ひとものこころ天理大學附屬天理參考館：隋・唐の文物》，1988年，67图，标为"狩猎文铅水瓶"。
3 《丝绸之路—大西北遗珍》编委会编：《丝绸之路—大西北遗珍》，文物出版社，2010年，第84页，第71图。
4 标为"波斯银壶"，内蒙古赤峰市敖汉旗李家营子出土，唐代。塔拉主编：《相映成辉——草原丝绸之路文物精华》，内蒙古出版集团、内蒙古人民出版社，2014年，第148页。

胡瓶传入和唐人注酒方式的改变 | 83

图10 敦煌绢画中的胡瓶　　　　　　　　　图11 敦煌绢画中的胡瓶　　　　　　　　　图12 敦煌壁画中的胡瓶

敦煌壁画和藏经洞出土的绢画、纸画中，也有不少表现胡瓶的题材。最主要的，就是根据伽梵达摩译《千手千眼观世音菩萨广大圆满无碍大悲心陀罗尼经》，其中有"若为一切善和眷属者，当于胡瓶手"句[1]（也翻译为"宝瓶手"），根据该经绘制成的《千手千眼观音经变》或《千手千眼观音变相》，其中多有胡瓶画面（图10[2]、图11[3]、图12[4]）；除此外，在密教"不空绢索观音经变"画中，有时也表现胡瓶图像。其他千手千眼观音菩萨图像胡瓶及纸本画胡瓶图像甚多，不烦一一。

藏经洞纸画出现的"胡瓶手"草图中的瓶，显然被画师认为是当时流行的胡瓶。从画面看，有些胡瓶质地已经为陶瓷，表达的应是内地仿制品。

但还有一种除了没有执手柄外，其他部分（主要为鸟首口及喙状流）与"胡瓶"无二致的瓶形器，不仅在敦煌画中多有，且也有实物出土。如河北宽城县出土的镶银胡瓶（图13）[5]：

除此外，在壁画或藏经洞出土的绢画、纸画的供养人图像和饮酒图中，也有仆人执瓶跟在主人身后礼拜的场面和饮酒成眠的图像，其所执之瓶和注

---

1 《千手千眼观世音菩萨广大圆满无碍大悲心陀罗尼经》，《大正藏》第20册，第111页。
2 大英博物馆监修：《西域美术—大英博物馆スタイン・コレクション1 敦煌绘画Ⅰ》，B.18-2b，唐代，9世纪前半，讲谈社，1995年。
3 大英博物馆监修：《西域美术—大英博物馆スタイン・コレクション2 敦煌绘画Ⅱ》，B.71.a，五代，讲谈社，1995年。
4 莫高窟晚唐第14窟南壁，不空绢索观音经变，彭金章：《敦煌石窟全集·密教画卷》，商务印书馆，2003年，第85图局部。
5 《正仓院の故郷—中国の金・银・ガラス一展》，NHK大阪放送局编辑发行，1992年，第50页，第28图，被标为"胡瓶"。河北省宽城县大野峪村，1984年出土。

图14 敦煌绢画中的胡瓶　　图15 敦煌绢画中的胡瓶

图13 河北宽城出土银瓶　　图17 唐三彩胡瓶

图16 S.6983观音经画面

酒之容器，虽然肩部有管状流，亦应为胡瓶样式之一（图14[1]、图15[2]、图16[3]）：

论者多未将这种较短管状流的瓶纳入胡瓶系列。窃以为管状流的瓶形器，只要有把手（执柄），其入口处制作成鸟首样，均应为胡瓶家族之成员。从现有资料判断，受胡瓶造型影响的管状流瓶形器，中原至少在南朝时已有所见[4]，但未见用之于饮酒场合，大规模出现到了五代至宋，如上举之图14，其管状流在瓶之肩部，不甚长；而图15，奴仆手持胡瓶跟在主人身后，所执瓶，其流在肩部，为管状流，也应该是胡瓶之一种。S.6983《观音普门品》中之瓶，显然表现的是饮酒场合。

《中国陶瓷》一书列举了从武则天时期到唐哀帝阶段陶瓷执壶表，表明武则天时期即已出现较短管状流的执壶，但从其垂腹、单柄、侈口等特征看，显然受到了西方传入胡瓶的影响，如图17。[5]

---

1 《西域美術——ギメ美術館ペリオ・コレクションⅠ》，B.98—11，北宋。
2 《西域美術——ギメ美術館ペリオ・コレクションⅠ》，B.99—5（a）局部，五代至北宋。
3 S.6983《观音普门品》中"还着于本人，或遇恶罗刹，毒龙诸鬼等"内容之饮酒图像。大英博物馆监修：《西域美術——大英博物館スタイン・コレクション２敦煌絵畫Ⅱ》，B.fig.92-31，五代至宋。
4 冯先铭主编：《中国陶瓷》，上海古籍出版社，2001年，插图壹，第374页，图四《唐代壶罐演变图》。
5 [日] 水野清一：《唐三彩》，平凡社，1965年，第9图。未言收藏所在。

胡瓶传入和唐人注酒方式的改变 | 85

此类壶瓶，既有入口处流，又在肩部制一管状流，其模仿、改造胡瓶的痕迹明显。

胡瓶之于西方流行器皿，与西方长期以来饮用乳品有关，其作用主要为给家人、食客分配注入乳品，可用于烧水、烧奶，从而形成手执单柄方便、其流细而长、状如鸟喙，方便注入，其足圆而稳定的特点。有些胡瓶可用来烧煮乳品。唐代出现大量骆驼驮胡瓶的艺术品，鄙意其实主要反映了行旅胡人以之汲水、烧水、烧奶饮用的生活方式。虽然胡瓶大量出现在饮酒场合，其用于注酒应无疑问，但不可忽视其作为注器，运用于烧煮茶、奶的场合。即便近代，商业驼队中仍驮载有铜质之容器，为方便旅途烧茶、烧奶之用。而唐代出现的单柄、短颈、侈口、鼓腹的执壶，其用途也应该包含了注水，或主要以注水为主，北宋以后，此类不同质料的水注出现较多。

胡瓶之于西亚、中亚饮食生活有着重要的地位。中古中原出现的许多粟特人墓葬石棺床中，有大量的宴饮图像，胡瓶是宴饮图像中不可或缺的内容。而以胡人行旅为题材的艺术品以及唐代贵族墓壁画上，胡瓶也是重要元素之一。

一个有趣的问题是，如此多的胡瓶出现在中原的墓葬壁画中（杨瑾罗列了唐墓壁画中十来件胡瓶图像，还有粟特人石棺床中十来件胡瓶刻印图像[1]），显然是当时上流社会饮酒风俗在壁画上的反映。那么，这些胡瓶究竟是用来装盛何种酒呢？

因为在波斯等地，这种形制的瓶用于饮酒场合，一般是饮用葡萄酒。所以日本学者怀疑出土于唐代贵族墓葬的胡瓶，也可能用来饮用葡萄酒[2]。这里就有一个问题：唐代有如此多的葡萄酒吗？长安及其附近葡萄酒的产量及在上层贵族间的饮酒时尚究竟如何？

关于唐代中原葡萄酒的生产及消费，学者研究不少。[3] 笔者亦曾撰文涉及唐代长安葡萄酒的流行。[4]

唐人李浚《松窗杂录》曾记唐明皇、李白、杨贵妃等轶事，与西凉葡萄酒有关："会花方繁开，上乘月夜召太真妃以步辇从……太真妃持颇黎七宝杯，酌西凉州葡萄酒，笑领意甚厚。"[5]

此风流快活情节，在《唐诗纪事》[6]、《杨太真外传》[7]等史料中均有载。说明长安贵族确实有饮用葡萄酒的时尚。因此，不独在华粟特人在特殊的祭祀场合要饮用葡萄酒（众多粟特人石棺床有以"来通"或其他酒杯饮用葡萄酒的图像[8]），贵族墓葬中持胡瓶的宴饮场合，很有可能表现的也是以胡瓶注饮葡萄酒以显示时尚和奢侈的饮食生活。

近代，由于生活方式的逐渐改变，西亚、中亚

---

1 杨瑾：《说唐墓壁画中的胡瓶》，《唐墓壁画国际学术研讨会论文集》，三秦出版社，2006年。
2 菅谷文則：《シルクロードの古代食》，奈良とシルクロードの遺宝－古代シルクロードの語り部たち組織委員会：《シルクロード学研究叢書 8》、シルクロード学研究センタ，第34頁，对陕西富平县房陵公主墓壁画手执胡瓶和酒杯的解说，作者在葡萄酒后打一问号。
3 胡澍：《葡萄引种内地时间考》，《新疆社会科学》1986年5期，第101—104页；苏振兴：《葡萄、葡萄酒由新疆传入内地新考》，《新疆师范大学学报》2003年4期，第88—92页；苏振兴：《论古代中西交流中的葡萄文化》，《燕山大学学报》2005年第2期，第25—31页；阎成：《西域葡萄种植及其东传》，《吐鲁番学新论》，新疆人民出版社，2006年，第972—973页。
4 高启安：《"西凉葡萄酒"事迹钩沉》，《饮食研究》2011年1期，第116—123页。
5 （唐）李浚：《松窗杂录》，《唐五代笔记小说大观》，上海古籍出版社，2000年，第1213页。
6 （宋）计有功原著，王仲镛校笺：《〈唐诗纪事〉校笺》，巴蜀书社，1989年，第475页。
7 鲁迅校录：《唐宋传奇集》，人民文学出版社，1952年，第238页。
8 见笔者《"来通"传入与唐人罚觥》文，待刊。

一带的都市里，胡瓶逐渐退出了饮食生活领域，因此，许多酒店内，胡瓶成了装饰酒店的摆设。作者在中亚西亚考察时，在许多宾馆的橱窗里，都看到陈列的各种样式的老旧胡瓶。这既是历史文化的一种展示，也表明今日，由于生活方式的急剧变化，偌大的胡瓶，也没有了用武之地，拿来作了展览品（图18—21）。

笔者收藏有一个来自于新疆南疆的"胡瓶"，这说明近代，此等胡瓶样式仍在新疆一带流行，从其烟渍等看，显然不是用于盛酒注酒，而是用于烧煮奶茶等饮品。

二　胡瓶的传入和流行

胡瓶的传入应该很早。目前检索到最早的"胡瓶"一词，是三国时期，出现在已经佚失的《西域记》中："疏勒王致魏文帝金胡瓶二枚，银胡瓶二枚。"[1]

《前凉录》："西胡致金胡瓶，皆拂菻作，奇状，并人高，二枚。"[2]这显然是一种较大的胡瓶。

有关胡瓶，后来也有争论，有人甚至认为"壶瓶"其实就是"胡瓶"。如《井观琐言》谓："今人呼酌酒器为壶瓶。按《唐书》太宗赐李大亮胡缾。史照《通鉴释文》以为汲水器。胡三省辨误曰：'胡缾，盖酒器，非汲水器也。'缾、瓶字通。今北人酌酒以相劝酬者，亦曰胡缾，然则壶字正当作胡耳。"[3]

不过，今天，由于出土量极多，我们对胡瓶的形制还是明白的。胡瓶传入中原并流行后，其形制和功能发生了变化，主要用来装盛注酒。而西方除了用来装盛饮料、乳品、葡萄酒外，也可用来汲水、

图18　伊朗某民俗博物馆陈列之胡瓶

图19　乌兹别克某饭店餐厅橱窗展示的胡瓶

图20　乌兹别克某博物馆展示的胡瓶

图21　南疆出土胡瓶

烧水。这就是为何在唐三彩艺术品上往往会出现驼鞍悬挂胡瓶题材的原因。

至唐代，胡瓶大为流行。其用途从西方的汲水、注水、烧水、烧奶、容酒，逐渐演变成一种注器，成为中土注酒用具。其形制、大小也发生了一定的变化。就饮酒场合而言，最终取代了尊勺，成为酒

1　《太平御览》卷七百五十八，第4—3365页。
2　《太平御览》卷七百五十八，第4—3365页。
3　（明）郑瑗：《井观琐言》卷二"丛书集成初编"，商务印书馆，1936年，第330册，第17页。

具家族中重要的成员之一。从出土的诸多图像看，胡瓶并非单一式样，而是根据其构造有多种，学界根据出土之图像，将其类型分成了十种之多[1]。可见各地传入之胡瓶样式本来就不少，加之中土在仿制过程中，又根据本土饮酒习惯，衍生出了许多样式，遂使胡瓶家族成员越来越多。

有关胡瓶的功能使用，后世曾有争论。

"古无器皿。古人吃茶汤俱用擎，取其易干不留津；饮酒用盏，未尝把盏，故无劝盘。今所见定劝盘，乃古之洗。古人用汤瓶、酒注，不用胡瓶，及有觜折盂、茶钟、台盘，此皆外国所用者，中国始于元朝，汝定官窑俱无此器。"[2] 其实汲水器和酒器均未错，只是使用不同耳。

关于"胡瓶"，后世熟知的两个故事，均与唐太宗赏赐有关。一次是赏赐臣下李大亮；一次是以之盛酒，谓毒酒，赏赐嫉妒成性的任瓌的妻子。

《旧唐书·李大亮传》："古人称一言之重，侔于千金，卿之此言，深足贵矣。今赐卿胡瓶一枚，虽无千镒之重，是朕自用之物。"[3]

据唐人笔记《朝野佥载》记载："初，兵部尚书任瓌勅赐宫女二人，皆国色。妻妒，烂二女髮秃尽。太宗闻之，令上官赍金壶缾酒赐之，云：饮之立死，瓌三品，合置姬媵，尔后不妒，不须饮；若妒，即饮之。柳氏拜勅讫曰：妾与瓌结髮夫妻，俱出微贱，更相辅翼，遂至荣官。瓌今多内嬖，诚不如死。饮尽而卧，然实非鸩也，至夜半睡醒。帝谓瓌曰：'其性如此，朕亦当畏之。'因诏令二女别宅安置。"[4]

此故事的另一个版本被认为是"吃醋"典故的来历："梁公夫人至妒，太宗将赐公美人，屡辞不受。帝乃令皇后召夫人，告以媵妾之流，今有常制，且司空年暮，帝欲有所优诏之意。夫人执心不回。帝乃令谓之曰：'若宁不妒而生，宁妒乃死？'曰：'妾宁妒而死。'乃遣酌卮酒与之，曰：'若然，可饮此酖。'一举便尽，无所留难。帝曰：'我尚畏见，何况于玄龄！'"[5] 坊间谓太宗所赐为醋，故有吃醋为性嫉妒之说。

高品质的胡瓶也是唐朝皇帝赏赐边臣、少数民族政权和中原王朝与相互赠送的礼品之一：

安禄山亦曾献"胡瓶"，亦曾蒙赏："赐禄山金靸花大银胡饼四、大银魁二并盖、金花大银盘四、杂色绫罗三千尺……考课之日，上考，禄山又自献金银器物、婢及驼马等。金窑细胡瓶二，银平脱胡平床子二，红罗褥子一，婢十人……"[6] 安禄山帐下和营中，正有不少粟特商人，因此，所献胡瓶，当为从中亚而至者。

《册府元龟·外臣部》："景龙五年……十月己亥，突厥遣使献马……可汗好心，远申委曲，深知厚意。今附银胡瓶、盘及杂彩七十匹，至可领取。"[7]

"令寄可汗锦袍、钿带、银盘、胡缾，至宜领取。"[8]

---

1 赵晶：《唐代胡瓶的考古发现与综合研究》，西北大学硕士学位论文，2008年。
2 《格古要论》卷下，"四库本"为"胡瓶"。《新增格古要论》卷七，浙江联合出版集团、浙江美术出版社，2011年，第255页。
3 （后晋）刘昫：《旧唐书》卷六十二，中华书局，1975年，第2387—2388页。
4 （唐）张鷟：《朝野佥载》卷三，中华书局，1979年，第59页。
5 （唐）刘餗：《隋唐嘉话》卷中，中华书局，1979年，第26页。
6 （唐）姚汝能：《安禄山事迹》卷上，上海古籍出版社，1983年，第19页。其中，朝廷赏赐的"金靸花大银胡饼四"的"胡饼"，颇疑为"胡缾"之误。
7 （宋）王钦若等编：《宋本册府元龟》卷九百七十四，中华书局，1960年，第3873页。
8 《宋本册府元龟》卷九百七十九，第3906页。

"阿舅所附信物并悉领，外甥今奉金胡瓶一，玛瑙杯一，伏惟受纳。"[1]

胡瓶也成了诸多诗人作品中的特殊题材：

卢纶《送张郎中还蜀歌》："垂杨不动雨纷纷，锦帐胡瓶争送君。须臾醉起箫笳发，空见红旌入白云。"[2]

王昌龄《从军行七首》之一："胡瓶落膊紫薄汗，碎叶城西秋月团。明勅星驰封宝剑，辞君一夜取楼兰。"[3]

顾况《李供奉弹箜篌歌》："银器胡瓶马上驮，瑞锦轻罗满车送。"[4]

杜甫《少年行》："马上谁家白面郎，临阶下马坐人床。不通姓氏粗豪甚，指点银瓶索酒尝。"[5]

敦煌此类瓶更流行，只不过不称"胡瓶"，而称作"注瓶"、水瓶、洒瓶、注子等：

P.3638："铜注瓶壹。"[6]

P.2917《乙未年（935或995）后常住什物交割点检历》："铜水瓶贰，内壹无主在库，内壹在孔（入库）法律。"[7]

P.4004+S.4706+P.3067+P.4908《庚子年（940或1000）后某寺交割常住什物点检历》："铜水瓶贰，内壹虫胥，壹在库。"[8]

P.2613《唐咸通十四年（873）正月四日沙州某寺交割常住物点检历》："蜀柱子捌……铜柱子柒，首头柒""生铜洒瓶壹，大铜瓶壹。"[9]

P.2583《申年比丘尼修德等施舍疏十三件》："拾两银瓶壹。"[10]

P.2567V《癸酉年（793）二月沙州莲台寺诸家散施历状》："十两金花银瓶子一。"[11]

P.2653《燕子赋》中有"径欲漫胡瓶"[12]句。

其中"水瓶""洒瓶"等名，正说明类似形制的瓶子功能和用途之广泛。

可见，唐五代时期，胡瓶也是敦煌寺院内的日常用器之一。从敦煌文献资料和敦煌壁画所透露的行迹看，胡瓶不仅用作酒器（注酒），也用作僧尼浇洒洗涤、储水的用具。

三 胡瓶传入中原后对注酒方式的改变

胡瓶传入前，中土的盛酒器为尊，挹注器为勺，饮酒具多为耳杯。这从汉魏时期大量的画像石、画像砖的庖厨、宴饮图中可以见证；亦可从大量出土的此

---

[1] 《宋本册府元龟》卷九百八十一，第3923页。
[2] （清）彭定求等编：《全唐诗》卷277，中华书局，1960年，第3149页。
[3] 《全唐诗》卷143，第1444页。
[4] 《全唐诗》卷265，第2947页。
[5] 《全唐诗》卷24，第326页。
[6] 唐耕耦、陆宏基：《敦煌社会经济文献真迹释录》（三），全国图书馆文献缩微复制中心，1990年，第117页。
[7] 唐耕耦、陆宏基：《敦煌社会经济文献真迹释录》（三），第17页。
[8] 唐耕耦、陆宏基：《敦煌社会经济文献真迹释录》（三），第34页。
[9] 唐耕耦、陆宏基：《敦煌社会经济文献真迹释录》（三），第11页。
[10] 唐耕耦、陆宏基：《敦煌社会经济文献真迹释录》（三），第65页。
[11] 唐耕耦、陆宏基：《敦煌社会经济文献真迹释录》（三），第71页。
[12] 黄征、张涌泉：《敦煌变文校注》，中华书局，1997年，第414页。

图22　河南南阳出土画像石

图23　四川东汉画像石

图24　嘉峪关魏晋5号墓

图25　嘉峪关魏晋4号墓砖画

时期的尊、勺得出结论（图22[1]、图23[2]、图24[3]、图25[4]）。

以尊勺盛酒、注酒，弊端很明显，挹注不精准，易洒落，易落入尘灰，酒精易挥发而影响酒的品质，操作烦琐。

从东汉魏晋开始，胡瓶陆续传入中土。胡瓶有流、有把、有盖，以之注酒，有绝尘埃、不易洒落、注酒精准、手执把取方便（所以又称"执壶"）简易等优点，逐渐取代了尊勺注酒方式，成了迄今仍通

1　四川大邑县出土东汉丸剑宴舞画像砖。《中国画像砖全集》编辑委员会编：《中国画像砖全集·四川汉画像砖》，四川美术出版社，2006年，第68页，第九四图。
2　河南南阳出土东汉画像石投壶图，《中国画像石全集》编辑委员会编：《中国画像石全集·河南画像石》，河南美术出版社、山东美术出版社，2000年，第87页，第一一三图。
3　胡之主编，张宝玺摄影：《甘肃嘉峪关魏晋5号墓彩绘砖》，重庆出版社，2002年，第42页。
4　嘉峪关魏晋墓4号墓葬宴饮图。甘肃省博物馆编，俄军主编：《甘肃省博物馆文物精品图录》，三秦出版社，2006年，第199页。张宝玺编《嘉峪关酒泉魏晋十六国墓壁画》一书将该图标为出土于三号墓葬，甘肃人民美术出版社，2001年，第82页。

胡瓶传入和唐人注酒方式的改变　|　91

行的注酒器——酒壶。

大约在中唐以后，尊勺逐渐退出饮酒场合，参酌"胡瓶"形制而制作的各类酒壶大行其道，最终替代尊勺，成为酒场上最主要的注酒器，甚至连名称也发生了变化，除文人诗歌中仍有"胡瓶"这一称谓外，坊间多称"注子""扁提"等。如上揭敦煌文献所记载。

李匡乂《资暇集》记载了这一变化的时间："元和（宪宗806—819）初，酌酒犹用樽杓，所以丞相高公有斟酌之誉，虽数十人，一樽一杓，挹酒而散，了无遗滴。居无何，稍用注子，其形若罃而盖、觜、柄皆具。大和九年后，中贵人恶其名同郑注，乃去柄安系，若茗瓶而小异，目之曰偏提。论者亦利其便，且言柄有碍，而屡倾仄，今见行用。"[1]

注子"若罃而盖，觜柄皆具"的形状，正是胡瓶的特征。但注酒方式的改变，虽与胡瓶的传入和流行密切相关，却非一朝一夕之事。《资暇集》的作者谓起始于元和以后，恐有失精准。因在这之前，就已经有胡瓶作为注酒器在多个场合出现，且唐墓壁画中有不少侍女手持胡瓶的画面，许多都早于元和时期。因此，胡瓶注酒方式出现后，应该和尊勺注酒方式并行了一个不短的时期。从太宗以之盛酒赏赐任瓌的妻子看，至迟在唐初就流行胡瓶注酒方式。

至宋代，类似胡瓶样式的酒具品种已多，样式个别，名称也已发生变化。

《梦粱录》记载当时的饮食市场流行酒具有："酒盏、注子、偏提、盘、盂、杓，酒市急需马盂、屈卮、渰斗、箚瓶……"[2]

我们熟知的《韩熙载夜宴图》中的酒注，已然与后世的小酒壶无二致了。

市场上还出现了一种双耳的注酒器，名之曰"扁提"。

明人方以智认为："偏提，酌酒注子也。唐元和间改曰偏提。今辨古器指卣卮之类，或有提梁，或有单耳者，亦称偏提。或云避郑注。"[3]

胡瓶也是中西饮食文化交流、因之而改变中土饮酒方式的明显例证之一。

中唐以后，胡瓶样式渐多，且出现了一种大小合适的专用注酒小胡瓶——只不过此时该酒器已经逐渐没有了"胡瓶"的名称，改称"酒壶"；同类的器皿还用在烹茶上，称为"茶壶"。

因此，宋元以后史料的注酒器中，几乎看不到"胡瓶"的称谓。而管状流的酒壶大行其道，直至今日。

1　李匡乂：《资暇集》卷下"注子、偏提"，辽宁教育出版社"新世纪万有文库"本，1998年，第32页。
2　（宋）吴自枚：《梦粱录》卷十三，中国商业出版社，1982年，第110页。其中"箚瓶"颇疑应为"注瓶"。
3　（明）方以智：《通雅》卷三十三，中国书店，1990年，第404页。

从波斯到中国

——丝绸之路上来通角杯的传播与变迁*

韩　香

（陕西师范大学中国西部边疆研究院）

1970年西安南郊何家村出土一批珍贵的窖藏文物，包括三件玛瑙杯，其中一件为玛瑙兽首杯（图1—1、图1—2），另两件为长杯（舟形杯）。兽首杯系用酱红地缠橙黄夹乳白色缟带的玛瑙制成，上口近圆形，下部为兽首形，兽头上有两只弯曲的羚羊角，兽嘴有流，可以卸下。该杯做工精细，形制特殊，为国内之孤品，现由陕西历史博物馆收藏，为该馆镇馆之宝。对于此件珍贵文物，国内外有不少学者给予研究和关注。[1]学界基本上倾向认为该杯与中国古代无流嘴的犀角杯等有异，可能是产自中西亚的舶来品或唐人仿西方制品，即属于希腊人称之为来通（Rtyton）的一种器物。笔者同意这个看法，虽然学者们对西方来通角杯的出现及功能等均有过论述，但仍然有可探讨之处。笔者希冀在利用东西方文物图像资料及前人研究的基础上，循着这个思路进一步探讨来通角杯在东西方的流行、传播及发展和变迁过程。

一　祭祀与饮宴——来通在早期西亚波斯一带的流行

来通即角形杯，在西方的出现应该比较早，具

图1-1、1-2　何家村出土玛瑙兽首杯

---

* 基金项目：国家社会科学基金西部项目"中古中国与波斯文明"（15XZS013）阶段性成果。
1 孙机：《玛瑙兽首杯》，氏著《中国圣火——中国古文物与东西文化交流中的若干问题》，辽宁教育出版社，1996年，第178—197页；齐东方：《何家村遗宝与丝绸之路》，《花舞大唐春——何家村遗宝精粹》，文物出版社，2003年，第38—41页；王子今：《说犀角杯——一种东西文化交流的文物见证》，《四川文物》2008年第1期，第41—48页。

图2 乌尔王朝统治者乌尔那姆持角杯祭神酒

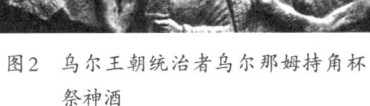

图3 亚述巴尼拔国王夫妇饮宴图

体起源于何处，并没有一致的看法。一般认为角形杯是东方的产物，在美索不达米亚（Mesopotamia）地区出现较早。在公元前2000多年前苏美尔人建立的乌尔王朝，就有持这种角形杯祭神的场面。如美国宾夕法尼亚大学博物馆收藏属于乌尔王朝时期的一件石灰石雕刻，上面刻绘有乌尔第三王朝统治者乌尔那姆（Ur-namu，公元前2112—前2095）在Nanna神前持一角状杯在给棕榈树（或为枣椰树）祭酒的场景（图2），类似的图像也出现在出土的属于这一时期的印章中。[1]这里的统治者大概被赋予土地的保护者角色，其所持角状器皿也具有祭神功能。

不过角形杯在希腊化时代则广泛流行。在希腊罗马世界开始称之为来通（Rhyton），此语是自希腊语rhéo（流出）派生出来的，因而来通在希腊语中有流出、联通之意，被用来命名为一种酒器，因为该酒器出水口处较小，应当像水注，可以注神酒。此酒器多以动物犄角状装饰为兽首，兽嘴即为出水口，当时的人们认为用其饮酒即表示对酒神的尊敬。此后这种角杯多采用来通这个名称。

来通角杯最初用动物角做成，后来也有陶制或金属等材料的仿角形杯。雅典国家考古博物馆藏有一件属于公元前1000多年前希腊迈锡尼文明时期的牛头角形杯，用皂石刻成牛头角状杯，牛嘴都用来做喷嘴，上面开口用来灌水或酒。该牛角杯可能被用来盛装液体，可能是神圣祭酒，在饮酒之风盛行的地中海地区，也可能用作饮酒之器。

随着希腊文明的广泛影响，来通这种器物也开始向亚洲一带传播，从美索不达米亚至西亚（伊朗）甚至到外阿姆河流域一带流传。古代的亚述帝国（Assyria Empire）时期就有类似陶来通杯，巴格达伊拉克博物馆收藏有这个时期的羊首陶来通。另外，在伊拉克的尼尼微（Nineveh）古城出土的亚述帝国亚述巴尼拔王（Ashuibanipal，公元前668—前626）的浮雕上有饮宴场面，国王夫妇饮酒宴乐，其中国

---

1 Prudence O.Happer, Joan Aruz, and Francoisse Tallon, *The Royal city of Susa-Ancient Near Eastern Treasures in the Lourve*, The Metropolitan Museum of Art, New York, 1992, fig47. p.171.

图4-1、4-2、4-3　大英博物馆藏金、银兽首来通

王斜靠在床榻上，而王后则坐在一高椅子上，一手持一水波纹装饰的圆碗，一手持角杯形物饮酒场面（图3）。[1]这里角形来通应该用作饮酒场合。从王后的饮酒姿势来看，似乎是以左手持来通杯注酒至右手圆形酒碗中。

不过，至伊朗高原阿契美尼德王朝时期（Acaemenid，公元前550—前330），来通角杯得以真正流行，可以说来通这种器物在这个时期得到进一步的发展。阿契美尼德王朝即古波斯帝国时代，公元前550年，出身于阿契美尼德家族的居鲁士二世（Cyrus Ⅱ）推翻米底王朝（Median）的统治，称波斯王，此后东征西伐，将版图扩张到中亚及西亚大部分地区，尤其是至王中之王——大流士一世（Darius Ⅰ the Great，公元前522—前486）时，从地中海至印度河，从咸海至埃及，建立了一个横跨欧亚非的广大帝国。在艺术方面也留下了宝贵的财产，其建筑、雕刻、绘画等风格融合了两河流域、希腊、埃及等艺术特点，并形成了具有东方色彩的古波斯艺术，包括所发展出来的高度发达的金属细工，其中来通角杯的工艺亦得到很大发展。

从古波斯帝国都城苏萨（Susa）、波斯波利斯（Persepolis）等地发现有做成兽角状的金、银来通、铜来通、玻璃来通等，除羊首外，还有马首、牛首、狮首、格里芬（Griffin）形的来通等。在大英博物馆收藏有相当一部分这个时期的各类来通（图4—1、图4—2），有来自王朝都城波斯波利斯（Persepolis）的，也有收藏的。[2]该馆还收藏一件羚羊首银来通，据说来自土耳其埃尔津詹（Erzincan，图4—3）。[3]其功能主要是将上口盛装的液体从下端的兽首中的口流出来使用。鉴于来通口大底小，难以直置，设计者往往将底部或兽类的前部肢体折而向前平伸，从而达到平衡的效果。巴黎卢浮宫藏有

1　Dominique Collon, *Ancient Near Eastern Art*, University of California Press,1995, p.151, fig.120. Reade, *Assrian Sculpture*, The British Museum Press, fig.107.
2　John Curtis and Nigel Tallis, *Forgotten empire-the World of Ancient Persia*, The British Museum Press, 2005, fig. 118, 119, 120.
3　John Curtis, *Ancient Persia*, The British Museum Press, 2000，fig.60.

图5-1 大英博物馆藏Arbnas王饮宴图石雕

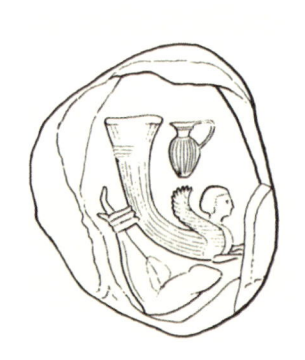

图5-2 大英博物馆藏刻有来通形象的泥质印章

一件属于公元前600—前400年的铜羱羊角形杯（来通）。羱羊被波斯人视为忠实的动物，其造型出自动物的角部变形，其屈身跪地，胸部有一小孔作为液体注出之处。此杯用华丽的线条表现羱羊形象，具有古波斯美术的特色。[1]

阿契美尼德王朝的艺术作品几乎都是围绕着帝王和贵族生活创造的，往往用艺术表现帝王的威严与超人性，因而具有"宫廷样式"的特点。考古学家所发现的这个时期的来通制品多为金、银、铜、玻璃等材质，也应属于宫廷之物。至于这些来通酒器用于祭祀还是饮宴，还很难说。上述出土器物多为贵金属，体重型大，不排除其所具有的祭祀功能。不过考虑到古波斯饮酒之风的流行，这类来通酒器也应更多作为饮宴之物出现在波斯皇室贵族的生活之中，有些图像资料可以提供这方面的证据。大英博物馆收藏的一件石刻上刻有古波斯统治者Arbnas（公元前390—前370）与侍从饮宴场景，其斜靠在一长榻上，其右手持有一来通，左手持一碗，来通末端刻有带翼格里芬（Griffin）形象（图5—1），相似的来通形象也出现在该馆收藏的同时期的一枚泥质印章上（图5—2）。[2] 从其饮酒姿势来看，似是用右手所持的来通往左手持的碗里注酒。可知在古波斯时期，宴饮是除狩猎外另一项重要的王室或地方统治者的活动，是权力和富贵生活的象征，这也是继承了古代近东地区的传统。至于左右手的持杯方式，可能没有什么严格规定，是配合坐姿而来的。

---

[1] 潘潘：《美索不达米亚艺术》，广西师范大学出版社，2002年，第59页。
[2] John Curtis and Nigel Tallis, *Forgotten empire – the World of Ancient Persia*, The British Museum Press, 2005, fig.123, fig. 124, p.123.

考虑到这类来通设计，液体从兽嘴中流出，为了饮酒时不至于洒出，往往需要保持一定平衡，而这种保持角杯平衡的最好姿势就是躺卧，[1]上述波斯帝王饮宴姿势就是如此。这种躺卧式饮宴之风也表现在其他艺术品中，如类似于这种躺卧式的宴饮场景也出现在该时期的象牙雕刻中。[2]其渊源大概来自亚述时期的艺术，并被此后兴起的帕提亚王朝所继承。

公元前4世纪后半叶，随着亚历山大大帝（Alexander the Great）的东征，阿契美尼德王朝也走向衰亡。西亚的大部分地区归亚历山大部将巴比伦总督塞琉古（Seleucid）统治，伊朗高原出现了希腊文化的移植。公元前3世纪中期，塞琉古帝国东部帕提亚地方宣布独立，其地方首领阿尔萨西斯（Arsaces）建立了一个以尼萨（Nisa，今土库曼的阿什哈巴德附近）为中心的独立王国，即帕提亚王朝（Pathian），中国史籍称安息。公元前2世纪中期，帕提亚王朝达到全盛时期，领土东边到达印度河流域，西边到幼发拉底河，同时吞并了巴克特里亚的西部地区。

图6 尼萨出土的象牙来通及细部

---

1 此观点得到西安大唐西市博物馆文保科研部李凯主任的提示，在此谨致谢忱。
2 Maria Brosius, *The Persians*, Routledge, 2006, fig.12, p.46.

帕提亚王朝早期在建筑和工艺上更多吸取了希腊文化罗马的特征，不过又具有自身的特点，即严肃而富有宗教意义的帕提亚风格。尤其是20世纪40年代在尼萨古城（Nisa，今土库曼斯坦阿什哈巴德西北18公里）里，发现了相当一批大号的象牙来通。这批来通主要出土于尼萨古城北边的建筑群即方宫遗址，该遗址约建于公元前2世纪，其柱廊具有当地建筑和希腊化建筑相融合的特点。据学者推断，方宫可能是安息历代诸王的宝库，而来通角杯是方宫的重要发现，是安息手工业产品的代表，约有40多个，均为象牙角杯（图6），用几大块象牙骨料做成，雕刻精致。其长度一般为50厘米左右，上部较直，下部弯曲，造型优雅，十分精致。其上部雕有饰带，表现奥林匹亚诸天神、酒神等，人物生动活泼，刻画细致入微；底端雕成马、鹿、狮身鹰头有角兽、带翼兽和女神的形象等。[1]这批角杯充分利用了象牙洁白光滑的特点，又用彩色玻璃、宝石和黄金镶边，显得高贵华丽。从艺术特色上看，还是具有较浓厚的希腊艺术风格。因而据学者推测，尼萨出土的象牙来通杯，或是由受过希腊文化熏陶并接受东方传统文化影响的西方艺术家制作，或是对希腊神话和艺术相当熟悉的东方巧匠完成。[2]

对于这批角杯的功能，鉴于其体积较大且重，只能用手捧着，不大可能用作实用器皿。有学者认为其可能具有宗教意义，大概是一种神器，也可能是安息王登基时的礼器[3]，应该是宗教功能大于实用功能。这批角杯主要收藏于俄罗斯的冬宫（即艾米尔塔什博物馆）。

同时期亦有其他材料制成的角杯。阿富汗国家博物馆所藏出自阿富汗贝格拉姆（Begram）古城的一件约为1世纪（大夏—贵霜时期）的玻璃来通杯，有尖嘴兽角，及喇叭形底座（图7—1）[4]，从形状看，应

图7-1 贝格拉姆古城出土玻璃来通 　　　　图7-2、7-3 美国赛克勒美术馆收藏的银来通

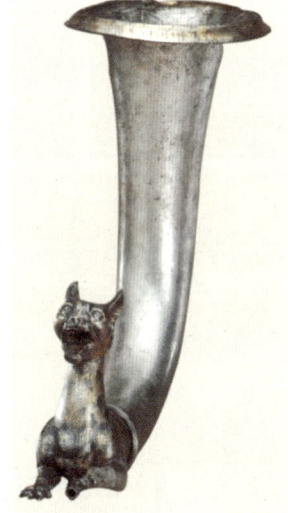

1　Herrmann, *the Iranian Revival*, Elsevier Phaidon, 1977, pp.41-46.
2　[苏联] Б.Я.斯塔维斯基著，路远译：《古代中亚艺术》，陕西旅游出版社，1992年，第28—29页。
3　李铁匠：《伊朗古代历史与文化》，江西人民出版社，1993年，第215页。
4　Predirk Hiebert and Pierre Cambon, *Afghanistan-Crossroads of the Ancient World*. The British Museum Press, 2011, p.174, fig.58.

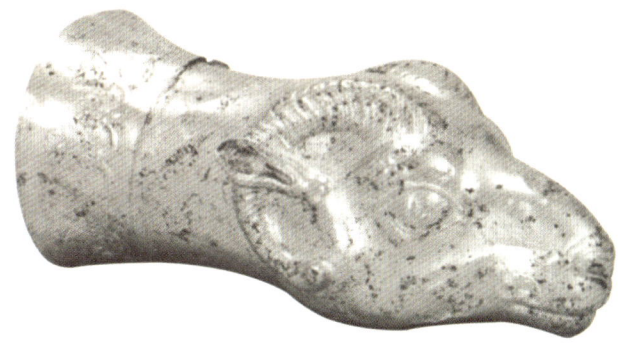

图8—1 华盛顿赛克勒美术馆所藏萨珊波斯早期银来通　　图8—2 华盛顿塞克勒美术馆藏山羊角金来通

为饮酒器。另外美国塞克勒美术馆（Arthur M.Sackler）收藏几件约公元前1世纪至1世纪时期的银来通，兽首为驼峰牛及狮头或猞猁的形象（图7—2、图7—3）[1]，出水口在前胸处，风格与尼萨出土的象牙来通近似。这些也应归入帕提亚时代的艺术特色。

总之，在早期西亚波斯，作为一种从角形器发展而来的来通，具有祭祀兼饮宴双重功能。从目前出土情况看，这些来通以金属为主，多为宫廷及贵族服务，显示出具有代表性的宫廷式样。从上述帝王饮宴形象看，来通作为一种酒器，更多出现在帝王贵族的生活中，是适合于卧榻上的饮酒器具，并得以进一步流行。

二　萨珊波斯饮酒之风与中亚商旅文化
——中古时期来通角杯在中西亚的发展

3世纪，伊朗法尔斯地区波斯萨珊家族一个名叫阿尔达希尔（Ardashir Ⅰ）的贵族，开始举兵反抗帕提亚王朝的统治。224年，阿尔达希尔杀死了帕提亚（安息）王阿尔达汪五世（Ardavan V）攻占了其首都泰西封（Ctesiphon）。建立了历史上著名的萨珊波斯帝国（Sassanid Empire）。此后直到651年波斯末代主伊嗣俟（Yazdegerd Ⅲ）被大食所灭，萨珊王朝从此灭亡为止，这个王朝存在了四个多世纪，时间上相当于中国魏晋南北朝至唐初，也是和东方交往最密切的时期。萨珊波斯的艺术在这个时期达到辉煌。

萨珊时期艺术风格，更多地继承的古代波斯美术的传统，强调王权至上，尤其表现在雕刻及金银器等工艺美术上。这个时期出土的金银器具以帝王狩猎、宴饮等题材相对较多，尤以银盘为多，用以表示帝王的伟大与英勇，但在相当一批器具及装饰上也表现出萨珊波斯贵族的奢侈与趣味。萨珊金银器数量繁多，制作精美，随着其扩张及贸易活动，也向周边地区流传。

属于这个时期的来通角杯，留下来的资料并不多。和阿契美尼德时期相比，宫廷样式的因素减弱，来通主要是作为一种饮酒器来使用。华盛顿塞克勒美术馆（Arthur M.Sackler）收藏的约4世纪的一个早期萨珊风格的瞪羚角形银来通（图8—1），器形趋向简单，风格已趋近写实。流口在瞪羚嘴部，但已被破坏，这件银来通应当是东伊兰艺术的杰作。该馆亦收藏有一件山羊角金来通（8—2），注水口处装饰一圈莲花纹，山羊角自然卷曲，贴于耳处，器形

---

[1] Ann C. Gunter and Paul Jett *Ancient Iiranian Metalwork –in the Arhhur M. Sackler Gallery and the Freer Gallery of Art*, Smithsonian Institution, Washington D.C. 1992, pp.33-34, pl.10,11.

从波斯到中国 | 99

图8-3 克利夫兰博物馆藏多曲银杯纹饰中的持来通角杯者

简单，鉴于可比较的相类似来通并不多见，有学者认为可能为仿制品。[1]这两件来通明显具有实用性。

美国克利夫兰博物馆（Cleveland Museum of Art）收藏一件多曲银杯中纹饰上有持来通人物形象（图8—3）[2]，此多曲银杯约为5世纪，属于萨珊波斯艺术风格。其内部纹饰大概为酒神节饮酒场面，图像中一戴尖帽的人物手持一羚羊首角杯。其风格和样式与华盛顿赛克勒美术馆收藏的银来通极为相似，从功能上看似成为一种大众化酒器。有学者认为克利夫兰博物馆收藏品中来通等形象的器物大概属于受萨珊波斯风格影响的中亚粟特地区的制品。[3]

属于萨珊时期的还有金属及陶制来通，都为收藏品。伦敦大英博物馆收藏的一件釉陶器上也在器身上模塑出王者像与妇女像，其下部有兽首和泄水孔，应属来通。鉴于器身上同时出现女神像和国王像的情况，可知此来通不仅在宗教仪式上用于灌奠，使用它还应包含崇拜君王的用意。[4]

总之，这个时期来通角杯的功能似已从宫廷向民间发展，来通实用性功能增强。饮宴场合已不仅仅表现帝王活动，也表现普通大众的生活。

随着与东方的联系日益密切，这种酒器文化也开始向中亚一带传播，粟特民族在传播这种文化方面起了重要作用。前述美国克利夫兰博物馆收藏的持来通形象的多曲银杯，应为中亚而不是萨珊波斯的制品。苏联考古学家在塔吉克斯坦附近发掘属于7—8世纪的粟特片治肯特（Panjikent）古城遗址，其中28号房址东壁壁画中绘有粟特贵族持来通角杯饮酒场面（图9—1、图9—2）[5]，其与美国赛克勒美术馆藏的银来通及克利夫兰博物馆所藏多曲银杯纹饰中人物所持来通形象极为相似。且二者都在杯的口沿处饰联珠纹，更足以证明上述银来通确系粟特之物。[6]

中古时期，随着丝绸之路的畅通及中西交往的密切，有相当多的中西亚胡人沿着丝绸之路来到中国，他们也将其文化及习俗传入中国。其中在西安、太原等地发现一些具有异域风格的石棺床或围屏石

1　Ann C. Gunter and Paul Jett *Ancient Iiranian Metalwork –in the Arhhur M. Sackler Gallery and the Freer Gallery of Art*, Smithsonian Instition, Washington D.C. 1992，pp.33-34；205-206，p.227. Prudence O. Happer, *In Search of Cultural Identit-Monuments and Artifacts of the Sasanian、Near East, 3rd to 7th Century A.D.* Bibliotheca Persica, New York，2006, fig.28.

2　Vladimir G.Lukonin, *the Archaeologia Mavid: the Persia II*, the World Publishing Company Cleveland and New York,1967,fig.190.

3　孙机：《玛瑙兽首杯》，《中国圣火—中国古文物与东西文化交流中的若干问题》，第190—192页。

4　孙机：《玛瑙兽首杯》，《中国圣火—中国古文物与东西文化交流中的若干问题》，第183页。

5　B.I.Marshak, V.Raspopova, "Wall Painting from a House with a Granary.Panjikent, 1st Quarter of the Eighth Century A.D." *Silk Road Art and Archaeology*,1990,fig.29,fig.30.

6　孙机：《玛瑙兽首杯》，《中国圣火——中国古文物与东西文化交流中的若干问题》，第188页。

图9-1 片治肯特古城28号房址东壁壁画复原图

人跪坐，手里拿着一个较小的舟形杯或小碗等（图10—1）。主人所持兽首角杯杯体较大，下端直角拐弯，杯体末端刻雕像，杯口有连珠纹。图像中不论胡、汉，坐姿都是两膝着地，反蹠而坐，即所谓"胡跪"，而主要人物则盘腿坐，姿势随意，显然有别。[1] 看得出中间举杯者身份比较尊贵，应该是北齐时期的粟特贵族形象，其反映的也是粟特贵族的饮宴生活，这类场景可能在中亚，也可能在中国，但明显是处于一种聚落生活中。

1999年太原出土虞弘墓，其石椁座浮雕有持角状器饮酒的人物。如石椁座前壁浮雕下栏右起第一个壶门内雕绘两个饮酒人物，两人均深目高鼻，须髯浓密，其中一人坐在一个红色束帛高座上，左腿架右腿上，左手举一个头粗尾细的角形器送入嘴边，与他对坐的人则右手端一个浅底多曲酒碗，与之对饮（图10—3）。[2] 图中的角形器，应当就是来通。[3] 对于虞弘，墓志载其为"鱼国尉纥麟城人"，其父为鱼国领民酋长，虞弘十三岁时曾代表柔然出使波斯、吐谷浑等

图9-2 片治肯特古城28号房址东壁壁画上的来通形象

榻，也有一些类似风格的石榻流散海外。学界基本认为这些石榻或石棺床属于中亚粟特胡人的墓葬制品，而且其中一些石棺床或围屏石榻上也出现有胡人持角杯等饮宴场景。

美国波士顿艺术博物馆藏传是河南安阳出土北齐画像围屏石榻（石棺床），其右侧刻绘的饮宴场面上：葡萄架下，主人身穿一件饰有联珠纹样的翻领大衣，右手高举一兽首杯，其他人似乎都围绕着主

---

1 施安昌：《北齐粟特贵族墓石刻考——故宫博物院藏建筑型盛骨瓮初探》，《故宫博物院院刊》1999年第2期，第72页。
2 陕西省考古研究所等：《太原隋虞弘墓》，文物出版社，2005年，第130页，图178。
3 关于该角形器，有学者怀疑其为吹奏角乐，或者可能是人物身上飘带饰物。鉴于图中人物手持物状及对面人物持一圆形杯对饮，本文还是倾向于认为其为一种角形器。

图 10-1 河南安阳出土北齐画像围屏石榻饮酒图

图 10-2 西安出土安伽墓围屏石榻饮酒图

图 10-3 太原出土虞弘墓石椁座前壁浮雕饮酒图

图10-4 西安出土史君墓石堂外壁浮雕刻绘宴饮图

国。学界倾向认为其祖先应来自中亚一带。[1]因而虞弘墓石椁浮雕表现出地也应是中亚胡人的生活。

2000年西安出土的安伽墓围屏石榻上刻绘有胡人萨保到山林中的虎皮圆帐篷中访问突厥首领的场景,其中有萨保手持角杯与突厥首领对饮的面面（图10—2）。[2] 2003年西安出土史君墓石堂外壁的浮雕上所刻绘的宴饮歌舞画面中,亦有几人分别手持长杯及角杯饮酒场面（图10—4）,其喝酒姿态,也是流嘴朝下的西方风格。[3] 两座墓相距不远,都位于西安市北郊未央区大明宫乡一带。据安伽和史君墓志载,安伽出身于凉州安氏家族,为胡人首领之子,后在北周时被任命为同州萨宝,也即同州地区（今陕西渭北地区）的胡人首领；而史君墓志载其为"史国人也,本居西域……迁于长安……授凉州萨宝"[4],史君一家显然来自中亚史国,史君曾担任凉州（今甘肃武威一带）萨保。其和安伽一样,都是来自中亚的粟特胡人,其墓葬石榻所刻绘的饮宴场面,也应表现的是其生活场景。

此外,1982年甘肃天水石马坪文山顶发

---

[1] 关于虞弘族属及相关的"鱼国",学界有不同看法,有学者认为其为西北及北方地区的小国或少数民族,如稽胡、柔然等,如荣新江：《隋及唐初并州的萨宝府与粟特聚落》,《文物》2004年第4期,第84—89页,收入氏著《中古中国与外来文明》,三联书店,2001年,第169—179页；林梅村：《稽胡史迹考—太原新出土隋代虞弘墓的几个问题》,《中国史研究》2002年第1期,第71—84页；罗丰：《一件关于柔然民族的重要史料——隋〈虞弘墓志〉考》,《文物》2002年第6期,第78—83页。亦有学者认为其为大月氏或粟特人,如周伟洲：《隋虞弘墓志释证》,收入荣新江、李孝聪主编《中外关系史：新史料与新问题》,科学出版社,2004年,第247—257页；罗新：《虞弘墓志所见柔然官制》,《北大史学》第12辑,2007年,收入氏著《中古北族名号研究》,北京大学出版社,2009年,第108—110页。考虑到虞弘的祆教背景（检校萨宝府）及衔命波斯、吐谷浑的经历,加之虞弘墓石棺床所具有的明显的祆教文化色彩,笔者倾向于认为其应为来自中亚粟特地区的胡人。
[2] 陕西省考古研究所：《西安北周安伽墓》,文物出版社,2003年,第33页图29。
[3] 杨军凯：《西安北周史君墓》,文物出版社,2014年,第131页图137。
[4] 陕西省考古研究所：《西安北周安伽墓》,第61—62页；杨军凯：《西安北周史君墓》,第45—47页。

往嘴边的动作。[1] 有学者研究认为天水石屏风宴饮图显然是受到中西亚风格的影响的结果[2]，其描述图像也应为胡人饮酒场面。从饮酒形式来看，似是用长杯等来给角杯注酒，持角杯者通过流嘴进行饮酒，角杯持有者看起来身份较为高贵。这显然与古代两河流域及古波斯地区的饮酒风格多少有所不同了。

近些年在中国境内发现的北朝时期的粟特胡人墓围屏石榻中的饮酒场面，多表现出胡人商旅文化的特征，即多为毡帐或葡萄园等户外场合，说明中亚胡人聚落中的毡帐饮酒之风盛行。这里出现的角杯已经成为一种适合坐卧式的饮酒器被广泛使用，不仅仅出现在正式的饮宴场面，也随着粟特等胡人东来，在丝绸之路沿线传播，成为其商旅文化的一部分。

三 从波斯到中国——来通角杯在中古中国的传播与变迁

鉴于上述中国境内发现来通形象多来自中古时期中亚胡人墓葬石榻中的图像，相关实物资料并不多见。而且上述北朝时期胡人墓葬材料也主要表现粟特胡人的一种生活习俗，其场景可能在中亚，也可能在中国，来通角杯在中国的传播情况我们并不是很清楚。

值得一提的是1965年辽宁北票县西官营子北燕冯素弗墓出土一件玻璃鸭形器。长20.5厘米、腹径5.2厘米，重70克。淡绿色玻璃质，体横长，鸭形，口如鸭嘴状，长颈鼓腹，拖一细长尾，背上以玻璃条粘出一对雏鸭式的三角形翅膀，腹下两侧各粘一段波状的折线纹以拟双足（图11）。[3] 此器重心在前，只有腹部充水至半时，因后身加重，才得放稳。此

图10-5 甘肃天水石马坪文山顶隋唐墓出土石棺床刻绘饮酒图

掘的一座隋唐墓，墓室中发现的石棺床上有十曲石屏风，其中右侧第一屏刻绘有饮酒场面，在单层塔式建筑中有一身穿紧身衣的男子，坐在一束腰圆凳上，手举一角杯正在饮酒，前跪一侍从则双手举一舟形杯在侍酒（图10—5），饮酒者有明显地将角送

---

1 天水市博物馆：《天水市发现隋唐屏风石棺床墓》，《考古》1992年第1期，第48—49页。
2 罗丰：《胡汉之间——"丝绸之路"与西北历史考古》，文物出版社，2004年，第64页。
3 辽宁省博物馆编著：《北燕冯素弗墓》，文物出版社，2015年，第35页图30。

器造型生动别致，在早期玻璃器中十分罕见。如此奇特而罕见的动物造型的早期玻璃器全世界为数不多，这件玻璃器一般认为是西方工艺，具有钠钙成分，不否认其为舶来品。有学者认为此件鸭形器在造型上与1世纪前后罗马鸟形玻璃器有相似之处，其装饰手法也是罗马玻璃经常采用的，因而推断其产地大概在罗马东北行省，经草原丝绸之路传来。[1]至于其功能，学界多认为此件玻璃鸭形器为水注，或为中国传统"敧器"的变形，借敧器"虚则敧，中则正，满则覆"的特点，阐释"满招损，谦受益，戒盈持满"的道理。然而考虑到同时出土的其他几件玻璃碗、杯、钵等，笔者更倾向于认为其功能有似西方的来通，即一种饮酒器，可以和玻璃碗、钵等配合使用，而其独特的鸭嘴细尾也较符合来通的特征。

来通角杯在中国的传播更有代表性的实物应当就是前述何家村出土玛瑙兽首杯。从其外形及流嘴功能来看，本来就属于西方的来通；从同时出土的玛瑙长杯（舟形杯）来看，应与玛瑙兽首杯配合使用，如甘肃天水石马坪文山隋唐墓石屏风所刻绘的饮酒图一样，即一边用长杯往角杯里倒酒，一边用角杯来喝酒，这大概为中西亚地区特有的一种饮酒习惯；另外此玛瑙杯工艺精湛，形状与克利夫兰博物馆所收藏的银来通及中亚片治肯特壁画上的来通形象相似，考虑到西方有将"来通"与长杯等合用的习惯，因而不排除认为其为舶来品。[2]如果是这样，这件玛瑙兽首杯应当就是西方来通角杯在中国传播的一个实物例证。

图11　北燕冯素弗墓出土鸭形玻璃器

另外，从这件玛瑙杯的造型及玛瑙产地来看，也应来自西域中亚一带。《北齐书·元弼传》记载："魏室奇宝，多随后入韶家……玛瑙榼荣三升，玉缝之。皆称西域鬼器也。"[3]《洛阳伽蓝记》亦载北魏河间王元琛家"常会宗室，陈诸宝器。金瓶银瓮百余口，瓯檠盘盒称是。自余酒器，有水晶钵、玛瑙琉璃碗、赤玉卮，数十枚。作工奇妙，中土所无，皆从西域而来"[4]。《隋书·西域传》云"炀帝时，遣侍御史韦节、司隶从事杜行满使于西蕃诸国。至罽宾，得玛瑙杯。王舍城，得佛经……"[5]史籍中所提到的这些玛瑙碗、杯等因"皆从西域而来"，而且被称为"西域鬼器"，足见其珍贵。《魏书·西域传》《周书·西域传》《隋书·西域传》《旧唐书·西域传》中均记载波斯等地产"玛瑙"；《新唐书·西域传》《册府元龟》等也多次有高宗、玄宗时期吐火罗、康国、波斯等国遣使进贡玛瑙制品等记载。何家村出土的这件玛瑙兽首杯很可能是来自波斯一带的贡品。

来通角杯是随着胡人的东迁而被带入中国，其

---

[1] 安家瑶：《冯素弗墓出土的玻璃器》，《北燕冯弗墓》，文物出版社，2015年，第227—233页。
[2] 韩香：《绮席卷龙须，香杯浮玛瑙——何家村出土玛瑙杯与中西文化交流》，《西北民族论丛》第8辑，中国社会科学出版社，2012年，第103页。
[3] （唐）李百药：《北齐书》卷28《元弼传》，第387页。
[4] （北魏）杨衒之撰，范祥雍校注：《洛阳伽蓝记校注》卷4"准财里开善寺"条，上海古籍出版社，1982年，第1841页。
[5] （唐）魏征：《隋书》卷83《西域传》，第1841页。

图12　陕西三原焦村出土李寿墓石椁线刻捧物仕女图

独特的形状及饮酒方式也逐渐得到了中国人的关注与喜爱，并成为模仿的对象，这种类似器皿也出现在唐代皇室及贵族生活中。1973年陕西三原焦村出土贞观五年（631）李寿墓石椁线刻《侍女图》，第28为侍女右手即持一兽首杯（图12）。[1] 李寿为唐高祖李渊的堂弟，被封唐淮安靖王，为唐朝的宗室、将领。显然该类型的器皿在当时的宫廷及贵族生活中较为流行。

不过鉴于西方来通角杯的饮酒习惯与中国传统习俗有异，即饮宴、饮酒时躺卧并用来通流嘴饮酒，可能中国人并没有接受这个饮酒习惯，来通角杯在唐代宫廷贵族生活中大概只是属于奢侈品和一种流行时尚而已。[2] 为了适应中国传统的饮酒习俗，大概中国人对其进行了改进，逐渐向杯形器发展，即流嘴向上，未留泄水孔，但外轮廓仍与来通相仿。如陕西历史博物馆藏南郊唐墓出土的三彩象兽杯，象鼻上卷成把手；此外洛阳博物馆藏苗湾隋唐墓出土的三彩龙首杯，龙口衔一花枝搭于杯沿以充把手，底部亦没有泄水孔，独立的兽首也不复存在，似与来通距离就更远了（图13—1、图13—2）。[3] 有学者认为也许是由于制作者对西方文化的生疏，这类仿制品已经失去了原本的实用性，只是一种观赏品，表现出对异类文化的关注。[4] 此后，随着三彩器衰落，此类器物便不多见，可以看出来通角杯在中唐以后

---

[1] 孙机：《唐李寿石椁线刻〈侍女图〉、〈乐舞图〉散记》，氏著《中国圣火——中国古文物与东西文化交流中的若干问题》，第201页。

[2] 关于此类型的来通角杯在唐代的流行，在2016年7月21—23日陕西师范大学举办的"考古与艺术 文本与历史——丝绸之路研究新视野国际学术研讨会"上，中国文化遗产研究院葛承雍教授推断这类来通流嘴处可能有吸管类东西，用来饮酒；兰州财经学院高启安教授提示这类角形杯可能是用作一种罚酒器。感谢两位教授提供研究思路，笔者今后会进一步关注这个问题。

[3] 孙机：《玛瑙兽首杯》，《中国圣火——中国古文物与东西文化交流中的若干问题》，第188页。

[4] 齐东方：《从文物看古代中国与伊朗》，载程彤主编：《丝绸之路上的照世杯——"中国与伊朗：丝绸之路上的文化交流"国际研讨会论文集》，中西书局，2016年，第142页。

图 13-1 西安南郊唐墓出土三彩象首杯　　　　　图 13-2 洛阳苗湾出土三彩龙首杯

开始淡出中国人的视野,并没有得到进一步的发展。

　　从以上分析可以看出,起源于西方的来通角杯有一个传播与发展的过程。最初应起源于美索不达米亚即两河流域一带,后来向希腊半岛等地发展,兼有祭祀与饮酒功能。随着波斯文明的兴起,来通得到进一步发展,与王室及贵族宗教生活关系密切。此后随着波斯文明的东向发展,来通角杯也开始向东方传播,其功能逐渐演变成为一种饮宴酒器,并逐渐世俗化和大众化。随着中古时期大量中西亚胡人来到中国,这种酒器也传播入中土,最初主要是胡人在使用,不过其独特的饮酒习惯也渐渐吸引中国人的目光,在开放繁荣的唐代社会,这类酒器也出现在唐代王室及贵族生活中,成为一种奢侈品和时尚。鉴于其饮酒方式与中国人的习惯不符,其器形经过改进和加工,成为流嘴向上的杯形器,主要出现在三彩器物中。不过,这种改进也没有得到进一步发展,中唐以后,来通角杯不再流行,表明了这种西方流行器物在中国的传播止于此,此后的形象出现多与胡人联系在一起,如胡人抱瓶等,应当更多是一种历史记忆了。

唐代玉带銙上的胡人伎乐形象

杨 瑾

（陕西历史博物馆）

用玉作带饰并成为政府官制（舆服制）始于唐代，这种兼喻示、标识与装饰功能于一体的新型器具——玉带（由带鞓、带扣、带銙或称带板、铊尾组成）极大提升了玉的价值和地位。因附着的皮革或纺织物腐朽，目前考古发现的唐代玉多为独立的带銙[1]，数量多寡代表等级，如十三带銙、九带銙等[2]。玉带銙既有素面，也刻动物纹、植物纹和人物纹，其中人物纹中的胡人伎乐形象引发诸多问题：为什么如此庄重而高贵的玉带銙会以众说纷纭的地位低下的外来胡人伎乐作为装饰？这种现象是否与魏晋南北朝至隋时期胡风浓烈的金属腰带反映的中西文化交流背景下的文化心理与审美情趣相同？[3] 唐代社会如何怀着"我者"与"他者"的中心与边缘、主流与非主流的复杂情感与心态来对待这一群体？以上问题，对玉带銙进行相关研究的学者，例如韩伟、包燕丽、王自力、梁郑平、吕富华等先生并未给出系统而详细的论述。[4] 笔者结合考古资料和文献资料，在"自下而上"的新社会史视角下缕析胡人伎乐这一外来群体在唐朝社会的生存状态。

一 考古发现玉带銙上的胡人形象

由于材质珍贵，目前唐代玉带銙的存世量并不多，而胡人伎乐纹玉带銙更为罕见，主要有陕西历史博物馆藏何家村窖藏一套、西安博物院藏西安关庙小学基建工地出土一套、上海博物馆藏西安丈八沟唐代窖藏出土二套、大英博物馆藏一套、英国巴斯东亚艺术馆藏一套、北京某公司藏西安丈八沟唐代窖藏出土一套、大唐西市博物馆藏一套，以及西安博物院、北京故宫博物院、上海博物馆以及私人藏家等数量不等的不成套的单个带銙。

1. 碾文伎乐白玉带（图1）：1990年西安市未央区关庙小学基建工地出土，西安博物院藏。共出土18块玉带銙，其中10块雕有图像，5块为胡人伎乐，卷发，深目高鼻，身穿窄袖紧身服，脚穿长筒靴，

---

1 玉带銙亦称玉銙、玉胯，有的简报将其泛称为"玉饰""玉器""滑石饰"等。指镶在带身上的半圆形、正方形或长方形玉牌（板）。
2 唐墓出土的陶俑、壁画、金银器、石刻以及敦煌等地壁画、绘画中也见类似图像，因图像本身的描摹偏差，不在本文讨论范围。
3 完整的玉带出现于北朝时期，在鲜卑人建立的北周时期逐渐成熟，鲜卑与带具同义，如故宫南朝宋文帝元嘉七年所制的鲜卑头即带具的銙头。考古资料中最早的玉带出自陕西咸阳北周若干云墓中，为九环蹀躞带。玉带由銙和铊尾两部分组成，銙为方形、长方形、半圆形等，铊尾为一头半圆、一头平直的圭形，銙和铊尾统称带板。
4 韩伟：《唐代革带考》，《西北大学学报》1982年第3期，第100—105页；王光青：《西安发现唐代乐舞玉带》，《文博》1993年增刊第二号（玉器专刊）；王光青：《唐代玉銙话"乐舞"》，《文博》2006年第2期；王自力、张全民：《西安西郊出土的唐代玉带》，《考古与文物》1992年第5期。包燕丽：《胡人玉带图考》，《上海博物馆集刊》第九期，2002年；郑梁平：《玉带板初探》，《中原文物》2000年第5期；《辽代胡人乐舞纹玉带及相关问题研究》，《东北师大学报》（社会哲学版）2015年第1期，第181页。

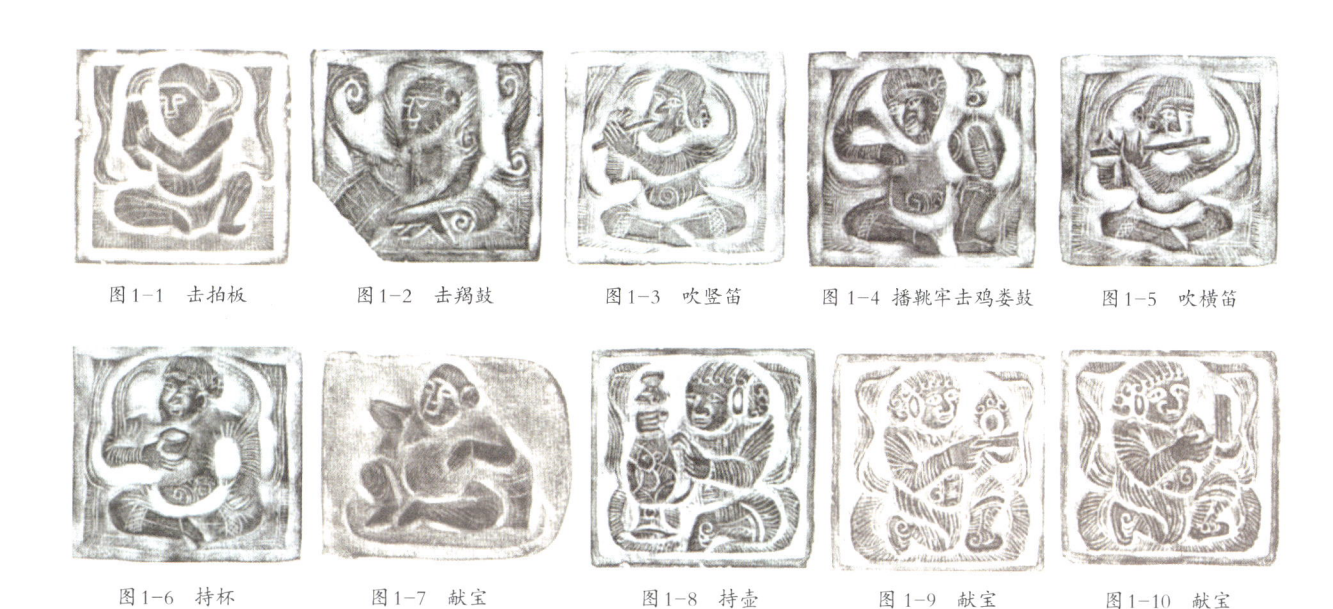

| 图1-1 击拍板 | 图1-2 击羯鼓 | 图1-3 吹竖笛 | 图1-4 播靴牢击鸡娄鼓 | 图1-5 吹横笛 |

| 图1-6 持杯 | 图1-7 献宝 | 图1-8 持壶 | 图1-9 献宝 | 图1-10 献宝 |

图1 西安博物院藏碾文伎乐白玉带

肩披飘带。皆双腿交叉于前，坐于垫毯上，双手持乐器，作演奏状。分别为吹横笛、击拍板、吹筚篥、杖鸡娄鼓播靴牢、击羯鼓。此外，还有1胡人饮酒、1胡人舞蹈、1胡人持壶、2胡人献宝。

2.碾文伎乐狮纹白玉带（图2）。1970年何家村窖藏出土，陕西历史博物馆藏。完整一套（16块，其中15块为胡人，1块为狮子纹）。胡人长眉大眼，钩形大鼻，肩部与身部披着长飘带，穿短衣，足蹬尖靴，或跪或坐，神态逼真。[1]分别演奏横笛、排箫（各2件）、筚篥、羯鼓、毛圆鼓、答腊鼓、杖击鸡篓鼓（和鼓）播靴牢等7种乐器。还有2胡人说唱、2胡人持物说唱（可能是酒杯），1胡人持长杯，以及1个表演的狮纹

图2 西安何家村出土碾文伎乐舞纹白玉带

---

1 齐东方、申秦雁《花舞大唐春》一书中载：何家村出土玉带銙7副，两副15銙，五副16銙。

唐代玉带銙上的胡人伎乐形象 | 109

图3—1　碾文伎乐白玉带

（可能是人扮演的），构成一整套的表演场景。

3.碾文（伎乐）白玉带（三副39块，分别为13块）。1987年陕西西安西郊丈八沟唐代窖藏出土，其中两套现藏上海博物馆（图3—1、图3—2），另一套藏北京某文物公司（图3—3）。

图3—1包括方銙12块、圆首矩形铊尾1件、银带扣（含扣柄）1件。胡人分别演奏排箫、羯鼓、答腊鼓、鸡篓鼓（和鼗鼓）、和鼓、铜钹、拍板（2块），共8种。此外还有和唱、献物、斟酒方銙各1件，应为12人演出团队。

舞者双手扣合，举至头顶，脚蹬尖顶长靴，左脚蹬地，右腿跳起，右脚在带流苏边的长方形舞筵上跳跃，长长的飘带随舞飘扬，头部低垂，面带陶醉之情。

图3—2包括方銙11块、半圆铊尾1块、银搭扣1件。胡人演奏的乐器有7种：筚篥、排箫、笙、羯鼓、毛圆鼓、答腊鼓、拍板。其余为胡人说唱、持杯各2块、舞蹈1块。

图3—3包括銙11块、半圆铊尾1块，胡人演奏的乐器有排箫、毛员鼓、杖击鸡篓鼓（和鼓）播鞀牢、吹笙、敲羯鼓、击腰鼓、吹横笛等，此外还有献宝、持杯、持瓶、舞蹈等。

4.胡人伎乐纹玉带（图4）。大英博物馆藏。共9块，其中方銙8块、半圆铊尾1块，胡人演奏的乐器是横笛、筚篥、排箫、笙、答腊鼓、腰鼓、鸡篓鼓、拍板，还有1人舞蹈。胡人踏跃舞蹈被刻画在半圆铊尾上是因为需要这样的空间，胡人占据大部分空间，地毯两角还盘腿坐有2人，左边一个吹横笛，右边一个打拍板，十分投入。这是区别于其他玉带銙的独特之处（9块11胡人），无疑亦为龟兹乐。

5.胡人伎乐纹玉带（图5）。英国巴斯东亚艺术博物馆藏。共11块，包括长方形銙，胡人乐师男、女均有，共11件。乐器有横笛（男）、筚篥（男）、排箫（女）、答腊鼓（女）、腰鼓（女）、齐鼓（女）、拍板（1男4女），也是龟兹乐。半圆铊尾上尾一女性舞者。

笔者认为11块组合（雕刻风格上看），其余两块应该是其他玉带上的；三人应该均为男性胡腾舞者。

6.乐舞纹玉带銙（图6）。敖汉旗萨力巴乡水泉村

图 3-2 上海博物馆藏碾文伎乐白玉带

图 3-3 北京某文物公司藏碾文伎乐白玉带

图 4 大英博物馆藏胡人伎乐纹玉带

图5 英国巴斯东亚艺术馆藏胡人伎乐纹玉带

一座辽代早期墓葬出土,赤峰市敖汉旗博物馆藏。[1] 共9块,分别为击拍板、吹长笛、吹笙、击鸡娄鼓、弹琵琶、击毛员鼓、吹筚篥,以及1饮酒、1舞蹈(右下角1跪姿胡人献宝)。所刻人物服饰和面部略同,均为卷发,深目,高鼻,长须,身穿胡服,足蹬长靴。吕富华认为这套玉带銙应为唐代传世品。[2]

值得一提的是,大英博物馆藏带銙胡人舞蹈铊尾上还刻二伎乐胡人,出现这种现象是雕刻者出于空间美观的考虑,还是因等级限制銙数而出于表现完整表演场景的需要(或特殊演出剧种的真实描摹[3]),抑或是带銙主人的特殊要求或其他偶然因素。

此外,大唐西市博物馆亦藏一副胡人伎乐玉带銙。以上奏乐胡人着胡服,盘坐在圆毯或方毯上,姿势略有不同,演奏各种乐器,如排箫、横笛、和鼓、拍板等,或着舞蹈服装翩翩起舞。还有一些胡人献物、饮酒、舞狮、驯象、宴饮、托塔等场景,真实反映了唐代胡乐胡舞的流行及胡人活跃于唐代社会各个领域的事实。胡器乐、歌舞、情景表演组合演出团队似乎是格式化的表现方式。

零散玉带銙:

1.伎乐纹玉带銙(图7)。西安市文物保护考古所藏。共9块,分别为吹筚篥、杖击娄鼓播鞉牢、击羯鼓、击毛员鼓、击拍板、吹排箫(2)、吹横笛、饮酒等,应该为整套玉带銙的一部分。

2.玉带銙(图8)。西安市韩森寨唐墓出土[4]。共5块,应该是一套玉带銙的一部分。胡人皆大眼

---

[1] 吕富华认为该套玉带銙应该是唐代遗物,而非辽代之物,见《辽代胡人乐舞纹玉带及相关问题研究》,《东北师范大学学报》(社哲版)2015年第1期,第181页。

[2] 吕富华文中还提到内蒙古通辽市科左后旗吐尔基山辽墓出土一套乐舞纹铜鎏金带饰(14块),其中10块分别为击响板、击鼓、吹笙、吹横笛、吹胡笳、弹琵琶、腰鼓和吹笙(各2),铊尾和带头刻在莲花形舞筵上腾跃表演舞蹈,所有人物皆披飞舞的飘带,为汉人形象。

[3] 二女对舞的表演方式也见于李寿墓石椁壁、敦煌壁画等。男子对舞则出现在武令璋墓石椁、宁夏盐池石墓门线刻。

[4] 也有郭家滩、西窑头等地出土说。见王光青《西安发现唐代乐舞玉带》,《文博》1993年增刊第二号(玉器专刊);《唐代玉銙话"乐舞"》,《文博》2006年第2期;王自力、张全民:《西安西郊出土的唐代玉带》,《考古与文物》1992年第5期。

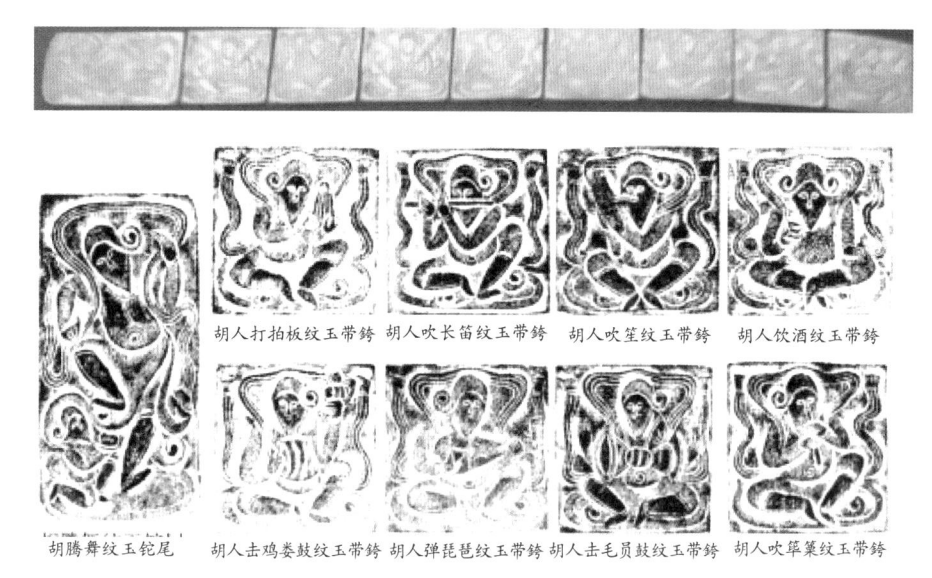

图6 赤峰市敖汉旗出土乐舞玉带銙

（上排）胡人打拍板纹玉带銙　胡人吹长笛纹玉带銙　胡人吹笙纹玉带銙　胡人饮酒纹玉带銙

（下排）胡腾舞纹玉铊尾　胡人击鸡娄鼓纹玉带銙　胡人弹琵琶纹玉带銙　胡人击毛员鼓纹玉带銙　胡人吹筚篥纹玉带銙

图7 西安市文物保护考古所藏伎乐纹玉带銙

图8 西安市韩森寨唐墓出土玉带銙

高鼻，头发中分，两端发髻上卷，或戴垂至脖后的软帽，或籀头带，身穿圆领窄袖长袍，腰系带，身披飘带，分别做吹笙、弹琵琶、献宝、饮酒、醉酒（坐在圆形地毯上，背靠大坛，左臂置于坛上，右手持角形杯，若在醉饮）等状。

3. 胡人伎乐纹玉带銙（图9）。上海博物馆藏，包括胡人饮酒、击鼓、吹笙等。

4. 胡人抱琵琶青玉方銙（图10）。西安市文物局藏。

胡人圆领窄袖袍，脚蹬尖靴（高筒靴），双腿盘坐于方毯上，或弹拨琵琶，或双手抱壶，或双手捧笙吹奏，皆身披飘带。

5. 唐玉献壶人带板（图11）：故宫博物院藏，共6块，为胡人持瓶、献宝、击鼓、弹琵琶、吹筚篥、杖击娄鼓播靴牢等。

6. 胡人乐舞纹玉带銙（图12）。河南省文物交流中心藏。共3块，胡人皆为坐姿，深目高鼻卷发，身着紧身衣裤，袖、裤口细瘦，脚穿长靴，或击鼓或舞蹈或作饮酒状（抱瓶）等。[1] 造型、纹饰与西安、故宫藏玉带銙相似，应属同一风格，时代大致相同。这些零散的带板应该属于一套玉带。

单个带銙包括：1981年陕西礼泉唐昭陵陵园出土，西安市文物保护考古所藏胡人舞蹈纹铊尾（图13）。

1　梁郑平：《玉带板初探》，《中原文物》2000年第5期。

图9　上海博物馆藏胡人伎乐纹玉带銙

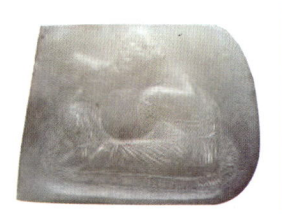

图10　西安市文物局藏胡人抱琵琶青玉方銙

图11　故宫博物院藏唐玉献壶人带板

图12　河南省文物交流中心藏胡人乐舞纹玉带銙

图14-1　唐苏思勖墓乐舞图壁画

图14-2　唐韩休墓乐舞图壁画

胡人长发卷曲，头戴尖角软虚帽，身穿圆领窄袖长袍，系腰带，右手半举挥舞长袖，左手背后，右腿跳起，左腿蹬地，脚蹬尖顶长靴，在一块圆形舞筵上跳跃，飘带随身前后飘扬，呈舞蹈状。根据唐诗中的记载，这种装束、姿态和道具（舞筵）应该是跳胡腾舞的胡人。

笔者认为这些零散玉带銙属于玉带的一部分，也是一整套表演场景的若干情节或部分。[1] 小小的带

图13　唐昭陵出土胡人舞蹈纹铊尾

1　包燕丽：《胡人玉带图考》，《上海博物馆集刊》第九期，2002年，第469—485页。

銙表明空间中以平面化、连续化、浓缩化或微缩化形式表现胡人伎乐表演的场景，与唐代陪葬品及图像中的胡人奏乐场景有着异曲同工之妙，如苏思勖墓（图14—1）、陕棉十厂唐墓、武惠妃墓、李宪墓、韩休墓壁画（图14—2）以及李寿石椁、武惠妃石椁等石质葬具上都有此类歌舞乐组合。

二 胡人伎乐纹玉带銙的源与流

唐代玉带銙主要取材于上等的于阗白玉、青玉和青白玉。早在唐朝确定玉带制度之前，于阗就已经开始制作或使用玉带并于魏晋南北朝时期就以贡品的形式进入中原地区，这一时期多见制作复杂的蹀躞带。[1] 至唐，西域诸国仍给唐皇室进贡玉带。据《旧唐书》卷一九八载，贞观六年（632），于阗"遣使献玉带"。该玉带由二十四块状如新月或圆月的玉饰板组成。有些玉带有带銙十三个，如《全唐文》卷七三三唐韦端符《卫公故物记》载："有玉带一，首末为玉，十有三，方者七，挫两隅者六，每缀环焉为附，而固者以金。丞曰：傅云，环者，列佩用也。玉之粹者，若含怡然，泽者，若焕释然，公擒萧铣时所赐，于阗献三带其一也。"《新唐书·舆服志》载，高宗显庆元年（656）敕令："其后以紫为三品之服，金玉带銙十三；绯为四品之服，金带銙十一；浅绯为五品之服，金带銙十；深绿为六品之服，浅绿为七品之服，皆银带銙九；深青为八品之服，浅青为九品之服，皆鍮石带銙八；黄为流外官及庶人服铜铁带銙七。"贞观四年（630）和上元元年（647）将用玉作为国家制度和等级权力标识，不仅极大提升了玉的价值，也刺激了唐朝社会对玉的需求，西域诸国纷纷制作玉带，进贡唐皇室。例如，吐蕃曾多次向唐朝敬献玉带，如《册府元龟》卷一六八载："太和元年三月，右军都尉梁授谦表请致仕，献马五十匹，玉带五十条。"除了西域诸国进贡外，一些地方官员也进奉。据《新唐书·王播传》卷一六七载："王播自淮南还，献玉带十有三，遂得再相。"但进贡的玉带远远不能满足唐朝宫廷和高级贵族的需要，因此唐朝政府一方面派人到于阗求玉，《新唐书》卷二二一载："初，德宗（780—805）即位，遣内给事朱如玉之官西求玉，于于田得圭一、珂佩五、枕一、带銙三百、簪四十、奁三十、钏十、杵三、瑟瑟百斤，以及其他的珠宝等。"另一方面，皇室玉器作坊也开始制作、加工玉带。据《新唐书·百官志三》记载，少府下设中尚署、掌冶署负责制玉及玉带。此外，长安城内也有一些私营作坊为皇室加工玉带，一些地方玉器作坊也自行制作玉带，公开销售。

在北朝至隋代胡人蹀躞带[2]与于阗玉带基础上发展起来的唐代玉带制度迎合并激发了唐代皇室和贵族对玉带的兴趣与喜爱。从最初于阗国向唐王朝献玉带，发展到后来唐王朝主动派使臣前往西域地区求玉的情况来分析，似乎表明唐代的统治者已经充分肯定西域美玉的价值及其玉器加工的技艺水平，这些制作精美的玉带被拥有者视若珍宝，用于国礼、帝王赏赐功臣、朝聘和大臣贡奉之器。据《太平广记》载，成套玉带銙价值连城，中唐时每副于阗玉

---

1 銙为附鞓之饰，源自胡服之制的蹀躞革带，至唐中期（高宗时期—玄宗开元年间）逐渐去蹀躞、去环，简化成块。
2 目前，我国出土最早的玉带是1988年于陕西咸阳市底张湾北周若干云墓出土的八环蹀躞带。唐代时形成了严格的玉带制度，一直到明代，玉带都是官职身份、地位高低的标志。从元马端临《文献通考》卷113《王礼考（八）》宋代腰带之制中并没有胡人伎乐纹饰，由此可知胡人伎乐玉带应该仅见于唐代。

带价值3千贯（可抵长安15座小宅院）。皇帝以此赏赐有功之臣，《新唐书·李靖传》载，李靖因平定萧铣有功，得高祖所赐13块和田玉带銙。《新唐书·王播传》卷一六七和赵璘《因话录》卷三载："裴度在平定淮西后，宪宗曾赐给玉带一腰。临死前，他亲自拟表说：'内府之珍，先朝所赐，既不敢将归地下，又不合留向人间，谨却封进'"，又重新贡献于内府，说明玉带是何等珍贵以及唐代统治阶级对玉带的重视。

从雕刻方法上看，胡人伎乐纹玉带銙采取了高水平的压地隐起法，琢制时巧用偏刀和铲地技法，先从带板边沿向中心空隙处铲底，再从人物或动物旁边向中心空隙处铲底，两者的铲痕相接，然后再在平面上用阴线斜刻剔地，使四周边楞突起，阴线根根见底，向中心凹下，排列密集有序。边框很窄，中部所雕人物线条飞动、流畅，衣纹稠叠，服装紧窄，具有曹衣出水的特征。这种不见刀凿痕迹的纹饰被称为碾文（纹），为唐代玉雕所特有。

在小小的玉带銙上雕刻精美图案的前提必须是玉料的质地必须能经得起细致的雕刻，另外需要工匠具备高超的雕刻技艺和艺术修养。能雕琢出这种不见刀痕、花纹微微凸起的人，可能得像张崇这样的唐代制銙名匠。唐张鷟《朝野佥载》卷六说："巧人张崇者，能作灰画腰带铰具。每一銙大如钱，灰画烧之，即隐起龙鱼鸟兽之形，莫不悉备。"有些制玉工匠也可能是来自西域的胡人。例如，在隋代六部尚书中，工部尚书非汉人者占45.5%，有些人在唐时继续为官府效力，何稠就是其中的佼佼者，其父是来自西域的细胡，"善斫玉"（《隋书》卷六八《何稠传》），入唐后任少府监，掌"百工技巧之致"。这些能工巧匠在模仿与继承西域玉带制作技巧和纹饰基础上大胆创新，制作出深受皇室贵胄喜爱的玉带。

这些胡人纹饰，首先与玉带这种舶来品十分搭调。玉带銙最初产于丝路要道的于阗国，"其国出美玉……俗多技巧"。这里各种文化汇聚，各国胡人欢聚一堂。用当地人习以为常的乐舞场景装饰玉带銙也不足为怪。在唐朝人看来，深目高鼻，浓须重髯，卷曲头发，着窄袖胡服，系革带，脚蹬尖靴，从事着自己谙熟的职业，这诸多的外来元素被艺术家们浓缩、凝固在方寸玉带銙上，使得原本标识等级地位的神圣之物平添了几分情趣，或是通过这些象征兴旺发达、愉快热烈的纹饰将荣耀加身的殊荣永恒地固定化。

三　玉带饰上胡人伎乐的种类、功能与含义

胡人伎乐最早作为带具纹饰见于紫阳县宦姑乡小蜡烛园出土的5块北朝伎乐纹铜带銙，4块分别刻胡人弹琵琶、胡人吹笙、胡人击鼓、胡人吹笙，铊尾为胡人舞蹈。杨伯达等称之为"蕃人伎乐纹"[1]。由于存世量较少和价值连城，笔者认为胡人伎乐纹玉带銙的使用似乎仅限于宫廷贵胄和高级文臣武将。

首先来看胡人伎乐种类。从动作和姿态看，可分为演奏乐器者、舞蹈者、饮酒者、持瓶者、献宝者。从体貌特征看，均深目高鼻，一些有须髯，一些则无；一些戴帽，一些无帽，无帽者发式各不相同，有中分卷发者，有双髻垂肩者，与李端诗中"肌肤如玉鼻如锥"的描写相符。

从服饰上看，多为窄袖长袍、长筒靴，身披飘带，腰系带，与中唐刘言史《王中丞宅夜观舞胡腾》诗中石国胡儿表演服饰相近，如"蕃帽""胡衫双袖小""宝带""锦靴"等。有胡人胡服者、胡人汉服

---

[1] 杨伯达：《中国玉器全集》，河北美术出版社，1993年。

者、汉人胡服者。值得一提的是柔软的长飘带，既有划分或界定边框与人物的实用功能，也有象征灵动升腾的超凡力量，还是表演中增强视觉效果的必备之物。

从表演道具看，无论坐与站，每人都有一块毯垫，称舞筵。苏思勖墓胡腾舞壁画、长安郭庄唐墓舞蹈壁画、敦煌壁画中均见此类用具。中唐诗人李端《胡腾儿》诗中称"花毡"。

从姿态看，总体上呈自由放松状，除了舞蹈者呈站姿起舞外，其余表现为坐姿和跪姿，前者主要分盘腿坐、单腿坐和单腿跪，盘腿坐分交脚和不交脚；单腿坐为右腿坐，左小腿立。跪姿主要为单腿跪为左或右腿跪，右或左小腿立。

从乐器组合看，虽然无法明确源处和曲种，但包含龟兹乐、康国伎乐成分（鼓、笛、铜钹，穿本国衣服的舞者二人），也有高昌乐的部分（舞二人，答腊鼓、腰鼓、鸡娄鼓、羯鼓、箫、横笛、荜篥、琵琶、五弦琵琶、铜角、箜篌），还有龟兹乐中的筝、竖箜篌、琵琶、五弦、横笛、笙、箫、咸角篥、答腊鼓、鸡娄鼓、腰鼓、齐鼓、贝、铜钹和舞者四人。[1]

其中筚篥、琵琶应是以龟兹为代表的西域各民族通用的乐器（康国乐除外），在隋唐乐队中往往担任旋律的领奏，古羌人的横笛，天竺人的羯鼓，而中原人的鞉牢西传回流后与西域的鸡娄鼓结合定制于隋唐时期。笙属龟兹乐、高昌乐乐器组合之一，毛员鼓似为龟兹乐独有，鸡娄鼓则见于龟兹乐、疏勒乐、高昌乐。上述玉带銙中的乐器组合全见于龟兹乐，5种与高昌乐同，4种与疏勒乐同，3种与安国乐同，也说明融合各国风格的新乐曲或创

新后不拘一格的演出形式（融合、创新）。可以说，胡人伎乐表演的是融合多种文化元素的、符合唐朝社会欣赏需要的"新鲜"的演出形式，特别是唐玄宗天宝年间"胡部新声"可谓是对从唐初（甚至以前）所谓胡乐盛行现象的反思、总结之后的大融合与大分流。

考古资料所见似乎没有纯粹的龟兹乐，单就乐器而言，本文讨论的例子分别为12、10、9、8、7、5，与持杯（壶）、饮酒、舞蹈、献宝组成规模不等的演出团队。笔者认为：首先，玉带銙描摹的是极具象征意义的表演场景，似乎并非具象化的复制，而是因材灵活变通，概念化或泛化表现这一社会现实。因为胡乐在唐朝相互交融、动态而富于变化，不仅符合唐朝社会不同时期发展需要的多元化审美需求，也有许多因地制宜的新创举。

其次，不难发现，飘带、圆形或椭圆形或长方形坐毯、服饰、动作构成一个完整的画面，有乐手、有歌手、有舞者、有表演者，似乎构成了具有某些情节（故事或叙事）的连贯乐舞表演场景。想必还有发式、帽饰等其他用于表演的程式化元素。

如果从歌、舞、乐的综合表演角度来分析的话，持壶胡人、托杯胡人、献宝胡人也应该是表演的一部分：将唐朝人心目中最"西域"、最"胡人"的元素融合在一起，加工成带有叙事情节的乐舞曲目（故事），满足人们对遥远西域神奇文化的臆想与感官或心理冲击——速度与激情、旋律与情节、人物与故事、流传与变迁。类似场景在唐墓壁画、金银器、石刻等亦有出现，应该是唐代，特别是唐玄宗开元、天宝时期形式多样的乐舞组合形式。例

---

[1] 据统计，西域诸国乐器数量分别为：龟兹乐19种，高昌乐12种（11种同龟兹乐），安国乐10种（7种同龟兹乐，余者为正鼓、和鼓、双觱篥），康国乐4种（2同龟兹乐，余者与安国乐同）。

如，刘言史《王中丞宅夜观舞胡腾》诗中也有手持"蒲桃盏"，李端诗中也有"醉却东倾又西倒"的描写。在唐人眼中，胡人善饮酒，将饮酒作为表演的一部分既迎合了唐人喜酒的传统习俗，也极其符合胡人表演营造的异域情调，更重要的是表现胡人在醉境中追寻故乡情愫的梦境、流落他乡的孤独、命运被安排的悲剧心理，表现酒醉产生的幻觉和暂时脱离痛苦，在沉醉中忘掉自我的狂癫，用粗犷的力量达到表演的高潮。而胡人献宝（又称八蛮献宝或波斯献宝）作为唐人概念中胡人神秘性与特异能力的物化符号，生动再现《太平广记》、明清时期《初刻拍案惊奇》《二刻拍案惊奇》中的"波斯献宝"故事，更能增加表演的吸引力，满足唐人观众的好奇心。

再次，玉带銙表现的乐舞场景很难有具体的曲种、族属、源流的限制，应该是长期汉化后演出的融合中国传统乐舞元素和西域乐舞精华部分的胡汉乐舞新形式，也是胡乐胡舞以不断变化的形式在唐朝流传。至于是龟兹乐舞，还是于阗乐舞、昭武九姓国乐舞、天竺乐舞，则无法辨别。只能说是对高度融合的胡人乐舞意象性的符号化表现，似乎并没有具体指向。笔者认为这种非"具象"的"会意"表现方式描绘了唐代社会各种胡歌胡乐胡舞不仅相互影响，也与汉乐汉舞相浸融合，乐治天下的繁盛景象，更反映了唐朝社会面对源地各异、职业不同、形象和装束新奇的胡人时，产生了信息上的模糊性与神秘性、中土汉人根深蒂固的优越性以及漫长丝路旅程中文化的多样性与融合性，主流社会往往将胡人作为少数的、边缘群体进行类别化、概念化、边缘化。即胡人在空间上固有的流动性、在社会阶层上的模式化、在职业上的固定化、在认知上的符号化。

至于歌唱用的母语还是唐人语言，则不可知，但部分应该是母语。李端《胡腾儿》诗曰："帐前跪作本音语，拾襟搅袖为君舞。"从壁画、金银器、陶瓷器表现的胡人歌舞乐演出场景来看，这种小型演出队灵活机动，带着固定的坐毯、舞筵、服装、道具，街头、广场、显贵家里、宫廷到处演出，甚至还可以在骆驼背上移动现场演出。

玉带銙上的胡人皆处于动态，弹奏乐器、舞蹈、饮酒、持瓶，既是唐代各种空间常见的胡人表演场景的生动再现，表演内容又浓缩了胡人作为唐代社会一个特殊外来群体中特定类群与职业的提炼与重现，即胡人表演胡人的生活，例如，胡人与酒主题高度概括了西域美酒、胡人善酒、胡人经营酒的文化与职业特征；胡人与宝物题材表现了胡人来华或唐人及唐代社会对胡人的价值的认同与期待，奢靡之风或生活方式追求下的程式化印象，以最直观的艺术形式表现了这个外来群体的生存状态。

标识官阶或身份地位的珍贵玉带銙饰以胡人伎乐必然会引发诸多问题，比如，作为西域诸国进贡的礼物（贡人）或战争、贸易之物，胡人在唐朝主流社会中作为边缘群体或外来移民整体上处于社会底层，尽管胡人群体内部等级差别和社会地位差别较大，大致呈金字塔形状。胡人伎乐在唐代乐籍制度下生存状态是多样的，有擢升为官者、有基本生活保证者、也有居无定所者，凭着技艺与远距离跋涉的忍耐力努力适应当地生活。

格式化的胡人伎乐流行的原因有以下几个方面：一是音乐本身所具有的强大力量，它们构成并形塑唐代社会的特质，因为"音乐可以被直接理解为意志的语言，感到我们的想象力被激发起来，去塑造那向我们倾诉着的、看不见的、却又生动激荡的精神世界"[1]。二是胡人伎乐用最直观的形式表现了被唐代所推崇的勇武、雄强、激情昂扬的时代与强大的国家精神。玉带銙以非常直白的图像形象地记录了元稹《和李校书新题乐府十二首·法曲》描述的胡乐胡舞盛行的历史场景。[2]三是其"教化社会，规范人伦"的直接功用。唐朝统治者重视乐舞"巩固和加强统治"的教化与团结作用。玄宗"尤为喜爱西域乐舞，于是在朝中设立专门教养乐工和舞人的机构，广泛吸取西域乐舞的经验，培养了不少乐舞人才，创造出许多新的舞蹈"。他还广泛吸收胡乐元素，建立了胡汉交融的新型"华夏正声"，强调并充分发挥"以乐治国"的理念。[3]

结 语

通过剖析玉带饰上的胡人图像，并将之与文字相互印证，我们会发现一些隐匿在视觉画面背后的历史信息（观念、信仰、风尚等）。胡人乐舞、胡人献宝、胡人饮酒等与胡人有关的装饰母题反映了唐代社会对胡人群体概念化、类型化、模式化、符号化的印象。也许这些母题都属于某一大类文化，例如有可能属于表演的一部分，或者是表演的故事情节。总之，这些社会地位不容易确定又具有专门技能的外来人群的确与他们原本的文化和留居的当地文化之间存在交互式影响，也是中国古代社会中保持文化多元性的独特的元素。

孙机先生认为这类带銙带有突厥文化的色彩。但笔者认为，在以胡人为主体的表现形式中，奏乐、舞蹈、驯狮、饮酒、献宝等母题既是独立装饰元素，又可以组合在一起，表达特定的观念与文化含义。工匠们以丰富的想象力和高超的艺术视角以及表现能力，"寓动于静"地表现了由表演者、观赏者、制作者组成的、隐匿在画面背后的立体画面。在这里，笔者想问的是，这些胡人表演最理想的观者与使用者究竟是谁？正如周国平所说："最明朗清晰的画面也不能使我们满足，因为它好像既显露了什么，也遮蔽了什么，把我们置于隐秘的同时既要观看又想超越于观看之上的心情中。那既被显露也被遮蔽的东西，那使我们在观看时想超越于观看之上知道的东西，就是个别画面所譬喻的酒神普遍性，那个隐藏在外观世界背后的本体世界。"[4]

另一方面，音乐、舞蹈等与酒都有着密切关系的表演元素都具有丰富的象征意味，表达了唐代社会中胡人群体精神世界的寂寥与孤独，他们通过酒与歌舞产生的"醉"与"梦"的狂迷与幻境中尽情宣泄背井离乡的悲怆、九死一生长途涉险的艰辛和在异乡所面临的生存压力，通过乐舞营造的"毁灭"与"快感"这一无法调和的悲剧冲突，在"形而上的慰藉"这一补偿性情感中获得生命存在的价值与意义。

隋唐作为玉带制度的定型时期，赋予了玉带极具时代特色的纹饰，就像魏武帝赏赐宫人金隐起师子胯腰带，"以助将军之勇"，胡人伎乐纹玉带也有着某种象征功能，胡人伎乐"外来性"所蕴含的神

---

1 周国平：《悲剧的酒神本质：尼采的悲剧观》，《云南大学学报》（社会哲学版）2005年第5期，第13页。
2 元稹《法曲》："自从胡骑起烟尘，毛毳腥膻满咸洛。女为胡妇学胡妆，伎进胡音务胡乐……春莺啭罢长萧索。胡音胡骑与胡妆，五十年来竞纷泊。"
3 "唐代乐治"是指唐朝统治者运用乐舞为手段，实现等级原则、观念、制度的统称，包括具体的治国策略、机构建制与思想引导。主要表现在调和各阶层关系的手段之一，无论是明等级、和君臣、还是感化四夷上，都发挥了重要作用。
4 周国平：《悲剧的酒神本质：尼采的悲剧观》，第13页。

秘力量、融合性、珍稀性，以及唐人希望对这种外来性的征服与驾驭，并为我所用。因此，不同质料和数目的胡人伎乐纹玉带銙在极为珍贵的方寸之间构建起唐人的世界观、价值观和文化认知，或可称之为融合了人与自然、与社会多元关系的宇宙观。

从古代丝绸之路视角下考察，玉带、胡人、胡乐胡舞作为与丝绸之路息息相关的文化现象和符号，高度浓缩了宫廷的顶层理念与底层完全交融的诸多元素，形成了这种特质鲜明、复杂糅合的文化综合体。又因存世量稀少而弥足珍贵。

玉带銙胡人伎乐演出情况一览表

序号	名称（数量）	出土地及藏地	乐器组合	其他
1	碾文伎乐白玉带（18块，其中10块雕胡人伎乐图像）	1990年西安市未央区关庙小学基建工地出土，西安博物院藏	横笛、拍板、筚篥、鸡娄鼓播鞞牢、羯鼓	饮酒、舞蹈、持壶、献宝（2）
2	碾伎乐狮纹白玉带（16块）	1970年何家村窖藏出土，陕西历史博物馆藏	横笛（2）、排箫（2）、筚篥、羯鼓、毛圆鼓、答腊鼓、杖击鸡篓鼓（和鼗鼓）播鞞牢共7种	说唱、持物说唱、持长杯、舞狮子
3	碾文（伎乐）白玉带（二套，各13块）	1987年陕西西安西郊丈八沟唐代窖藏出土，上海博物馆藏	排箫、羯鼓、答腊鼓、鸡篓鼓（和鼗鼓）、和鼓、铜钹、拍板（2块）共8种	和唱、献物、斟酒
			筚篥、排箫、笙、羯鼓、毛圆鼓、答腊鼓、拍板	说唱、持杯（2）、舞蹈
4	碾文（伎乐）白玉带（13块）	1987年陕西西安西郊丈八沟唐代窖藏出土，北京某私人机构藏	排箫、毛员鼓、杖击鸡篓鼓（和鼓）播鞞牢、吹笙、羯鼓、腰鼓、横笛	献宝、持杯、持瓶、舞蹈
5	胡人伎乐纹玉带	大英博物馆藏	横笛、筚篥、排箫、笙、答腊鼓、腰鼓、鸡篓鼓、拍板	舞蹈
6	胡人伎乐纹玉带	英国巴斯东亚艺术博物馆藏	横笛、筚篥、排箫（女）、答腊鼓（女）、腰鼓（女）、齐鼓（女）、拍板（1男4女）	舞蹈（女）
7	乐舞纹玉带銙（9块）	敖汉旗萨力巴乡水泉村一座辽代早期墓葬出土，赤峰市敖汉旗博物馆藏	笙、拍板、横笛、琵琶、毛员鼓、鸡娄鼓、觱篥	饮酒、舞蹈、献宝
8	胡人伎乐玉带銙	大唐西市博物馆藏	排箫、横笛、和鼓、拍板	献物、饮酒、舞狮、驯象、宴饮、托塔

（注：表中未注明者，数量皆为1。）

丝绸之路交通贸易图像

——以敦煌画商人遇盗图为中心[*]

沙武田

(陕西师范大学丝绸之路历史文化研究中心)

前　言

敦煌是丝路重镇，《隋书》卷67《裴矩传》记从河西出西域"发自敦煌，至于西海，凡为三道，各有襟带"，最后"总凑敦煌，是其咽喉之地"，是早在隋代时期人们对敦煌在地理位置的认识，同时是对敦煌在丝路交通位置的高度概括。敦煌又是丝路贸易的担当者粟特人入华的重要聚居地[1]，对于传世史料和敦煌文献中有关敦煌与丝路交通贸易的研究，成果极其丰富，不一而足。敦煌石窟壁画中也有不少反映丝路交通贸易的图像，其中最有代表性的即是"商人遇盗图"。对于此类图像的研究，李明伟先生早在30年前研究丝路贸易时就有辑录和讨论[2]，后来张庆捷先生从考古学的角度对北朝至隋唐时期的胡商俑、胡商图和胡商文书作了梳理，其中就有敦煌的商人遇盗图。[3]荣新江先生分析了龟兹、敦煌石窟壁画中所见的萨薄及其商人形象，并从萨保与萨薄的关系角度加以论证，揭示出佛教壁画中萨薄或其所率印度商人在龟兹和敦煌地区向粟特萨保和商人转化的过程。[4]

以上的研究，或侧重于丝路贸易，或属专题图像辑录，或注重商队首领文本与图像的角色转化，本文拟从图像志的变化、商人民族身份的认同、怨贼身份的历史趣味、丝路商队的武装保卫、丝路

---

[*] 基金项目：2013年度国家社科基金项目（13BKG017）"粟特美术影响下的敦煌石窟图像研究"、教育部基地重大项目（13JJD780005）"敦煌石窟粟特美术研究"。

[1] [日]池田温：《8世纪中叶における敦煌のソダド人聚落》，《ユーラシア文化研究》1965年第1号；另载池田温《唐研究论文选集》，中国社会科学出版社，1999年，第3—67页。姜伯勤：《敦煌吐鲁番文书与丝绸之路》，文物出版社，1994年。陈国灿：《魏晋至隋唐河西胡人的聚居与火祆教》，《西北民族研究》1988年第1期；又载氏著《敦煌学史事新证》，甘肃教育出版社，2002年，第73—97页。郑炳林：《唐五代敦煌的粟特人与佛教》，兰州大学敦煌学研究所编：《敦煌归义军史专题研究》，兰州大学出版社，1997年，第433—465页。荣新江：《胡人迁徙与聚落》，载氏著《中古中国与外来文明》，三联书店，2001年，第54—59页。

[2] 李明伟：《敦煌莫高窟和克孜尔石窟壁画中的丝路贸易》，载氏著《丝绸之路贸易史研究》，甘肃人民出版社，1991年，第111—134页。

[3] 张庆捷：《北朝隋唐的胡商俑、胡商图与胡商文书》，载李孝聪、荣新江主编《中外关系史：新史料与新问题》，科学出版社，2004年，第173—204页；收入氏著《民族汇聚与文明互动——北朝社会的考古学观察》，商务印书馆，2010年，第141—191页。

[4] 荣新江：《萨保与萨薄：佛教石窟壁画中的粟特商队首领》，载《粟特人在中国——历史、考古、语言的新探索》，中华书局，2005年，第48—71页；又载《龟兹学研究》第1辑，新疆大学出版社，2006年，第19—41页。

交通运输工具和方式等角度再作些探讨，以尽可能阐释敦煌壁画中此类反映丝路交通贸易图像中所包含的重要的历史信息。不当之处，敬希方家教正。

一　基本资料

敦煌石窟"商人遇盗图"出现在《法华经变》与《观音经变》中，其中前者是表现《妙法莲华经》第二十五品"观世音菩萨普门品"的情节，后者则是《妙法莲华经》"观世音菩萨普门品"别行本《观世音经》的图像表现，具体表现"观世音菩萨救诸难"的"怨贼难"。《观世音经》是在北凉沮渠蒙逊时期从鸠摩罗什译《妙法莲华经》中抽取出来成为单行本流行的，《法华传记》卷一"支派别行第四"记："唯有什公普门品，于西海而别行。所以者何？昙摩罗忏，此云法丰，中印人，婆罗门种，亦称伊波勒菩萨。弘化为志，游化葱岭，来至河西。河西王沮渠蒙，归命正法，兼有疾患，以语菩萨。即云：观世音此土有缘，乃令诵念，病苦即除。因是别传一品，流通部外也。"[1] 鸠摩罗什译《妙法莲花经》在弘始八年（406），其后不久，就把其中的"观世音菩萨普门品"别出成为《观世音经》，流行于世。但二者之间有相同的渊源关系，因此在敦煌遗书中经常出现一卷写经之首题作"妙法莲华经观世音菩萨普门品第廿五"，末尾则题"观世音经一卷"。据贺世哲、罗华庆二先生研究，敦煌石窟《法华经变》与《观音经变》，所据经典即是罗什译本。[2]

按罗华庆先生的统计，结合笔者的实际考察，敦煌艺术中《观音普门品变》与《观音经变》中出现"怨贼难"即"商人遇盗图"的洞窟有[3]：

隋代：莫高窟第303、420窟。

盛唐：莫高窟第45、217、23、444、205窟。

中唐：莫高窟第112、185、7、231、359窟。

晚唐：莫高窟第14、128、141、18、12、468窟，西千佛洞第15窟。

五代：莫高窟第288、396窟。

宋代：莫高窟第55、76窟。

西夏：榆林窟第2窟。

另在藏经洞绢纸绘画中：

Stein painting 63、Stein painting 24、EO.1142、S.5642、S.6983、P.4513。

其实册子本纸本插图P.2010《观世音经》中也有"怨贼难""商人遇盗图"。敦煌研究院藏西夏文《观音经》中也有"商人遇盗图"。莫高窟第205窟图像特征不明显，第112窟图像则不十分清楚。

以上范围基本不出贺世哲先生《敦煌石窟法华经变各品统计表》"观世音菩萨普门品二十五"的统计，也就是说《法华经变》"观世音菩萨普门品"中不一定出现"怨贼难"的情节画面。

张元林先生对莫高窟中唐第359窟龛内屏风画

---

[1] 《大正藏》第51册，第52页。

[2] 施萍婷、贺世哲：《敦煌壁画中的法华经变初探》，敦煌文物研究所编：《中国石窟·敦煌莫高窟》三，文物出版社、平凡社，1987年，第177—191页；贺世哲：《敦煌壁画中的法华经变》，敦煌研究院编：《敦煌研究文集·敦煌石窟经变篇》，甘肃民族出版社，2000年，第127—217页；另载氏著《敦煌石窟论稿》，甘肃民族出版社，2004年，第135—224页。罗华庆：《敦煌艺术中的〈观音普门品变〉和〈观音经变〉》，《敦煌研究》1987年第3期，第49—61页。

[3] 参见前揭罗华庆先生文"附录一"，但有出入，加入莫高窟晚唐第468窟，绢画EO.1142，删除绢画作品Stein painting 28。

重新释读，认为其应为"观音救诸难"情节，其中就有表现"怨贼难"的"商人遇盗图"。[1]

无论是作为《法华经变》"观世音菩萨普门品"，还是《观世音经》，所据经典是一致的，具体见鸠摩罗什译《妙法莲华经》卷七《观世音菩萨普门品第二十五》：

> 若三千大千国土，满中怨贼，有一商主，将诸商人，赍持重宝、经过险路，其中一人作是唱言："诸善男子！勿得恐怖，汝等应当一心称观世音菩萨名号。是菩萨能以无畏施于众生，汝等若称名者，于此怨贼当得解脱。"众商人闻，俱发声言："南无观世音菩萨。"称其名故，即得解脱。[2]

就是说，我们在洞窟壁画和绢纸绘画中看到的各类表现观世音菩萨"怨贼难"的"商人遇盗图"的画面，均是对以上经文的图像诠释。

也有的是对观音经中偈颂"或值怨贼绕，各执刀加害，念彼观音力，咸即起慈心"[3]画面的描述，是以"商人遇盗"的画面来表现的，如S.6983《观音经》，经文为"或值怨贼绕，各执刀加害，念彼观音力，咸即起慈心"，对应画面画一人面对二武士装强盗，地上堆放一串钱、一包袱及一捆节状物品，显然表明被劫者是商人。

在这个基本前提的规范下，接下来，仔细考察敦煌各类绘画中的"商人遇盗图"，或可发现重要的历史信息。

二 图像及其演变

对于佛教艺术品而言，作为佛典的图像语言，是艺术家从现实生活出发，对佛典的形象诠释，《观音经变》在这方面颇具代表性，因为其所表现的内容较为贴近信众的现实生活，集中表现在"观世音菩萨救诸难"的画面当中。对于观音经"怨贼难"而言，经典所要表现的是观音救渡"一商主"带领下的"诸商人"，可以认为是一支商队。这支商队"赍持重宝"，经过"满中怨贼"的"三千大千国土"，恰遇"险路"，正是这些拦路抢劫的"怨贼"最容易出没的地方，言下之意正是偈颂所描述"或值怨贼绕，各执刀加害"，显然是遇到了执刀抢劫的"怨贼"即强盗了。在这样的危难情形下，众商人"俱发声言"，念观音菩萨名号，"即得解脱"。

敦煌画中最早出现法华经变或观音经变"怨贼难""商人遇盗图"的洞窟是隋代第303、420二窟，按敦煌研究院分期，第303窟早于第420窟[4]，以下按时间关系分别简述之。

第303窟窟顶人字坡东坡法华经变普门品之"救诸苦难"，其中的"怨贼难"，在崇山峻岭之间，一支商队正在行进（图1）：中间画三头负重的毛驴奋蹄前行；后面跟一高鼻深目的胡人，头戴尖顶卷沿帽，身穿红色圆领小袖紧身袍，双手上举，持一物，作驱赶状；毛驴右前方一身完全相同衣着形貌的胡人，右手持一物，不明，似为拜观音的情节；商队最前面一身形高大的胡人，同样高鼻深目，头戴高顶

---

[1] 张元林、夏生平：《"观音救难"的形象图示——莫高窟第359窟西壁龛内屏风画内容释读》，《敦煌研究》2010年第5期，第36—46页。
[2] 《大正藏》第9册，第56、57页。
[3] 《大正藏》第9册，第56、57页。
[4] 樊锦诗、关友惠、刘玉权：《莫高窟隋代石窟的分期》，载敦煌文物研究所编《中国石窟·敦煌莫高窟》（二），文物出版社、平凡社，1984年，第171—186页；另载敦煌研究院编《敦煌研究文集·敦煌石窟考古篇》，甘肃民族出版社，2000年，第112—142页。

图1 莫高窟第303窟顶法华经变普门品商人遇盗图

帽,身着翻领小袖紧身紫色长袍,有边饰(现变色为黑色),脚蹬长筒靴,正在张口和对面的三身强盗说话,当为商队的头领"商主""萨宝"[1];身后立一人,服饰相同,只是颜色变黑,面相变色不清,从翻领的胡服可以表明该人同为胡人无疑,似为商主随从。和商队对立的是三身全副武装的强盗,头戴兜鍪,身着甲胄,腰束护身,各持一带四流旗长矛,脚蹬战靴,三人并排而立,其中为首者伸出左手,五指张开,显然是与商队头领"讨价还价"。该画面商队构成有商主、商人、驴队、货物,强盗形象完全为官兵装束打扮(后论)。

第420窟窟顶法华经变,东坡为"观世音菩萨普门品",有大篇幅表现"救诸苦难",其中的"怨贼难"之"商人遇盗图"非常精彩,情节丰富,位于东坡上部,横卷式,从右向左展开(图2)。据贺世哲先生解释[2],参考段文杰先生[3]、樊兴刚、邵宏江二先生[4]的两幅今人临本,再结合笔者观察和理解,依次表现的是:商主拜别,一建筑台上一人骑

---

[1] 荣新江:《萨保与萨薄:佛教石窟壁画中的粟特商队首领》,载《法国汉学》第十辑,《粟特人在中国——历史、考古、语言的新探索》,第49—71页。
[2] 贺世哲:《敦煌石窟全集·法华经画卷》,上海世纪出版集团、上海人民出版社,2000年,第33页。
[3] 段文杰先生临摹莫高窟第420窟顶"商人遇盗图"见冈山县立美术馆、岐阜市历史博物馆编《敦煌美术展图录》图版17,大塚巧艺社,2001年。
[4] 樊兴刚、邵宏江二先生临摹莫高窟第420窟顶"商人遇盗图",参见敦煌研究院、中国美术馆编《盛世和光》第288页图版,人民教育出版社,2008年。

图2 莫高窟第420窟顶东披法华经变普门品商人遇盗图

马,台前方一人跪拜,旁立一披挂整齐的马;商队出发,有一头戴毡帽身披风衣的骑马者领头,从其装扮和骑马考量,应该为商队的头领"萨宝",其后跟随两头身负重物的毛驴,后有一人,下方前后行进的由毛驴和骆驼组成的商队,后有胡人装束者跟随;商队上山,路遇一高山,道路险峻,一面紧挨悬崖,崖下河水翻腾流淌,商队前后排开,缓慢上山,商队在爬山过程中,一骆驼坠崖,货物散落,有商人惊恐地朝崖下眺望;为病驼灌药,一骆驼卧在地上,一人骑身上把头,一人立前拿一物往骆驼嘴里浇灌东西;下山的商队,山路依然非常险峻,有商人紧扯着毛驴的尾巴,小心翼翼;下山后休息的商队,被卸载了货物的毛驴,有的吃草,有的饮水,有的打滚,还有商人正在为骆驼卸货;路遇全副武装的强盗,强盗均骑马,头戴兜鍪,身着甲胄,腰束护身,手持武器,与手持盾牌和弓箭的胡人装束的商人进行激烈战斗;战斗结束,商队被劫,并被逼迫向强盗交出货物,手握长枪全副武装的强盗分立两旁,中间坐一位全副武装者,腰佩长刀,应该是强盗头领,中间诸人,各拿有一装满物品的袋子,有人正在向一砖砌储藏台倒物品,后有骑马全副武装的强盗持枪驱赶。画面中的商人装束,基本上都是小袖紧身衣,高筒靴,有的头戴各式毡帽,当是表现胡商无疑。对于最后的画面情节,在一些出版物中,图版说明多沿用贺世哲先生的观点,认为画面中出现全副武装者是前来解救商队的官兵,与其作战及最后交出货物的是强盗;或画面最后表现的是强盗放下屠刀,立成两排,商人

图 3-1 莫高窟第 303 窟法华经普门品之王难　　图 3-2 莫高窟盛唐第 205 窟观音经救难情节

得救。[1] 笔者不同意此说，因为据同时期略早第303窟画面可以非常清楚地反映出，敦煌画中表现法华经"观音普门品"救诸难之"怨贼难""商人遇盗图"，强盗的形象即是官兵的形象，而且这种情况一直延续到其后的唐五代宋壁画中，即使是同为一铺的第420窟顶壁画中的"救王难"部分，"刀杖自断"的官兵形象，是完全一样的。这样的官兵形象，也可以在同时期第303窟法华经变普门品的解救王难场面中看到（图3）。对于官兵的形象，早在此前的西魏第285窟主室南壁"五百强盗成佛图"中，和强盗作战的官兵形象亦类似（图4），此官兵形象，杨泓先生从军事装备的角度已有精彩的说明。[2] 另一方面，作为经典的图像阐释，重在表现与经文可以联系的现实生活中的情景，在这里即着重表现商人遇盗这样的生活场景，然而是否会有官兵出面解救则非经典所包含的信息，也是敦煌所有"商人遇盗图"所未有

---

[1] 参见贺世哲《敦煌壁画中的法华经变》，载敦煌研究院编，氏著《敦煌石窟论稿》，第145、146页。另见贺世哲《敦煌石窟全集·法华经画卷》第33页。但在比较权威的图册中未如此描述，参见敦煌文物研究所编《中国石窟·敦煌莫高窟》（二），文物出版社，平凡社，1984年，图版75及说明。

[2] 杨泓：《敦煌莫高窟壁画中军事装备的研究之一——北朝壁画中的具装铠》，载敦煌研究院编《1983年全国敦煌学术讨论会文集·石窟艺术编》（上），甘肃人民出版社，1985年，第325—339页；杨泓：《敦煌莫高窟壁画中军事装备的研究之二——鲜卑骑兵和受突厥影响的唐骑兵》，载敦煌研究院编《1990年敦煌学国际研讨会文集·石窟考古编》，辽宁美术出版社，1995年，第291—299页；另载《中国敦煌学百年文库·考古卷》3，甘肃文化出版社，1999年，第356—361页；又见氏著《汉唐美术考古和佛教艺术》，科学出版社，2000年，第264—271页。

图4　莫高窟第285窟五百强盗成佛因缘画面中的官兵形象

的情节画面。

到了唐代，以盛唐第217、444等窟和中唐补绘的第45窟[1]观音经变中的胡商遇盗图最为形象和最具代表性，但图像的构成不像隋代二窟那样复杂，没有故事发展的情节演变过程，仅是简单的胡商和强盗的对峙，以第45窟为例，则是崇山峻岭之间，6位高鼻深目、虬髯、戴胡帽、着圆领袍服的胡商，在一处山谷之中，面对从山崖后面走出的6位身着唐服、手持长刀的强盗，胡商们个个战战兢兢，多双手合十，正在和强盗头领交谈，地下堆放着货物，胡商身后是2头驮载货物的毛驴（图5）。略早的第217窟的商人遇盗的情况则略有不同，同样是崇山峻岭之间，一位身着胡服的商人，身后分别跟随象征身份的一头毛驴和骆驼（后面的画面残），面对4位身着具装、全副武装的官兵，不过有意思的是，官兵所持长矛均为折断状态，旁边有一天人乘云而来，表现观音救度的结果，颇有趣味（图6）。同时期的第444窟则出现骑马具装的官兵样强盗（图7）。第23窟商人遇盗的场景颇大，在群山之间，4位具装的官兵，挡住了一群胡人打扮的商人的去路，可惜画面严重模糊（图8）。

到了中晚唐和五代宋归义军时期，基本上延续盛唐样式，其中中唐第231窟南壁法华经变下屏风画中的"商人遇盗图"，三身官兵装束持长枪的强盗站成一排，前二商人，胡跪，第一身着圆领小袖黑衣袍，高帽；第二身服饰类同，第三身残甚，胡商身后跟一负重的毛驴和一头骆驼。壁画中仍延续盛唐的传统样式，只是同时期敦煌藏经洞出土的插图本《观音经》中出现在商人遇盗图中的汉族商人的形象，如S.6983，或者胡汉商人共同出现的现象，如P.2010、P.4513（图9）。其中变化最大的是绢画EO.1142中出现胡人形象的强盗与汉人形象的商人，完全不同于传统的样式和人物组合搭配的关系。到了西夏时期的版画中，完全没有了民族的区别，似乎全是汉人形象的商人与强盗（图10）。

以上是敦煌石窟商人遇盗图的基本图像志，最早出现在隋代壁画中，画面故事性强，结构复杂，极力表现商人在丝路上前进的艰难和路遇强盗时反抗的战争场面。到了唐代及其后的画面中仅表现商人与强盗路遇时的一个场面，画面简单了许多，旨

---

[1] 沙武田：《莫高窟盛唐第45窟观音经变为补绘壁画考》，《敦煌研究》2012年第6期，第19—28页。另见沙武田《吐蕃统治时期敦煌石窟研究》，中国社会科学出版社，2013年，第493—525页。

图5　莫高窟第45窟南壁观音经变

图6　莫高窟第217窟观音经变胡商遇盗图

图7 莫高窟第444窟胡商遇盗图

图8 莫高窟第23窟法华经变胡商遇盗图

在表达经文的意思而已。这种画面结构由复杂到简单的转换，除了经变画表达方式与画面结构在隋唐之间的变化因素之外，也应该与隋唐时期人们对丝路胡商的认识有些关联，隋代在以炀帝西巡张掖为代表的国家行为的推动下，丝路出现新一轮高潮是必然，至少在河西走廊会有不同的表现，正是我们在第303、420窟看到的情形。唐代的丝路贸易常态化，已不再是新鲜的带有异域风情的场景，因此表现也简单得多了。

三 "商人"图像志的民族特性

经典所要铺陈的仅是日常生活中商人、商队在行商过程中常见的一幕，即商人遇盗，并不具体化商人的民族关系，不同的信众会有各自不同的文化认同，从印度到汉地，当有各民族不同的理解，荣新江先生的研究也强调了这些图像中商人首领的身份，从印度的商人向粟特萨保转化的过程[1]。

对于敦煌的艺术家与信众而言，即是各类绘画中所描绘的商人形象，总体上是以高鼻深目的胡人为代表，可以从莫高窟第303、420、45、217窟商人画像中看到，其中第45窟保存最为完好（图11），人物五官清晰，均高鼻深目，或络腮胡须，有的头戴尖顶帽，胡貌特征明显，应是张庆捷先生、荣新江先生、魏义天先生所论汉晋以来，北朝隋唐时期活跃于中国境内的以粟特九姓胡人为主的"胡商""商胡"[2]。

我们知道，儒家文化是轻商的，因此在中国古代商人的地位一直很低，被排斥在上流社会之外，

---

1 荣新江：《萨保与萨薄：佛教石窟壁画中的粟特商队首领》，载《粟特人在中国——历史、考古、语言的新探索》，第48—71页；又载《龟兹学研究》第1辑，第19—41页。
2 张庆捷：《北朝唐代的胡商俑、胡商图与胡商文书》，载荣新江、李孝聪主编《中外关系史：新史料与新问题》，第173—204页；《北朝入华外商及其贸易活动》，载山西省北朝文化研究中心、张庆捷、李书吉、李钢主编：《4—6世纪的北中国与欧亚大陆》，科学出版社，2006年，第12—36页；以上两文俱载张庆捷《民族汇聚与文明互动——北朝社会的考古学观察》，商务印书馆，2010年，第141—191、192—227页。荣新江：《萨保与萨薄：佛教石窟壁画中的粟特商队首领》，载《法国汉学》第十辑，《粟特人在中国——历史、考古、语言的新探索》，第49—71页。[法]魏义天：《粟特商人史》，广西师范大学出版社，2012年。

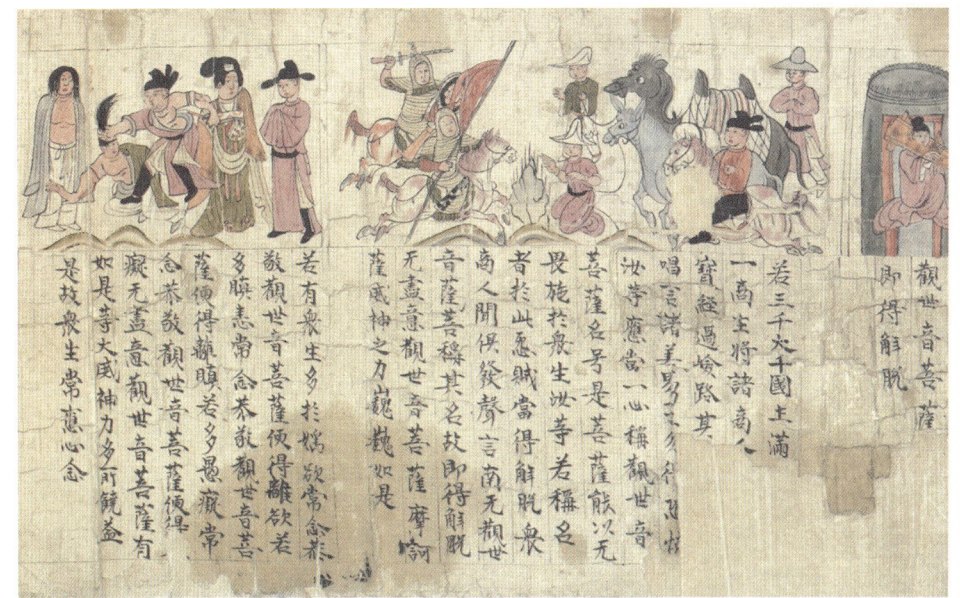

图9　敦煌写本P.4513插图本观音经商人遇盗图　　　　　　　　　　图10　敦煌绢画EO.1142观音经变

不能与官僚地主、世家大族的"衣冠子弟"同起同坐，不能为官，在生活上不能享受同等待遇，早在西汉时刘邦就下令"贾人毋得衣锦绣绮縠絺紵罽、操兵、乘骑马"[1]。"天下已平，高祖乃令贾人不得衣丝乘车，重税租以困辱之。"[2]汉代时政治上明确是"法律贱商人"[3]，由此导致的"贱商"观念一直延续了下来，甚至可以说成了中国封建社会的一大特点。据学者们对唐代社会阶层的梳理排序，商人位居倒数第二，略尊于包括官私奴婢、官户、杂户及部曲、随身、家人、净人在内的社会最底层的"贱民""贱口"[4]。中古传统儒家文化社会对商人的轻贱，一定程度上影响了汉族人从商的积极性，正好为来华的胡人创造了有利的活动空间。因为以粟特九姓胡人为主体的中亚移民，经商是他们的民族特长，中亚各国中最大最富强者是康国，《魏书·西域传》"康国"条记：

善商贾，诸夷交易多凑其国。[5]

《旧唐书》"康国"条记：

生子必以石蜜内口中，明胶置掌内，欲其成长口常甘言，掌持钱如胶之黏物。俗习胡书。善商贾，争分铢之利。男子年二十，即远之旁国，来适中夏，利之所在，无所不到。[6]

唐代著名诗人白居易《琵琶行》中描写一位琵琶女"门前冷落鞍马稀"之后"老大嫁作商人妇"，但是"商人重利轻离别"，自己只能"江口守空船"，亲情人情的淡泊，加剧了商人社会地位的下滑。该琵琶女"本长安倡女，尝学琵琶于穆、曹二善才"，善弹胡乐琵琶的穆、曹二善才，属于粟特

---

[1]（汉）班固撰，（唐）颜师古注：《汉书·高祖纪》下，中华书局，1962年，第65页。
[2]《汉书》，第1153页。
[3]《汉书》，第1133页。
[4] 李斌城、李锦绣、张泽咸、吴丽娱、冻国栋、黄正建：《隋唐五代社会生活史》，中国社会科学出版社，1998年，第17—23页。
[5]（北齐）魏收：《魏书》卷120《列传》第90，中华书局，1974年，第2281页。
[6]（后晋）刘昫等撰：《旧唐书》卷196《西戎传》，中华书局，1975年，第5310页。

图11　莫高窟第45窟胡商遇盗图

胡人无疑,大概这位琵琶女也是流遇长安的入华胡女[1],据入华胡人好于族内通婚的传统,其所嫁商人很有可能是位胡商吧。

唐人笔记《太平广记》记载了大量胡商在中原长安、洛阳等地行商、识宝的事迹,其中多有胡商作奸犯科之劣迹:

唐杨纂,华阴人也,累迁雍州长史,吏部尚书。纂之在雍州,司法参军尹君尝任坊州司户。省符科杜若,尹君判申曰:"坊州本无杜若,天下共知。省符忽有此科,应由读谢朓诗误。华省曹郎如此判事,不畏二十八宿向下笑人。"由是知名。及雍州司法时,有胡盗金城坊者。纂判:"京城诸胡尽禁问。"尹君不同之曰:"贼出万端,诈伪非一。亦有胡着汉帽,汉着胡靴。亦须汉里兼求,不可胡中直觅。请西市胡禁,余请不问。"纂怒不同判。遽命笔,复沉吟少选,乃判曰:"纂输一筹,余依。"太宗闻而笑曰:"朕用杨纂,闻义伏输一筹,朕伏得几筹。"(《御史台记》)[2]

同书又记:

---

[1] 胡女善弹琵琶者史料多有反映,《朝野佥载》记载:"太宗时,西国进一胡善弹琵琶,作一曲,琵琶弦拨倍粗。上每不欲番人胜中国,乃置酒高会,使罗黑黑隔帷听之,一遍而得。谓胡人曰:此曲吾宫人能之。取大琵琶,遂于帷下。令黑黑弹之,不遗一字。胡人谓是宫女也,惊叹辞去。西国闻之,降者数十国。"
[2] (北宋)李昉等编:《太平广记》卷249,中华书局,1961年,第1927页。

天后时，赏赐太平公主细器宝物两食合，所直黄金千镒。公主纳之藏中，岁余取之，尽为盗所将矣。公主言之，天后大怒。召洛州长史谓曰："三日不得盗，罪。"长史惧，谓两县主盗官曰："两日不得贼，死。"尉谓吏卒游徼曰："一日必擒之，擒不得，先死。"吏卒游徼惧，计无所出。衢中遇湖州别驾苏无名，相与请之至县。游徼白尉：得盗物者来矣。无名遽进至阶，尉迎问故。无名曰："吾湖州别驾也。入计在兹。"尉呼吏卒，何诬辱别驾？无名笑曰："君无怒吏卒，抑有由也。无名历官所在，擒奸摘伏有名。每偷，至无名前，无得过者。此辈应先闻，故将来，庶解围耳。"尉喜，请其方。无名曰："与君至府，君可先入白之。""尉白其故，长史大悦。降阶执其手曰："今日遇公，却赐吾命，请遂其由。"无名曰："请与君求见对玉阶，乃言之。"于是天后召之，谓曰："卿得贼乎？"无名曰："若委臣取贼，无拘日月，且宽府县，令不追求，仍以两县擒盗吏卒，尽以付臣，臣为陛下取之，亦不出数十日耳。"天后许之。无名戒使卒：缓则相闻。月余，值寒食。无名尽召吏卒，约曰：十人五人为侣，于东门北门伺之。见有胡人与党十余，皆衣衰绖，相随出赴北邙者，可蹑之而报。吏卒伺之，果得。驰白无名。往视之，问伺者：诸胡何若？伺者曰：胡至一新冢，设奠，哭而不哀。亦撤奠，即巡行冢旁，相视而笑。无名喜曰："得之矣。"因使吏卒，尽执诸胡，而发其冢。冢开，割棺视之，棺中尽宝物也。奏之，天后问无名：卿何才智过人，而得此盗？对曰：臣非有他计，但识盗耳。当臣到都之日，即此胡出葬之时。臣亦见即知是偷，但不知其葬物处。今寒节拜扫，计必出城，寻其所之，足知其墓。贼既设奠而哭不哀，明所葬非人也。奠而哭毕，巡冢相视而笑，喜墓无损伤也。向若陛下迫促府县，此（此字原阙，据明抄本补）贼计急。必取之而逃，今者更不追求，自然意缓，故未将出。天后曰："善。"赐金帛，加秩二等。（《纪闻》）[1]

胡人入华后有一部分不法分子如此聚众偷盗，大大影响了胡商在汉人心目中的形象，以至于汉人对其长相面貌也颇有低视之见：

隋有三藏法师，父本商胡，法师生于中国，仪容面目，犹作胡人。行业极高，又有辩捷。尝以四月八日设斋讲说，时朝官及道俗观者千余人。大德名僧，官人辩捷者，前后十余人论议。法师随难即对，义理不穷。最后有小儿姓赵，年十三，即出于众中。法师辩捷既已过人，又复向来皆是高明旧德，忽见此儿欲来论议，众咸怪笑。小儿精神自若，即就座。大声语此僧："昔野狐和尚自有经文，未审狐作阿阇黎，出何典语？"僧语云："此郎（郎原作即，据明抄本改。）子声高而身小，何不以声而补身。"儿即应声报云："法师以弟子声高而身小，何不以声而补身。法师眼深而鼻长，何不截鼻而补眼。"众皆惊异，起立大笑。是时暑月，法师左手把如意，右手摇扇。众笑声未定，法师又思量答语：以所摇扇，掩面低头。儿又大声语云："团圆形如满月，不藏顾兔，翻掩雄狐。"众大笑。法师即去扇，以如意指麾，别送问，并语未得尽，忽如意头落。儿即起谓法师曰："如意既折，义锋亦摧。"即于座前，长揖而去。此僧既怒且惭，更无以应，无不惊叹称笑。（《启颜录》）[2]

---

[1] 《太平广记》卷171，第1258—1259页。
[2] 《太平广记》卷248，第1923—1924页。

丝绸之路交通贸易图像 | 133

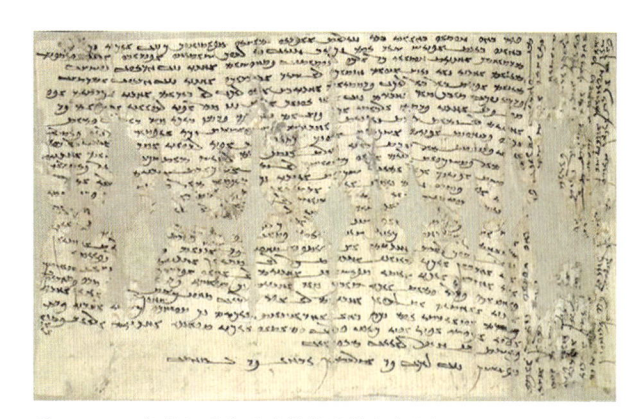

图12　1907年斯坦因发现的敦煌粟特文古信札

作为高僧的胡僧，本在汉人的心目中的地位比较高，亦因其胡貌而不能免于被嘲弄取笑，则社会地位低下的胡商就更是可想而知了。

在这样的历史背景与思想观念的影响下，儒家文化圈内的汉民族一般不愿意从商，因此为具有"逐利"传统和经商特长的中亚粟特九姓胡人、大食人、波斯人、回鹘人等提供了广阔的商业空间。另一方面，胡人所带来的具有异域特征的物品和文化的刺激与冲击，以及西方社会对中国丝绸、瓷器等高档奢侈品的需求，促使"驰命走驿，不绝于时月；商胡贩客，日款于塞下"[1]，丝路行旅，相望于道，因此史书记载商人，以"胡商""商胡""兴胡"居多数，北朝隋唐墓葬中出土大量的"胡商俑"[2]，墓主却多为汉人，表明中古时期随葬"胡商俑"成为时髦，从侧面反映胡人在汉文化圈的职业特点之一，以及汉人对胡人从商的认可，最终形成中古时期一种特有的商业文化现象。

因此，我们在敦煌《法华经变》"观音普门品"及《观音经变》中看到的"怨贼难""商人遇盗图"中的商人，以胡商为主，正是中古时期的普遍现象，在敦煌这样一个入华粟特胡人"聚居地"的丝路重镇，其形象当为粟特九姓胡人面貌无疑。早在三国曹魏时期，敦煌就有粟特胡人进行贸易活动，受到敦煌太守仓慈的保护，甚至于出现"胡女嫁汉""汉女嫁胡"的民族融合的景象。[3]西晋时期，就有粟特人在敦煌、凉州、金城、洛阳一线从事商业活动，斯坦因在汉长城烽燧下发现的粟特文信札中（图12）有可信的记载。[4]到了隋代，裴矩经营河西，炀商西巡张掖，丝路贸易空前繁荣，因此莫高窟隋代第303、420窟出现场面宏大、情节复杂的"商人遇盗图"。到了唐代，8世纪中叶粟特人聚落"从化乡"的最终形成，则表明胡人商业的极致发展，壁画中的"商人遇盗图"其中的"商人"必为"胡商"，第45窟"胡商遇盗图"有很强的时代意义与文化代表性。

但是到了晚唐五代宋时期，壁画与纸本画中的"商人遇盗图"中的商人形象有所变化，出现完全汉装者，如莫高窟盛唐第128窟（图13）、晚唐第468窟（图14）、S.5642（图15）、晚唐第18窟（图16）等，也有汉装与胡装同时并存的现象，如P.2010（图17）、P.4513。说明商人民族属性的变化，随着商品

1　（刘宋）范晔撰，（唐）李贤等注：《后汉书》卷88《西域传》，中华书局，1965年，第2931页。
2　参见张庆捷《民族汇聚与文明互动——北朝社会的考古学观察》，商务印书馆，2010年。
3　见《三国志·仓慈传》及敦煌写本P.3636，参见施萍婷《敦煌随笔之二》，《敦煌研究》1987年第3期，第44—49页。
4　W.B.Hening: The Date of the Sogdan Ancient Letters, *Bulletin of The School of Oriental and Africa Study*, XII, 1948, 第12卷第134期。林梅村：《敦煌出土粟特文古书信的断代问题》，《中国史研究》1986年第1期，第87—99页。陈国灿：《敦煌所出粟特文信札的书写地点和时间问题》，《魏晋南北朝隋唐史资料》第7辑，1985年，另载《敦煌学史事新证》，甘肃教育出版社，2002年，第56—72页。毕波：《粟特文古信札汉译与注释》，《文史》第2辑，中华书局，2004年。［法］魏义天：《粟特商人史》，第22—41页。

图13 莫高窟盛唐第128窟观音经变　　　　　　　　图14 莫高窟晚唐第468窟商人遇盗图

经济的发展，汉人中从商者比重在不断加大；另一方面，到了晚唐五代宋时期，入华的粟特胡商，随着时间的推移，通过通婚等方式已汉化了，因此在画像上不再表现其胡貌的特征，当然完全是胡装的胡商也仍有表现，如莫高窟宋代第55窟（图18）。

四　历史趣味："怨贼"图像志表现的多重含义

经典中所描述的"三千大千国土"中的"怨贼"即强盗，主要面对的是"赍持重宝"的"诸商人"，无疑此类"怨贼"属持刀抢劫的劫匪。从字面上讲，当属后来所谓"土匪"，应属民间的散兵游勇或有组织的"绑匪"性质。

让我们通过图像来解读敦煌画中出现的"怨贼"即强盗之身份关系和民族属性。

莫高窟隋代第303窟胡商遇盗图中的强盗是三位一身戎装、全副具装武装的官兵形象，手持长矛，为首的一位伸出左手正在和商队头领作谈判状。隋代第420窟"商人遇盗图"最后一个情节，商队向强盗交货物部分，其中两排站立的强盗，贺世哲先生以为其双手合十，表示观音显灵，暗示商队得救。[1]但经我们仔细观察画面，并非如此，这些全副武装的强盗仍手持长矛，显然是在武力逼迫商人交出金银财宝和货物，这也可从中间最前所坐强盗头目手

---

[1] 贺世哲：《敦煌壁画中的法华经变》，敦煌研究院编：《敦煌研究文集·敦煌石窟经变篇》，第138—139页；另载氏著《敦煌石窟论稿》，甘肃民族出版社，2004年，第145—146页。敦煌研究院编：《敦煌石窟全集·法华经画卷》，第33页图版18。

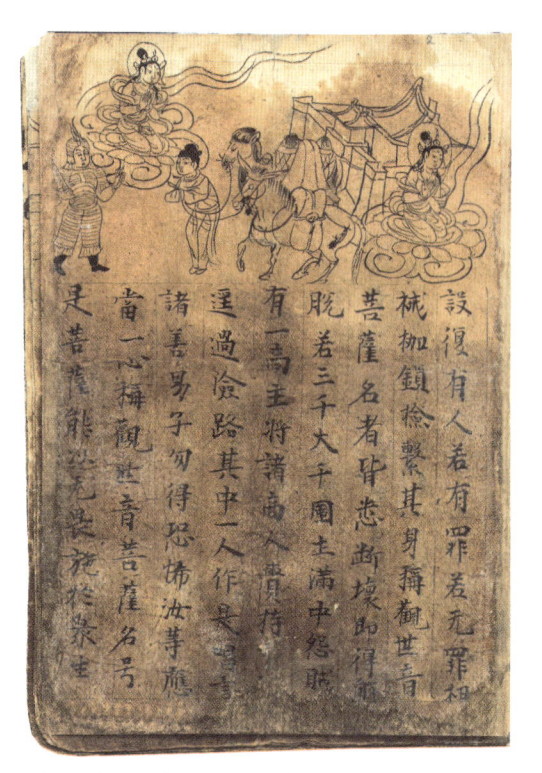

图15 敦煌写本S.5642插图本观音经商人遇盗图

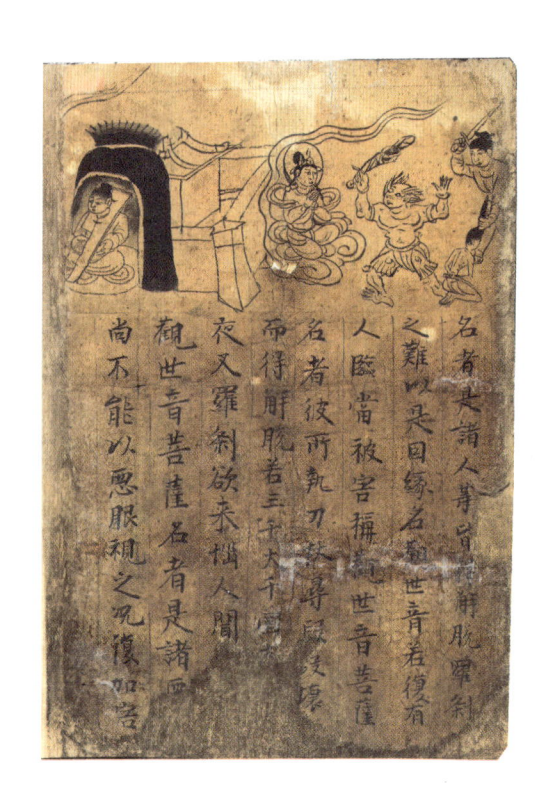

图16 莫高窟晚唐第18窟观音经变

持长剑得到证明。而对以上画面中出现的全副武装者,又有学者解释为前来保护商队的官兵,因此最后画面成了强盗向官兵交出所抢物资了。[1]张庆捷先生承此说,故亦认为是"官兵及时赶到,抓住强盗,夺回货物交还商人"[2]。较早的《中国石窟·敦煌莫高窟》(二)中的相关图版说明即称这些全副武装者为"群盗"[3],称是。

学者们把此画面中的强盗误读为官兵解救的场景,虽然不合实际,但正说明了这些强盗形象的官

---

1 甘肃省人民政府、国家文物局:《敦煌——纪念藏经洞发现一百周年》,朝华出版社,2000年,第71页,段文杰临本,施萍婷、蔡伟堂解说。
2 张庆捷:《北朝唐代的胡商俑、胡商图与胡商文书》,载氏著《民族汇聚与文明互动——北朝社会的考古学观察》,第169页。
3 敦煌文物研究所编:《中国石窟·敦煌莫高窟2》,第216页。

图17-1 敦煌藏木刻西夏文插图

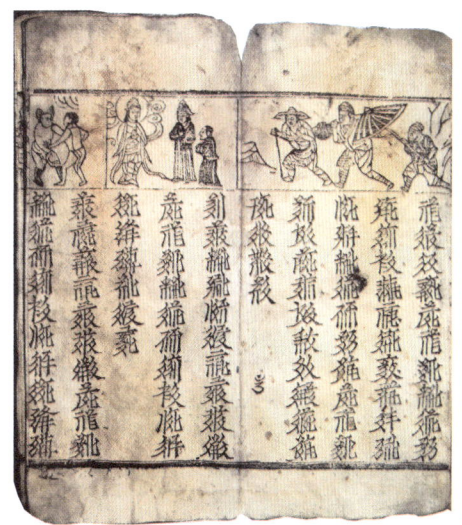

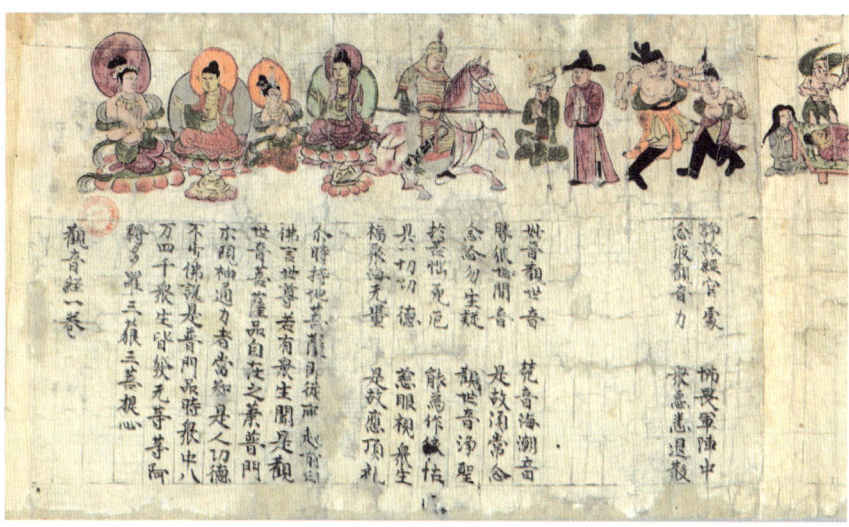

图17-2 敦煌写本P.2010插图本观音经商人遇盗图

兵特征。这种北朝官兵形象的装束,一直延续到隋,在壁画中因为受到粉本传承的限制和影响,一直到唐甚至五代宋仍在出现。《隋书·礼仪志》记大业七年(611)隋炀帝进攻高丽时的骑兵阵容,均为甲骑具装,士兵分别穿"青丝连明光甲,铁具装,青缨拂,建狻猊旗"、"绛丝连牛犀甲,兽纹具装,赤缨拂,建貅旗"、"白丝连明光甲,铁具装,素缨拂,辟邪旗"、"乌丝连玄犀甲,兽纹具装,乌缨拂,建六驳旗",不过我们在敦煌壁画中看到是仅是具装,未骑马(第303窟),或为轻骑(第420窟)。按照杨泓先生对有同样士兵装束的敦煌莫高窟西魏第285窟、北周第296窟壁画甲骑具装(图19)的研究,这种装束无疑是官兵装束,大概也是上述隋兵攻打高丽阵容中士兵装束之一种。同样类似的形象在西魏、北周及隋墓的陶俑中可以看到,其中代表有固原北周李贤墓陶武士俑(图20)[1],北齐娄睿

图18 莫高窟宋代第55窟法华经变商人遇盗图

墓陶武士俑(图21)[2],北魏宋绍祖墓出土武士俑的形象(图22)[3],至于大量见于北朝隋唐时期镇墓天王俑所穿同时期武士装束,则不一而足。

总体而言,莫高窟隋代二窟壁画中的强盗,完全是同时期官兵的装束和身份认同,应该是没有疑问的。

---

[1] 宁夏回族自治区博物馆、宁夏固原博物馆发掘组:《宁夏固原北周李贤夫妇墓发掘简报》,《文物》1985年第11期,第1—20页。
[2] 山西省考古研究所、太原市文物管理委员会:《太原市北齐娄睿墓发掘简报》,《文物》1983年第10期,第1—23页。
[3] 山西省考古研究所、大同市考古研究所:《大同市北魏宋绍祖墓发掘简报》,《文物》2001年第7期,第19—39页。

图19 莫高窟北周第296窟五百强盗成佛因缘壁画中的甲骑具装

图20 北周李贤墓武士俑

到了唐代壁画商人遇盗图中的强盗，形象发生了一定的变化，像最具代表性的盛唐第45窟的强盗3人，后面两身被山体遮挡大部，下半身不清楚，其中为首者身着圆领开衩的唐人常见袍服，头戴短脚的幞头，完全与同幅壁画唐人形象相同，唯有脚蹬行滕麻鞋，略显强盗身份，其面貌画像也完全是唐人形象无疑。其他同时期的第217、444、23窟壁画的强盗，均为具装士兵装束，手持武器，形象也为唐人面貌。到了中晚唐五代宋时期，壁画中强盗的形象特征，仍然没有超出第45、217、444、23等窟的样式。同时，这一时期的纸绢画中，绝大多数仍是延续前期的人物形象特征，为唐人官兵的形象。

因此，通过画面人物形象特征的判断，我们不难发现，敦煌画中的商人遇盗图，从隋代开始一直到五代宋归义军时期，画师们一开始便把这些出没于漫长

图21　太原北齐娄睿墓骑马武士俑

丝路上的"怨贼"强盗的形象设计描绘成官兵的特征，而且一直没有发生大的变化。也就是说，我们现在看到的敦煌画中的沿路抢劫的强盗，画面所展示和记载的是官兵的特征，面貌上也是汉人形象。

这种官兵为盗匪的现象，大概正史文献中不便作正面的反映，但也有蛛丝马迹可寻。

《周书》卷五十《异域传》记：

> 大统中，夸吕再遣使献马及羊牛等。然犹寇抄不止，缘边多被其害。魏废帝二年，太祖勒大兵至姑臧，夸吕震惧，遣使贡方物。是岁，夸吕又通使于齐氏。凉州刺史史宁觇知其还，率轻骑袭之于州西赤泉，获其仆射乞伏触扳、将军翟潘密、商胡二百四十人，驼骡六百头，杂彩丝绢以万计。魏恭帝二年，史宁又与突厥木汗可汗袭击夸吕，破之，虏其妻子，大

图22　大同北魏宋绍祖墓出土武士俑

丝绸之路交通贸易图像 | 139

获珍物及杂畜。语在史宁传。[1]

史宁作为凉州刺史劫获了吐谷浑出使北齐返回的使团，规模之大，多为学界所注意，其实我们也必须注意到其中的"商胡二百四十人"及"驼骡六百头，杂彩丝绢以万计"，大概多是随夸吕使团在丝路上做生意的中亚西域的胡商，本来是遵循胡商常常使用的手段，想借政治使团的大伞寻求安全，最后却落个被劫的下场。但若不考虑政治因素，从正常的丝路交通贸易角度看，史宁的官方"轻骑"显然在这里担当了寇贼的角度。

如果仔细梳理，可以发现历史文献中对为官者为盗的现象也是有所披露的，《魏书·元遥传》记：

> 仲景弟遥，字叔照。庄帝初，除南兖州刺史，在州猛暴，多所杀害。元颢入洛，遥据州不屈。庄帝还宫，封汝阳王，迁秦州刺史。先时，秦州城人屡为反覆，遥尽诛之，存者十一二。普泰元年，除凉州刺史，贪暴无极。欲规府人及商胡富人财物，诈一台符，诳诸豪等，云欲加赏，一时屠戮，所有资财生口，悉没自入。[2]

凉州是商胡汇聚之丝路重镇，作为朝廷官府代表和地方长官刺史，居然以此种卑鄙手段侵夺商胡"资财生口"，正是壁画中出现官兵为贼的真实凭据。

唐代的诗歌中诗人借诗讽喻现实的佳作篇章极其丰富，其中王建《羽林行》即是对官兵为盗贼现象的直白：

> 长安恶少出名字，楼下劫商楼上醉。
> 天明下直明光宫，散入五陵松柏中。
> 百回杀人身合死，赦书尚有收城功。
> 九衢一日消息定，乡吏籍中重改姓。
> 出来依旧属羽林，立在殿前射飞禽。[3]

羽林军是皇帝的禁军，属于唐王朝北衙禁军系统，因此其社会地位、身份关系颇为独特，非一般之府兵。[4]这些本来是享受国家俸禄，用来保卫皇帝安全的国家禁军，当值下班之后干的却是"劫商"的勾当，身份一变，从皇帝禁军变为为诗人痛恨的"长安恶少"。禁军为强盗，正是官兵为匪的典型代表，颇有说服力。葛承雍先生也注意到长安恶少"与军队里的兵痞沉瀣一气，作恶一方"的现象，沿路为盗贼劫商即是其勾当之一。[5]

除此之外，我们也可以在笔记小说中看到有类似的零星记载，《太平广记》"张守珪"条：

> 幽州节度张守珪，少时为河西主将，守玉门关。其军校皆勤勇善斗，每探候深入，颇以劫掠为事。西域胡僧者，自西京造袈裟二十余驮，还天竺国，其徒二十余人。探骑意是罗绵等物，乃劫掠之，杀其众尽。至胡僧，刀棒乱下而不能伤，探者异焉。既而索

---

[1] （唐）令狐德棻等撰：《周书》卷五十《列传》第四十二《异域下》，中华书局，1975年，第913页。另见（唐）李延寿撰《北史》卷九六《吐谷浑传》，原文为"西魏大统初，周文遣仪同潘潜喻以逆顺之理，于是夸吕再遣使献能舞马及羊、牛等。然寇抄不已，缘边多被其害。废帝二年（553），周文勒大兵至姑臧，夸吕震惧，使贡方物。是岁，夸吕又通使于齐。凉州刺史史宁觇知其还，袭之于州西赤泉，获其仆射乞伏触拔、将军翟潘密，商胡二百四十人，驼骡六百头，杂彩丝绢以万计"。中华书局，1974年，第3187页。

[2] （北齐）魏收：《魏书》卷十九上《景穆十二王列传》第七上《京兆》，中华书局，1975年，第444—445页。

[3] 参见中国社会科学院文学研究所编《唐诗选》下，人民文学出版社，1981年，第97—98页。

[4] 蒙曼：《唐代前期北衙禁军制度研究》，中央民族大学出版社，2005年，第45—79页。

[5] 葛承雍：《唐京的恶少流氓与豪雄武侠》，《唐史论丛》第七辑，陕西师范大学出版社，1998年，第207页。

驮，唯得袈裟，意甚悔恨。因于僧前追悔，擗踊悲泣久之，僧乃曰："此辈前身，皆负守将令，唯趁僧鬼是枉死耳。然汝守将禄位重，后当为节度大夫等官。此辈亦如君何？可（可原作不，据陈校本改。）白守将，为修福耳。然后数年，守将合有小厄，亦有所以免之。"骑还白守珪，珪留僧供养，累年去。后守珪与其徒二十五人，至伊兰山探贼。胡骑数千猝至，守珪力不能抗，下马脱鞍，示以闲暇。骑来渐逼，守珪谓左右："为之奈何？若不获已，事理须战。"忽见山下红旗数百骑，突前出战，守珪随之，穿其一角，寻俱得出。虏不敢逐。红旗下将谓守珪曰："吾是汉之李广，知君有难，故此相救。后富贵，母相忘也。"言讫不见。守珪竟至幽州节度御史大夫。（《广异记》）[1]

故事虽然有些荒诞，却让我们看到官兵为贼"劫掠为事"发生在河西的事例，据《新唐书·张守珪传》记载，张守珪先后任过瓜州刺史、墨离军使、瓜州都督、鄯州刺史、陇右节度使，因此熟悉丝路上胡商过往的状况，带兵为贼，概属确实，其实正是敦煌壁画中记载的官兵为"怨贼"强盗拦路抢劫的文字记载。而他居然抢劫僧人团队，把本来是袈裟的装备误认为丝路重要商品"罗绵等物"，可见物质利益对官兵巨大的诱惑。因此虽为小说文字，倒也可为信史的一个视角。而他后来又被胡贼所困，这里倒是交代了两种身份的贼人。

《大唐大慈恩寺三藏法师传》卷二：

从此西行至阿耆尼国阿父师泉……法师与众宿于泉侧。明发，又经银山。山甚高广，皆是银矿，西国银钱所从出也。山西又逢群贼，众与物而去。遂至王城所处川岸而宿。时同侣商胡数十，贪先贸易，夜中私发，前去十余里，遇贼劫杀，无一脱者。比法师等到，见其遗骸，无复财产，深伤叹焉。

所以说，丝路行商并不安全。同书又记：

至发日，王给手力、驼马，与道俗等倾都送出。从此西行二日，逢突厥寇贼二千余骑，其贼乃预共分张行众资财，悬诤不平，自鬬而散。[2]

规模达两千余骑的突厥寇贼，显然是官兵的性质，是散兵游勇式的小股强盗所不能比的。

以上玄奘法师道路所见所闻，正是丝绸之路上冠贼频繁出没的真实写照，也正是敦煌壁画中胡商遇盗的历史依据。突厥作为当时丝路上的强大民族，多达二千余人的冠贼，似乎也不是小股的流冠，而倒有些像是国家的正规士兵武装，与敦煌壁画中的中原王朝官兵为冠贼的现象如出一辙。

作为胡商遇盗贼的事例，《朝野佥载》卷三记事颇为典型：

定州何名远大富，主官中三驿。每于驿边起店停商，专以袭胡为业，资财巨万，家有绫机五百张。远年老，或不从戎，即家破贫。及如故，即复盛。[3]

何名远利用官驿的便利条件"起店停商"，专门袭击胡商致"大富"，虽然非我们前述胡商路途遇盗贼，而是于停宿驿店被抢，更加说明胡商经商的不安全。

---

[1]《太平广记》卷329，第2615—2616页。
[2]《大正藏》第50册，第226、227页。
[3]（唐）张鷟：《朝野佥载》卷二，中华书局，1979年，第75页。

丝绸之路交通贸易图像 | 141

《宋书》记载中亚粟特人入贡南朝刘宋两次，第一次在宋文帝元嘉十八年（441），第二次是"大明中（457—464）遣使献生狮子、火浣布、汗血马，道中遇寇，失之"。一般而言，作为使团性质的胡商往来，沿途会有地方的护送，但是作为通使远在南朝的刘宋，中间要经过中亚、西域和中国北方的广大地区，要保证一路安全，确非易事。

435年，北魏太武帝派王恩生、许纲等十二人前往西域联络诸国，招徕商贾，一行于途中被柔然虏获，未能尽到各地，之后又派出使者"六辈"，结果是"多被盗害"。

北凉和北魏的战争，其中很重要的一个原因就是争夺中亚西域的胡商，最初北凉凭其独特的地理位置，对前往北魏的商人重以课税，因此太武帝下决心灭北凉，北魏出兵北凉前列举沮渠氏十二大罪状，宣示天下，其中之一就是北凉阻挠北魏与西域的交往，"切税商胡，以断行旅"。《魏书·沮渠蒙逊传》记北魏灭北凉，粟特商人大受影响，"粟特国……其国商人先多诣凉土贩货，及克姑臧，悉见虏"。这是政治因素对胡商的影响。

对于历史上出没于丝路沿线上的寇贼，集中在西域中亚沿线，当然也应该包括河西走廊南北两侧，或即丝路北线与丝路河南道，甚至内地。

《魏书》卷102《西域》记载"焉耆"："恃地多险，颇剽劫中国使。"[1]因此招来兵祸，被北魏灭之。

入唐新罗僧慧超在《往天竺国传》中就记载了位处帕米尔高原锡格南的"识匿国"："彼王常遣三二百人于大播蜜品川，劫彼兴胡及于使命。纵劫得绢，积在库中，听从坏烂，亦不解作衣著也。"[2]

这种现象大概是丝路上的粟特商胡所受到的最大的威胁，以二三百人的规模沿路抢劫，无疑也是丝路交通最大的障碍之一。

《洛阳伽蓝记》记："狮子者，波斯国胡王所献也，为逆贼万俟丑奴所获，留于寇中。永安末，丑奴破，始达京师。"[3]

万俟丑奴从名字上分析，应该是突厥人，他劫掠波斯所献狮子，当是丝路上胡人劫胡的事件。

玄奘法师在《大唐西域记》中记载了他过葱岭后沿途随处可见的寇贼，胡商们时刻面临被劫的危险。另外，阅读《太平广记》可以知道，来自中亚或西域的胡人在中原内地，在正常的生意经商活动之余，也不时地有些人会做些抢劫偷盗的事情，因此被汉人们所轻视。这种杂胡和民族风气，敦煌写本P.2511《诸道山河地区要略残卷》中讲到代北风民俗时的一段话，颇有代表性：

> 雁门，并州属郡地。其风俗与太原略同。然自代北至云、朔等州，北临绝塞之地，封略之内，杂虏所居，戎狄之心，鸟兽不若，歉馑则剽劫，丰饱则柔从，萌报怨民仇，号为难掣。不惮攻煞，所谓衽金革，死而不厌者也。纵有编户，亦染戎风，比之他郡，实为难理。[4]

---

1 《魏书·列传》卷102《列传》第90，第2265页。
2 （唐）慧超撰，张毅笺注：《〈往五天竺国传〉笺释》，中华书局，1994年，第145页。
3 （北魏）杨衒之撰，周祖谟校释：《〈洛阳伽蓝记〉校释》，上海古籍出版社，2000年，第133页。
4 郑炳林：《敦煌地理文书汇辑校注》，甘肃教育出版社，1989年，第176页。唐耕耦、陆宏基：《敦煌社会经济文献真迹释录》第一辑，第69页。

代北也属丝路北线的重要区域，曾经在北魏时期有大量的商胡往来期间。[1]这是唐代中后期的情况，其实该地早在汉代就已经是如此风气，"数有胡寇，难以为国"（《汉书·高帝纪》），"故冀州之部，盗贼常为它州剧"（《汉书·地理志》）。像代北这样属于民族交汇杂居的地方，在丝路沿线并不鲜见，因此其风俗也往往有类似的地方，盗贼频繁出没也并不是什么新鲜事，玄奘法师记载过河西西域后在葱岭和中亚路途所见能够说明问题，其实他在瓜州雇佣的向导胡人石磐陀，过玉门关后不久即生贼心，要杀法师，虽然所托之辞为官府律条，在我看来，实则是看上了法师随身的钱财，否则过关之前他对唐代法律是清楚的，完全可以不答应法师的雇佣请求。本事件虽然仅是玄奘法师和石磐陀之间的摩擦，但是放大了也正是丝路胡贼以向导的身份敲诈过往僧侣、商人的一种手段。

熟悉敦煌文书者可以知道，到了归义军时期，瓜沙地区和中原的交通并不流畅安全，因为中间经常有甘州回鹘的劫掠，也有活动于祁连山南麓的吐蕃、仲云、嗢末等部落的骚扰，归义军出使中原王朝的使团往往在河西东段被劫，像P.3718《梁幸德邈真赞》记载曹氏归义军于清泰元年出使后唐的70余人的庞大使团，在返回时虽然有朝廷派兵护送，但在返回到张掖时仍被回鹘劫掠[2]，使团负责人梁幸德也因此致病丧命于他方。[3]

非常有趣的现象是，在敦煌画商人遇盗图中，

图23　敦煌绢画EO.1142胡人劫汉商的情景

除了常见的汉人官兵强盗之外，在绢画EO.1142画面中，却极其形象地反映了汉人商人遇见胡人强盗被劫的场面（图23），此胡人强盗身体魁梧，高鼻深目，虬髯，颇为形象，此画面正是前述胡人在线路为盗的常见现象。

行文至此，可以看到，敦煌画中丝路上对商人造成威胁的强盗，有两种情况，一种是中原王朝的官兵、汉人，另一种是较为常见的丝路沿线的各民族、各部落强盗。但非常有意思的是，在敦煌画中

1　张庆捷：《北魏平城波斯银币与丝绸之路的几个问题》，《云冈石窟与北魏平城外来文明艺术》，二文俱载氏著《民族汇聚与文明互动——北朝社会的考古学观察》，第141—191、349—368页。
2　郑炳林、梁志胜：《〈梁幸德邈真赞〉与梁愿清〈莫高窟功德记〉》，《敦煌研究》1992年第2期，第62—70页。另载兰州大学敦煌学研究所编，郑炳林主编《敦煌吐鲁番文献研究》，兰州大学出版社，1995年，第255—271页。
3　杨宝玉：《清泰元年曹氏归义军入奏活动考索》，《敦煌学辑刊》2011年第3期，第21—30页。另见杨宝玉、吴丽娱《归义军政权与中央关系研究——以入奏活动为中心》，中国社会科学出版社，2015年，第133—145页。

大量看到的恰是史书记载中不常见，或大家潜意识认为不合常理的汉人和官兵强盗，而史书多有记载，或为大家所普遍认可的胡族强盗，却在壁画中几乎没有看到，仅出现在一例绢画中，值得作些思考。

那么，可能有人会问，为什么敦煌的壁画、绢画、纸画中偏偏不合常识，把强盗几乎一致地画成汉人并官兵的形象呢？画面中出现的胡商的形象和原因，前文已有交代，在汉人传统社会的观念中，把商人画成以胡商为主的形象，是完全可以理解的。但是在这里从汉人观念和审美角度看，把本来极有可能应该画成胡人形象的强盗，画成标准的汉人官兵形象，实难理解。

若要对此现象作些分析，或可从以下几个方面作些解释，或者说可能受到以下几个方面原因的制约：

1. 历史依据：即前文所述在历史时期确有汉人官兵为匪的现象，成为画家笔下的历史粉本。

2. 画面观看的需要：无论是《法华经变》还是《观音经变》，表现商主带领下的商人路遇"怨贼"的经典画面阐释，胡人无疑是作为汉人功德主观念中"商主""商人"的不二人选。如果换成是胡人劫汉人的画面，汉人就成了商人形象的代言人，是不符合汉人传统观念的。至于汉人强盗形象，以此小小画面也不会有太大的社会影响。

3. 经义解读的需要和延伸的理解：对于《观音经》而言，此画面集中描绘的是观音菩萨解救诸难和三十三现身的情节，当然作为中古时期活跃在漫长丝路上的这些沟通中西的胡商们，及其他们在丝路上所遭遇的"盗贼难"，无疑也是属于慈悲的观音菩萨需要解救的对象之一，因此自然而然出现在画工的笔下。

4. 粉本传承和规范：从目前看到的图像资料可以发现，敦煌壁画中的胡商遇盗图自隋代以来，作为官兵形象的怨贼与作为胡人形象的商人的画面表达，一旦形成，便以粉本画稿的方式，成为其后400余年来敦煌绘画的基本范式传承了下来。

5. 功德主的背景和需要：胡商所带来的西域、中亚、波斯、罗马的珍奇物品，往往是中古时期物质社会最具有诱惑的东西，对胡商的解救，也是汉人功德主的愿望所在。至于汉人官兵形象的强盗的表现，更多可以理解成汉人画师画工是从作为丝路主宰或丝路商道保护者汉人官兵的角度出发，对这些主人们的另一角度的宣传。

6. 观音救度主题结果的影响：本画面中的经典主题是表现观音救度的场景，因此从经义我们知道，商人遇盗的结果是安全的，因此也不存在汉人官兵杀人害命、拦路劫财的恶性结果发生，只是以形象化的语言来表达经典的主题，更多的是符号化的意义。

五　胡人商队的武装

莫高窟隋代第420窟胡商遇盗图中出现胡人商队与强盗战斗的场面，说明了胡商中武装保卫力量的存在，借此壁画图像的启示，结合荣新江先生以史君墓石椁上商队图像解读的成果[1]，在这里略作勾勒。

早在汉代，开通西域之后，来自中亚西域各国派往中原的使者相望于道，络绎不绝。这些使者除负有一定的政治使命外，也负有一定的通商任务。随同使者前往的还有大批的西域商人。汉朝政府对他们除在礼仪上给予安置和接待外，还馈赠大批的

---

[1] 荣新江：《北周史君墓石椁所见之粟特商队》，《文物》2005年第3期，第47—56页。另见西安市文物保护考古研究院编，杨军凯著《北周史君墓》附录文章，文物出版社，2014年，第274—283页。

金币缯帛，以示友好。《史记·大宛列传》载大宛使者来中国："是时上方数巡狩海上，乃悉从外国客，大都多人则过之，散财帛以赏赐，厚具以饶给之，以览示汉富厚焉。"[1]

带着这些钱财返回，一路上会遇到盗贼也就在所难免了。这种现象一直在丝路上上演着，杨宝玉先生通过对五代宋瓜沙曹氏归义军政权和中原王朝的出使往来的考察，发现一个有趣的现象，归义军使团往东出使一般不会受到甘州回鹘的劫掠，但往往在返回时会被甘州回鹘洗劫，究其原因，还是因为"入奏使团大多还兼有经济目的，往往会带回大量西部部族贪爱的珍宝，其对掠夺成性的少数部族首领的刺激远远超过他们东行时的携带物"[2]。这很有说服力。

以丝绸之路为中心的这条古代人类的国际贸易大道，因为其利益关系，一直是中原王朝和北方少数民族争夺的中心，至少自汉代以来就没有停止过，先后有匈奴、鲜卑、柔然、厌哒、突厥、回纥、蒙古等。这些草原民族通过这条国际商道获得巨大利润，反过来又大大刺激了他们的胃口，所以相继竞起争夺控制丝路。[3] 以高昌敦煌一线为例，前凉时期为戍己校尉驻守，北魏灭北凉，北凉流亡政权联合柔然控制西域，最后柔然灭高昌沮渠政权，势力扩展到西域诸地。因此《隋书》说南北朝时，敦煌至高昌一线"有魑魅怪异，故商旅来往多取伊吾道"。

在这样的情况下，要保证商队的货物、牲口及人身安全，如果没有相应的武装保卫力量，要保证顺利到达目的地，大概只能凭运气了。

前秦时吕光征西域，破龟兹后，龟兹王在吕光的保护下，"以驼二万余头致外国珍宝及奇伎异戏，殊禽怪兽千有余品，骏马万余匹"(《北史·西域传》)入中原，显然吕光庞大的军兵成了龟兹王最好的保护力量。

张庆捷先生在研究粟特商队时注意到藏于日本MIHO博物馆的入华粟特人石床榻图像，其中行进在粟特商队一侧的，居然有突厥武士（图24），间接说明了在中亚丝绸之路的不稳定情况，突厥人掌握了该地域丝路的管理权，充当着那一段丝路贸易的保护者。[4] 荣新江先生则把史君墓石椁浮雕上粟特商队外围的一些人物形象解释为"作人""奴婢"，暗含其中就有商队保镖的角色。[5] 而在现已发现的像MIHO、安伽、史君等墓葬石棺床或石椁上出现的商队中，除了有粟特商人之外，还有其他民族像突厥人，也有学者们一致认为的粟特首领与突厥、嚈哒首领的会盟场景（图25），其实也可以认为是粟特商队为了保障自己庞大的商队在丝路上的安全，而求突厥力量保护的手段。而像在这些石棺床上商队行进过程中出现的骑马狩猎场景，出现弓箭手（图26），另像史君墓石椁上出现在商队的前面带胡禄的

---

[1] 《史记》卷123《大宛列传》第63，中华书局，1972年，第3173页。

[2] 杨宝玉：《清泰元年曹氏归义军入奏活动考索》，《敦煌学辑刊》2011年第3期。另见杨宝玉、吴丽娱《归义军政权与中央关系研究——以入奏活动为中心》，第139页。

[3] 李明伟主编：《丝绸之路贸易史》，甘肃人民出版社，1997年，第136—138页。

[4] 张庆捷：《北朝入华外商及其贸易活动》，原载张庆捷、李书吉、李钢主编《4—6世纪的北中国与欧亚大陆》，又载氏著《民族汇聚与文明互动——北朝社会的考古学观察》，第215页。

[5] 荣新江：《北周史君墓石椁所见之粟特商队》，《文物》2005年第3期，第47—56页。另见西安市文物保护考古研究院编著，杨军凯著《北周史君墓》附录文章，第274—283页。

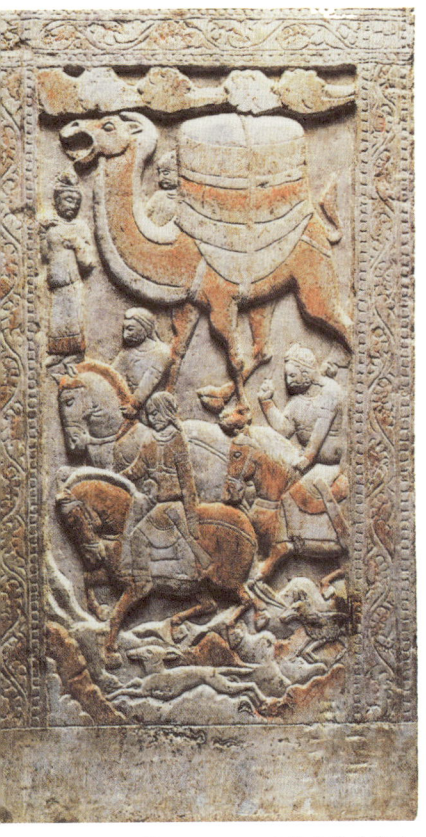

图 24　MIHO石棺床粟特商队和突厥武士 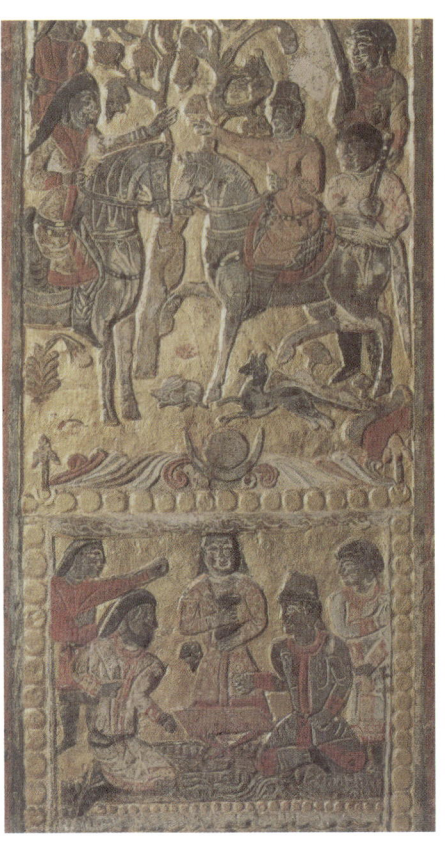　　图 25　西安北周安伽墓石棺床上的粟特突厥会盟图 　　图 26　西安北周史君墓石椁上的胡人狩猎场景

骑马形象者，应该是商队保卫人物，另在商队中间一身持望筒"千里眼"人物（图27），学者们认为即是商队护卫首领[1]，因此从侧面证明了丝路上粟特商队武装力量的存在。

有隋一代，炀帝为了开通丝路，加强与西域的联系，派裴矩前往河西经营胡商贸易，又遣大将薛世雄在丝路北道要冲伊吾屯兵建城，设立西域贸易的桥头堡，明确告诉胡商伊吾是一座贸易城，解除西域诸胡的疑虑，大大方便丝路贸易。显然隋王朝在丝路沿线给丝路上的胡商提供保障，保护商队的安全，充当胡商的武装力量。

据吐鲁番文书"过所"及人夫雇佣"作人"史料的记载，其中就有为数不少的在安西、北庭、西州、伊州、沙州、瓜州及长安等丝路上"兴胡"商人雇佣的"赶脚"，据统计这些"作人"往往又是以粟特胡人为主。[2]虽然文书记载为雇佣人力的"作人"，但是正如荣新江先生指出的那样，其中应该有"保镖"的身份[3]，以保证商队的财产安全。以粟特胡人入华后的传统职业而言，入伍参军为雇佣兵为大家所熟知，另外"入质宿卫"也是胡人常见的职业，《新唐书·魏征传》记："自是（贞观四年，630）天下大治，蛮夷君长袭衣冠，带刀

---

[1] 李瑞哲：《古代丝绸之路胡商活动及其影响研究》，陕西出版集团、陕西人民出版社，2011年，第111页。
[2] 程喜霖：《唐代过所文书中所见的作人与雇主》，载武汉大学历史魏晋南北朝隋唐史研究室编《敦煌吐鲁番文书初探二编》，武汉大学出版社，1990年，第440—462页。另见程喜霖《唐代过所研究》，中华书局，2000年，第239—245页。
[3] 荣新江：《北周史君墓石椁所见之粟特商队》，《文物》2005年第3期，第47—56页。

图27 西安北周史君墓石椁上的胡人商队

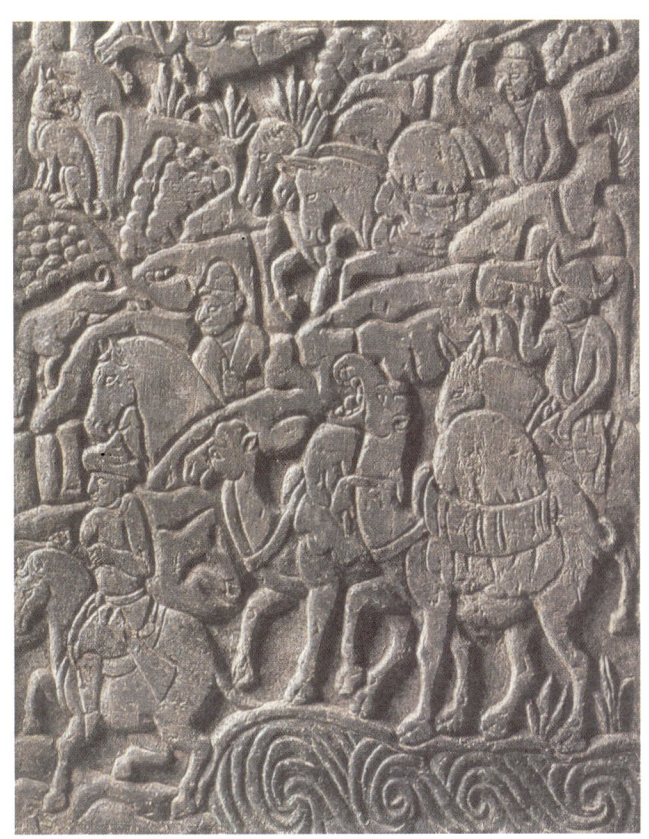

图28 莫高窟第285窟战争场景

宿卫。"[1]

其中死后陪葬昭陵的安元寿事迹颇为典型,安元寿作为凉州安氏胡人集团的代表,曾在唐太宗与突厥颉利可汗的渭水便桥的谈判中,"请屏左右,太守独将公一人于帐中自卫"[2],显然是充分发挥了安元寿的语言、外交和武功特长,保卫太宗的人身安全是首要的。推而广之,丝路上胡汉商人的队伍中,也会出现这些有武功特长的保镖的身影。

玄奘法师在和一个多达五百人的商队同行,在露营时,"同伴五百皆共推奘为大商主,处为中营,四面防守"[3],以营防的形式布局,并有四面防守,说明此大商队集体自身是有强大的保卫力量的。

基于以上的讨论,如果再回过头来看,早于隋代第420窟的敦煌壁画西魏第285窟和北周第296窟中出现的"五百强盗成佛因缘"故事画中的全副武装的官兵和强盗厮杀的画面(图28),其实也可以理解成丝路上官兵为保卫使团和商队的安全,和这些丝路上频繁出没的强盗作战的场面,画面的结果也是清楚的,强盗们最终被制服。

通过以上简单的讨论,可以为我们理解以莫高窟第420窟胡人商队的武装力量在丝路上和强盗进行保卫战的场景,可为我们认识漫长历史上丝路胡商武装保卫力量的点滴线索,但是这方面的资料毕竟有限,仍须再思考。

---

1 《新唐书》卷97《魏征传》,第3870页。
2 牛致功:《唐代碑石与文化研究》,三秦出版社,2002年,第49—57页。
3 (唐)慧立、彦悰:《大慈恩寺三藏法师传》卷五,中华书局,1983年,第118页。

敦煌壁画商人遇盗图运输方式牲口统计表

洞窟（或绢纸画）号	时代	商人数	骆驼数	毛驴数	作为坐骑的马	备注
莫高窟第303窟	隋	4	无	3	无	
莫高窟第420窟	隋	约20	约9	约11	4	画面模糊
莫高窟第23窟	初唐	5	无	2	无	画面模糊
莫高窟第444窟	盛唐	残剩2	无	无	无	画面残
莫高窟第217窟	盛唐	残剩1	1	1	无	画面残
莫高窟第205窟	盛唐	2	无	无	无	
莫高窟第45窟	中唐	6	无	2	无	
莫高窟第231窟	中唐	3	无	1	无	画面不清
莫高窟第7窟	中唐	2	1	1	无	
莫高窟第185窟	中唐	2	无	无	无	
莫高窟第359窟	中唐	1	无	无	无	
莫高窟第468窟	晚唐	4	无	无	无	
莫高窟第18窟	晚唐	4	无	2	无	
莫高窟第288窟	五代	3	1	1	无	
莫高窟第55窟	宋	4	无	无	无	
绢画EO.1142	五代	1	无	无	无	
P.4513	五代	4	1	1	1	
P.2010	五代					
S.6983	五代	2	无	无	无	
P.2010	五代	2	无	无	无	
S.5642	五代	1	1	1	无	
敦煌研究院藏印本	西夏	2	无	无	无	

六 丝绸之路上胡商的运输方式

综观敦煌壁画胡商遇盗图，在画面的胡商一方用来表现丝路长途运输的方式，基本上是以毛驴、骆驼两种牲口为主，部分有见商人骑马者，列表统计如下。

通过上表可以看到，总体而言，壁画中表现商人带有运输工具骆驼或毛驴的不多，至于商人骑马者就更不多见了，但是往往在官兵形象的怨贼一方多有骑马者出现，也说明了马匹在特定历史时期作

图29 莫高窟第296窟福田经变胡汉商队过桥图

为较昂贵的交通工具的情况。

但是敦煌壁画、绢画、纸画中的商人遇盗图，其中心意图毕竟是为了表达经典的意思，而不是要表达丝路上胡汉商人的交通贸易的历史情景，因此并不会完全要把商人相关的内容全画出来，如货物、运输工具，而往往以省略的笔法象征符号性地表示画面的意图，因此多不见商队必须具备之骆驼或毛驴等运输工具。

由此我们联想到在莫高窟北周第296窟福田经变过桥图中，画面一侧是两位骑着高头大马的汉族商人，后面跟随二脚力，赶着两头身负商品的毛驴过桥，桥另一侧正在等待过桥的是一前一后两位步行的胡商，前面胡商牵着两头骆驼，后面胡商赶着两头毛驴，骆驼和毛驴均负物前行（图29）。如果再联系莫高窟盛唐第217、103二窟佛顶尊胜陀罗尼经变中出现的佛陀波利求法的场面，佛陀波利所乘坐骑即为毛驴（图30）。因此可以说丝路上商人主要的运输工具是骆驼和毛驴，其中又以毛驴为常见，大概毛驴在当时更加廉价易得。这一点也可以得到吐鲁番相关文书记载的佐证，唐墓中也不时有零星的三彩毛驴的出土，其实都是丝路真实历史的记录。

对于吐鲁番文书中涉及丝路交通贸易的文书，程喜霖先生在研究"唐代公验过所文书所见胡汉商人贸易"时曾列有详细的统计表，对吐鲁番所出唐公验过所文书中涉及马、牛、驴、驼、骡的信息有清晰的认识，在统计的12份文书中显示，在唐代活跃于沿安西四镇、西州、河西、长安丝路的胡汉商

丝绸之路交通贸易图像 | 149

图30 莫高窟第217窟南壁佛陀波利求法图

队,其中可归入运输工具和方式类的马21匹、驴106头、牛7头、骡3头、驼5峰。[1] 单就写于垂拱元年(685)的《康尾义罗施等请过所案卷》记录的商队中的牲畜数量,有骆驼2峰,驴26头[2],而曾在开元二十年、二十一年频繁出现在瓜州、沙州、伊州、西州从事商业活动的兴生胡石染典,先后两次分别从瓜州都督府和西州都督府户曹处申请的过所公验中,就记载了他分别带有毛驴10头、骡驴11头[3],基本上可以认为是石染典在这几个地方来往兴生的运输规模。即使是考虑到有作为贸易对象的比例,总体而言,显示出毛驴在丝路运输中所占比重是最高的,无疑如同敦煌壁画显示的一样,毛驴在漫长的中古丝路贸易长途运输中担当着非常重要的角色。

对于丝路上胡商的运输工具,无论是普通读者还是专门的史学研究者,往往会先入为主,首先注意到大量北朝隋唐墓葬中出土的驼载货物的骆驼俑(图32),这些骆驼俑又往往和胡俑配合出现(图33),甚至还有胡人骑在骆驼上的形象(图34),类似的作品在敦煌的唐墓中也有发现(图35),把这样的墓葬艺术品和丝路上胡商的结合研究,以张庆捷先生的研究为代表[4],应该说已是学界研究和博物

---

[1] 程喜霖:《唐代过所研究》,第239—245页。
[2] 国家文物局古文献研究室、新疆维吾尔自治区博物馆、武汉大学历史系编:《吐鲁番出土文书》第三册,文物出版社,1981年,第346—350页。另参见程喜霖《唐代过所研究》,第246—258页。
[3] 国家文物局古文献研究室、新疆维吾尔自治区博物馆、武汉大学历史系编:《吐鲁番出土文书》第九册,文物出版社,1990年,第40—42、48页。
[4] 张庆捷:《北朝隋唐的胡商俑、胡商图与胡商文书》,载荣新江、李孝聪主编《中外关系史:新史料与新问题》,第173—204页。

图 31　西安博物院藏唐墓中出土的三彩毛驴

图 32　骆驼载货俑

图 33　胡人牵驼俑

图 34　胡人骑骆驼俑

馆界对文物介绍说明的共识。但现据敦煌图像、史君墓石椁图像，结合吐鲁番文书的记录，可以看到，虽然如同荣新江先生研究指出的那样，马、牛、驴、驼、骡等均是丝路上胡商的运输工具[1]，但是毕竟被常识中视为胡商主要运输工作的"沙漠之舟"和丝绸之路象征符号[2]的大型牲畜骆驼似乎并不容易获取，而胡商们更愿意使用更加轻便和小型化的毛驴来驱使。像《魏书》卷九五《吕光传》记载"光以驼二千余头，致外国珍宝及奇伎、异戏、殊禽、怪兽千有余品，骏马万余匹而还"的事例，正好印证了国家军队的实力，而不能适用于普通的胡商。

骆驼在墓葬中的大量出现与在洞窟壁画、吐鲁番文书中记载偏少的矛盾现象，其实正是墓葬中胡人与骆驼作为财富象征的意义[3]，与在敦煌壁画、吐鲁番文书中更加或完全真实反映与记载的区别所致。同时这也是墓葬考古研究中一个复杂而有趣的现象和问题。因此，正如E.Knauer女士指出的那样，墓葬中出现的骆驼载物的意义，更加强调的是精神作用，而非写实的手法，除了表示富有之外，这些骆驼上所驮的物品，主要是提供给墓主人灵魂使用的

1　荣新江：《北周史君墓石椁所见之粟特商队》，《文物》2005年第3期，第47—56页。
2　齐东方：《丝绸之路符号的象征——骆驼》，《故宫博物院院刊》2004年第6期，第6—25页。
3　李瑞哲：《古代丝绸之路胡商活动及其影响研究》，第64—75页。

图35-1 敦煌唐墓出土胡人牵驼砖

图35-2 敦煌唐墓出土胡人牵驼砖

物品。[1]齐东方先生也表达了相同的观念和认识:"在中原地区的唐人心目中,把骆驼和对外交往、交通贸易联系在一起,在产生的神化和向往的心理之后出现的精心刻画,意在全力讴歌对外开拓的精神,更说明对丝路贸易的重视已不是政府和统治阶层独有的崇尚。这也正是骆驼的形象在唐以前不多见,宋以后几乎绝迹的原因。"[2]但无论如何,骆驼曾经作为漫长的历史时期中丝路上的主要运输工具是不能否定的,因此文献中很早就对骆驼应对沙漠恶劣气候的本领,及其对行人的帮助有过记载,《北史·西域传》记且末西北的数百里流沙(即今天的塔克拉玛干沙漠):"夏日有热风,为行旅之患。风之所至,唯老驼预知之,即嗔而聚立,埋其口鼻于沙中。人每以为候,亦即将毡拥蔽鼻口。其风迅駛,斯须过尽。若不防者,必至危毙。"[3]相比之下,毛驴就没有骆驼在沙漠中的诸多本领,但是对于商队而言,如果单纯从寻找水源、预知风暴等气候而言,一支商队有一两峰骆驼即可,其他的大量的物资的载重,仍然是这些任劳任怨的毛驴的任务,包括同样温顺但更有耐力的驴和马的杂交品种骡子,史宁一次获商胡"驼骡六百头",其中的骡子数量不在少

图36 莫高窟第98窟山间行人

---

1 Zurich: AKANTHVS, The Camel's Load in Life and Death. Iconography and Ideology of Chinese Pottery Figurines from Han to Tang and their Relevance to Trade along the Silk Routes, *Verlagfur Archaologie*,1998.参见荣新江《骆驼的生死驮载——汉唐陶俑的图像和观念及其与丝路贸易的关系》书评,《唐研究》第5卷,北京大学出版社,1999年。另载荣新江著《中古中国与外来文明》,第488—489页。

2 齐东方:《丝绸之路符号的象征——骆驼》,《故宫博物院院刊》2004年第6期,第20页。

3 《北史》卷97《西域传》,第3209页。

数，因此吐鲁番文书中的胡商也往往带有骡子出现。不过非常遗憾的是，在大量的北朝隋唐墓葬中，作为丝绸之路象征符号的骆驼大量出现，而对也曾经随同骆驼一道长途跋涉、翻山越岭、涉流沙、过戈壁的毛驴、骡子，却仅有零星的出现，或者说几乎被遗忘，其中的原因仍需探讨。但幸运的是，我们仍然可以在敦煌壁画和吐鲁番文书中的记载中得到不同的认识，帮助这些不会说话的牲畜恢复他们的历史贡献和本来面貌，敦煌壁画中晚唐法华经变中出现表现人们前往险路求宝的"化城喻品"画面中，在险峻的山间栈道上出现的往往是以毛驴作为主要运输工具的取宝人众（图36），另在莫高窟五代第61窟五台山图中，前往五台山朝拜的行人、送贡使中，毛驴也是主要的运输牲畜（图37），即使是在张择端的《清明上河图》中，出现在汴梁都城的运输队伍中（骑乘、驮载、拉车），虽然是"驴骡马牛橐驼之属"[1]一应俱全，但略作统计可知，其中拉车、驮物最多的是毛驴（图38），对于骆驼而言，仅见过城门的胡人驼队，正是荣新江先生所谓"千汉一胡"的现象。[2]事实上，我们从伯希和的西域考察日记中可以知道，即使是到了20世纪初的1908年，伯希和仍然看到了往返于敦煌、新疆罗布泊一带的商队大量使用较骆驼更为廉价的毛驴作为运输工具的情景。[3]

总体而言，虽然在传世文献中，对这些在丝绸之路上曾经帮助人类沟通中西、默默奉献的牲畜，无论是对骆驼还是毛驴、骡子，或是拉车的牛，都

图37 莫高窟第61窟五台山图中的行人

---

1 《清明上河图》明李东阳题跋，参见陆昱华《张择端〈清明上河图〉赏析》，载盛天晔主编《张择端·清明上河图》，湖北美术出版社，2013年。
2 荣新江：《〈清明上河图〉为何千汉一胡》，载北京大学中古史研究中心编《邓广铭教授百年诞辰纪念论文集》，中华书局，2008年，第658—666页；又载氏著《隋唐长安：性别、记忆及其他》，复旦大学出版社，2010年，第107—140页。
3 ［法］伯希和著，耿昇译：《伯希和西域探险日记》，中国藏学出版社，2014年，第468页。

丝绸之路交通贸易图像 | 153

图38 张择端《清明上河图》汴梁局部

不曾有过多的记载，但是随着墓葬考古新资料的不断发现，结合留存下来的石窟壁画等资料，透过历史的尘埃，我们还是看到丝路上这些交通运输牲畜蛛丝马迹的默默身影。

小　结

作为图像文献的敦煌画商人遇盗图，以形象的绘画艺术为形式，在佛经文字语言的规范下，通过佛教信仰的媒介，把隋至宋、西夏时期活跃在丝绸之路上以粟特胡人为主的商业活动中颇为惊险的一幕定格在不同时期的洞窟、壁画、绢画和纸画上。这些小幅的画面，在整体敦煌壁画中看似微不足道，但在"图像证史"理念与方法的指引下，把一幅幅图像放在丝路交通贸易这样的大背景下观察，则属漫长丝路上商业活动的真实图像的记录和再现，因此实有研究的重要价值和意义。这些形象的画面，也是我们今天理解中古时期丝路交通贸易的重要载体，透过历史的观察，往往会复原一幅幅不同场景的丝路交通与民族互动的历史片断，最终可成为鲜活的丝路历史记忆。

金山国时期肃州地区的归属

——以法藏敦煌文书P.3633为中心的考察

杨宝玉

(中国社会科学院历史研究所)

肃州位处河西走廊中部（图1），唐末五代之际，其东边的甘州被回鹘政权牢牢占据，西边的瓜州则主要受以汉人为主导的敦煌地方政权的节制，在针锋相对的东西两大政治势力不断对抗争斗的过程中，肃州时而西属，时而东附，变化不定，但受现存相关史料严重匮乏所限，今日的我们又难以了解各历史时期肃州归属的具体情形。笔者因整理校注金山国史的重要史料——法藏敦煌文书P.3633所抄各文献——而关注到金山国时期肃州的归属问题，故拟借参加此次学术会议之机略陈管见，不当之处，敬请专家学者教正。

一 关于金山国时期

在此我们需首先厘清所谓"金山国时期"对应的时间段。

唐朝灭亡后，朱温建立的后梁局促乏力，无暇西顾，远处西陲的敦煌张氏归义军政权不可能再得到中原王朝的庇护援助，哪怕是声援，而各地地方势力的纷纷称霸自立却使壮龄气盛、已大权在握十余年的张承奉深受刺激，难免野心膨胀。更为严酷

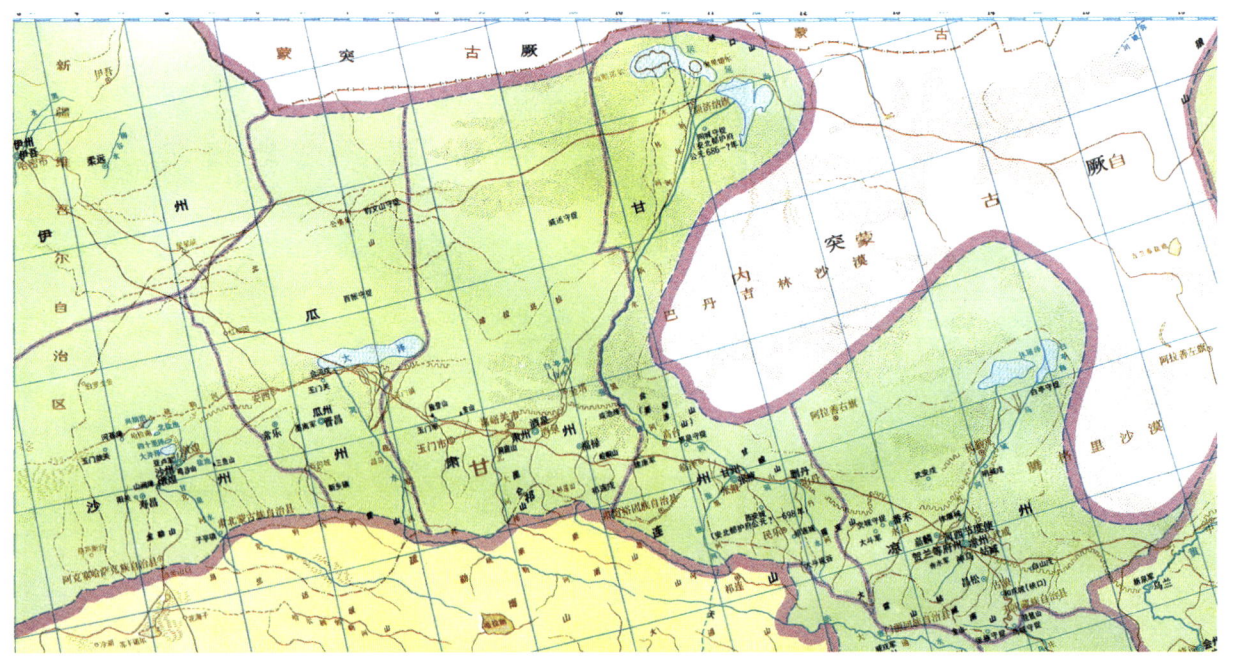

图1 肃州在河西走廊中的位置

的是，以汉人为主导的归义军政权此时正处于西部少数部族的包围之中。东邻甘州回鹘尤其强大，不断侵扰周边地区，已对归义军构成了严重威胁，不单是实力，气势也凌驾于归义军之上；已亡国的李唐朝廷任命的节度使张承奉与甘州回鹘可汗的名声与地位完全不对等，难以显示力量和号召百姓。既然东联中原已不现实，单独抗击回鹘的局面不可回避，以提升自信心、加强汉人凝聚力为主要目的的建朝立国便成了时势所趋。可以说，时代的变换与刺激、对实力的过高估计、抵御回鹘的现实需要，共同促成了独立小王国西汉金山国的建立。

关于金山国的成立时间，学界曾存有不同说法，笔者已刊发《金山国成立时间再议》[1]一文，从张氏归义军最后一次东向入奏活动的具体时间与目的、敦煌文书中的相关纪年题记、金山国及同期各割据政权的年号使用情况、新旧《五代史·吐蕃传》的简短记载等多种角度，分析辨别了各种观点，论证了北宋邵雍《皇极经世书》卷六下"己巳……张奉以沙州乱"[2]的记述准确可靠，提出并论证了有关金山国成立时间的唯一合理解释，只能是909年秋的新主张。目前笔者仍持此观点。

至于金山国的消亡，英藏敦煌文书S.1563《西汉敦煌国圣文神武王敕》是目前所知金山国的后继者敦煌国颁发的年代最晚的公文，日期署为"甲戌年（914）五月十四日"，说明其时独立小王国尚在运作，而法藏敦煌文书P.3239《甲戌年十月十八日敕归义军节度兵马留后使牒》的签署者为"使检校吏部尚书兼御史大夫曹仁贵"，表明其时曹氏已经接掌政权。两相比对，金山国显然覆灭于914年五至十月之间。关于这一点，学界并无争议。

因而，本文所言之金山国时期即指909年秋（准确地说是七月，详后）至914年夏秋之间，为时五年左右。

二 《龙泉神剑歌》中与肃州有关的记述

关于金山国，传世史书中的记载非常少，除上引邵雍《皇极经世书》所记的八个字外，今知仅新旧《五代史·吐蕃传》所记"沙州，梁开平中，有节度使张奉，自号'金山白衣天子'"[3]一条，因而敦煌文书中的有关记述便弥足珍贵。

敦煌文书中保存的最重要的金山国文献即抄存于法藏敦煌文书P.3633，为《龙泉神剑歌》《西汉金山国左神策引驾押衙兼大内支度使银青光禄大夫检校国子祭酒御史中丞上柱国清河张安左生前邈真赞并序》《辛未年七月沙州百姓一万人上回鹘天可汗状》，它们与抄于P.2594v+P.2864v的《白雀歌》共同构成了金山国史研究的史料主体，而其中又以《龙泉神剑歌》的篇幅最长，史料信息最为丰富。

《龙泉神剑歌》是由金山国宰相张文彻[4]创作的

---

1 杨宝玉：《金山国成立时间再议》，《敦煌学辑刊》2008年第4期，第44—52页。
2 （清）纪昀等：《文渊阁四库全书》第803册，上海古籍出版社，1987年，第738页。
3 （宋）薛居正：《旧五代史》，中华书局，1976年，第1840页；（宋）欧阳修：《新五代史》，中华书局，1974年，第915页。梁太祖朱温之父名朱诚，"诚"与"承"发音相同，后汉隐帝名刘承祐，故传世史书中的"张奉"当系为避讳而省"承"字，实即敦煌文书中的"张承奉"。
4 原卷在"谨撰《龙泉神剑歌》一首"之下署有"吏部尚书臣张厶乙撰进"，其左上方又补写有"大宰相江东"五字，故知诗作者即时任金山国吏部尚书的宰相张文彻，"江东"当是其祖籍。

一首上千字的长诗[1]，内容大致上包括赞颂、建议、憧憬等几个方面，其中赞颂部分既有对张承奉本人的吹捧，也有对抗击甘州回鹘的金山国战将的歌颂，而后者乃是这首长诗中写实成分最多或史料价值最高的部分。至于给金山国主的治国建议和对金山国未来的憧憬，则是作者期待发生，但至少写诗时还没能实现的愿望。

值得特别注意的是，《龙泉神剑歌》（图2—4）中有一组关涉肃州的诗句，即在描述该诗所及金山国抗击甘州回鹘的首场战事[2]时称：

金风初动房兵来，点龇[3]干戈会柏（？）台。战马铁衣□[4]雁翅，金河东岸阵云开。慕（慕）良将，拣人材，出天入地选良牧。先锋委付浑鹞子，须向将军剑下摧。左右冲□□[5]房尘，疋马单枪阴舍人。前冲房阵浑穿透，一段（？）英雄远近闻。

诗中的"金河"即今酒泉讨赖河，又称讨来河、北大河、呼蚕水等，源出祁连山北麓，先西北流，再折向东北，与张掖河（即弱水，又名黑水）会合并流入居延海。唐五代时期它不仅同样流经肃州，还是肃州地区最主要的灌溉水源，因而很受时人重视，敦煌文书中即保留有不少与金河有关的诗文，如P.2672抄存有唐人撰作的《金河》诗，非常著名

的P.2555《为肃州刺史刘臣璧答南蕃书》在追溯吐蕃与肃州关系时亦称："三年已前，七月十五日，劳赞摩大军远辱弊（敝）邑，泻金河单酌，论两国甲兵。"因而金河位于肃州境内向来是没有异议的。

三 金山国时期肃州归属的变化

在上述铺垫之后，下面我们即应集中探讨金山国时期肃州的归属问题了。

（一）金山国统治初期至少领有肃州部分地区

关于金山国建立前后张承奉的统辖范围，以前学界一般都认为是仅限于瓜沙二州，甚至仅实有沙州。上引《龙泉神剑歌》"金风初动房兵来……金河东岸阵云开"等句却促使我们重新思考。

诗中的"来"字明确说明此战是回鹘西侵，也就是说是回鹘侵入了金山国管界，开战的地点在金山国疆域之内。关于金山国排兵布阵迎击敌寇之地，诗歌记为"金河东岸"。按一般常识推理，当强敌入侵时还能在大致为南北流向的河之东岸布阵，开战之前金山国的辖区当更在其东。并且，《龙泉神剑歌》有言"今年回鹘数侵疆"，即此前已发生了多次回鹘入侵事件，而此战犹在肃州交锋，更可以说明

---

[1] 关于该诗的完整录文，详参杨宝玉《敦煌文书P.3633校注与相关金山国史探究》，载《中国社会科学院历史研究所学刊》第9集，商务印书馆，2015年，第267—291页。

[2] 甘州回鹘与敦煌地方政权的冲突与战争由来已久，本文所说的"首战"等并非是指两地之间的首次交战，而是就《龙泉神剑歌》的叙述所及而言。该诗主要描绘了发生于910年的自"金风初动"战事初起到金山国受挫退守沙州后仍顽强抗战这一过程。

[3] 龇：整顿，戒备。敦煌文书中的"龇"字常常与"点"字连用，如P.2992《清泰元年（934年）朔方军节度使张希崇致甘州回鹘可汗状》即云"见（现）亦点龇兵士，取九月三日发赴土桥子接迎"。

[4] 此字原写为"铺"，前贤录文亦均作"铺"。但原字已被涂抹并于行右另补一字，惜无法辨识。

[5] 此二字处卷纸残，有学者录为"突搜"或"□搏"。

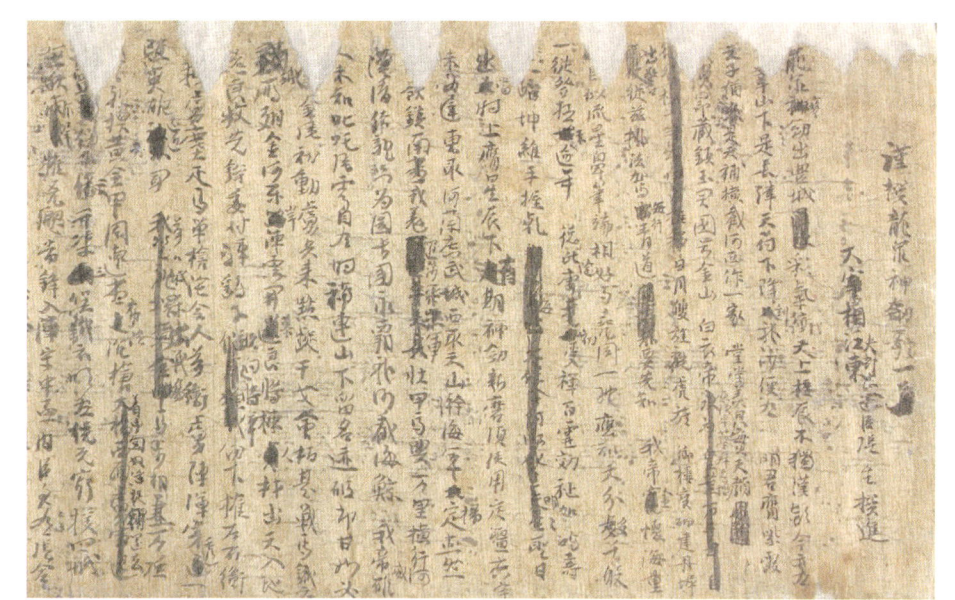

图2 P.3633局部

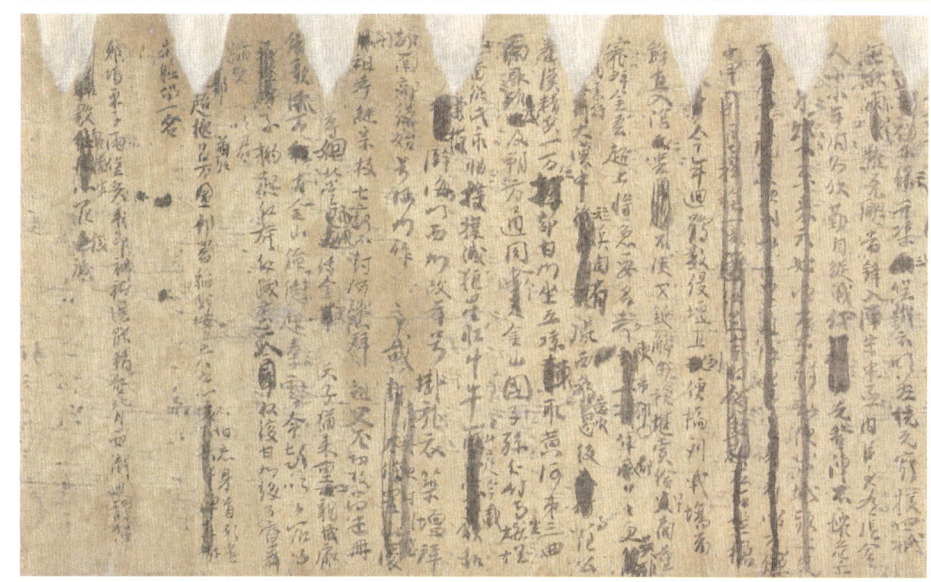

图3 P.3633局部

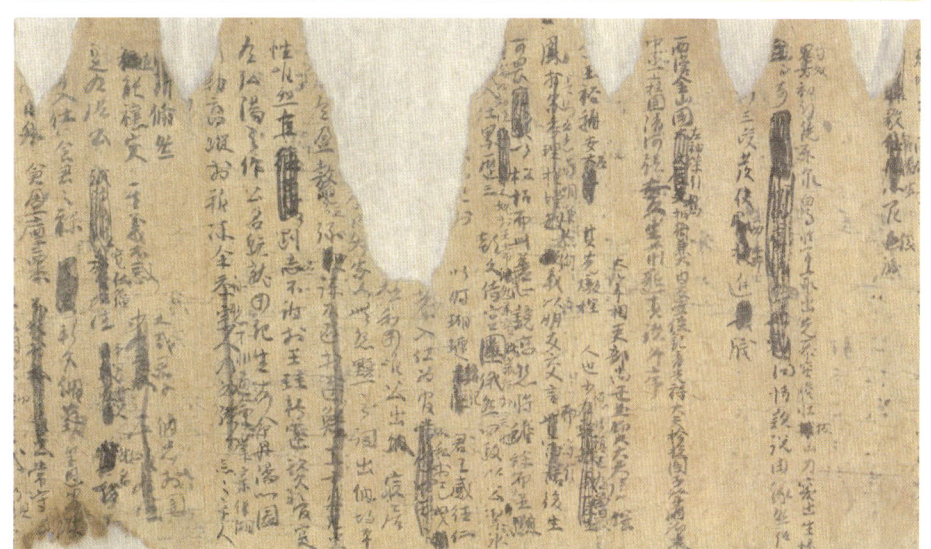

图4 P.3633局部

此战之前金山国辖境东至肃州。由此我们便可以知道，在《龙泉神剑歌》描绘的这场战事之前，肃州，至少是肃州的大部分地区是由金山国统属的。

那么，该战事具体发生于什么时间呢？亦即到何时金山国尚领有肃州呢？

据诗歌内容可知，《龙泉神剑歌》写于战事爆发不久，其时战争仍在继续，胜负未分，写作该诗含有鼓舞士气、催人奋进的意图。这样，我们可以通过对诗歌创作时间的考订回答上述问题。

考《龙泉神剑歌》有言："一从登极未逾年"，其中"未"字原本写为"始"，说明写诗时距张承奉称帝一年左右。前已述及，金山国创建于己巳年（909）秋，是知该诗即写于910年秋天。而上引记叙战事爆发时间的"金风初动"一语表明其时为七月初，因为金风系秋风的别称，如李善在为《文选·张协〈杂诗〉》"金风扇素节，丹霞启阴期"作注时即云："西方为秋而主金，故秋风曰金风也。"这样，我们便可将此次战争的首战时间推定为910年初秋时节的七月，同时可将对《龙泉神剑歌》写作时间的推算精确到当年七月中下旬或再稍晚一些。

还可附此一提的是，上述比定又有助于将对金山国创建时间的推算精确至一年前的909年七月。

综上所论，在新中国成立后的头一年，即909年七月至910年七月，肃州，至少是金河东岸以西的肃州由金山国统属。

（二）肃州归属新认识对解读《龙泉神剑歌》部分诗句的启迪

前面对肃州归属问题的新认识还可反过来为解读《龙泉神剑歌》中的部分诗句提供新的视角。

关于金山国的未来，《龙泉神剑歌》中有很多好大喜功的诗句，诸如"东取河兰广武城，西取天山瀚海军。北扫燕然□岭镇，南尽戎羌逻莎平。三军壮，甲马兴，万里横行河湟清"，或者"蕃汉精兵一万强，打却甘州坐五凉。东取黄河第三曲，南取洮（？）威及朔方。通同一个金山国，子孙分付坐敦煌。□蕃从此永归授（投），扑灭狼星壮斗牛。北庭今载和□□，兼摧瀚海以（与）西州"等，均是诗作者对金山国未来开疆拓土雄霸河西西域的虚幻前景的无限向往与美好展望，可谓壮志凌云，气冲斗牛。此外，诗中还有大量敦请张承奉完善建国礼仪与施政措施的建议建言，诸如"国号金山白衣帝，应须早筑拜天坛。日月双旌耀虎旗，御楼宝砌建丹墀。出警从兹排法驾，每行青（清）道要先知"、"改年号，挂龙衣，筑坛拜却南郊后，始号沙州作京畿。嗣祖考，继宗枝，七庙不封何飨拜？祖父丕功致尚书。册□□，□尊姻，北堂永须传金□，天子犹来重二亲"等即是，所提相当具体，表明作者对金山国的未来充满了幻想与企盼。

由于以往一直认为金山国的辖区始终不过瓜沙二州，甚至只有沙州，相关学者遂感觉上引这些激昂亢奋的诗句毫无根基，有类夜郎自大式的呓语，相当荒唐。现在对肃州归属问题的新认识当可以促使我们换个角度重新考虑，对诗作者及其诗作多一分理解。初建时拥有肃州，无疑说明那时的金山国还是具有一定实力的，其时的张承奉也正当壮盛之年，早于896年即成功摆脱嫁给李明振的张议潮十四女及李氏诸子的控制而独揽大权，积聚了比较丰富的统治经验，而归义军政权在经过十余年相对平稳的发展之后，也有所壮大，S.4654《罗通达邈真赞》、P.3718《张良真写真赞》、P.2803《张良真状》等记述的金山国西征楼兰璨微等事可证金山国还曾向西拓展。因而,《龙泉神剑歌》中的某些夸张鼓吹之词及其描绘的东进美梦并非全无来由。

不过,其时张氏归义军实力的提升是相对于以往(尤其是张氏政权频繁换主、内耗严重的890—896年)的疲弱而言的,还远不足以立国安邦,张承奉显然没能辩证客观地看清这一点,《龙泉神剑歌》所记金山国在肃州之战后的退守沙州与疆域大幅缩减即是明证。

(三)金山国统治中后期已失去对肃州的管辖权

前引《龙泉神剑歌》叙写的战事造成了肃州归属的变化:战败导致金山国丧失了大片东部疆土,肃州不再受金山国节制。

在前引诗句之后,作者紧接着写道:

> 前日城东出战场,马步相兼一万强。我皇亲换黄金甲,周遭尽布陆(绿)沉枪。着甲匈奴活捉得,退去丑竖剑下亡。
>
> 千渠三堡[1]铁衣明,左绕无穷[2]援四城。宜秋下尾[3]摧凶丑,当锋入阵宋中丞。内臣更有张舍人,小小年内则伏(服)勤。自从战伐先登阵,不惧危亡□一身。今年回鹘数侵疆,直到便桥[4]列战场。当锋直入阴仁贵,不使戈鋋解用枪。……

这部分诗句先是写诗歌撰作的"前日"发生的战役,其时战场已西缩至"城东"。从"千渠""宜秋"等水渠名称看,该城乃沙州城。这说明金山国在此前于肃州进行的抗战中失利,被迫大幅西撤,退守沙州,身为一国之主的张承奉不得不亲自披挂上阵,率领号称一万的马步军兵迎战步步紧逼的敌人。诗歌虽极力夸赞张承奉及宋中丞、罗俊诚、张舍人、慕容氏等金山国将士的神勇,声称通过"援四城""四冲回鹘阵"等激战,取得了活捉"着甲匈奴""退去丑竖""摧凶丑"的战绩。但是,那些局部胜利没能改变金山国面临的严峻形势:回鹘多次侵入金山国疆界,径直将战场推进到了便桥即沙州城城垣附近。

受现存史料所限,我们今日已无从得知本次战争下一阶段,即金山国抗击已西侵至沙州的甘州回鹘的具体情形,但据对此后敦煌史事的综合考察却可知,下一阶段的交战并未使金山国就此覆没,而是又支撑了一段时间。

只不过这场战争对金山国的打击的确是致命的,成为其国运的转折点。激战之后,金山国元气大伤,疆界萎缩,真正能够控制的就真的只有沙州及其周边地区了,因为据P.3633卷背抄存的《辛未年七月沙州百姓一万人上回鹘天可汗状》(图5—8)所言"沙州本是大唐州郡……□□廿六日,狄银领兵又到管内……况沙州本是善国神乡,福德之地。天宝之年,河西五州尽陷,唯有敦煌一郡不曾破散……沙州社稷,宛然如旧。东有三危大圣,西有金鞍毒龙,尝(常)时卫护一方处所"可知,当甘州回鹘发动下一场战争,即狄银率领回鹘铁骑再次来袭时,已是直接围困沙州城了。辛巳年为公元911年,金山

---

1 千渠三堡:位于敦煌城东。
2 无穷:即无穷渠,位于敦煌城北。
3 宜秋下尾:即位于敦煌城西的宜秋渠下游。
4 便桥:通常又称便门桥,最初是指汉武帝建元三年架设于长安城西北渭水之上的桥梁。便桥一般建在挖开的城壕之上,放下可通人行,掀起后可防备敌人入侵,故推测这里的"便桥"或即建在沙州城东。

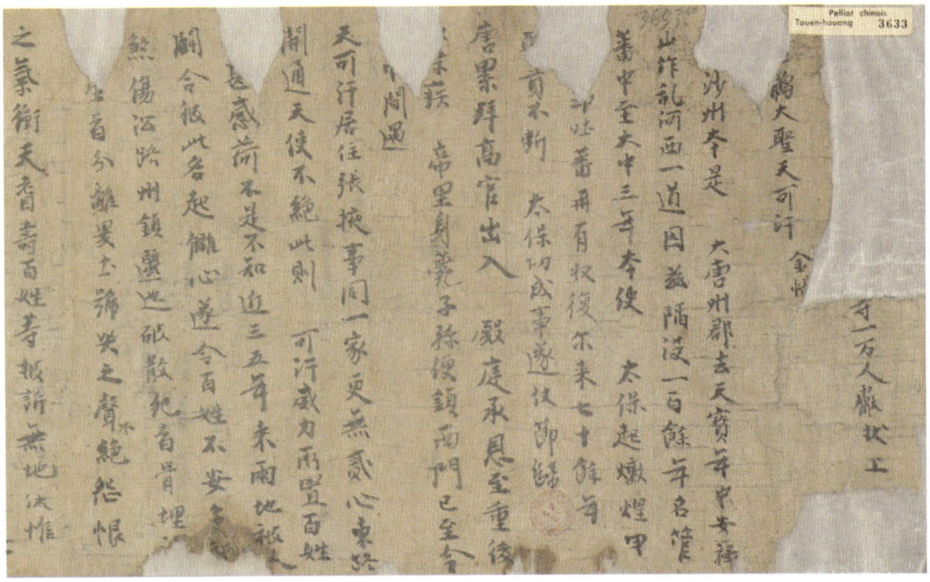

图5　P.3633V局部

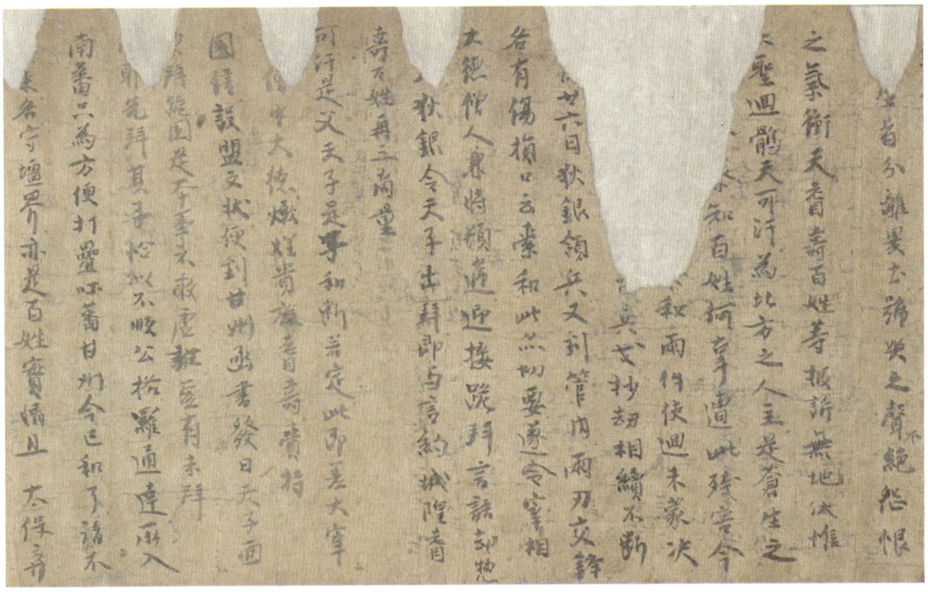

图6　P.3633V局部

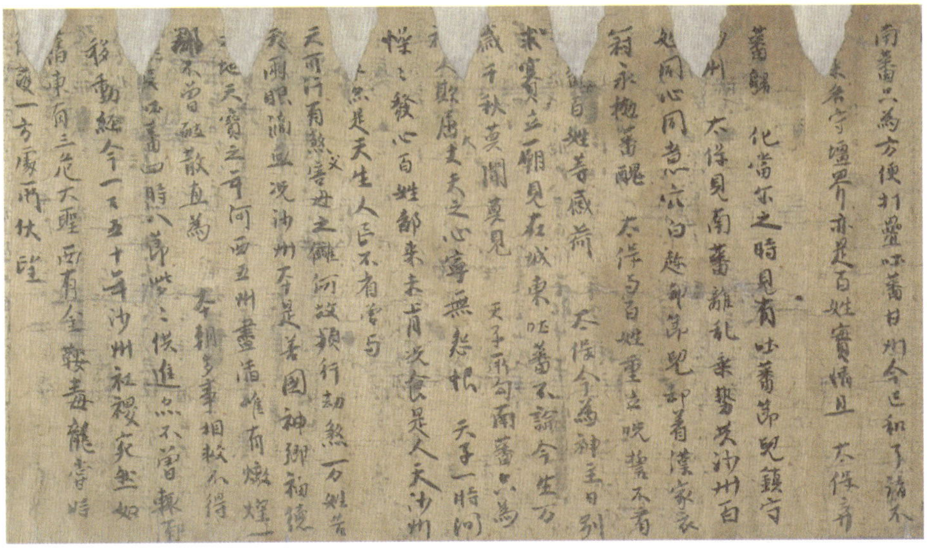

图7　P.3633V局部

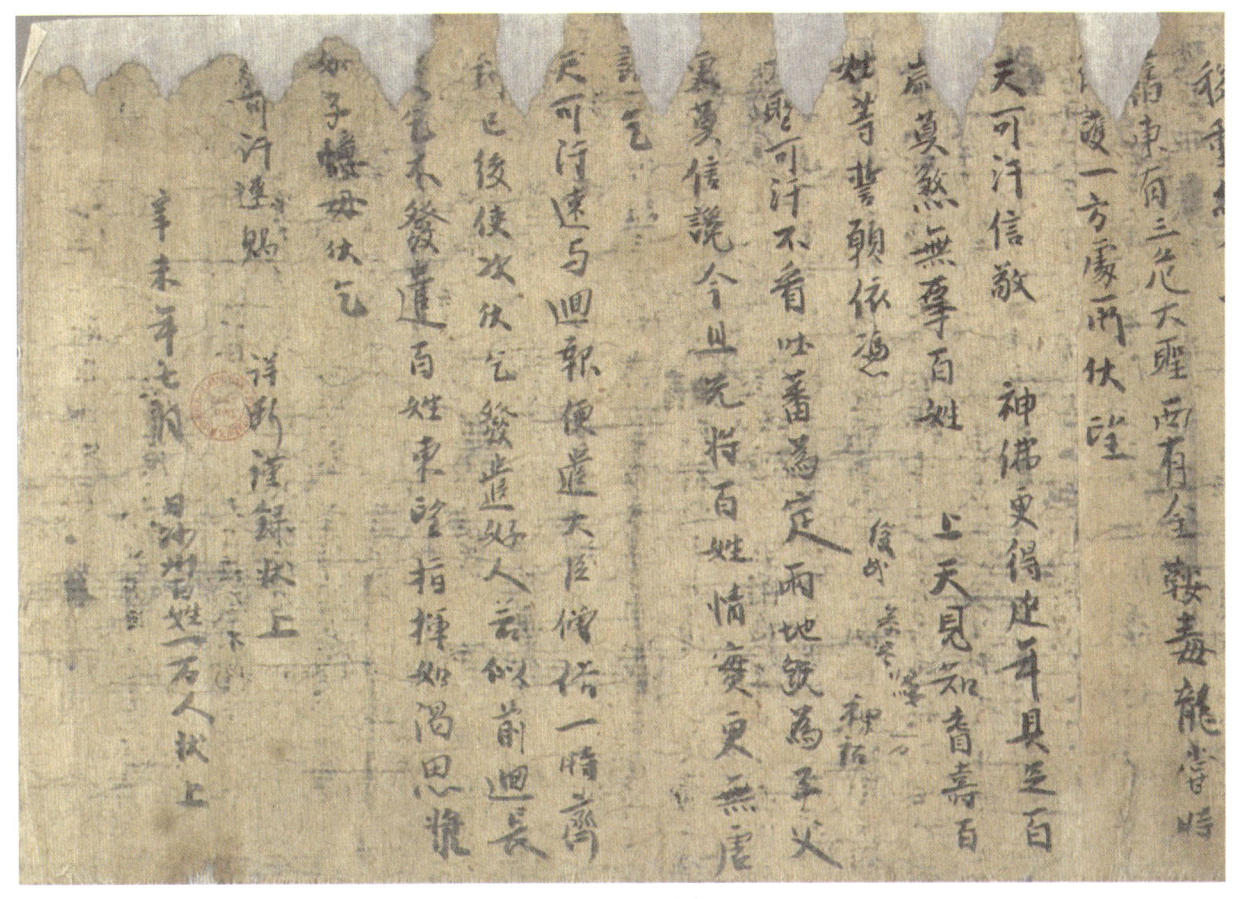

图8　P.3633V局部

国战败后乞降求和于七月，那么狄银领兵入侵的时间当为六月二十六日或更早，距《龙泉神剑歌》描绘的那场战争结束的时间尚不足一年。此时的金山国已历经多年兵灾战患，国力衰弱，民心厌战，不堪重负，以至开战后不久的七月即试图与回鹘订立城下之盟，遂借沙州百姓的口吻向可汗乞和称臣。同样是张文彻拟写的降状《辛未年七月沙州百姓一万人上回鹘天可汗状》追溯金山国辖区历史时也只提沙州而不及其余了，是知肃州早已不归金山国所属。

以上笔者主要根据P.3633抄存的《龙泉神剑歌》和《辛未年七月沙州百姓一万人上回鹘天可汗状》探讨了金山国时期肃州的归属问题。可知金山国成立一年时肃州尚在其国土范围之内并为其东界，故此甘沙双方首先在肃州境内的金河东岸交战。但此战金山国惨败，被迫西撤。甘州回鹘则步步进逼，直至东距肃州800里之遥的沙州。于此金山国君臣进行了顽强抵抗，使得其国运又延续了几年，但东部国土，特别是肃州的丧失已不可挽回。

河西走廊出土文献中的丝绸之路意象*

贾小军

(河西学院河西史地与文化研究中心)

河西走廊是古丝绸之路的黄金地段，其独特的地理形势和宜农宜牧的自然环境，为丝绸之路的畅通繁荣提供了战略保障。不同时期丝绸之路走向虽不尽相同，但河西走廊则是经久不变的主干道。传世史籍如《汉书·西域传》《三国志·乌桓鲜卑东夷传》裴注、《隋书·裴矩传》《元和郡县图志》等，记录了从长安出发，经河西走廊，新疆至西亚、地中海地区的丝绸之路，但这条丝绸之路需要出土文书的细化。如果再加上大量道路、关隘、城址及壁画等历史遗存，则会全方位立体展示丝绸之路全貌。

近代以来，河西走廊发现了大量汉唐时期的简牍、敦煌文书、墓葬壁画及镇墓文、墓券等其他墓葬文献，也保存有大量类型多样的城镇及道路遗址，加上传世文献资料的记载，为研究汉唐时期丝绸之路提供了丰富的资料。

虽如此，学界对丝绸之路的认识却远没有达到理想中的一致。本文试图通过考察河西走廊出土文献中的丝绸之路信息，并结合传世史籍与相关河西走廊历史遗存，展示"细化"之后的丝绸之路图景。由于出土文书仍会不断发现，其中所见丝路图景亦会不断丰富，因此一切研究成果皆为暂时性结论，且均有一定程度的猜想成分，故本文称之为"丝绸之路意象"。所谓"意象"，本文指"意中之象，即意念中的形象"[1]。

一 里程简：两汉丝路东段主干道与政府的控制力

众所周知，所谓"里程简"（图1），又称"传置道里簿"，是指先后在居延汉简和悬泉汉简中发现，标明从长安到敦煌的基本路线、走向、里程及停靠站体系的两枚简，简号分别是EPT59.582[2]、Ⅱ90DXT0214①:130A。

居延里程简EPT59.582简文如下：

长安至茂陵七十里

茂陵至茯置卅五里

茯置至好止七十五里

好止至义置七十五里

月氏至乌氏五十里

乌氏至泾阳五十里

---

* 基金项目：国家社科基金重点项目（2014AZD097）"河西走廊段丝绸之路地理信息系统"，国家社科基金西部项目（14XZS014）、甘肃省高等学校科研项目（2014A—113）"汉唐时期河西走廊墓葬壁画整理研究"。

1 袁行霈先生语，转引自张伟然《文学中的地理意象》，《读书》2014年第10期，第49—56页。

2 甘肃省文物考古研究所等：《居延新简》，中华书局，1990年，第395—396页。

泾阳至平林置六十里

平林置至高平八十里

媪围至居延置九十里

居延置至觻里九十里

觻里至氐次九十里

氐次至小张掖六十里

删丹至日勒八十七里

日勒至钧著置五十里

钧著置至屋兰五十里

屋兰至氐池五十里

悬泉里程简Ⅱ 90DXT0214[1]:130A 简文如下：

仓松去鸾鸟六十五里

鸾鸟去小张掖六十里

小张掖去姑臧六十七里

姑臧去显美七十五里

氐池去觻得五十四里

觻得去昭武六十二里府下

昭武去祁连置六十一里

祁连置去表是七十里

玉门去沙头九十九里

沙头去乾齐八十五里

图 1　里程简

乾齐去渊泉五十八里

●右酒泉郡县置十一●六百九十四里

以上两简提供了两汉时期长安到敦煌的基本路线、走向、里程及停靠站体系，可分为京畿段、安定段、武威段、张掖段、酒泉段、敦煌段六段路线，是丝绸之路东段的主干道。上述六段路线中，从陕西彬县到甘肃泾川将近90公里、从宁夏固原到甘肃景泰200公里，因简牍残缺而有所中断，其余都是连在一起的。[2] 河西四郡有35个站点，安定和京畿有记载的站点有10个，平均每个站点相距约38公里。[3]

里程简之外，敦煌文书《沙州都督府图经》卷三对唐代常乐县（今瓜州县西）至沙州（今敦煌市）间的驿道、驿站有详细记载，《沙州都督府图经》卷五则对沙州至塔里木盆地东缘（今若羌和且末地区）的交通路线有零星记载。[4] 据严耕望先生的研究，《沙州都督府图经》卷三所记录的唐代常乐县至沙州的

---

[1] 甘肃文物考古研究所：《敦煌悬泉汉简释文选》，《文物》2000年第5期，第27—45页。
[2] 郝树声指出，居延里程简第三栏记述的是由汉代媪围到武威郡张掖县的一段里程。所记里程的行走路线与"悬泉里程简"第一栏所记述的路线是不一样的。前者是从今天的靖远哈思堡渡河进入今景泰县境，绕过县境寿鹿山东麓，经古浪大景、土门一线进入今武威境内。而后者则是翻越乌鞘岭，经天祝、古浪到今武威境内。两条线殊途同归，均在汉张掖县会合。参见郝树声《敦煌悬泉里程简地理考述》，《敦煌研究》2000年第3期，第102—107页。
[3] 张德芳：《西北汉简中的丝绸之路》，《中原文化研究》2014年第5期，第26—35页。
[4] 李正宇：《古本敦煌乡土志八种笺证》，甘肃人民出版社，2008年，第11—210页。

交通路线如下:

> 高宗永淳二年以前,道由常乐县驿西南行,经鱼泉、黄谷、空谷、无穷、其头、东泉六驿至沙州城东之州城驿。是年废黄谷、空谷、无穷三驿,而于山北置悬泉驿,由鱼泉驿西经悬泉驿直取其头驿、东泉驿至沙州城。至武后天授二年又以山南道险,改从北道,由常乐县驿西经阶亭、甘草、长亭、白亭、横涧、清泉六驿至沙州城,北道多因烽戍置驿,南道诸驿遂废。[1]

《沙州都督府图经》卷五对沙州至塔里木盆地东缘(今若羌和且末地区)的交通路线大体如下:

> 石城镇去长安六千一百里;屯城西去石城镇一百八十里;新城东去石城镇二百卌里,西去播仙镇城六百一十里,西南向蒲桃城二百卌里;萨毗城在石城镇东南四百八十里,西北去石城镇四百八十里;宁弥城东去长安九千二百九十五里。
>
> 一道北路,其路东北去屯城一百八十里。从屯城去碛路,由西关向沙州一千四百里。……其镇去沙州一千五百八十里。
>
> 一道南路,从镇东去沙州一千五百里。
>
> 一道,从镇西去新城二百卌里;从新城西出,取傍河路向播仙镇六百一十里;从石城至播仙八百五十里,有水草;从新城西南向蒲桃城二百卌里,中间三处有水草,每所相去七十余里;从蒲桃城,西北去播仙镇四百余里,并碛,路不通。
>
> 一道,南去山八十里。以南山险,即是吐谷浑及吐蕃境。
>
> 一道,北去焉耆一千六百里,有水草。
>
> 一道,东南去萨毗城四百八十里。[2]

显然,这是对丝绸之路具体线路的详细记录,较前引里程简所反映的两汉丝路东段线路更为详实,内容亦更加丰富。

里程简所勾勒的两汉时期长安至敦煌主干道,以及《沙州都督府图经》所载敦煌东西道路,可算是河西走廊出土文献记录丝路东段的最直观"意象":它由一系列馆舍邸店、邮驿站点组成,能给长途跋涉的行旅提供停歇、食宿以及其他方面的便利,而具备这些特征的前提是由政府开办,或有法律许可、政府保护。[3]这条路线上的主要商贸往来由政府主导,大量驻军的需求对丝路贸易有重要的拉动作用。美国学者韩森指出:"海量财富从中原注入到有大量驻军的西北,这是755年之前盛唐时期丝路贸易繁荣的原因。"[4]因此,中原中央王朝对东西交通道路的控制力及道路的畅通与否,是里程简、《沙州都督府图经》所载路线本身的"言外之意"。汉代张骞西行被俘、唐代玄奘"偷渡"西出,都体现出这一层意思。而"吐鲁番出土的一些文书,给我们提供了不少商旅行走在丝路上的记录,也记载了强大的国家制度对于交通路线的维护所做出的艰苦努力"[5]。

路线因生产生活或商贸往来的需要而出现,丝绸之路亦然。因此,上述丝路东段主干道记载的另

---

1 严耕望:《唐代交通图考》第二卷《河陇碛西区》,上海古籍出版社,2007年,第444页。
2 据李正宇《古本敦煌乡土志八种笺证》,第162—164页。
3 张德芳:《西北汉简与丝绸之路》,《"历史与展望:中西交通与华夏文明"国际学术研讨会暨丝绸之路经济带高层论坛论文集》,兰州,2014年,第42—61页。
4 [美]芮乐伟·韩森著,张湛译:《丝绸之路新史》,北京联合出版公司,2015年,第299页。
5 程喜霖:《唐代过所研究》,中华书局,2000年;荣新江:《丝绸之路与东西文化交流》,《文史知识》2015年第8期,第3—11页。

一层意思，即存在于这条道路的经贸交流。韩森认为，从来没有一条单一的连续的丝绸之路，有的只是东西方之间一连串的市场。[1]韩森之意当在强调东西丝路贸易由一系列连续的小规模中转贸易组成，连通这些市场的道路亦非固定的某一条。就河西走廊、西域地区的绿洲商贸而言，这一判断于今仍然适用。但若从整个亚欧大陆经济交流的广阔空间来看，古代东西方之间商贸交流必然存在一条最基本的线路，亦必然经过一些交通枢纽。只是在不同时期受到各种因素影响，部分路段有所变化和调整而已。如"葱岭是丝绸之路南北两道的交汇地，揭盘陀则是葱岭的交通枢纽"[2]，"翻越帕米尔高原的丝绸之路老北道[3]与南道作为商路一直兴盛不衰，直至20世纪初帕米尔高原被现代边界分割为止"[4]。据文献资料记载，宋云、玄奘、高仙芝、马可·波罗诸人，都曾经过帕米尔高原上著名的大龙池（佐库里湖），而揭盘陀则是"葱岭中唯一可供大规模商队休整的地方"[5]。荣新江指出："丝绸之路沿线的许多城镇，在不同的历史时期都对丝绸之路的维护、东西文化的交流做出了贡献，我们可以罗列出一连串的名字，比如西域丝路南道的于阗、楼兰，北道的龟兹、焉耆、高昌，河西的敦煌、武威，以及中原地区的固原、长安、洛阳，甚至有些今天看来比较偏远的城镇，在某个历史时段中，却在中西交通史上起着非常重要的作用。比如位于今陕西最北端靖边县的统万城，在439年北魏灭河西的北凉政权，打通了从河西经过薄骨律（灵州）、夏州（统万城），沿鄂尔多斯沙漠南缘路到达北魏首都平城的捷径之后，统万城就成为西方世界与平城交往线上的关节点。"[6]信然。因此，里程简所呈现的丝路东段信息，实际也是两汉时期丝路东段的基本框架，至于里程简中每两个节点之间的具体如何实现连接，则非今人所能臆测了。

二 粟特文信札及其他：战乱、无奈与希望

1907年，斯坦因在敦煌西北长城烽燧（编号T.XII.a）出土了八件粟特文信札，时间大约在西晋怀帝永嘉五年（311）左右。其中第一件为女儿写给母亲，第三件为妻子写给丈夫，大致出自一人之手，均寄自敦煌，寄往楼兰。[7]第二件最完整，并被完全解读。该件全63行，部分稍有残损，按内容可分9段，墨书。这件文书是一个名字叫做纳奈凡达克的粟特商人头目写给远在撒马尔罕的上层商主纳奈德巴尔的信，汇报在中国的经商情况。第五件寄给商队首领，讲的是姑臧和敦煌之间的贸易。

---

1 [美]芮乐伟·韩森著，张湛译：《丝绸之路新史》。
2 侯杨方：《揭盘陀为丝绸之路南道枢纽》，《中国社会科学报》2014年9月5日第A08版。
3 按，西汉时丝绸之路的（老）北、南两道都经过时称"葱岭"的帕米尔高原，它是古波斯、古印度、古希腊、西域与古代中国文明的交汇处。丝绸之路的老北道（东汉以后的中道）经过高原东北部的伊尔克斯坦山口与阿赖谷地，通往奥什、费尔干纳。参见侯杨方《穿越葱岭的丝绸之路：帕米尔高原故道寻踪》，《中国社会科学报》2014年5月16日第A06版。
4 侯杨方：《穿越葱岭的丝绸之路：帕米尔高原故道寻踪》，《中国社会科学报》2014年5月16日第A06版。
5 侯杨方：《揭盘陀为丝绸之路南道枢纽》，《中国社会科学报》2014年9月5日第A08版。
6 荣新江：《丝绸之路与东西文化交流》，《文史知识》2015年第8期，第3—11页。
7 王素、李方：《魏晋南北朝敦煌文献编年》，新文丰出版公司，1997年，第72—75页；《丝绸之路新史》，第151页。以下相关内容，均引自以上两书，除特殊情况外，不另注。

这些粟特文古信札之所以重要，"是因为这几乎是仅有的商人所写的丝路文书。其他文书都出自监管贸易并且抽税的官员之手。粟特文古信札中描画了一群在异乡安宁地生活的粟特人，他们当中有商人、农民，甚至仆人。他们在中国改朝换代的混乱时期依然从事商业和长途贸易"[1]。

在这些粟特文信札里，中原天子饥困、战火纷飞，宫殿夷为平地，城池化为荒原，居于黎阳的粟特人孤独在外，洛阳的印度人和粟特人破产，一个叫做纳锡安的商人负债累累，不久在蓟城被杀，行李也被抢劫一空等，字里行间透露出这些善于经商的粟特人在遭遇中原战乱时的无奈与绝望。当然，并非所有区域都如洛阳一般残破、混乱。在河西走廊的商业活动仍然带有希望。因此，纳奈凡达克在信中说道："尊贵的大人，我们希望金城到敦煌间的商业信誉尽可能长期维持。"这与史书中"秦川中，血没腕，惟有凉州倚柱观"[2]的记载相一致。

显然，上述信札中粟特人的担心、无奈或者希望，仍与政府对交通道路、商业贸易控制力息息相关。中原的战事与混乱，河西走廊独据安宁，直接影响到粟特商人的心情与财富。这同河西简牍中汉代与西域的交流形成鲜明对比。

河西走廊出土文献如悬泉汉简中丝路贸易、人员往来的记载亦很普遍。如：

简1：

建始二年三月戊子朔乙巳氐池长延寿＝
　　移过所遣传舍佐普就为诏送徒民敦＝
　　煌郡乘轺车一乘马一匹当舍传舍
从者如律令／掾长令史临佐光
：四月己亥过西
　　　　　Ⅰ 90DXT0210①:63[3]

简2：

神爵四年十一月癸未
丞相史李尊送护神爵六年戍卒河东南＝
　　阳颍川上党东郡济阴魏郡淮阳国诣＝
　　敦煌郡
酒泉郡因迎罢卒送致河东南阳颍川东＝
　　郡魏郡淮阳国并督死卒传槥
为驾一封轺传
御史大夫望之谓高陵以次为驾当舍
　　传舍如律令
　　　　　Ⅰ 90DXT0309③:237[4]

建始是西汉成帝年号，建始二年为公元前31年，神爵是西汉宣帝年号，神爵四年为前58年。上述两简分别记述了氐池至敦煌、中原至酒泉、敦煌的人员往来。

悬泉简中也有许多有关中原地区和西域乌孙、莎车、大宛、康居、姑墨、于阗、渠犁、疏勒、精绝等地政治、经贸往来的记载，如下简：

简3：

乌孙莎车王使者四人贵人十七献橐佗＝
　　六匹阳赐记教

1　[美] 芮乐伟·韩森著，张湛译：《丝绸之路新史》，第154页。
2　（唐）房玄龄等：《晋书》卷86《张轨传附张寔传》，中华书局，1974年，第2229页。
3　甘肃省文物考古研究所：《敦煌悬泉汉简释文选》，《文物》2000年第5期，第27—45页。
4　甘肃省文物考古研究所：《敦煌悬泉汉简释文选》，《文物》2000年第5期，第27—45页。

Ⅰ 90DXT0309③:20[1]

简4：

建平五年十一月庚申遣卒史赵平送自＝
来大宛使者侯奉献诣□□以□

Ⅱ 90DXT0114④:57[2]

简5：

康居王使者杨伯刀副扁阗苏鼊王使者＝
姑墨副沙囷即贵人为匿等皆叩头自＝
言前数为王奉献橐佗入敦煌

Ⅱ 90DXT0216②:877[3]

简6：

使送于阗王、渠犁、疏勒诸国客，为驾二封轺
传，载从者一人（节引）

Ⅰ 90DXT0309③:19[4]

简7：

□送精绝王诸国客凡四百七十人□

Ⅱ 90DXT0115①:114[5]

史书云："汉世张骞怀致远之略，班超奋封侯之志，终能立功西遐，羁服外域。自兵威之所肃服，财赂之所怀诱，莫不献方奇，纳爱质，露顶肘行，东向而朝天子。故能……立屯田于膏腴之野，列邮置于要害之路。驰命走驿，不绝于时月；胡商贩客，日款于塞下。"[6] "凉州为河西都会，襟带西蕃、葱右诸国，商旅往来，无有停绝。"[7] 反映出汉唐时代中西交流的盛况。而上述诸简所载诸事，正可对中西交流盛况做出具体说明。但上述盛况，都是在中原、西域保持基本稳定的前提下出现的。如果丝绸之路受中原、西域战乱影响，除了会出现粟特文信札所反映的丝路商旅之无奈抑或绝望，更会出现同班超"臣不敢望到酒泉郡，但愿生入玉门关"[8]。一般的家国情怀，从而营造出丝绸之路艰苦险绝的意象。唐诗云："燕支山西酒泉道，北风吹沙卷百草。长安遥在日光边，忆君不见令人老。""黄河远上白云间，一片孤城万仞山。羌笛何须怨杨柳，春风不度玉门关。"则是借助"北风吹沙卷百草"等自然景象，强化了上述艰苦险绝的丝绸之路意象。

回到信札、简文本身。这些粟特文信札中涉及的城市有洛阳、淮阳、邺城、黎阳、蓟城、长安、金城、姑臧、酒泉、敦煌、楼兰和撒马尔罕等，有麝香、羊毛织物、亚麻、毛毯、胡椒、樟脑、丝绸等商品，有银子和以斯塔特为单位的撒马尔罕银币，参与者既有写信的粟特人，也有印度人，自然还有中国人。显然，这是一个有贸易路线、城市、商品、货币和商人，连接了中亚粟特地区和我国新疆、河西走廊、中原地区，涉及丝绸之路东段、中段和西段的立体商贸活动。

---

[1] 甘肃省文物考古研究所：《敦煌悬泉汉简释文选》，《文物》2000年第5期，第27—45页。
[2] 甘肃省文物考古研究所：《敦煌悬泉汉简释文选》，《文物》2000年第5期，第27—45页。
[3] 甘肃省文物考古研究所：《敦煌悬泉汉简释文选》，《文物》2000年第5期，第27—45页。
[4] 张德芳：《西北汉简中的丝绸之路》，《中原文化研究》2014年第5期，第26—35页。
[5] 甘肃省文物考古研究所：《敦煌悬泉汉简释文选》，《文物》2000年第5期，第27—45页。
[6] 《后汉书》卷88《西域传》，中华书局，1965年，第2931页。
[7] 《大慈恩寺三藏法师传》，中华书局，1983年，第11页。
[8] 《后汉书》卷47《班超传》，第1583页。

若将上述信札、简牍中的乌孙、莎车、大宛、康居、姑墨、于阗、渠犁、疏勒、精绝、洛阳、淮阳、黎阳、邺城、蓟城、长安、金城、姑臧、酒泉、敦煌、楼兰、撒马尔罕连接，则又是一条自中国中原经关中、河西走廊、新疆，通往中亚的绵长线路，虽与里程简有别，但总体的走向并无大的分别。显然，虽则东西方丝路贸易由一系列连续的小规模中转贸易组成，连通这些市场的道路亦非固定的某一条，但其基本线路相差无几，并必经陇山、河西走廊、帕米尔高原等地。因此，侯杨方教授有如下论断："凡是不经过玉门、阳关和葱岭（三者之一）的路线都不是丝绸之路。"[1]

三 河西走廊图像史料中的丝路意象

除了上述文字资料，河西走廊大量的石窟壁画、墓葬壁画也有对丝绸之路上文化交流、商旅往来有形象反映。

嘉峪关新城魏晋五号墓"驿传图"画砖（JXM 51:002-4 [M5：025]，图2），画面内容为一位头戴黑介帻，身着皁缘袖领中衣的佐吏，右手持棨，左手揽缰绳，策马飞奔。马身有花纹，四蹄飞奔腾空，形象逼真。[2] 邮驿快马，营造出一种因关山悬远、情势紧急而需要的驰马如飞、一骑绝尘的意象。若将这幅"驿传图"与前述两汉里程简、晋代粟特文信札、唐代《沙州都督府图经》联系在一起考察，则汉唐时期丝绸之路驿传体系跃然纸上。

嘉峪关新城魏晋六号墓"牵驼图"（JXM62:003-7 [M6:037]），绘一赶驼人左手持小木棍，右手牵着一头双峰驼前行。[3] 骆驼是沙漠绿洲地区重要的运输力量，能辨识路途，又能知水源、风候，被称为"沙漠之舟"，在古丝绸之路上自然具有极为重要的意义。这幅"牵驼图"虽仅一人一驼，却营造出一幅气候干燥、行旅艰险、漫漫而修远的绿洲丝绸之路的图景。

敦煌莫高窟初唐第323窟北壁"张骞出使西域"图（图3），是反映东西方丝绸之路政治、文化交流的代表性作品。图中右上殿堂是甘泉宫，汉武帝和臣属正在宫前跪拜。下方华盖下骑马的是汉武帝，身后跟随臣属。马前执笏跪地的是张骞，正与武帝辞别，身后的随从牵马持节。左上是张骞一行西行远去，左上角的城郭便是大夏。[4] 虽有武帝送行之荣耀，但长安与大夏之间关山万里，道路艰险，很容易使人想到前引唐人"长安遥在日光边，忆君不见令人老"的诗句。

莫高窟盛唐第45窟南壁"胡商遇盗图"[5]，该

---

1 侯杨方：《"丝绸之路"究竟是怎样一条路》，《解放日报》2015年4月7日第010版。
2 甘肃省文物队等：《嘉峪关壁画墓发掘报告》，文物出版社，1985年，第51页；俄军等主编：《甘肃出土魏晋唐墓壁画》，兰州大学出版社，2009年，第60页。
3 甘肃省文物队等：《嘉峪关壁画墓发掘报告》，第59页；俄军等主编：《甘肃出土魏晋唐墓壁画》，第129页。
4 樊锦诗主编：《敦煌石窟》，中国旅游出版社，2004年，第73页。
5 据罗华庆、沙武田先生的统计，敦煌艺术中《观音普门品变》和《观音经变》中出现"怨贼难"即"商人遇盗图"的洞窟有：隋代（莫高窟第303、420窟），盛唐（莫高窟第45、217、23、444、205窟），中唐（莫高窟第112、185、7、231、359窟），晚唐（莫高窟第14、128、141、18、12、468窟，西千佛洞第15窟），五代（莫高窟第288、396窟），宋代（莫高窟第55、76窟），西夏（榆林窟第2窟）；另在藏经洞绢纸绘画中：Stein painting63、Stein painting24、EO.1142、S.5642、S.6983、P.4513。参见罗华庆《敦煌艺术中的〈观音普门品变〉和〈观音经变〉》，《敦煌研究》1987年第3期，第49—61页；沙武田：《丝绸之路交通贸易图像》，《"考古与艺术 文本与历史——丝绸之路研究新视野国际学术研讨会"论文集（上）》，中国西安，2016.7.21—23，第63—97页。

图2 嘉峪关魏晋墓画像砖驿传图

图取材于观音普门品,即观音菩萨普观"圆通之门"令善男信女悟入佛道,胡商遇盗,口念观音名号,顿时得解脱。罗华庆先生指出:"敦煌艺术中的观音变相从不同的角度反映了当时'丝绸之路'的兴盛和道路的险恶。观音能使众生免贼难等内容,对于往来于丝路上的商贾们,观音很自然地就成了他们的保护神和信仰崇拜对象。"[1]"胡商遇盗"本身,则是现实生活的真实反映。图中身穿唐服的强盗,在一定程度上反映出丝绸之路上官兵为盗、为匪的现实。这在传世史籍中也有反映。《魏书》卷19上《元遥传》称:"仲景弟遥,字叔照。……普泰元年,除凉州刺史,贪暴无极。欲规府人及商胡富人财物,诈一台符,诳诸豪等,云欲加赏,一时屠戮,所有资财生口,悉没自入。"[2]《太平广记》卷329《鬼十四》"张守珪"条:"幽州节度张守珪,少时为河西主将,守玉门关。其军校皆勤勇善斗,每探候深入,颇以劫掠为事。西域胡僧者,自西京造袈裟二十余驮,还天竺国,其徒二十余人。探骑意是罗锦等物,乃劫掠之。杀其众尽,至胡僧,刀棒乱下而不能伤,探者异焉。既而索驮,唯得袈裟,意甚悔恨,因于僧前追悔,擗踊悲涕。"[3]史料中北魏元遥和唐代张守珪军校,可谓是官兵为盗、为匪的代表。胡商经历千山万水至于唐境,本想贩运获利,哪料遭遇强盗抢劫,一切发财梦想全部变成镜花水月,虽有观音菩萨助其得以解脱,但胡商对被抢之事毕竟耿耿于怀,于是借助图像营造出丝绸之路商旅艰辛、荆棘危难所在皆有的意象。

上述图像中的快马邮递、牵驼前行、出使西域、

---

[1] 罗华庆:《敦煌艺术中的〈观音普门品变〉和〈观音经变〉》,《敦煌研究》1987年第3期,第49—61页。

[2] 《魏书》卷19上《元遥传》,中华书局,1975年,第444—445页。

[3] 《太平广记》卷329《鬼十四》,中华书局,1961年,第2615页。

图3 莫高窟第323窟张骞出使西域图

商人遇盗等场景,既有邮驿之快捷、一人一驼之孤独、胡商遇盗之艰险,亦有张骞受命出使、汉武帝为之送行的荣耀,但艰险困苦、执着坚持与实现梦想,无疑是上述图像所营造的丝绸之路的深层意象。

以上4幅图中,分别涉及驿使、牵驼人、汉武帝、张骞、胡商、唐人装束的强盗等人物,驿传、牵驼、出使、抢劫等事,马、骆驼、毛驴等交通工具,与前引简文、信札等文字资料相比,图像具有更加直观的视觉冲击力。直观的图像,使前述丝绸之路"意象"更加具体,也使"丝绸之路"这个"意念中的形象""具象"化。这对我们理解古丝绸之路上形形色色的人物、事件等,具有不可替代的价值。

"丝绸之路"本来仅是近代以来人们对中西交流的路线的形象概括,在一定程度上,仅是一个概念而已。但若仅仅纠结于概念而不重视其内涵,显然无法理解真正的丝绸之路。丝绸之路是一条单一的连续的路线也罢,是东西方之间一连串的市场也罢,其内涵无疑是由一系列道路、人物、事件、商品等构筑而成的立体形象,万不能将其简单化。我们应该在众多资料的基础上,通过深入考察,探寻这条神奇的使者、商旅、物资、宗教、文化交流往来之路。

论古代新疆"说一切有部思想文化带"

霍旭初

（新疆龟兹研究院）

近年，龟兹佛教与石窟研究进入了历史学、考古学、宗教学、社会学、艺术学等全方位研究的阶段。在用新观念、新视野、新资料观察古代新疆佛教历史时，取得一个新的认识：古代新疆存在一条"说一切有部思想文化带"。现就此问题，作如下初步探察。

一 "说一切有部思想文化带"概说

20世纪初，学术界出现了"文化圈"的概念。"文化圈"概念是德国民族学家R.F.格雷布纳在1911年出版的《民族学方法论》中首先提出的。"文化圈"本是一个民族学研究的方法论。后来许多学术科目都借用"文化圈"概念，成为开展研究的新的重要方法之一。

"文化圈"概念用在宗教学上，出现了"佛教文化圈""基督教文化圈""伊斯兰教文化圈"等。"佛教文化圈"的内涵，有的以地域划分，如"印度佛教文化圈""西域佛教文化圈""中亚佛教文化圈"，有的以派属划分，如"南传上座部文化圈""藏传佛教文化圈"。还有的冠以大地域，如"东方佛教文化圈""汉地佛教文化圈"等。"西域佛教文化圈"，显然是以地域为视角的。西域范围在历史中有广义与狭义之别，历史发展中又不断发生变化。国外"西域佛教文化圈"概念，以日本佛教学者羽溪了谛《西域之佛教》一书为代表，羽氏的"西域"范围十分广泛，将大月氏国、安息国、康居国、于阗国、龟兹国、疏勒国、高昌国、迦湿弥罗国均划入其中。[1] 中国有的学者对"佛教文化圈"作不同的解释和定义。对印度与中国内地之间的佛教，划为"中亚佛教文化圈"与"西域佛教文化圈"[2]。

上述"西域佛教文化圈"概念，对认识中国佛教和西域佛教的发展有一定的积极作用。但是，我们在研究西域佛教，特别是研究龟兹佛教历史时，深感"西域佛教文化圈"概念不确切，其内涵与外延都比较模糊，尤其对佛教文化思想特质和历史发展是无法表达清楚的，解决不了研究的实际问题。

定义佛教文化圈，首先应该是以佛教义理、属性为基点，其次才是地域、人种、语言等共性因素。各地佛教文化最大的区分是佛教思想上的区别，即当今所谓的大乘佛教与小乘佛教的分野（准确称应该是上座部佛教与大众部佛教的分野）。大小乘佛教思想在许多方面是"泾渭分明"的，如菩萨观、佛陀观、解脱观等存在原则性的差异。大家都知道，"西域佛教文化圈"中实际上是大小乘佛教并存，于阗是大乘的中心地，龟兹是小乘的中心地，笼统地都套在"西域佛教文化圈"内，表示不出两地佛教实

---

1 ［日］羽溪了谛：《西域之佛教》，商务印书馆，1999年。
2 何云：《佛教文化百问》，中国建设出版社，1989年，第83—87页。

质性的特点。况且于阗与龟兹在人种、语言上也没有共同性，将两者放在同一"佛教文化圈"里，有什么意义？从这个概念讲，"南传上座部文化圈""藏传佛教文化圈"的划分是准确而有实用意义的。

我们在全方位研究龟兹佛教与龟兹石窟的过程中，审视西域佛教的地理与"佛教文化圈"时，取得一个新的认识，即在西域存在一个部派佛教说一切有部思想文化的覆盖区，由于地理条件原因，这个覆盖区是一条链状形态，故我们称之为"说一切有部思想文化带"。

这条文化带的源头是印度北部的犍陀罗和迦湿弥罗（克什米尔）地区，在佛教向东方传播中，越过葱岭就是中国的西域。说一切有部思想首及揭盘陀（今塔什库尔干），经过乌铩（今莎车）、佉沙（今疏勒）、尉头（今图木舒克）、跋禄迦（今阿克苏）、温宿（今乌什）、龟兹、焉耆、车师（今吐鲁番），绵延千余公里，覆盖着天山南麓和塔克拉玛干沙漠以北广大地域（图1），时间上限约3世纪，下限约达9世纪。文化带中除了车师因部族的变异，较早受到中原佛教的影响，改变了佛教派属。其他各地基本上保持说一切有部思想达600余年。这条文化带以龟兹为中心，其东西两翼诸国的佛教状况，据揭盘陀国《法显传》载："有千余僧，尽小乘学。"

《大唐西域记》也有重要记载：

伽蓝十余所，僧徒五百余人，习学小乘说一切有部。……其王于后仙居宫东北隅，以其故宫，为尊者童受论师建僧伽蓝，台阁高广，佛像威严。尊者，呾叉始罗国人也……其所制论凡数十部，并盛宣行，莫不鑽习，即经部本师也。当此之时，东有马鸣，南有提婆，西有龙猛，北有童受，号为四日照世。故此国王闻尊者盛德，兴兵动众，伐呾叉始罗，胁而得之，建此伽蓝，式昭瞻仰。城东南行三百余里，至大石崖，有二石室，各一罗汉于中入灭尽定，端然而坐，难以动摇，形若羸人，肤骸不朽，已经七百余岁，其须发恒长，故众僧年别为剃发易衣。[1]

乌铩国 《大唐西域记》："……敬奉佛法。伽蓝十余所，僧徒减千人，习学小乘教说一切有部。"

佉沙国 梁《高僧传·鸠摩罗什》载：鸠摩罗什12岁时随母至罽宾游学，归龟兹途中，停留沙勒（佉沙）一年，学说一切有部学说：

其冬诵《阿毗昙》，于《十门》、《修智》诸品，无所谘受，而备达其妙。又于《六足》诸问，无所滞碍。沙勒国有三藏沙门名喜见谓其王曰：此沙门不可轻，王宜请令初开法门，凡有二益：一国内沙门耻其不逮，必见勉强；而龟兹王必谓什出我国，而彼尊之是尊我也，必来交好。王许焉，即设大会，请什升座，说《转法轮经》，龟兹王果遣重使酬其亲好。[2]

所列《阿毗昙》《十门》《修智》《六足》《转法轮经》均是小乘说一切有部的经典。又据《大唐西域记》载：

淳信佛法，勤营福利。伽蓝数百所，僧徒万余人，习学小乘说一切有部。不究其理，多讽其文，故诵通三藏及毗婆沙者多矣。[3]

---

1 《大唐西域记》卷十二，《大正藏》第51册，第942页。
2 （梁）慧皎：《高僧传》卷二，《大正藏》第50册，第330页。
3 《大唐西域记》卷十二，《大正藏》第51册，第942页。

尉头国　历史文献中无有关佛教记载。但现存佛教遗址相当可观。图木舒克与托库孜萨来佛教遗址，寺院建筑规模宏大。两处地面寺院，出土文物很多，以雕塑品居多。从法国考察队获取的雕塑看，题材内容多是"本生故事"，如"须大拏本生""菩萨行慈不怖众生"等。弘扬的是释迦牟尼行"菩萨道"思想，属于说一切有部思想体系无疑。

跋禄迦　《大唐西域记》："伽蓝数十所，僧徒千余人，学习小乘教说一切有部。"

温宿　《出三藏记集·比丘尼戒本所出本末序》中记载：拘夷（龟兹）国，有温宿王蓝。即温宿国王建立的寺院。温宿为西域小国，为龟兹之近邻，曾经是龟兹的附属国。温宿王蓝由龟兹说一切有部高僧佛图舌弥所统领。

龟兹　历史文献记载与佛教文化遗存都十分丰富，不用赘述。毫无疑问，龟兹是这条"说一切有部思想文化带"的中心与旗帜。

焉耆　是龟兹东邻的说一切有部的重要基地。《大唐西域记》："伽蓝十余所，僧徒二千余人，习学小乘教说一切有部。"焉耆与龟兹同操吐火罗语。龟兹与焉耆的佛教思想及其艺术十分接近，可以看成是同一系统，或称龟兹佛教的分支。

车师　吐鲁番地区早期属车师国，最早受到龟兹佛教的深刻影响。西域人鸠摩罗佛提在车师国被封为国师。鸠摩罗佛提后携《阿毗昙心论》《四阿含暮抄》《毗奈耶律》等经典至长安，并翻译成汉文。说明当时车师国宗奉说一切有部学说。5世纪中叶后，车师地区发生了巨大的社会变化。麴氏王朝统治高

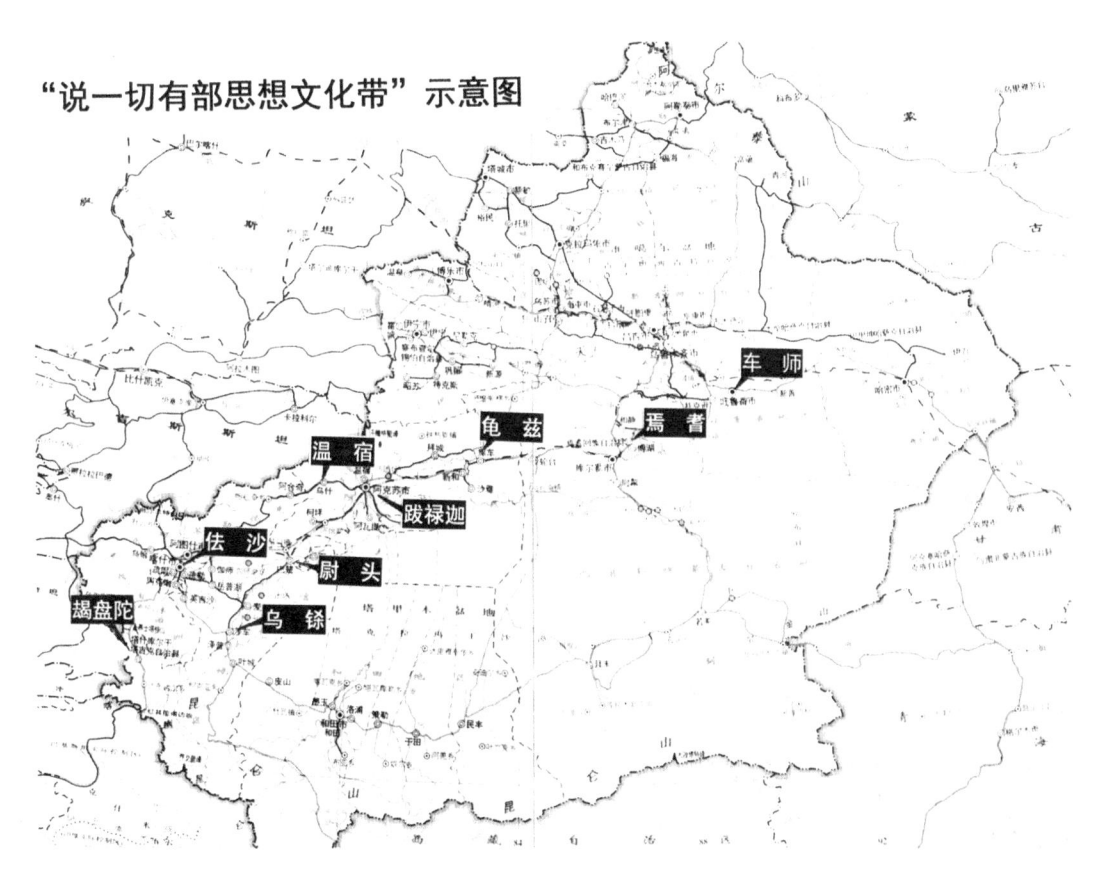

图1　古代新疆"说一切有部思想文化带"示意图

昌时，佛教已经非常靠近中原大乘佛教，至唐代西州时，基本上是中原大乘佛教的覆盖区了。"说一切有部思想文化带"向东延伸也就终止于此了。

这条文化带与帕米尔以西印度说一切有部的发祥地衔接，成为世界佛教极为强大的说一切有部势力范围。古代新疆"说一切有部文化带"，从时间上讲，从3世纪至9世纪，长达600余年；从空间上讲从新疆最西的揭盘陀起至新疆东部的车师，横贯1000余公里。时间跨度如此之大，地域范围如此之广，是古代"丝绸之路"北道中枢地段上，一个光彩夺目的佛教文化地带。"说一切有部思想文化带"虽然在历史沧桑中，寺院、石窟破坏严重，几乎丧失殆尽。但幸运遗留的寺院、石窟仍然光彩不尽、遗韵长流。遗存中，透露出往昔佛教的繁盛壮丽和佛学思想的深邃。龟兹遗存的苏巴什（昭怙厘）佛寺、夏合吐尔与玉其吐尔佛寺、铁吉克佛寺；焉耆的七个星佛寺；巴楚的图木休克与托库孜萨来佛寺；喀什的莫尔佛寺，都是规模巨大、建筑宏伟的佛寺群。石窟也是如此，龟兹存有较大石窟群10处，共计600余洞窟，堪与阿富汗巴米扬、敦煌莫高窟媲美，为世界大型石窟群之一。焉耆存有七个星、霍拉山石窟数十个。这一大片繁如星汉的石窟，构成说一切有部石窟的"富饶区"。加上龟兹、焉耆、巴楚等地区发现的《阿含》《毗婆沙》《俱舍论》《十诵律》等说一切有部三藏典籍残片，这一地区可谓世界上罕见的部派佛教最丰富、最重要的遗存地区，其历史地位与价值无与伦比。

明确了佛教思想的区别和特征，在研究西域和龟兹佛教及其艺术时，就能以佛的属性、思想特色、"表法"的形式和境域特点为基点，来认识龟兹佛教的地缘和人文的因素，从而形成龟兹佛教研究的总体概念、地域范围和视角方向。

二 "说一切有部思想文化带"的义学特色

丰富的龟兹石窟图像，以具体的形象，图解了龟兹佛教的思想理念。我们用以下几个论题的讨论，来看龟兹佛教的基本观念和思想特色：

（一）因果观　佛教认为，宇宙间一切法（所有的事物、现象）都受因果法则的支配。善因必有善果，恶因必有恶果，称为"因缘果报"。"因缘"是佛教解释世界存在的基本思想。释迦牟尼说："此有故彼有，此生故彼生……此无故彼无，此灭故彼灭。"[1] 这种理念，也就是佛教的基础理论——"缘起论"。

"业报"思想是"缘起论"的重要内容。人的一切身心活动都叫"业"。"业"有一种必然导致"果报"的不可逆转的力量。东晋慧远的《释三报论》对"业报"论述得很清楚：

> 经说，业有三报：一曰现报、二曰生报、三曰后报。现报者善恶始于此身即此身受。生报者来生便受。后报者或经二生三生百生千生，然后乃受。受之无主，必由于心，心无定司，感事而应，应有迟速，故报有先后。先后虽异，咸随所遇而为对。对有强弱，故轻重不同。斯乃自然之赏罚，三报之大略也。[2]

说一切有部的创始人迦旃延尼子倡导对法（论），尤其重因果关系，故说一切有部又称"说因部"。佛经记载："迦多衍（旃延）尼子造《发智论》，盛弘

---

[1] 《杂阿含经》卷十，《大正藏》第2册，第67页。
[2] 《弘明集》卷五，《大正藏》第52册，第34页。

对法。……说因者，此部立义，广出所因。"[1]说一切有部的全部理论与实践，就建立在对事物"因"的探求上。

在龟兹石窟中，可以说所有图像都有"因缘果报"的内涵。所谓"因缘故事"就是诠释"因缘果报"关系的种种事迹。目前可识别内容的图像达70余幅。有些图像是典型诠释"因果观"的，如克孜尔第212窟的两幅故事图："亿耳得福"和"弥莲受报"。

"亿耳得福"故事梗概：古代阿盘提国富豪之子亿耳与众商出海寻宝，归来时走陆道，一夜亿耳被众商遗弃，孤身前行入饿鬼城，见到种种因果报应的怪事。当初亿耳父母因儿子出海，思念而失明。亿耳安全回来，父母欣喜而复明。亿耳孝敬供养父母12年。后亿耳拜见佛陀，亿耳能用微妙悦耳声吟唱经律，成为佛陀弟子之一（图2）。

"弥莲受报"故事梗概：一名叫弥莲的商人，欲率商人入海寻宝，其母劝阻，弥莲不听，反而脚踏母头而去。弥莲等在大海遇险，弥莲漂流至海岛，弥莲在银城、金城、水精城、琉璃宝城，过着糜烂生活。最后来到铁城，众鬼将弥莲擒拿，用烧热的铁轮戴在弥莲头上，其遭到脚踏母头不孝的报应（图3）。

克孜尔第212窟两幅图像，绘在洞窟的左右壁，相对而置。两个故事情节基本相似，但起因不同，结果完全相反，因果鲜明，是"因果观"极好的教材。

说一切有部认为，任何人都要受三种果报规律的制约，佛陀也不例外。释迦牟尼虽然成佛，但他过去也有"恶业"，必然受到报应。汉译佛经《佛说兴起行经》中的十个分经讲述了佛陀十个"恶业"即：1.《孙陀利宿缘经》2.《奢弥跋宿缘经》3.《头痛宿缘经》4.《骨节烦疼因缘经》5.《背痛宿缘经》6.《木枪刺脚因缘经》7.《地婆达兜掷石缘经》8.《婆罗门女栴沙谤佛缘经》9.《食马麦宿缘经》10.《苦行宿缘经》。龟兹石窟中保存了上述十经的相关图像[2]，

图2　克孜尔第212窟亿耳得福（局部）

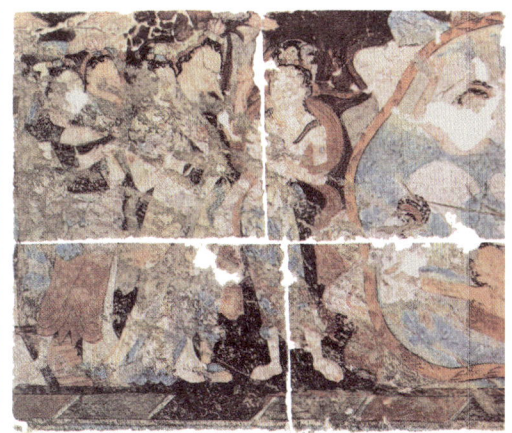

图3　克孜尔第212窟弥莲受报（局部）

1　《四分律疏饰宗义记》卷三，《卍新续藏》第42册，第40页。
2　霍旭初：《龟兹石窟"佛受九罪报"壁画及相关问题研究》，《龟兹石窟佛学研究》，宗教文化出版社，2013年。

图4 克孜尔第80窟婆罗门女栴沙谤佛

图5 克孜尔第187窟释迦菩萨

图解了佛陀受"因缘果报"的事例。龟兹石窟中佛与众生种种"因缘果报"的事迹,是说一切有部"因果观"的集中体现(图4)。

(二)菩萨观 与大乘佛教众多菩萨出世理念不同,说一切有部的菩萨概念主要是指在旷劫"轮回"中,履行"菩萨道"的释迦牟尼。说一切有部认为,释迦菩萨自发愿至成佛,分为四个阶段:三阿僧祇修行时代;百劫修行时代;投胎成太子到"逾城出家";出家至三十四心断结成道(降魔成道)。整个"菩萨道"又分为"过去世二分"(即1、2阶段)称为"轮回时代的菩萨";"现在世二分"(即3、4阶段)称为"最后身菩萨"。

1. "轮回时代的菩萨"有两个主要内容:

(1)释迦牟尼在旷劫"轮回"中的事迹,即"本生故事"。龟兹石窟的"本生故事"中,释迦牟尼有无数身份变化。人类有国王、王子、王后、商人、婆罗门、修道者、贫民等。动物有狮子、猿猴、鹿、鸽、象、熊、马、龟等。绝大部分故事描述的是释迦菩萨的"善行"。如前所述,这些"本生故事"有深刻的"因果"内涵。说一切有部主张通过修"四度"(度又称波罗蜜,即到彼岸)才能从"轮回"中解脱出来。四度是:"布施""持戒""精进""智慧"。有的部派与大乘佛教主张"六度",即在四度之上,再加"忍辱"与"禅定"。后来"四度"与

图6 克孜尔第110窟释迦菩萨兜率天说法

"六度"是鉴别大小乘性质的重要标志之一。龟兹石窟的"本生故事"完全是按"四度"图解的。

（2）释迦牟尼在旷劫中供养过无数过去佛（古佛），此事迹称为"逢事诸佛"。说一切有部认为，释迦牟尼在旷劫供养佛陀有数万之多。后来随佛教发展逐步减少，最后，归纳为"过去七佛"。以后还有"四佛"之说。"过去佛"在龟兹石窟中很突出。在中心柱洞窟券顶上的所谓"因缘故事"中，有很大一部分是描述释迦牟尼之前的"过去佛"。特别是龟兹石窟中，释迦菩萨"超越九劫"提前完成"百劫修行"的事迹。其图像是释迦菩萨向"底砂佛"独脚站立的造型，为世界佛教艺术所罕见（图5）。

2."最后身菩萨"是龟兹石窟很注重的题材。克孜尔第110窟作了集中表现。该窟两壁绘出释迦牟尼从"降生"到"涅槃"的主要事迹60余幅。前壁上部与正壁上部大型壁面上，绘出释迦牟尼"兜

图7 克孜尔第110窟降魔成道线描图

率天说法"与"降魔成道"两大事件。两大事件相对，正是"最后身菩萨"的一首一尾。加上两壁图像构成了完整的"最后身菩萨"的事迹（图6、图7）。

释迦牟尼在"百劫修行"完成后，还有一个于兜率天作"补处菩萨"（后补阶段）的过渡期，称为"最后的轮回者"。只有经过此"阶位"的实践，才能于世间成佛。另外，释迦菩萨在兜率天还有"观察五事"的内容：

论古代新疆"说一切有部思想文化带" | 179

菩萨若在覩史多天，有五法观察世间。何谓五法，一者观察生处，二者观察国土，三者观察时节，四者观察种族，五者观察所生父母。[1]

"观察五事"就是释迦菩萨下降人间的"预案"。不仅有下生的时间、地点、种族，还选择好父母的身份。这些都表示释迦菩萨降生人间都是必然的、注定的，是由菩萨成佛的"常法"所决定的。说一切有部特别重视释迦牟尼在兜率天作"补处菩萨"的事迹。在龟兹石窟中，中心柱洞窟主室前壁的上方的"释迦菩萨说法图"，就是突出这个思想理念。

说一切有部还强调释迦菩萨降生人间的过程，如"乘象入胎"（也有"化象入胎"的说法）、"右胁降生""七步生莲"等特殊的出生方式。这些在龟兹石窟都有鲜明的图像。

（三）佛陀观 说一切有部的"佛陀观"，有两个理念比较突出：

1. 部派佛教中"上座部"与"大众部"有许多思想上的分歧，其中佛陀是"出世"还是"入世"这个论争集中在佛陀的"生身"是"有漏"还是"无漏"的焦点上。"漏"即烦恼，凡阻碍人们实现觉悟的一切精神作用，都叫烦恼。大众部等一些派别，认为释迦牟尼成佛后，是"出世"的。《异部宗轮论》记载了两种不同的观点，大众等四部的观念是：

此中大众部、一说部、说出世部、鸡胤部，本宗同义者，谓四部同说。诸佛世尊皆是出世，一切如来无有漏法，诸如来语皆转法轮，佛以一音说一切法，世尊所说无不如义，如来色身实无边际，如来威力亦无边际，诸佛寿量亦无边际，佛化有情令生净信无厌足心，佛无睡梦，如来答问不待思惟，佛一切时不说名等，常在定故。然诸有情，谓说名等欢喜踊跃，一刹那心了一切法，一刹那心相应般若知一切法。诸佛世尊尽智无生智恒常随转，乃至般涅槃。[2]

说一切有部等部的观念是：

八支圣道是正法轮，非如来语皆为转法轮，非佛一音能说一切法，世尊亦有不如义言，佛所说经非皆了义，佛自说有不了义经。此等名为本宗同义末宗异义，其类无边。其雪山部本宗同义，谓诸菩萨犹是异生，菩萨入胎不起贪爱，无诸外道能得五通，亦无天中住梵行者。有阿罗汉为余所诱，犹有无知，亦有犹豫。他令悟入，道因声起，余所执多同说一切有部。[3]

说一切有部认为释迦牟尼说的"正法"（"八正道""四谛""十二因缘"）才是"法身"，是真理，是"无漏"的。而他的"生身（肉身）"与凡人一样，是有"烦恼"的。说一切有部从"世间八法"来论证佛陀是"有漏"的。释迦牟尼"菩萨道"时期的十个"恶业"就是"有漏"的典型事例。释迦牟尼成道后的"有漏"事例，除了从"世间八法"诸事作分析说明外，还举几个事例来证明：

若佛生身是无漏者，无比女不应生贪，央掘利魔罗不应生瞋，邬卢频螺迦叶波不应生痴，傲慢婆罗门不应生慢。以佛生身生他贪瞋痴慢故知定是有漏。[4]

---

1 《根本说一切有部毗奈耶破僧事》卷二，《大正藏》第24册，第106页。
2 《异部宗轮论》，《大正藏》第49册，第15、16页。
3 《异部宗轮论》，《大正藏》第49册，第15、16页。
4 《阿毗达磨大毗婆沙论》卷一百七十三，《大正藏》第27册，第871页。

图 8　克孜尔第 186 窟无比女媚佛

图9 克孜尔第171窟女人误系小儿入井

这是说一切有部的一种独特的观念，即佛陀能引发他人产生贪、瞋、痴、慢，也是释迦牟尼本身的原因所致。这种观念也称"所缘随增"或"随顺增长"，其意是在所缘的境界中，因缘可以互相影响、互相增长、互相随顺。

问如来于一切烦恼并习气皆已永断，云何当说是有漏耶？答虽自身中诸漏永断，而能增长他身漏故，又从先时诸漏生故说为有漏。[1]

佛陀所以能影响他人产生"漏"，因为佛陀先时（过去）就有过"漏"的"业报"。

龟兹石窟存有上述四个事迹的生动图像，现仅介绍"无比女不应生贪"故事：古代印度磨沙国婆罗门无忧之女名无比"色貌端严，人所爱乐"。无比女曾发誓：若有与我容仪一样美丽的男人，我愿嫁其为妻。佛陀乞讨来到城郊，无忧婆罗门见佛容仪不凡，于是携妻女来到佛所的住处（图8）。无忧见佛即说偈诵："仁当观此女，美貌具庄严，须要我见授，颜容庙相似，犹如十五夜，星月共相辉。"佛陀听了以后，对此痴情的女子以譬喻的偈诵回答：

世间愚痴人，于境生爱著，若观斯美人，遂使心迷倒。我是第七佛，获得无上果，如莲出水中，不被欲尘污。[2]

佛陀既称赞了无比女的曼妙，又用佛果地位，委婉地拒绝了其要求。无忧婆罗门与无比女领悟了佛陀的意旨安然而去。

龟兹石窟中还有一个说明"所缘随增"思想的图像，即"女人误系小儿入井"故事。画面是：佛陀坐在金刚座上，一侧立一盛装的女子，其一边是一水井。女人双手系绳索，绳索下端系一儿童，女人回首贪婪地望着佛陀。故事表现的是：女人见佛陀美貌仪容，心生爱欲，只顾痴望佛陀，而误将小儿当水桶，系入井中（图9）。这个故事与无比女的故事是一样的含义，女人产生爱欲之心，是因佛陀的相貌而引发的。此图也是说明佛陀"有漏"的道理。

2. 崇仰"过去佛"与"唯礼释迦"。崇仰"过去佛"说一切有部是"佛陀观"的重要组成部分，前面"菩萨观"中已经论述了"过去佛"的数量与时空关系。崇仰"过去佛"是基于说一切有部"三世实有"的观念。

---

[1] 《阿毗达磨大毗婆沙论》卷一百七十三，《大正藏》第27册，第871页。
[2] 无比女故事详见《根本说一切有部毗奈耶》卷四十七"入王宫学处第八十二之四"，《大正藏》第22册，第886页。

……复有三法，谓过去未来现在法。……若执无过去　应无过去佛　若无过去佛　无出家受具。[1]

就是说，过去、未来和现在都有法的存在。如果不承认过去法，也就不承认过去佛的存在，不承认过去佛的存在，就等于否定佛教的存在。说一切有部崇仰"过去佛"，忠实继承了原始佛教"诸佛常法""法脉永嗣"的观念。

"唯礼释迦"是说一切有部"佛陀观"最鲜明的特点。说一切有部认为：过去可以有多佛，但现世只能有一佛即释迦牟尼佛，而不能"多佛并出"。这是说一切有部与其他派别尤其是与大乘佛教的根本分歧之一，其也是大乘佛教攻击小乘佛教的最重要的一点。《出三藏记集》卷五记录小乘学者竺法度传记中，贬称其"执学小乘，云无十方佛，唯礼释迦而已。……"[2] "唯礼释迦"成了小乘佛教的罪名。

龟兹石窟佛像遍布各个角落，"说法图""因缘故事"中，佛陀形象千姿百态。但归纳起来，除了"过去佛"之外，现世佛就只有释迦牟尼一身。

（四）"解脱观"。解脱就是从烦恼束缚中解脱出来，超脱迷苦之境地。佛教宗教理论是建立在"四谛"基础上的。"四谛"的第一位是"苦谛"。佛教视人生即是苦。故如何超越"苦"的束缚，就成为佛教追求的根本目的。早期佛教的修行的最高目标就是证悟解脱。涅槃与解脱含义相通，涅槃就是最后的解脱。

关于涅槃的内容和定义，《杂阿含经》说："涅槃者，贪欲永尽，瞋恚永尽，愚痴永尽，一切烦恼永尽，是名涅槃。"[3] 涅槃是佛教最根本的三法门"诸行无常、诸法无我、涅槃寂静"之一。原始佛教与部派佛教都主张有两种涅槃——有余涅槃（也称有余依涅槃）和无余涅槃（无余依涅槃）。说一切有部对这两种涅槃有深入的论述，《阿毗达磨发智论》曰：

如契经说，有二涅槃界，谓有余依涅槃界，及无余依涅槃界。云何有余依涅槃界，答若阿罗汉，诸漏永尽，寿命犹存，大种造色，相续未断，依五根身，心相续转，有余依故。诸结永尽，得获触证，名有余依涅槃界。云何无余依涅槃界，答即阿罗汉，诸漏永尽，寿命已灭。大种造色相续已断，依五根身，心不复转，无余依故，诸结永尽，名无余依涅槃界。[4]

说一切有部有余涅槃定义是：烦恼已尽，肉身犹存。无余涅槃的定义是：烦恼与肉身皆灭。

说一切有部涅槃观的特点之一是主张"实有涅槃"。原始佛教的涅槃思想注重于"心解脱"的认识，是一种境界意义的追求。说一切有部基于"三世实有"的理念，将涅槃理论发展成"实有涅槃"的认知。

如是爱尽离灭涅槃，名归依法，此中若法实有者，显实有涅槃。此言为遮有作是说，唯众苦灭说名涅槃非实有体，欲显涅槃实有自体故作是说。现有者，显涅槃如现实有非假说有，余如前释。有本但言，归依爱尽离灭涅槃名归依法，不说实有现有等言，斯有何义，谓涅槃体寂灭离相，想名言说所不及故，无有于中执为非有，此不应理。[5]

---

[1]《阿毗达磨大毗婆沙论》卷七十六，《大正藏》第27册，第393页。
[2]《出三藏记集》卷五，中华书局，1995年，第232页。
[3]《杂阿含经》卷十八，《大正藏》第2册，第126页。
[4]《阿毗达磨发智论》卷二，《大正藏》第26册，第923页。
[5]《阿毗达磨大毗婆沙论》卷三十四，《大正藏》第27册，第177页。

图 10　克孜尔第 205 窟阿阇世王闷绝复苏

说一切有部"实有涅槃"思想，在龟兹石窟中有独特的表现形式，在中心柱洞窟里，中心柱的左右甬道和后室都是涅槃的部位。龟兹石窟涅槃图像内容非常丰富，克孜尔石窟集中了涅槃题材图像。将各窟题材综合排列起来，可以看出龟兹佛教的涅槃思想体系。现以《长阿含经·游行经》和《根本说一切有部毗奈耶杂事》为据，按中心柱窟"右旋"顺序，从右甬道开始：1.行雨大臣送佛渡恒河，2.阿阇世王闷绝复苏（图10），3.履三道宝阶降还，4.度善爱乾闼婆王，5.苏跋陀罗先佛入灭，6.无余涅槃，7、天乐举哀供养，8.密迹金刚哀恋，9.荼毗，10.分舍利，11.断五趣轮回，12.提婆达多砸佛，13.树神举哀，14.第一次结集，15.法身常住（图11）。[1] 龟兹石窟集如此之多的事迹围绕佛陀涅槃，就是显示释迦牟尼涅槃的"实有"性和"功德"性，图解了说一切有部的"解脱观"。

龟兹佛教还有诸多观念如"宇宙观""修道论""轮回观"等，因石窟是视觉艺术，不可能所有观念都有鲜明形象作诠释，有待今后进一步深入开拓研究。

---

[1] 详见赵莉《龟兹石窟"解脱观"研究——以无余涅槃图像为中心》，《新疆师范大学学报》（哲学社会科学版）2015年第5期，第101—111页。

图11　克孜尔第17窟法身常住

三 "说一切有部思想文化带"特殊的"表法"形态

除了佛教文字（经典）与口头传诵（诵读）外，借助艺术形态弘传佛法，是佛教最成功的手段。佛教艺术包括建筑、美术、音乐、舞蹈、戏剧、讲唱等。这些艺术形式与佛教义学的关系，赵朴初先生精辟指出："佛教美术是和佛教的教义紧密联系结合在一起的。佛像都是表法的，佛教教义的谛，就体现在佛教美术。"[1] 表法本意是"法界自表"。因此，"说一切有部思想文化带"所有的艺术形式都是"说一切有部"思想的"表法"形态。

说一切有部在漫长的历史中，经历了复杂的发展历程。在浩瀚的佛教经典中有着这个历程详细的文字记载。但是在佛教艺术遗存中，找不到完整的具象资料。然而，在"说一切有部思想文化带"的遗存中，可以观察到说一切有部思想发展变化的某些特殊形态与发展轨迹。

（一）中心柱洞窟——说一切有部思想的聚合

中心柱洞窟是龟兹石窟最具特色的洞窟形制，是龟兹佛教思想集中的载体。中心柱窟源于印度"支提窟"，但龟兹中心柱窟是根据龟兹佛教思想理念结合自然条件创造的新型洞窟。约4世纪初，龟兹石窟中心柱窟成型，至6、7世纪完全成熟，在龟兹石窟中普及。中心柱窟形制是依说一切有部思想而设计的。中心柱窟分前、主、后室。前室是佛教"护法"的部位。置诸天神众，护卫佛法。主室功能是观像礼佛，但重要的佛教思想都集中在此展示。主室正壁开龛设主尊像。顶部中央的"天相图"，象征无际的宇宙和佛法的统摄。早期洞窟顶部中脊两侧多绘

---

[1] 赵朴初：《佛教画藏系列丛书总序》，人民文学出版社，1995年。

"本生故事"，表现释迦牟尼旷劫中修"菩萨道"的事迹。中后期两侧主要是"过去佛"的事迹，象征佛法的旷久和"法脉永嗣"及阐述"因缘果报"的理念。主室前壁上方多绘"释迦菩萨兜率天说法"，突显"最后身菩萨"的思想。主室两壁和正壁、前壁上方为释迦牟尼成道后重达"教化"事迹。后室完全属于展示"涅槃"的场所。大量与涅槃相关的事迹，烘托着释迦牟尼"无余涅槃"的理想境界（图12）。中心柱窟巧妙地将说一切有部的各种观念、各样事迹浓缩在一起展现。但是，不论造像形态万千，故事曲折动人，图像美轮美奂，所体现的核心思想就是说一切有部的基本理念——"唯礼释迦"。

（二）方形窟——"过去佛"崇拜的场所。方形窟是龟兹石窟形制的一种，学者研究方形窟可能早于中心柱窟，其主要功能是讲经说法的场地。方形窟顶部多为穹窿式，象征天部和旷劫时代。龟兹石窟许多穹窿顶部，绘出"过去佛"。崇拜"过去佛"是龟兹佛教重要的思想理念。现遗存有：森木塞姆第46窟的"过去七佛"（图13）；库木吐喇谷口区第20窟的"过去六佛"和克孜尔第123窟的"过去四佛"。[1] 此外，库木吐喇第34窟穹窿顶绘出12天神，形象是护法神，但他们象征着"过去佛"。《供养十二大威德天报恩品》说：

> 是十二天乃是往古诸佛，为度众生而来现也。是故行者不可依形势天。唯观彼天法身庄严。[2]

其意是，经上所列的十二天神是"往古诸佛"，也就是"过去佛"的化身，是为度众生而"变现"。信徒们不能依其外形姿态来看，要去看这些天神本来佛法身的庄严。

库木吐喇谷口区第21窟穹窿顶的著名的13身菩萨，

图12　克孜尔第38窟法身常住

图13　森木塞姆第46窟过去七佛

---

[1] 关于"过去佛"详见霍旭初《龟兹石窟"过去佛"研究》，《龟兹石窟佛学研究》，宗教文化出版社，2013年。
[2] 《供养十二大威德天报恩品》，《大正藏》第21册，第383页。

图14 库木吐喇谷口区第21窟释迦菩萨

虽然没有出现佛陀形象，但13身菩萨是向13位佛陀作供养的（图14）。此处是佛教艺术"隐喻"的手法，不出佛陀形象，但佛教信徒是清楚的。此图像是释迦菩萨旷劫时向13身"过去佛"供养的造像。其艺术手法与形式与众不同，但"表法"的艺术效果，恐是高出一筹的。

（三）菱形格的深奥意义 菱形格是龟兹石窟特有的构图形式，在中心柱洞窟顶部广泛采用此形式，成为图像的基本单元。其合理的空间结构，容纳了大量"本生故事"和"因缘故事"。对菱形格的来源，美术家各抒己见。对这个问题仍然要用"表法"的原则来认识。龟兹石窟菱形格的意义是很深奥的。菱形格实际上是佛教的"三千大千世界"的象征。《大唐西域记》载：

> 然则索诃世界（娑婆世界）三千大千国土，为一佛之化摄也。今一日月所照临四天下者，据三千大千世界之中，诸佛世尊皆此垂化，现生现灭，导圣导凡。[1]

一个菱格就是佛世尊垂化众生、显示生死、教化圣贤与凡俗的一片佛土。《法苑珠林》还指出："依华严经云，三千大千世界以无量因缘乃成。"[2] 每一个菱形格展示一个或数个"因缘"，故菱形格既是三千大千世界的缩影，也是佛教因缘思想的集聚。

值得注目的是，龟兹石窟菱格构图内容的变化，却留下了说一切有部思想演变的重要轨迹。早期说一切有部遵循的理论是"三世实有"与"法体恒有"。后来从说一切有部分裂出去的"经量部"，创造了新的理论，被说一切有部吸收，使说一切有部发生重大的理论革新，著名的《俱舍论》代表了说一切有部理论发展的顶峰。新思想主要冲击了"三世实有"理念。其主张是现在的"法"是"实有"，而过去是"曾有"，未来是"当有"，都是"假有"。这个说一切有部先进思想，很快影响到龟兹佛教。反映到龟兹石窟中，最明显的就是早期流行的"本生故事"逐渐减少，至龟兹石窟中期，"因缘故事"骤然增加，6世纪后，中心柱洞窟顶部全被"因缘故事"占据，"本生故事"退居到顶部下方半菱格或甬道的下方。这显然是现在"实有"观念的反映。龟兹石窟还有许多《俱舍论》影响的例子。总之，对龟兹石窟进行图像学的仔细考察，还会找到说一切有部思想发展演变的某些轨迹。

（四）说一切有部特殊的"著衣法式" 部派佛教时期，派别纷杂，为了标识自己的派属，各派出现了许多标新立异的举措。"著衣法式"就是其中之一。说一切有部是部派佛教势力最大的教派。其"著衣

---

[1] 《〈大唐西域记〉校注》卷一，中华书局，1985年，第35页。
[2] 《法苑珠林》卷二，《大正藏》第53册，第278页。

图15 克孜尔第175窟供养比丘

法式"尤为显眼。唐代高僧义净在《南海寄归内法传》中记，印度说一切有部"凡是衣服之仪，斯乃出家刚要"[1] 该书记载：

> 然四部之殊，以著裙表异。一切有部则两边向外双褶。大众部则右裙襜在左边。向内插之不令其坠，西方妇女著裙，与大众部无别。上座正量制亦同斯，但以向外直翻傍插为异。[2]

此外，《南海寄归内法传》第十一"著衣法式"中，还专门讲到说一切有部著裙的方式方法，其操作规矩很复杂，这种裙式被称为"圆整著裙"。衣著的规矩，是说一切有部重要的仪轨之一。义净《内法传》称："斯为圆整著裙。成萨婆多（说一切有部）之部别。"[3] 以上说明，说一切有部衣裙的显著特征是两边向外展并有双褶即双层（图15）。

说一切有部这种僧衣特色，在龟兹石窟中比比皆是。供养比丘的袈裟普遍显露这种特点，就连佛陀的袈裟也采用这种衣式。说一切有部僧衣特点，在图木舒克佛寺、焉耆七个星佛寺和高昌北凉石窟中都能看到，说明"说一切有部思想文化带"普遍执行着说一切有部"著衣法式"的制度。"说一切有部思想文化带"所存的"著衣法式"图像，是研究说一切有部思想、戒律、规制、行事极为重要的资料。

"说一切有部思想文化带"形态的特色，应该还有很多方面，如佛教寺院建筑的特色，但由于所遭破坏过于严重，甚至一处完整的佛殿遗址都不存在。最大的库车苏巴什（昭怙厘）佛寺面积巨大，但很难窥其建筑结构的特色。唯在新和县铁吉克佛寺遗址保存一佛殿的主室残墙，尚看见中心柱式的甬道拱门。可知，龟兹地区地面寺院，也采用中心柱式结构。表示出寺院与石窟功能的共同性，都是服务于说一切有部根本理念的。

---

1 《〈南海寄归内法传〉校注》卷二，中华书局，1995年，第75页。
2 《〈南海寄归内法传〉校注》，第89页。
3 《〈南海寄归内法传〉校注》，第100页。

四 "说一切有部思想文化带"的历史价值

佛教历史大体经历了四个阶段：原始佛教、部派佛教、大乘佛教和密乘佛教。佛教故乡印度，在经历数次历史大动荡后，佛教已退出历史舞台。拟从印度探察整个佛教发展的历史和佛教思想的演变，犹如"缘木求鱼"。"说一切有部思想文化带"基本上保存了说一切有部体系的主要成分。因此，欲探寻说一切有部思想和研究部派佛教"上座部"的某些思想，非"说一切有部思想文化带"遗存莫属。

（一）说一切有部的理论特色是对一切"法"开展"阿毗达磨"的论究。"阿毗达磨"汉译为对法，即"论"，是佛教三藏"经、律、论"之一。"阿毗达磨"的开展，极大地推动佛教的发展。现代佛学大师印顺法师称："阿毗达磨是说一切有部的光荣。"唐代玄奘翻译了几乎全部"阿毗达磨"的论典，义净翻译了大部"说一切有部"的律典。龟兹石窟的图像、雕塑、建筑等佛教艺术，图解与诠释了"说一切有部"的基本理论，两者相得益彰的结合，是揭示"部派佛教"特别是"说一切有部"思想内涵无比珍贵的窗口。在印度佛教沦丧、中国内地大乘佛教一统之下，"说一切有部思想文化带"对于研究"部派佛教"的价值不言而喻。

（二）龟兹佛教属于部派佛教范畴。但部派佛教忠实地继承原始佛教的基本思想。故龟兹佛教与石窟保存着原始佛教的许多重要理念和精神。保存原始佛教思想的经典主要是四《阿含经》。研究龟兹石窟内容，有许多事件、事迹和思想理念，主要是依靠《阿含经》。龟兹石窟的许多题材内容，是直接从原始佛教传下来的。如"宇宙天相""护法神众""轮回业报"等。释迦牟尼生涯事迹，主要来源于《长阿含经·游行经》的记载。龟兹佛教许多基本理论如"四谛""八正道""十二因缘"图像等，都更接近《阿含经》的记载。在世界佛教范围内，原始佛教资料比较零落的情况下，龟兹佛教与石窟就是研究原始佛教不可多得的宝贵资料。

（三）阿毗达磨传入中原后，在早期中国佛教中产生深远的影响，产生一门重要的佛教学派——"毗昙学"。我国学者对"毗昙学"在内地的传播，早就给予重视，汤用彤先生指出，隋唐之前影响中国佛学思想有三大学派：

> 晋宋之际，佛学上有三大事：一曰《般若》，鸠摩罗什之所弘阐；一曰《毗昙》，僧伽提婆为其大师；一曰《涅槃》，则以昙无谶所译为基本经典。[1]

我国现代著名佛学家杜继文先生说：

> 在中国佛教史和哲学史的研究上，普遍注重般若学的地位和作用，似乎起自魏晋，止于道生佛性论的佛学界，全是般若学的天下。这种倾向，多少有些偏颇。……在般若学之外，还有另一股强大的佛学潮流，它比般若学传入中国的时期要早，延续的时期也不比般若学短，而就其对于中国佛教和中国文化的意义来说，也许比般若学更加值得学界的重视，这就是禅数学，尤其是由禅数学中独立出来流入玄学有派的毗昙学。[2]

---

[1] 汤用彤：《竺道生与涅槃学》，《汤用彤集》，中国社会科学出版社，1995年，第35页。
[2] 杜继文：《泛说佛教毗昙学与玄学崇有派》，台湾《中华佛学学报》第12期，1999年，第339页。

近年我国学者比较重视"毗昙学"的研究。研究中国"毗昙学","说一切有部思想文化带"是非常重要的资料。前面论述的龟兹石窟中的"菩萨观""佛陀观""解脱观"等,都是生动的"毗昙学"形象资料。龟兹石窟所体现的"三世"思想,对研究"毗昙学"的"三世"理念,也有借鉴意义。此外,"说一切有部思想文化带"在部派佛教东传的中枢作用和历史背景,也都是中国佛教发展史不可或缺的研究课题。

（四）犍陀罗佛教艺术一直是个热门的研究课题。通过研究,我们认为:犍陀罗与龟兹不仅仅是艺术传播和影响的关系,而是两地有着种族血缘和文化共性的艺术共同体。犍陀罗是贵霜王朝的中心地,贵霜王朝是月氏人所建立。有学者研究,月氏人在西迁中有一部分留在龟兹,也有学者认为龟兹原来的居民就是月氏人。唐代僧人慧琳在《一切经音义》中记载:

屈支（古名月支,或名月氏,或曰屈茨,或名乌孙,或名乌累）……[1]

犍陀罗与龟兹佛教艺术有同一思想根源,即都是开展"毗昙学"的产物。日本学者指出:"犍陀罗美术的思想背景,当然与有部为中心的部派佛教有关。"[2]中国学者明确指出:"佛教对本生的鼓吹,直接产生了对佛的偶像及其前生菩萨偶像的崇拜,为了表现佛的本生和菩萨行,一种新的佛教艺术形式应运而生,这就是犍陀罗佛教艺术。"[3]

犍陀罗佛教及艺术的毁灭,公认是5世纪因嚈哒人入侵所致。但是犍陀罗佛教艺术并没有在世界泯灭消亡。早在犍陀罗艺术产生不久,就随佛教向外传播之洪流,对周边产生强烈的影响。西面影响巴米扬石窟造型艺术,东面越过葱岭影响到塔里木盆地周边。楼兰、于阗就有其早期影响的踪迹。犍陀罗佛教及艺术被毁之际,迫使一批说一切有部、经量部的"论师""譬喻师"和雕刻家、画家向东北方转移。越过葱岭就是西域"说一切有部思想文化带"的覆盖区。以龟兹为中心的塔里木盆地北沿的"说一切有部思想文化带",是犍陀罗遗民和艺术家们最理想和最可靠的落脚之地。龟兹与犍陀罗艺术的共性尤为明显,图像的构图、布局、形态等基本要素完全一样。犍陀罗佛教艺术以雕塑著称,龟兹石窟雕塑毁坏严重,遗存不多,但图木舒克与托库孜萨来佛寺遗存的雕塑,犍陀罗艺术风格浓郁,可视为犍陀罗艺术的分支。犍陀罗佛教艺术开始以"佛本生"为主要题材,后来"佛传""尊像"居多,龟兹石窟同样是如此,6世纪之后,龟兹石窟"佛传""譬喻"题材取代"本生",居图像的绝大部分,这是受犍陀罗"经量部"思想影响的表现。犍陀罗与"说一切有部思想文化带"的佛教艺术是最有亲缘关系的佛教艺术,它们如同孪生姐妹。如今犍陀罗佛教艺术所剩有限,而保存至今丰富的"说一切有部思想文化带"的佛教艺术,是探视不朽的犍陀罗佛教艺术的宝贵窗口。

---

1 《一切经音义》卷八十二,《大正藏》第54册,第837页。
2 ［日］佐佐木教悟、高崎直道、井野口泰淳、冢本启祥著,杨曾文、姚长寿译:《印度佛教史概说》,复旦大学出版社,1989年,第54页。
3 任继愈总主编、杜继文主编:《佛教史》,中国社会科学出版社,1991年,第65页。

北凉石塔刻经与写经生

崔中慧

(香港大学佛学研究中心)

前 言

20世纪考古发现的五胡十六国北凉时期（397—439）石塔有十四座，在武威、酒泉、敦煌、吐鲁番等地陆续发现，其中十一座收藏在国内各级博物馆，三座流向国外。其中六座有纪年[1]，这些有年代的石塔铭刻有供养人的名字与发愿文，有的石塔上还有石刻佛经经文，非常珍贵，益发凸显北凉石塔的文化价值。由于这是佛教传入中国，历数百年佛经翻译的历史后，在汉地出现最早的佛教刻经的石塔，其书写与镌刻关系到写经生与石刻工匠的合作发展，反映佛教由社会上层向大众普及的一个契机。本文首先从北凉石塔的出土地点，探讨其传布的地域特性。其次，将石塔的铭刻书法与另一座《凉王大且渠安周造寺功德碑》以及北凉佛教写经比较，说明国家译经、写经，写经生与石刻工匠之间的关联。

一 北凉国家佛经翻译与宫廷写经生

北凉石塔的铭刻题记发愿文反映了这是一批佛教信徒为了祈福、报恩所供养的石塔。也说明他们是在学习了佛法之后，心灵已产生了某种体悟，所以除了祈福求功德之外，"报恩"一词开始出现在发愿文中。这是佛教传入中国后，在社会上开始逐渐为社会大众接受与普及的一个现象。所以在探讨北凉石塔的刻经以前，需要先了解当时的佛教发展背景。根据《高僧传》与《出三藏记集》记载，北凉王沮渠蒙逊积极护持推动佛教发展，延请高僧昙无谶（约385—433）为国师；由昙无谶主持国家佛经翻译译场[2]。昙无谶于412年抵凉州[3]，从421年开始译经，据统计，昙无谶时期前后总共翻译19部佛经计131卷[4]，包括最重要的《大般涅槃经》[5]。另《开元释教录》北凉共译出82部、311卷的

---

[1] 殷光明：《北凉石塔研究》，觉风佛教艺术文化基金会，2000年，第91页。
[2] 任继愈：《佛教经籍选编》，中国社会科学出版社，1985年，第52页。
[3] （梁）僧祐撰：《出三藏记集》卷8："天竺沙门昙摩谶者，中天竺人婆罗门种，天怀秀拔领鉴明邃，机辩清胜内外兼综，将乘运流化，先至敦煌，停止数载。"《大正藏》第55册，第59页，C1S—17。
[4] 杜斗城：《北凉佛教研究》，新文丰出版公司，1998年。昙无谶所翻译的除了《大般涅槃经》之外，还有《悲华经》《优婆塞戒经》《佛所行赞》《大般涅槃经》《大方广三戒经》《佛说腹中女听经》《金光明经》《菩萨戒本》《菩萨地持经》《佛说文陀竭王经》等经典。
[5] （唐）道宣编：《大唐内典录》卷3："涅槃三分之一，前后首尾来往追寻，涉历八年，凡经三度译，乃周讫，虽四十卷，所阙尚多，冀弘法王咸令满足，一觌圆教再隆化哉（凉译经竟宋武永初二年）。"《大正藏》第55册，第256页。

佛经。[1] 凉州是当时除了长安后秦鸠摩罗什教团之外的重要的佛经翻译中心。[2]

从北凉翻译的佛经如此众多，国家译经规模如此之大，参与翻译佛经的人数如此之多，可以推测，当时负责笔受与抄写佛经的写经生也一定不在少数。以下先就文献与考古资料初步查考北凉宫廷写经生，列举四位如下。

慧　嵩

僧祐在《出三藏记集》中详细叙述，北凉王沮渠蒙逊与昙无谶合作设立国家译场翻译佛经之初，昙无谶因自己还未通晓汉语，他非常慎重地学习了三年汉语，才开始翻译佛经。同时他也需要一批通晓汉语及书写的人才，包括口受、笔受、写经生、文义校对等，根据《高僧传》记载，在421年北凉昙无谶准备翻译《大般涅槃经》时，河西地区有两位卓越的沙门慧嵩与道朗，被引荐给昙无谶合作翻译佛经，在佛典译为汉文的过程中，由嵩公（慧嵩）担任笔受。[3]《出三藏记集》卷14中如此描述：

是时沙门慧嵩道朗，独步河西。值其宣出法藏，深相推重，转易梵文，嵩公笔受，道俗数百人疑难纵横，谶临机释滞未常留碍。[4]

凉州地区从前凉张轨（363—376）以来，佛教发展就很兴盛。许多佛教僧人或佛教徒从西域进入河西走廊就停留在敦煌、凉州或到长安，早期著名高僧道安的弟子竺佛念，家族来自西域而世代居住凉州，他通晓西域语言并协助道安翻译佛经（约活跃于379—385）。[5]在竺佛念翻译时与他合作笔受的僧人中，慧嵩也是来自西域的僧人。从不同文献中查考关于慧嵩的资料，可知慧嵩自前秦（351—394）以来就活跃于凉州地区，他不但是一位修行杰出的僧人，也是专业写经生，他至少曾协助三位译经高僧翻译佛经：僧伽跋澄、竺佛念与昙无谶（详见表1），表所列前五项文献记载所显示，自前秦383年至北凉421年翻译《大般涅槃经》时，前后慧嵩总共笔受过五部佛经（表1）。

《续高僧传》记载，慧嵩约于4世纪末自高昌到凉州，他家学渊源，受到良好的传统儒家教育，幼年即出家学道。[6]关于其身世的史传资料并不多，零星资料仅见于部分经录记载。其中最早的记录是前秦建元十九年（383）译出的《阿毘昙毘婆沙》出经记录，《历代三宝纪》记载前秦苻坚建元十九年（383），翻译《阿毘昙毘婆沙》十四卷时，有三位笔受，慧嵩、智敏与祕书郎赵文业：

阿毘昙毘婆沙十四卷（建元十九年出，或十二卷），婆须蜜经十卷（建元二十年出，或云是集论），僧伽罗刹集经三卷（建元二十年十一月三十日出），

1　详见 Tsui Chunghui: *A Study of Early Buddhist Scriptural Calligraphy*, The University of Hong Kong, PhD Diss. 2010, p.112（表2—2）。

2　陆庆夫：《五凉佛教及其东传》，《敦煌学辑刊》1994年第1期，第12页。

3　（梁）僧祐撰：《出三藏记集》卷14，《大正藏》第55册，第103页。

4　《出三藏记集》卷14，第103页。

5　《出三藏记集》："竺佛念，凉州人也，志行弘美辞才辩赡，博见多闻备识风俗，家世河西通习方语。故能交译戎华宣法关渭。符姚二代常参传经，二铨之具，盖其功也。"《大正藏》第55册，第99页。

6　（唐）道宣《续高僧传》卷7："释慧嵩，未详氏族，高昌国人，其国本沮渠凉王避地之所，故其宗族皆通华夏之文轨焉。嵩少出家聪悟敏捷，开卷辄寻便了中义，潜蕴玄肆尤甄杂心。时为彼国所重。"《大正藏》第50册，第482—483页。

表1　北凉僧人慧嵩曾经笔受之佛经

	年代	佛经	主译者
（1）	383 前秦	《阿毗昙毗婆沙》十四卷[1]	僧伽跋澄
（2）	384 前秦	《尊婆须蜜菩萨所集论》卷1[2]	僧伽跋澄
（3）	384 前秦	《僧伽罗刹所集经》卷1[3]	竺佛念
（4）	384 前秦	《增壹阿含经》卷1[4]	昙摩难提
（5）	421 北凉	《大般涅槃经》	昙无谶
（6）	437 南朝刘宋	《阿毗昙毗婆沙论》六十卷[5]	浮陀跋摩

（资料来源：《出三藏记集》《历代三宝纪》）

右三部合二十七卷，晋孝武帝世，罽宾三藏法师僧伽跋澄，秦言众现，旧诵婆罗门梵本甚熟利，昙摩难提先录为梵文，佛图罗刹传译，沙门慧嵩沙门智敏秘书郎赵文业笔受为秦言。[6]

《历代三宝纪》记载，秦建元二十年（384），罽宾沙门僧伽跋澄翻译《尊婆须蜜菩萨所集论》《僧伽罗刹所集经》时，由竺佛念传译，僧伽跋澄、难陀、禘婆三人执胡文，由慧嵩笔受，前后共耗时四个多月。

罽宾沙门僧伽跋澄，以秦建元二十年，持此经一部来诣长安，武威太守赵政文业者，学不厌士也，求令出之，佛念译传，跋澄难陀禘婆三人执胡文，慧嵩笔受，以三月五日出，至七月十三日乃讫，胡本十二千首卢也。[7]

另《出三藏记集》中记载翻译《僧伽罗刹所集经》：

以建元二十年，罽宾沙门僧伽跋澄，赍此经本（《僧伽罗刹所集经》）来诣长安，武威太守赵文业请令出焉，佛念为译，慧嵩笔受。[8]

在这同一年，昙摩难提翻译《增壹阿含经》时，也是由慧嵩笔受。

《增壹阿含经》卷1：

有外国沙门昙摩难提者，兜佉勒国人也，龆龀出家，孰与广闻，诵二阿含，温故日新，周行诸国，无土不涉。以秦建元二十年来诣长安，外国乡人咸皆善之，武威太守赵文业求令出焉。佛念译传，昙嵩笔受，岁在甲申夏出，至来年春乃讫，为四十一卷，分

---

1 《出三藏记集》，《大正藏》第49册，第76页。
2 （前秦）苻坚、僧伽跋澄等译：《尊婆须蜜菩萨所集论》，《大正藏》第28册，第721页。
3 （前秦）苻坚、僧伽跋澄等译：《僧伽罗刹所集经》，《大正藏》第4册，第115页。
4 由昙摩难提翻译的《增壹阿含经》亦由慧嵩笔受。《增壹阿含经》卷1："佛念译传。昙嵩笔受。"《大正藏》第2册，第549页。
5 《历代三宝纪》卷9，《大正藏》第49册，第84—85页。
6 （隋）费长房：《历代三宝纪》卷八，《大正藏》第49册，第76页。
7 《尊婆须蜜菩萨所集论》序，《大正藏》第28册，第721页。
8 《僧伽罗刹所集经》，《出三藏记集》，《大正藏》第55册，第71页。

为上下部。……[1]

《出三藏记集》记载："竺佛念，凉州人也，志行弘美辞才辩赡，博见多闻备识风俗，家世河西通习方语。故能交译戎华宣法关渭。符姚二代常参传经，二铨之旨，盖其功也。"阿含是部派佛教的核心思想，四部阿含中的两部都由竺佛念译出，反映竺佛念对于部派佛教思想的重视。同时，竺佛念与其译场笔受僧人慧嵩都具有深厚的西域及凉州文化背景，后来慧嵩再度参与昙无谶国家译场翻译佛经，《增壹阿含经》在北凉凉州地区仍深受重视。

所以从上述《僧伽罗刹所集经》的出经记录，以及慧嵩参与译场以及几部佛经的流传来看，他是4世纪末至5世纪初亲历了这些佛经的流传、翻译的人，体现了译者与地理位置的关系，如慧嵩所体现的中原与中亚密切的关系，包括罽宾、武威与长安。

道养

北凉玄始十六年时沮渠兴国与五百余位优婆塞，共同请昙无谶在北凉都城姑臧翻译出在家菩萨戒《优婆塞戒经》，根据《出三藏记集》卷九，426年翻译《优婆塞戒经》，是由沮渠蒙逊之子沮渠兴国所护持供养，由昙无谶主持并有五百余人参与的国家佛经译场，翻译此在家菩萨戒、当时担任笔受的写经僧人是道养。[2] 另外，考古出土于吐峪沟的《优婆塞戒经》残卷题记，是早期佛经残卷少有的具如此详细写经题记的文献之一。题记记录沮渠兴国供养此经，[3] 是研究北凉佛教写经最重要的资料之一，此道养笔受的《优婆塞戒经》不但有佛教文献记载，[4] 还有考古出土佛经残片可供考据，佛经残片题记内容为：

岁在丁卯夏四月廿三日，河西王世子抚军将军录尚书事大且渠兴国、与诸优婆塞等五百余人，共于都城之内，请天竺法师昙摩谶，译此在家菩萨戒，至秋七月廿三日都讫。秦沙门道养笔受。愿此功德令国祚无穷，将来之世，值遇弥勒。[5]

昙无谶时北凉国家佛经译场规模可由上述"道俗数百人"得知是相当多的[6]，而僧人道养就是北凉宫廷笔受之一[7]。这位笔受道养的写经除了有《优婆塞戒经》残卷以外，他的书迹还见于抄写《华严经》，也就是他曾经抄写南方传到北凉的《华严经》版本。关于北凉时期佛经的南北流通问题，笔者2013年发表的《吐鲁番出土北凉沮渠安周供养〈佛华严经〉

---

1 《增壹阿含经》卷1，《大正藏》第2册，第549页。另外，根据中嶋隆藏编《出三藏记集序卷訳注》，1997年，第194页，其中提及："佛念译传，昙嵩笔受……"作者中嶋隆藏注解"昙嵩"即"慧嵩"。
2 《出三藏记集》卷九，优婆塞戒经出经后记第十一，《大正藏》第55册，第64页。"太岁在丙寅夏四月二十三日，河西王世子抚军将军录尚书事大沮渠兴国，与诸优婆塞等五百余人，共于都城之内，请天竺法师昙摩谶译此在家菩萨戒，至秋七月二十三日都讫，秦沙门道养笔受。愿此功德令国祚无穷，将来之世值遇弥勒，初闻悟解逮无生忍，十方有识咸同斯誓。"
3 井ノ口泰淳：《西域出土佛典の研究：西域考古图谱の汉文佛典》，京都法藏馆，昭和55年（1980）；优婆塞戒经，p.xv，写本的题记年代为翻译于丁卯427年，但是出三藏记集的年代为丙寅428年。大谷光瑞《新西域记》著录此件残片出土地点为库车，《西域考古图谱》记载为吐峪沟。
4 《出三藏记集》卷9，《大正藏》第55册，第64—65页。
5 根据佛教史料与出土文献，《优婆塞戒经》的译出时间，有三种不同的记录（1）太岁在丙寅（426）说，见《出三藏记集》卷九，《大正藏》第55册，第64—65页，《开元释教录》卷四同。（2）岁在丁卯（427）说，见吐鲁番出土该写经题记。（3）承玄元年（428）说，见《历代三宝记》卷九。
6 林世田、汪桂海：《敦煌写本〈优婆塞戒经〉版本研究》，《文献》2008年第2期，第33—41页。
7 《敦煌写本〈优婆塞戒经〉版本研究》，第33—41页。

研究》一文中曾探讨北凉与南方佛经交流的问题。[1] 该文中提出道养也抄写不同译场出来的佛经；另于2014年发表的《德国收藏吐鲁番出土早期〈华严经〉写本残片研究》一文，以早期《华严经》写本为例，探讨吐鲁番出现的《华严经》流通的情况，通过北凉时期的碑刻、石塔与写经残片的书法比较，说明在5世纪初期自东晋佛陀跋陀罗翻译出《大方广佛华严经》以后，北方很快即开始抄写流通。[2]

道　泰

沮渠牧犍时期（433—439）佛经翻译中心位于姑臧城内苑闲豫宫[3]，于南朝刘宋元嘉十四年（437），天竺沙门浮陀跋摩于姑臧译出《阿毘昙毘婆沙论》一百卷，浮陀跋摩"传译理味"[4]，由凉州僧人道泰笔受，释道挺作序，沙门慧嵩、道朗等三百余人考文评义[5]。文献资料显示北凉沮渠牧犍时期的佛经译场颇具规模，仅"考正文义"就有三百余人，此时的译经笔受为道泰。

樊　海

北凉从凉州到高昌一贯秉持以佛教立国的政策[6]，沮渠安周至高昌后，此地佛教更为兴盛，开凿石窟、建造佛寺与安立佛像仍是推动佛教发展的主要活动，写经抄经亦是主要传布佛法方式之一[7]。虽然北凉于460年被柔然所灭，北凉高昌时期为当地所奠定深厚的佛教基础，对后来佛教发展有着深远影响。根据学者研究，自高昌国（460—640）至唐西州时期（640—792），吐鲁番地区至少有200座佛教寺院，数量比敦煌还多。[8]

吐鲁番出土的佛经残卷中，就有几件有纪年并有沮渠安周供养的卷尾题记，其中纪年为457年的《佛说菩萨藏经》还有官方书吏臣樊海抄写佛经的题记。《佛说菩萨藏经》卷一题："大凉王且渠安周所供养经，承平十五年岁在丁酉，书吏臣樊海写，法师第一校，法师第二校，祠主首……"这里所见的樊海是"书吏"，所以可知他是一位官方写经生。

归纳上述出土佛经写卷题记有明确纪年的资料，北凉官方写经生有二人（道养，樊海），而佛教文

1　崔中慧：《吐鲁番出土北凉沮渠安周供养〈佛华严经〉研究》，《华严学报》2013年第6期，第217—261页。
2　崔中慧：《德国收藏吐鲁番出土早期〈华严经〉写本残片研究》，收录于陈一标主编《2014年华严专宗国际学术研讨会论文集》，台北华严莲社，2014年。
3　张学荣：《论凉州佛教及沮渠蒙逊的崇佛尊儒》，《敦煌研究》1994年第2期，第102页。
4　《出三藏记集》卷2："阿毘昙毘婆沙六十卷（丁丑岁四月出至己卯岁七月讫）。右一部，凡六十卷，晋安帝时，凉州沙门释道泰共西域沙门浮陀跋摩，于凉州城内苑闲豫宫寺译出，初出一百卷，寻值凉王大沮渠国乱亡，散失经文四十卷，所余六十卷传至京师。"《大正藏》第55册，第11页。
5　（梁）慧皎：《高僧传》卷3："浮陀跋摩，此云觉铠，西域人也。幼而履操明直聪悟出群，习学三藏偏善毘婆沙论，常诵持此部以为心要。宋元嘉之中达于西凉，先有沙门道泰，志用强果，少游葱右遍历诸国，得毘婆沙梵本十有万偈。还至姑臧……即宋元嘉十四年。于凉州城内闲豫宫中请跋摩译焉，泰即笔受。沙门慧嵩道朗与义学僧三百余人考正文义，再周方讫，凡一百卷。沙门道挺为之作序。"《大正藏》第55册，第11、339页。
6　[新]古正美：《佛教传播与中国佛教国家的形成》，《成大历史学报》2011年第40期，第1—60页。
7　李树辉：《柏孜克里克石窟寺始建年代及相关史事研究》，《新疆大学学报》（哲学人文社会科学版）2006年第1期，第55页。
8　王素：《敦煌吐鲁番文献》，文物出版社，2002年，第230页。对此作过统计的学者有小田义久、町田隆吉、严耀中。

献中记载的北凉官方"笔受"有三人(慧嵩、道泰、道养)。僧人道养与慧嵩是北凉定都姑臧时期翻译佛经的宫廷写经生。书吏樊海则是北凉高昌时期的官方写经生,这些官方写经生在北凉担任写经的重要工作,在此基础上,以下,进一步探讨北凉石塔刻经与这些官方写经生有何关联。

二　北凉石塔与宫廷写经之关系

20世纪考古出土十四座北凉石塔,出土地点分别为凉州(武威)、酒泉、敦煌、吐鲁番等地,年代分布从沮渠蒙逊凉州到且渠安周高昌时期。[1](表2)这十四座石塔中,有七座石塔刻有《增壹阿含经·结禁品》以及供养者的发愿文。这些刻有佛经的石塔的高度大约只有40厘米,其中以岷州庙石塔体积最大,高度有93厘米,同时,岷州庙石塔是双语刻经,刻有汉文与婆罗米文字。[2]殷光明曾研究过这批石塔,并判断这座岷州庙石塔是刻于北凉沮渠牧犍时期(433—439)。[3]

印度学者戈哈里(V.V.Gokhale)曾针对岷州庙石塔婆罗米文刻经做了研究,考查出这是《缘起经》。[4]岷州庙双语石塔的发现,也说明在5世纪上半期的河西地区,是个多民族及语言的文化多元社会。河西地区在汉代以来受到丝路东西交流而深植多元文化底蕴[5],五胡十六国时期,敦煌、酒泉与凉州都是重要的佛教中心。凉州地区的僧人有几位都曾活跃于河西与西域高昌。

从前述几位僧人所参与之佛经翻译,可知西域来的慧嵩行脚于凉州与长安之间,他从前秦在长安参与竺佛念译场担任笔受,曾经笔受很重要的一部经典《增壹阿含经》,后来又回到凉州协助昙无谶译场。值得注意的是前述北凉时期的14座石塔中,有7座石塔就有刻《增壹阿含经·结禁品》之中的核心的思想——"十二因缘法"。这七个石塔的年代分布从北凉玄始十五年(426)至北凉太缘二年(436)[6],这是昙无谶在北凉翻译佛经推动佛教最积极的一段时间,所以由北凉石塔来看凉州的佛教传承与思想内涵,除了有部派佛教的信仰,也有昙无谶所推动的大乘涅槃、菩萨道思想。

由石塔刻经《增壹阿含经·结禁品》所反映的一个值得注意的现象,就是竺佛念翻译佛经的笔受僧人慧嵩与凉州和高昌密切的地缘关系,还有《增壹阿含经》在竺佛念翻译出来以后,传承到北凉被铭刻于石塔上,显示出北凉佛教思想对此经典的重视程度。关于北凉官方佛经翻译与组织的情况[7],笔者于2013年发表《由〈凉王大且渠安周造寺功德碑〉探讨北凉宫廷写经与官方组织》一文,说明北

1　殷光明:《北凉石塔研究》,财团法人觉风佛教艺术文化基金会,2000年;另参张宝玺《北凉石塔艺术》,2006年。这些石塔分布于敦煌五座,酒泉六座,武威一座,吐鲁番二座。
2　《甘肃通志金石志》卷3记载,此塔"为清雍正时,党河水暴发得之,同时又得石狮二,托塔天王石像一,四尺高,石佛二,今俱完好,存岷州庙"。
3　殷光明:《北凉石塔研究》,第91页。
4　V.V.Gokhale著,景行译:《敦煌所出婆罗谜字石刻(拓本)之研究》,*India and China: Greater India Society Bulletin 2*, Calcutta, 1927年,第42页。
5　《正史佛教资料类编》卷1:"凉州自张轨后,世信佛教。敦煌地接西域,道俗交得其旧式,村坞相属,多有塔寺。"
6　殷光明:《北凉石塔研究》,第91页。
7　崔中慧:《由〈凉王大沮渠安周造寺功德碑〉探讨北凉宫廷写经与官方组织》,收录于王三庆、郑阿财主编《2013年敦煌吐鲁番国际学术研讨会论文集》,台湾台南"国立"成功大学中文系,2014年。

凉推动佛教并积极翻译佛经，当时佛教写经的"官经生""典经帅"等这类头衔还没有出现。而实质上，由《凉王大且渠安周造祠碑》石碑碑文中记载（图1），

进一步观察北凉石塔还可辨识的铭刻书法，其书法风格有两种，其中最常用的是"北凉体"（图2），另外一种略带行书风格，见于白氏塔（表2）。这种典型的北凉官方写经体"北凉体"，笔者已于2015年发表《墨影胡韵——北凉时期宫廷佛教书法》一文，深入探讨所谓"北凉体"与北凉官方写经生，借由

北凉国家官方文书组织分工完备，包括书法、监造等工作，此组织中的官方书吏亦兼任写经。

《凉王大且渠安周造祠碑》石碑考证北凉本《大般涅槃经》，以及457年《佛说菩萨藏经第一》和428年田弘石塔书法的比较（图3），可以明显看出田弘石塔书法与《凉王大且渠安周造祠功德碑》是同一书风。这一阶段书法风格浓厚的胡风墨韵，是书法史上西域僧人所留下的空前绝后的珍贵书迹。[2] 通过文献与北

表2 北凉石塔年代分布

	北凉	年代	石塔	出土地点	文字书法风格	收藏地点
1	沮渠蒙逊时期（421—433）	无纪年	武威塔	武威		
		无纪年	吉德塔	不详	北凉体	敦煌市博物馆
			沙山塔	敦煌	北凉体	敦煌市博物馆
		426	马德惠塔（承阳二年岁在丙寅，次于鹑火十月五日）	酒泉	北凉体	甘肃省博物馆
		428	高善穆塔（承玄元年岁在戊辰四月十四日辛亥丙申时）	酒泉	北凉体	甘肃省博物馆
		429	田弘塔（承玄二年岁在戊辰二月二十八日丙寅）		北凉体	甘肃省博物馆
2	沮渠牧犍时期（433—439）蒙逊以牧犍在酒泉担任酒泉太守	434	白双且塔（凉故大沮渠缘禾三年岁次甲戌七月上旬）	酒泉	正书+行书	甘肃省博物馆
		436	程段儿塔（凉太缘二年岁在丙子六月中旬）（劝书令狐廉嗣）	酒泉	北凉体	甘肃酒泉市博物馆
		无纪年	酒泉残塔段	酒泉		
		435	索阿后塔（凉皇大沮渠缘禾四年岁在亥三月廿九日）	敦煌	北凉体	美富兰克林博物馆
		无纪年	王氏□坚塔（三危山塔）	敦煌	北凉体	敦煌市博物馆
			岷州庙塔	敦煌	北凉体	敦煌研究院
3	沮渠安周时期（442—460）	无纪年	宋庆塔、吐鲁番小塔[1]	高昌	北凉体	德国柏林印度艺术馆

（资料来源：参照殷光明《北凉石塔研究》第93页）

---

[1] 殷光明：《北凉石塔研究》，第91页。
[2] 崔中慧：《墨影胡韵——北凉时期宫廷佛教书法》，《九州学林学报》2015年第35期，香港城市大学。

图1　中国国家博物馆藏《凉王大沮渠安周造祠碑》

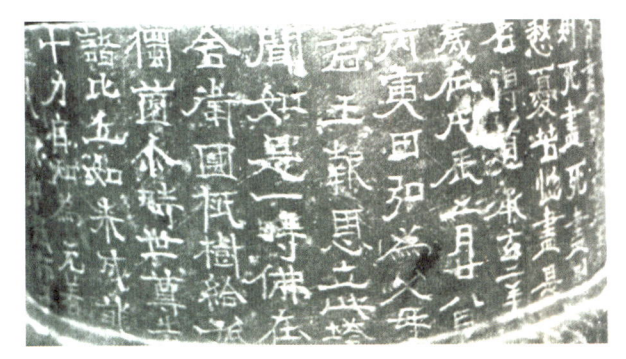

图2 429年田弘石塔刻经

凉石碑石塔铭刻文字，以及佛经残卷的比较研究，北凉官方写经也影响民间供养的石塔刻经书法。

这种北凉典型写经体除了出现在北凉石塔，也见于众多的敦煌及吐鲁番出土佛经写本，初步检视文献所见一般佛教信徒书写发愿文或者题记出现的名字，包括有：令狐讽、令狐炅、令狐广嗣、安弘嵩、比丘法威、比丘德念、曹法寿、史良奴等信徒的供养人名字。这里出现最频繁的令狐家族，有令狐讽书写的典型北凉体见于马德惠石塔刻经，于吐鲁番出土的《妙法莲华经·方便品》题记载："岁在己巳（429）六月十二日，令狐炅为贤者董毕狗写讫校定。"此令狐氏族到了北魏在敦煌继续其家族写经事业，担任敦煌镇经生的官方写经生职务。笔者于2016年4月于台北发表《敦煌藏经洞出土北魏〈华严经〉写本研究》一文，说明北凉王且渠安周已开始供养佛教写经，北凉宫廷写经生也参与书写供养佛经，北凉已有官方写经生的制度，只是职称与北魏的敦煌镇经生不同。

结 语

本文主要从佛教文献、敦煌吐鲁番出土写经与石刻之间的关系，探讨北凉时期官方与民间从事佛教经典的文化现象。首先说明北凉官方的译经组织与写经

图3 德国藏《华严经》与《安周碑》、428年田弘石塔及457年《佛说菩萨藏经第一》书法比较

生；[1] 其次，由官方写经生的身份与佛经的流传，分析书写具有地域风格特性。从北凉的佛教写经书法风格分析，可观察到其典型官方写经体"北凉体"带领了其时代与地域风格，直接反映在当时佛教徒所供养的北凉石塔刻经上。北凉体书法风格领导北凉的时代风气，不但在北凉宫廷被其他写经生竞相模仿，也流行于社会上佛教信徒供养的写经与北凉石塔发愿文。其产生的时代与地区风格特色都与当时西域少数民族与中原文化密切的交流有关。值得注意的例子是北凉宫廷笔受僧人慧嵩，他从4世纪末开始与竺佛念合作翻译佛经，他活跃的时空跨度从西域、凉州到长安，后来主要就在凉州，说明了在北魏之前佛教写经生与写经在丝路上交流的文化现象。

---

[1] 崔中慧：《由〈凉王大沮渠安周造寺功德碑〉探讨北凉宫廷写经与官方组织》，收录于王三庆、郑阿财主编《2013 敦煌吐鲁番国际学术研讨会论文集》，台湾台南"国立"成功大学中文系，2014年。

西域瑞像流传到日本
——日本13世纪画稿中的于阗瑞像

[日]肥田路美 著 卢超 译

（日本早稻田大学）

序 言

在《法苑珠林》中《王玄策行传》所引用的逸文中，可见"西国瑞像无穷"[1]句。王玄策受唐太宗及高宗之命，以帝使身份四次身赴印度。据孙修身氏的研究，第一次（贞观十七～二一年[643—647]）护送婆罗门客使归国，第二次（贞观二一年十月～二二年十月）为获取印度的制糖法和培养梵语翻译者，第三次（显庆二年～龙朔元年[657—661]）向释迦涅槃处送交袈裟，第四次（龙朔三年六月～麟德二年[663—665]）为寻找长寿的婆罗门和长生药。[2]《王玄策行传》十卷及图三卷[3]毋庸置疑是记载印度旅行见闻和集中其获取的种种资料的著作。在王玄策的使节团中，也有宋法智等画工随行，他们将印度和西域各样佛教美术带回了东亚世界。时至今日，能够确切判断带有王玄策等人请来图像的文物中，即有日本奈良药师寺的佛足石。

药师寺佛足石，长108厘米，宽74.5厘米，高69厘米，其上有线刻的佛足迹，据石头左侧的铭文[4]可知，王玄策转绘了印度鹿野苑的佛足石并将其带回国。其中安置在长安普光寺的一幅佛足石画稿又被当时赴长安的日本遣唐使黄文本实转绘，传回奈良平城京的禅院。相传日本于753年7月复制了此佛足迹图，并刻成了药师寺佛足石。黄文本实自唐归国的具体时间不明，但该人于671年向天智天皇献上了疑似从唐带回的器具——水臬，至少可以推断到

---

1 《大正藏》第53册，第502页。

2 孙修身：《王玄策事迹钩沉》，新疆人民出版社，1998年，第4—14页。

3 题目或为《中天竺行记》《王玄策行记》等，根据记录有细微不同。《法苑珠林》卷一〇〇、《历代名画记》卷三、《旧唐书·经籍志》、《新唐书》艺文志皆载此记录。参照孙修身前注，第195—197页。

4 药师寺佛足石四面皆刻有铭文。东面的第一铭以"释迦牟尼佛迹图"为题，从《大唐西域记》《观佛三昧海经》中进行摘录，记述了佛足迹的缘起及拜见的功德。记载药师寺佛足迹图由来的左侧面（南面）第二铭的全文如下："大唐使人王玄策向中天竺鹿／野薗中转法轮处因见／迹得转写搭是第一本／日本使人黄书本实向／大唐国于普光寺得转／写搭是第二本此本在／右京四条一坊禅院／向禅／院坛披见神迹敬转写／搭是第三本从天平胜／宝五年岁次癸巳七月十五日尽／廿七日并一十三箇日作了檀／主从三位智努王以天平胜／宝四年岁次壬辰九月七日／改王□成文室真人智努／画师越田安万书写／神石手□□□吕人足／匠仕奉□□□人"西面第三铭为发愿文，北面第四铭仅刻有"诸行无常／诸法无我／涅槃寂静"三行。

| 上面 | 右侧面 | 正面 |
| 左侧面 | 背面 | 下面 |

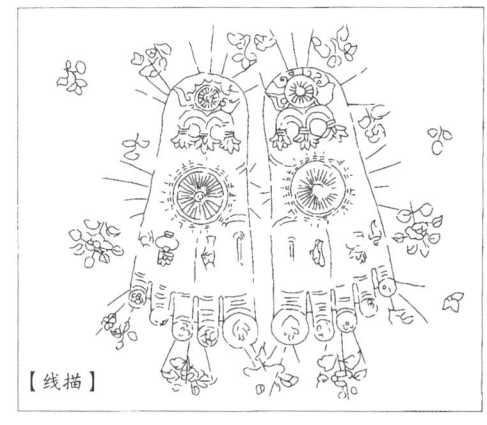

【线描】

图1　佛足石展开像

那时为止佛足迹图已被带回日本。因此，印度的佛教图像，经王玄策和黄文本实，仅用短短20年，即实现了由印度到日本的传播。

近年，考古学家对药师寺佛足石也进行了三维测量，得到了比过去肉眼观察更详尽的图像情报。在刻有千辐轮相、三宝标等特殊图像的佛陀足迹的周围，另刻有表现光芒放射的线条，光中有许多宝相华（图1）。原来，此佛足石也是引起光瑞的瑞像。佛足石的发愿者文屋真人智努等人，看到此转绘稿本时，定为这直接由印度释迦圣迹传来的珍贵瑞像图大为感动。

不难想象，同药师寺佛足石一样，还有不少经由中国到达丝绸之路终点——日本的西域印度的瑞像。本文想就目前为止、不广为人知的日本13世纪（镰仓时代）的两件画稿（在日本总称为"图像"或"白描图像"）中出现的西域南道于阗瑞像做一个详细的探讨。在日本，9世纪东渡大唐后归国的、以空海和圆仁为代表的学僧们从中国带回了绘有各种形式佛像、曼荼罗等佛教图像的墨本画稿（在日本称其为唐本图像）。进入11世纪后，图像的转绘和收集才隆盛起来。12世纪后半到13世纪前半进入转绘的最高潮。时至今日，天台宗、真言宗等的寺院中仍有数量不少的白描图流传下来，本稿所举两件画稿——京都府醍醐寺本图像和京都某寺藏纸本墨画图像，就是个中之一。

一　日本京都府醍醐寺本图像中的于阗海眼寺像

《大正新修大藏经》图像部卷四收录了日本京都醍醐寺保存的画稿，该画稿的名称为"祈雨法 深沙大将等诸像"。这是从数量众多的"醍醐寺本图像"中，按照尊像和修法别编辑整理过后，遗漏下来的形形色色的图像集成的一本。其中就包括这幅独特的如来立像（图2）。图像中，如来赤身裸体，仅着短裤，左手拇指、食指在胸前捻做施无畏印，右手于右胸前掌上托钵形容器，短裤被向上挽起，露出大

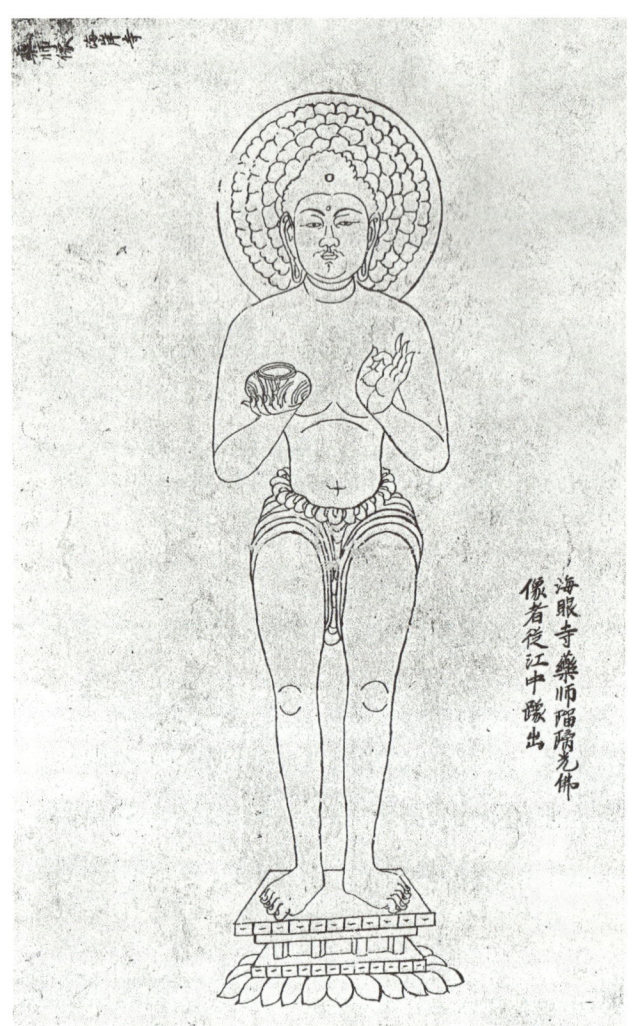

图2　日本京都醍醐寺藏如来立像画稿

图3　莫高窟第231窟释迦牟尼瑞像图

片大腿。圆形头光，站立于下框带有反花的低矮方形须弥座之上。

仔细观察立像手持的容器。该容器腰部凸出、口径狭窄，呈扁平的钵形，腰部绘有不规则的木纹状条纹纹样。此种纹样，在日本奈良法隆寺金堂一号壁画右胁侍菩萨所持壶形容器上也能看到。该纹样也出现于在韩国庆洲98号北坟出土的朝鲜三国时代新罗期的实物玻璃杯上。[1] 从这些例子来看，该容器是玻璃制的钵。

醍醐寺所藏的这幅图像的珍贵之处在于，图像一旁有"海眼寺药师瑠璃光佛／像者从江中蹉出"的墨书，在纸的左上角还写有"药师像 海岸寺"。虽然这幅图像的绘制年代不明，但应该也是大量白描图像被绘制出的12—13世纪的产物，不会更晚，大约定为13世纪后半。

这幅裸形如来立像虽说有着异常特殊的形态，但在敦煌的石窟壁画中，也可以找到不少这样的例子。首先，在吐蕃支配期的开成四年（839），阴

---

[1] 谷一尚：《壁画に描かれたガラス容器——敦煌莫高窟と法隆寺金堂旧壁画》，《美術史》35号第1册，1986年。

图4 莫高窟第237窟释迦牟尼瑞像图

图5 莫高窟第85窟如来立像瑞像图

嘉政修建的莫高窟第231窟、第237窟和第236窟的西壁窟顶南坡的瑞像图中，存在与醍醐寺本酷似的图像。其中，第231窟的作例（图3）的榜题记有"酒泉群释迦牟尼瑞像"。两者均与醍醐寺本图像相同，呈现出只着短裤的赤裸形态，两手屈臂、左手持钵，右手拇指食指捻做施无畏印。这一点上，与醍醐寺本图像的手势恰好左右相反。左手上的钵，也为同样的小口径、扁平的小钵形。虽然第231窟中钵的纹样不同，但呈现出的白色底色上散落青色小圆点这一点，正如西安何家村出土的玻璃碗、日本正仓院蓝琉璃杯的实物一样，

第231窟的图像为玻璃制品上贴圆环纹的表现。另一方面，第237窟的图像（图4）榜题文字无法识别，但如来立像右侧区域的傍题写有"酒泉郡释迦牟尼瑞像"。

关于敦煌瑞像图展开网罗式研究的张小刚还介绍了一些于此之外的作例。绘于莫高窟第85窟甬道天井的瑞像图中北坡一区域、双手下垂形式的裸形如来立像（图5），绘于第220窟旧南壁瑞像图上、自上而下第三段中央区域、于胸前结说法印的裸形如来立像，绘于第454窟甬道天井北坡瑞像图中的、两手屈臂于体侧展开，两掌上分别放置有小腰鼓形

西域瑞像流传到日本 | 203

图6 莫高窟第454窟如来立像瑞像图

图7 莫高窟第220窟药师如来立像图

状的裸形像（图6）。[1] 张小刚认为此腰鼓形表示须弥山。的确，纵向涂有不同颜色、在上部有土坡树木等特征的图像，与莫高窟第361窟东壁的千臂千钵文殊图等图像中看到的须弥山图像的特征是一致的，张小刚的判断是很妥当的。在第454窟的裸形如来立像中，此种样式的小须弥山在头部周围还有四个，宛如抛掷小口袋游戏一样，把玩着须弥山。

张小刚将各种形式的裸形如来立像全部按照第231窟榜题的"酒泉郡释迦牟尼瑞像"进行了考证。这与敦煌瑞像图研究的先驱者孙修身氏的见解[2]一致。二者皆关注酒泉这一地名，通过敦煌文书S2113，暂称为"瑞像记"的四件文书之一中的记载："酒泉郡呼蚕河瑞像、奇异不可思议。有人求愿获无量福。其像坐、菩萨形。"根据二者的解释，文中所指即为这种裸形如来像。文末小字注记的"坐像的菩萨形"，这一描述与图像完全不符。就这一点，孙氏、张氏认为很可能是一边看实际壁画的榜题，一边书写文书时，误看导致了误写。孙修身还指出，在《重修肃州新志》第二册"古迹"等地志中出现的酒泉名为"手推崖"的沙崖，在其上有手印的传说与酒泉郡呼蚕河瑞像的关联性。张小刚提到明代的《肃镇华夷志》卷二"古迹"中有同样的记载，正如张小刚的观点：这与酒泉瑞像有无关系还不明了。

笔者认为，第231窟作例中的手持物为口径小、腰凸出的钵，特别是玻璃制的这一表现很重要。敦煌绘画中，如来持此种持物是药师如来的特征。但关于药师如来的经典毫无关于持物的记述，各地唐

---

[1] 张小刚：《敦煌佛教感通画的研究》，甘肃教育出版社，2015年，第223—227页。
[2] 孙修身：《莫高窟佛教史迹画内容考释（九）》，《敦煌研究》1988年第4期，第26—35页。

图8　莫高窟第322窟药师如来立像图

图9　莫高窟第245窟药师如来立像图

代的药师石雕像、敦煌画的药师像多持钵,此种形象其中的意义和典据仍不明确。早期作例有贞观十六年(642)题记的莫高窟第220窟北壁的药师经变。七体药师如来立像并列,面对观者的左起第二尊像的左手亦持有相同形状的钵(图7)。另外,莫高窟第322窟东壁门口南侧的初唐药师如来的左手的钵,在腰部也绘有为表现玻璃制品特征的两条波状的木纹纹样(图8)。盛唐以后的作例中,钵的形状也是相同的,例如,位于中唐期莫高窟第245窟西壁佛龛左右的药师如来立像,榜题记有"药师瑠璃光佛",一手执锡杖,另一手持同样形状的钵(图9)。[1]直至宋代为止,相同的作例不胜枚举。

如此看来,之于敦煌画中手持此种特征的钵的药师如来像,醍醐寺本图像中,手持相同形状的钵的裸形如来立像的榜题明确记有"药师瑠璃光佛",十分重要。在远离中国的、13世纪末的日本所绘制的醍醐寺本图像中,能够想象有误记傍题的可能性,但从独特的手持物到尊名都与敦煌画中的一些作例一致这一点,无法无视。孙修身和张小刚虽认定其为"酒泉郡释迦牟尼瑞像",但我认为有检讨其他可能性的必要。这样的话,榜题中的"海眼寺药师瑠璃光佛/像者从江中踥出",必然是考证该种瑞像重要的着眼点。

那么,海眼寺是哪座寺庙呢?

敦煌瑞像记P.3352、S.5659、S.2113A中,有"释迦牟尼佛真容白檀身从摩揭陀国王舍城腾空而来在于阗海眼寺住"这样的记述。S.2113A更有小字记载"其像手把袈裟"。此外,莫高窟第231窟龛顶北坡的瑞像榜题也记有"释迦牟尼真容从王舍城腾空住海眼寺",同窟的龛顶西坡的瑞像题记也有"于阗海眼寺释迦圣容像"的字眼。据荣新江的研究,伯希和获取的藏文敦煌文书"于阗教法史"(P.t.254)中

---

[1] 关于敦煌石窟中的药师如来像,请参照王惠民主编《敦煌石窟全集 弥勒经画卷》,商务印书馆,2002年。

有一文，译为："于阗都城地方中间之海眼在于阗都城苏蜜城堡里面，大集市上方，瞿摩帝伽蓝婆罗跋舍（佛堂）之化身佛像的脚下。海眼今仍为婆罗跋舍（佛堂）化身佛像之足所镇压。"[1] 海眼寺即为于阗地区的中心——海眼所在的寺庙。荣新江指出"海眼寺"这一名称，在除敦煌的瑞像记和"于阗教法史"以外的文献记录中都未出现，推测海眼寺为瞿摩帝寺的别名。[2]《高僧法显传》中有相关记述，瞿摩帝寺为于阗最著名的大寺院，十分受到信仰大乘佛教的于阗国王的重视，行像时以该寺为首。[3] 如果是这种规模的大寺院，寺内供奉数尊瑞像也不足为奇。完全可以考虑这种持钵的裸形如来立像，与中天竺王舍城飞来的、手执袈裟一端的白檀释迦瑞像一同在同寺院存在。醍醐寺本图像的右端背面的"海岸寺"必然是误记了"海眼寺"的结果。

关于于阗地区流行过裸形如来，也可以举出其他证据。瑞像记S.2113A中有《于阗王河浴佛瑞像身丈余杖锡持钵尽形而立》一文。其后小字的注记又写道："其像赤体立。"这里的"王河"指在史书中出现的著名的玉产地——于阗国玉河。"赤体"则是对裸形的特别记述。可莫高窟第72窟西壁龛顶的瑞像图中，带有此榜题的如来立像虽呈现右手屈臂于胸前持钵，左手呈下垂状，但与其他像着同样的长裙，并非"赤体"。晚唐时期的该窟中，瑞像图中的各瑞像的形式都无太大分别，榜题与图像不一致的情况并不少见，故不能成为对画像分析的参考。对于于阗的"赤体"瑞像，本文认为从手持锡杖和钵的特征来看，我们可以考虑其为药师如来像，这一点希望能引起大家注意。

另外，在斯坦因发掘的于阗丹丹乌里克遗址的木版画（图10）上，以及同一地区达玛沟发掘的木版画（图11）上，也绘有裸形的如来立像，两者虽然都仅着短裤，但像的形式不同，特别是后者的上半身和两手腕处绘有如来坐像和鸟的形状，这种尊像也就是通常我们说的"Cosmological Buddha"的特殊形式。总而言之，不难看出裸形立像形式的如来像，作为药师佛、释迦佛、有卢舍那佛可能性的宇宙主佛等各种如来像的一种形式，在于阗地区曾风靡一时。如此想来，日本醍醐寺流传至今的白描图像中的"海眼寺药师瑠璃光佛"，正是来自遥远西域于阗的瑞像波及东方日本的实证。

还有一个问题悬而未决，即醍醐寺本图像的傍题中有"从江中踵出"。限定"江"所指长江的话，就意味着题记包含了西域瑞像不可思议地从中国内地江南的水中出现的这层含义。诸如此类的瑞像故事并非罕见。例如最著名的中国瑞像故事之一的南京长干寺阿育王像，在《集神州三宝感通录》卷中等记载中被称为西域古老形制的像，由西域五个僧人带到河北邺都，不可思议地在江南建康的浦中出现了[4]。从醍醐寺本图像的题记"海眼寺药师瑠璃光

---

[1] 荣新江、朱丽双：《于阗与敦煌》第九章《敦煌的于阗瑞像》第二节"玉河瑞像和海眼寺瑞像"，甘肃教育出版社，2013年，第252页。另，张广达、荣新江：《敦煌"瑞像记"、瑞像图及其反映的于阗》，《于阗史丛考（增订本）》，中国人民大学出版社，2008年，第199页（原载《敦煌吐鲁番文献研究论集》第三辑，北京大学出版社，1986年）。

[2] 荣新江：《于阗与敦煌》第九章《敦煌的于阗瑞像》第二节"玉河瑞像和海眼寺瑞像"，第255页。另，张小刚《敦煌壁画中的于阗装饰佛瑞像及其相关问题》（《敦煌研究》2009年第2期）提出同样见解。

[3] 荣新江：《于阗佛寺志》2瞿摩帝寺，《于阗史丛考（增订本）》，第229页。

[4]《大正藏》第52册，第414页。

图10　和田丹丹乌里克遗址出土裸形如来立像木板画

图11　和田达玛沟出土裸形如来立像木板画

佛 / 像者从江中踊出"中同样能看出，于阗裸形如来立像向中国内地传播，并作为灵验的瑞像被广泛信仰。也就是说，西域于阗传来的这类画像或雕像，在中国内地被大量临摹、仿刻，这摹本之一就被带到了日本。我们可以合理想象"从江中踊出"是为裸形这一特殊形式找出一个相宜理由的结果。虽不明于阗地区流行此裸形像的缘由，但可推想必有深刻的背景，解明此背景可谓今后的重要课题。

二　日本国京都府某寺所藏纸本墨画中的法界佛像

京都府天台宗某寺院传存的纸本墨画《释迦如来图像（暂称）》，现状为三枚纸张横向粘连的画卷形式，九种形式不同的线描尊像并列在一起，也就是一般说的白描图像（图12）。从目前第一张纸的宽度十分狭窄这一点来看，当初纸张的前半部还画有数体尊像的可能性很大。这幅作品于1980年前后，在日本国文化厅特别实施的综合调查中被发现，并对其进行了摄影。遗憾的是现在无法确认原本，根据寺院方的意向，寺名也不便公开。这幅作品过去鲜为人知，笔者使用的照片为文化厅提供，迄今为止已在一些执笔的论文中有所提及。[1] 从照片上来看，这幅作品的虫损和褶皱较多，判断其制作年代较困难，但大略是13世纪左右的作品应该没有太大的误差。

饶有兴致的是，在这某寺院藏的纸本墨画中，与敦煌莫高窟藏经洞发现的、斯坦因所获的绢本瑞

---

[1] ［日］肥田路美：《敦煌将来絹本瑞像図に描かれたガンダーラ、コータン由来の仏像》，《アジア仏教美術論集第3巻 中央アジアⅠ（ガンダーラ～東西トルキスタン）》，中央公论美术出版社，2016年。

图12　京都府某寺院藏绘本墨画《释迦如来图像》（暂称）　　图13　京都府某寺院藏绘本墨画《释迦如来图像》（暂称）局部

像图（Ch.xxii.0023）中的瑞像基本一致，并且不止一尊。举例来说，纸本墨画图像的从头数起第六尊为降魔触地印如来坐像（图13），此像酷似现藏于新德里国立博物馆的敦煌绢本瑞像图断片中的两种降魔触地印如来坐像中的一体（图14）[1]。二者虽为如来像，但都着装身具。头上有宝冠，正面绘有吐舌怪人面部，左右两侧为从口中垂下流苏的摩羯鱼。坐像下的台座亦甚奇异，平板样式重叠在一起的岩石台座中现出两人物的上半身。身光的外缘有很多流苏等特征，均为其他图像未具有的特异要素。正如插图所见一般，两作品虽有微小不同，但上述特征几乎一致。此外，纸本墨画所绘的第七体如来倚坐像（图15），两肩出现向上的火焰，圆形光背上、鳞状重叠排列的大量化佛等独特的形式，与大英博物馆所藏的敦煌绢本瑞像图的断片中的一尊（图16），细节都高度一致。

不禁使人惊叹，相隔遥远的敦煌与日本，流传至今的两幅作品中独特的瑞像竟如此一致。不仅如

1　关于敦煌绢本瑞像图的降魔触地印像，参照肥田路美《敦煌藏経洞請来"絹本西域仏菩薩図像集"の初歩的考察》，《早稲田大学大学院文学研究科紀要》第60辑第3分册，2014年。

图 14　印度新德里国立博物馆藏敦煌绢本瑞像图局部

图15 京都府某寺院藏纸本墨画《释迦如来图像（暂称）》局部

图17 京都府某寺院藏纸本墨画《释迦如来图像（暂称）》局部

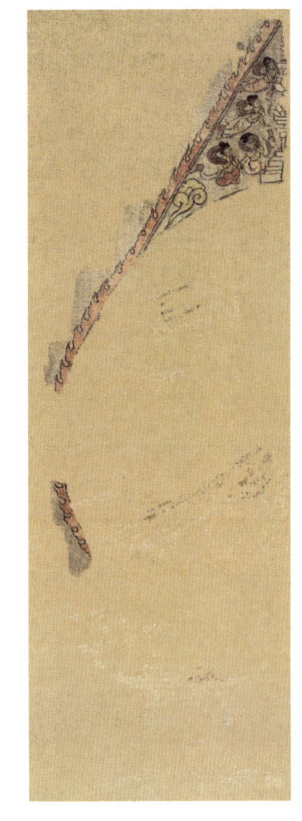

图16 大英博物馆藏敦煌绢本瑞像图局部

此，在京都的纸本墨画上的尊像，还与更远的于阗的如来像相似。

图17为现在保存下来的纸本墨画图像的第一体画像。虽然由于褶皱、虫损不易辨认，但仍能看出这是一体两手于腹前交叠、右脚在上结跏趺坐的如来像。虽无头发的表现，但肉髻明显，眉间绘有白毫。左肩上有火焰纹的表现，欠失的右肩上也能确认火焰纹的部分痕迹。台座为豪华的束腰莲花座，小坐佛排列于圆形头光、身光的外区，外沿围绕着火焰纹。如此样式的台座与光背并不少见，惹人瞩目的毋庸置疑是通肩式袈裟上绘有的奇妙记号般的诸种纹样。胸部绘有纵向放置的大个腰鼓形似的图像，呈现出成捆的草在中部被纽绳紧束的形状。

图像上没有绘出自颈部垂下的绳，通过此点能明确判断此物并非胸饰。那么到底为何物？仅根据这些线索还无法判断。在此物上方，即袈裟在颈部折返的位置，有四只法轮状的小圆。另外，于两上臂皆绘有对角线相结的长方形，下臂与右小腿绘有两枚羽毛似的形状。可以说是异常怪异的如来坐像。

虽说如此，我们仍旧能在和阗的巴拉瓦斯特（Balawaste）出土的壁画断片中看到与其相似的图像（图18）。目前藏于新德里国立博物馆的此断片上只有完整的上半身，但通过脚部的残片可以看出是一尊右脚在上、结跏趺坐的如来坐像（图19）[1]。如来像的面部

---

[1] 李静杰：《卢舍那法界图像研究简论》，《故宫博物院院刊》2000年第3期，第61页载有Gerd Gropp的著作转载的复原图。

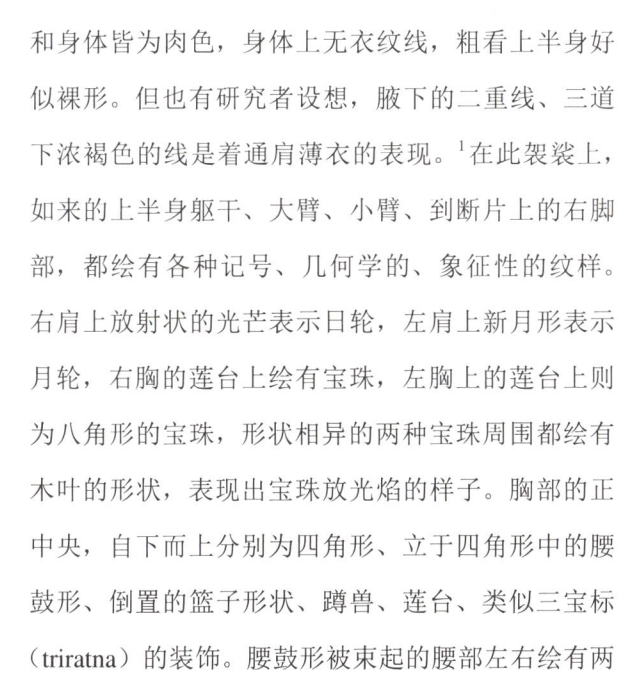

图18　和田巴拉瓦斯特出土壁画残片 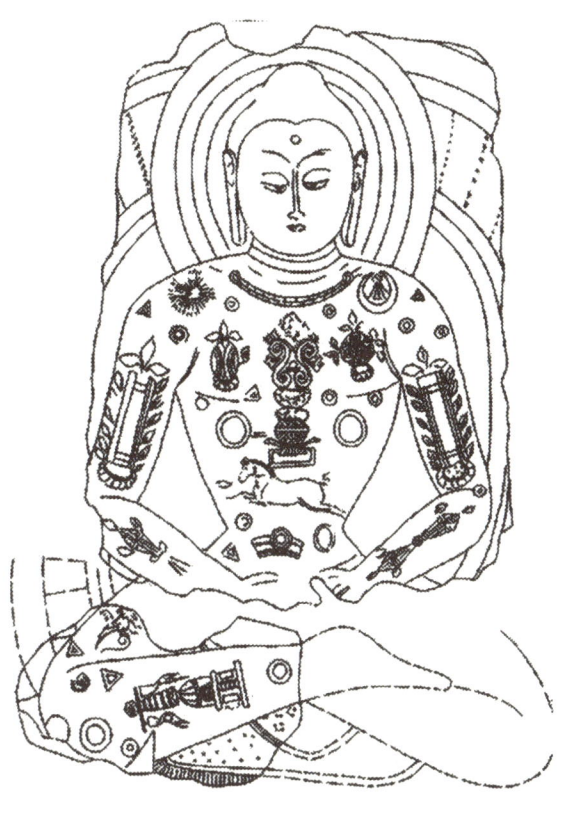　　　　　　　　图19　和田巴拉瓦斯特出土壁画残片复原图

和身体皆为肉色，身体上无衣纹线，粗看上半身好似裸形。但也有研究者设想，腋下的二重线、三道下浓褐色的线是着通肩薄衣的表现。[1]在此袈裟上，如来的上半身躯干、大臂、小臂、到断片上的右脚部，都绘有各种记号、几何学的、象征性的纹样。右肩上放射状的光芒表示日轮，左肩上新月形表示月轮，右胸的莲台上绘有宝珠，左胸上的莲台上则为八角形的宝珠，形状相异的两种宝珠周围都绘有木叶的形状，表现出宝珠放光焰的样子。胸部的正中央，自下而上分别为四角形、立于四角形中的腰鼓形、倒置的篮子形状、蹲兽、莲台、类似三宝标（triratna）的装饰。腰鼓形被束起的腰部左右绘有两条蛇的头，这一点十分重要，确凿地表现了被龙缠绕的须弥山。因此，下面的四角形可能象征着大海，须弥山之上重叠的图形虽在惯例的须弥山图中未曾出现过，但很可能意味着天界。须弥山的下方绘有疾驰的马，须弥山左右都有圆环。

如来两手欠损，但仍能依稀辨别出双手在腹部之前交叠的姿势。左右上臂皆绘有放置在莲台上的梵经，绳捆绑住梵经的左右端，周围放木叶形的光芒。下臂上有金刚杵。在其他断片上的右小腿处，绘有由高基坛、覆钵、相轮组成的佛塔，从相轮上的宝盖上有垂下的幡。余白处还绘有小的圆环三角形、椭圆形。

---

[1] 《世界美術大全集 東洋編第１５巻 中央アジア》小学館，1999年，第415页，台信祐尔的图版解说。

西域瑞像流传到日本 | 211

将和田出土的此壁画断片与前述京都某寺院所藏纸本墨画图17像进行比较,虽然如来的姿势一致,但后者图像上有烦琐的衣纹线,前者则近似裸形。与之前的降魔触地印像和如来倚坐像的情况不同,后两者并非酷似,但从奇特记号式纹样的种类和配置来看,共通性很高。也就是说,纸本墨画中,胸部中央的腰鼓形表示须弥山、上臂的长方形为梵经。我们不难想象,纸本墨画中的差异,可能是画工并未理解图像本来的含义而绘制的粗略形状,又或是在传播、多次转写的过程中,走形、简化后的产物。但下臂的金刚杵较忠实于原型。

另一方面,纸本墨画上的光背和肩上的火焰表现更详细。和阗出土的壁画断片上,头光和巨大的圆形身光组成的光背的略形与纸本墨画相近,但无小坐佛的表现,只分区域涂有白、绿、褐、黑色,也不见炎肩的表现。

在佛像的躯干上绘有同样图像的作例,除此之外还有和田达玛沟地区卡达里克发现的大英博物馆藏壁画断片(图20)、同为达玛沟发现的板画(图21、22)等作例。前节提到的达玛沟出土、裸形如来立像的板画图11也可作为此处一例。值得引起注意的是,所有的作例均出土于和阗地域。关于这些作例的制作年代,学者们的推定不尽相同,但大概在6世纪前后到8世纪左右。[1]

关于和阗地区发现的、此特异如来像的尊格,各家见解大体一致。较早的松本荣一认为其为华严教主卢舍那佛[2],并指出在于阗国5世纪初开始《华严经》存在,至8世纪为止,东土耳其斯坦地方一直为华严学的中心地。他论述了这些如来像上出现的各种形象,正如六十卷本《华严经》第三卷卢舍那佛品所讲述的一般:"尔时普贤菩萨。告诸菩萨言。佛子。诸世界海有种种形。或方或圆。或非方圆。或如水洄澓。或复如华形。或种种众生形者。尔时普贤菩萨。以偈颂曰 刹海无有量 殊形异庄严 十方世界海 见诸杂种相 或圆或四方 或复

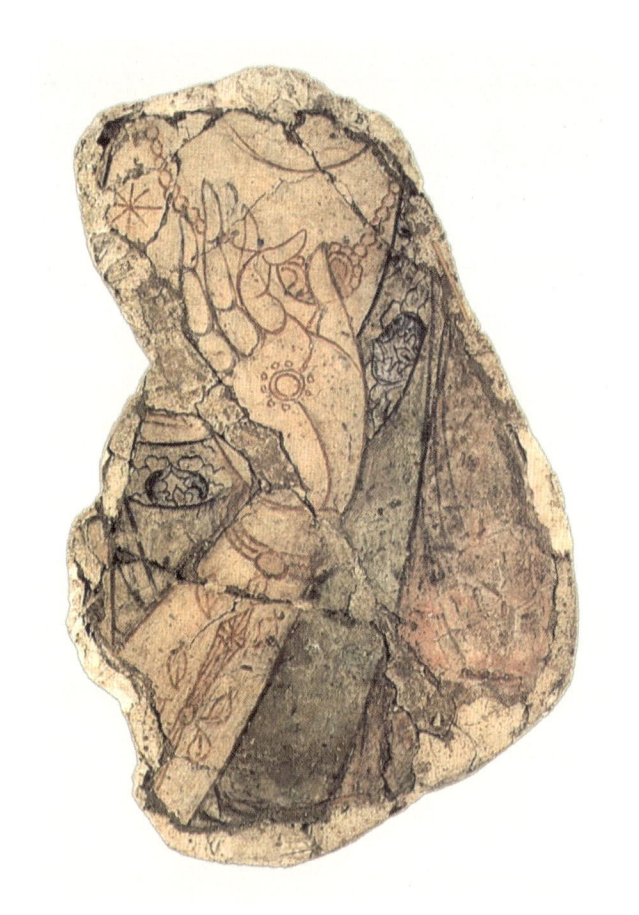

图20 卡达里克壁画残片

---

1 [日]松本荣一(《燉煌畫の研究》"第三章第一節 華厳教主盧遮那佛圖",东方文化学院东京研究所,1937年,第298页)认为全部为6世纪前后的作品、前注17《世界美术大全集15卷》图版解说是 6 — 7 世纪。安吉拉·霍华德根据 Joanna Williams的 "The Iconography of Khotanese Paintings," *East and West*,no.23,1973年,判断为8世纪的作品。Angela Howard, "The Imagery of the Cosmological Buddha", Leiden,1986, p.102.

2 [日]松本荣一:《西域華厳経美術の東漸》,《國華》总第548、549、551期,1936年。参见前注《燉煌畫の研究》"第三章第一節 華厳教主盧遮那佛圖",东方文化学院东京研究所,1937年,第298—309页。

图21　达玛沟木板画

图22　达玛沟木板画

非方圆　三维及八隅　状若摩尼宝　一切诸业海　种种别异故有如金刚掌　庄严坦平正。"是基于世界海观的表现。此种在佛身绘制图像的表现形式同样是卢舍那品所讲的"于其身内、容一切刹"的具现。

关于和田出土的板画作例，宫治昭在松本的见解之上，提出了一些观点："日月、宝珠、圆环、三角等图像，或许与印度传统瑜伽实践相关的密教性质的观想法所提到的意象有关"[1]、"原本在观想实践中被唤起的意象用文本记载，或将其以图像方式绘于佛身"[2]。另外，特别提到巴拉瓦斯特出土的壁画中，腹部绘有马、须弥山和吉祥文与板画作例不同这一点，并论述到："马或许象征着感觉的稼动、身体的能量，由此能窥见在佛身之上展现以须弥山为中心的、世界图的意图。"[3] 他指出八十卷本《华严经》华严世界品中讲述了一个以须弥山为中心的华严世界，暗示了此图像或与此品相关。安吉拉·霍华德判断此壁画断片图像为"作为宇宙佛（Cosmological Buddha）的卢舍那佛"[4]。此外，赖鹏举[5]、李静杰[6]、朱天舒[7]等不少研究者都就此种特殊如来像的尊格发表过见解，基本都将其看作卢舍那佛。

但京都府某寺藏纸本墨画之上，外标题在内文字记载一切皆无，绘制当时究竟把此像当作何种佛，很遗憾不得而知。

1　[日]宫治昭：《仏像を読み解く―シルクロードの仏教美術》，春秋社，2016年，第226页。
2　[日]宫治昭：《第五章　中央アジアの仏教美術》，《新アジア仏教史05中央アジア　文明・文化の交差点》，佼成出版社，2010年，第246页。
3　[日]宫治昭：《仏像を読み解く―シルクロードの仏教美術》，第227页。
4　Angela Howard, The Imagery of the Cosmological Buddha, Leiden, 1986, p.102.
5　赖鹏举：《四～六世纪中亚天山南麓的华严义学与卢舍那造像》，《中华佛学学报》1998年11期。
6　李静杰：《卢舍那法界图像研究简论》，《故宫博物院院刊》2000年第3期，第60—61页。
7　朱天舒：《佛与法界不二——从法界像到卢舍那佛》，《庆贺饶宗颐先生95华诞敦煌学国际学术研讨会论文集》，中华书局，2012年，第131—132页。

结 语

从日本至中国，求法僧们渡海，为了钻研佛教教学，巡礼五台山、天台山。归国之际带回各种经典、佛像、佛教绘画、法具、佛舍利等。特别是佛教绘画数量巨大，之中就包含为数不少的白描图像。在中国绘成的白描图像被尊称为"唐本图像"，传至后世经多重转绘，对日本佛教美术产生了巨大影响。但上述于阗由来、后传入日本画稿中的两种白描图像，很遗憾在日本佛教美术的绢本着色画、雕塑像中未见其痕迹。[1]与曼陀罗或密教诸尊像等能在经典、仪轨中找到相对应的"正统"图像不同，此种特殊的瑞像恐怕就连被带回的当时，也未能被理解其尊像的意义，只是作为珍奇图像被一并搜集了吧。即便如此，它从遥远中亚的于阗，沿着丝绸之路千里迢迢，最终传入极东的岛国日本，作为东西交流史的见证人之一，意义重大不言而喻。

---

1 纸本墨画的海眼寺的裸形如来立像，与12世纪末以后日本流行的、仅着短裙的裸体着装像，一眼看来十分相似。但是，裸形着装像不能够赤裸着被供奉，必须穿上用布做的衣服，所以与海眼寺像是完全不同的。

古代中韩舍利瘗埋的比较研究

——以南北朝至隋唐时期为中心

冉万里

（西北大学文化遗产学院）

中国在历史上与韩国有着密切的关系，这不仅表现在政治、经济上，而且在佛教信仰问题上也是如此。众所周知，佛教通过北传路线传播至中国大陆，进而传播至朝鲜半岛，并从朝鲜半岛传播到日本。在东亚世界的佛教信仰问题上，中、韩、日三国之间有"剪不断，理还乱"的密切关系，而且都为佛教的流传做出了巨大的贡献，如汉文大藏经的刻印，不仅保存了佛教经典的完整性，也为佛教研究者提供了重要的文献依据。其中对于中韩舍利瘗埋的对比研究，中国学者杨泓先生曾撰有专文[1]，虽然篇幅不大，却开了中韩舍利瘗埋对比研究的先河，而且勾勒出了中国与韩国在舍利瘗埋关系方面的轮廓，是中韩舍利瘗埋制度对比研究的重要论文。本文在前人研究的基础上，对中韩在舍利瘗埋制度中表现出的密切关系做进一步的论述。

一 文献中有关中韩舍利瘗埋关系的记载

据高丽僧一然所著《三国遗事》卷三记载：

国史云，真兴王大（太）清三年（549）己巳，梁使沈湖送舍利若干粒。善德王代，贞观十七年癸卯，慈藏法师所将佛头骨、佛牙、佛舍利百粒，佛所著绯罗金点袈裟一领。其舍利分为三，一分在皇龙塔，一分在大和塔，一分并袈裟在通度寺戒坛，其余未详所在。[2]

据唐代高僧道宣所著《广弘明集》卷十七记载，隋文帝仁寿元年（601）瘗埋舍利之时，"高丽、百济、新罗三国使者将还，各请一舍利于本国起塔供养，诏并许之"[3]。既然来自高丽、百济、新罗三国的使者能够向隋文帝各请一舍利，说明它们对隋文帝瘗埋舍利之事是非常了解和清楚的，在这些使节将舍利带回国之后进行瘗埋之时，制度上受隋代的影响也应该是无疑的。

不仅上述有关文献反映了中韩在舍利瘗埋上的关系，文献中也有一些新罗向唐王朝贡奉佛像等的记载。据《册府元龟》卷九七二《外臣部·朝贡五》记载：

---

1 杨泓：《中国古代和韩国古代的佛教舍利容器》，《考古》2009年第1期，第73—84页。
2 （僧）一然撰，朝鲜史学会编：《三国遗事》，国书刊行会，1971年，第33页。
3 （唐）道宣：《广弘明集》，《大正藏》第52册。

图1　陕西蓝田蔡拐村塔基地宫出土

（唐宪宗元和）五年十月，新罗王遣其子来献金银佛像及佛经幡等，上言为顺宗皇帝祚福并贡方物。[1]

这条文献，不仅能够反映唐与新罗的密切关系，也是两国之间在佛教文化方面存在密切关系的反映。

上述文献记载，说明在南朝梁、隋文帝、唐太宗贞观时期，中韩两国在舍利信仰和舍利瘗埋制度上已经发生了密切关系，一方面韩国最早瘗埋的舍利由中国梁朝的使节送来，而请送舍利也成为当时国与国之间交往的一件大事；二是韩国使节赴中国迎请舍利的史实，不仅在文献有所反映，而且考古发现的雕刻于舍利函上的图像资料也可以证明其存在，如陕西蓝田蔡拐村唐代法池寺塔基地宫出土的舍利函上，有一幅分舍利图，其中就有头戴羽翼冠的人物形象（图1）。[2] 在日本泉屋博古馆收藏的1件石函，其年代被认为是唐肃宗时期即8世纪中叶，其上所雕刻的八王分舍利的场景中，也有头戴羽翼冠的人物形象（图2—1）。[3] 在乾陵陪葬墓之一的章怀太子墓的客使图中也有头戴羽翼冠的人物形象（图2—2）。[4] 在陕西扶风法门寺塔基地宫出土的鎏金四天王盝顶银函上，也錾刻有头戴羽翼冠的人物形象（图2—3）。[5] 关于这些头戴羽翼冠的人物的身份，以往多认为是高丽人。这也可以从考古发现的资料中得到证明，如陕西西安交通大学校园出土两件银盒[6]，据日本学者田中一美研究，它们应该是一组舍利容器，其出土地点在唐大历四年（767）修

---

[1] （北宋）王钦若：《册府元龟》，中华书局，1960年，第11417页。

[2] 樊维岳、阮新正、冉素茹：《蓝田新出土舍利石函》，《文博》1991年第1期，第36—37页；樊维岳、阮新正、冉素茹：《蓝田出土盝顶舍利石函》，《考古与文物》1991年第2期。

[3] [日] 外山舜：《館蔵舎利容器について（上）》，《泉屋博古館紀要》第八卷，1992年。

[4] 乾陵博物馆、乾陵旅游开发有限公司：《中国乾陵文物精华》，陕西旅游出版社（该书无出版年月标记）；白云翔：《唐章怀太子墓壁画客使图中"日本使节"质疑》，《考古》1984年第12期，第1142—1144页。

[5] 陕西省考古研究院等：《法门寺考古发掘报告》，文物出版社，2007年，第151页。

[6] 张达宏、王长启：《西安市文管会收藏的几件珍贵文物》，《考古与文物》1984年第4期。

图 2-1 
图 2-2 
图 2-3

图 2-4
图 2-5 

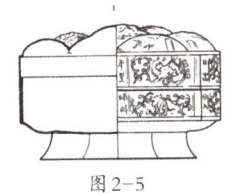

图 2-1　泉屋博古馆藏石函线刻图像
图 2-2　章怀太子墓壁画客使图局部
图 2-3　陕西扶风法门寺塔基地宫出土
图 2-4、图 2-5　西安交通大学塔基地宫出土银盒

建的宝应寺范围之内，也就是说原简报所谓的窖藏应该是宝应寺中的一处塔基地宫遗址[1]，笔者赞同其观点。其中的1件被称为"都管七个国"银盒，圆形，高圈足。盖部锤鍱出六个凸瓣，六个凸瓣和中央部位装饰人物并錾刻国名，中央錾刻"昆仑王国"和"将来"字样，周围依次錾刻"乌蛮人""婆罗门国""土蕃国""疏勒国""高丽国""白拓□国"（图2-4、图2-5）。盖和身侧面分别錾刻十二生肖图案和花草纹，盖侧面的生肖为卯辰巳午未寅，身侧面的生肖为子丑申酉戌亥，与十二生肖对应的还有"子时半夜"等刻铭，而錾刻"高丽国"字样的旁边，

錾刻有一个头戴羽翼冠的人物，由此可见，这种錾刻在舍利容器上的头戴羽翼冠的人物可能是高丽人。笔者以为，虽然铭文中錾刻有"高丽国"字样，但似乎是泛指韩半岛，因为新罗人也有头戴羽翼冠的习俗。

以上的文献和考古发现的图像资料，充分反映了当时中韩两国在舍利瘗埋这一佛教活动中的密切关系。

二　瘗埋方式的比较

在中国的南北朝时期，舍利瘗埋已经成为重要

---

[1] 张达宏、王长启：《西安市文管会收藏的几件珍贵文物》，《考古与文物》1984年第4期；[日] 田中一美：《都管七箇国盒の图像とその用途》，《佛教芸術》第210号，1993年。

的佛教供养形式。但从目前的考古发现来看，一直没有出现地宫这一形式，如考古发现的河北定州北魏时期的华塔塔基遗址，舍利函就是夯筑在塔基之下而未见塔基地宫的修建，该塔基的修建年代在481年。[1]一直到东魏北齐时期才开始出现地宫建筑，笔者以为河北邺城东魏北齐时期塔基之内发现的所谓砖函，其构筑方式是以六块方砖构筑而成，与以往考古发现的北魏时期的石函有所不同，应该是中国境内首次使用地宫瘗埋舍利（图3—1）。[2]隋仁寿年间的舍利瘗埋，多采用竖穴式塔基地宫，如陕西耀县神德寺仁寿四年修建的塔基地宫。到了唐代，除继承隋代的竖穴式塔基地宫之外，还出现了带斜坡踏道的仿当时墓葬形制的塔基地宫，如陕西临潼庆山寺塔基地宫（图3—2）[3]、陕西扶风法门寺塔基地宫（图3—3）等[4]，都是其典型代表。

韩国的舍利瘗埋中未见有塔基地宫的发现，在塔基瘗埋舍利时一般采用塔心础石，在其中开凿方形的安置舍利的孔穴，将舍利容器安置其中，然后将其直接瘗埋在塔下，这一点与北魏时期将舍利函直接夯筑在塔基之下相似，不同之处表现在未采用中国式的石函而已，关于这一点，杨泓先生在其论文中已经有所论述。[5]如韩国百济扶余陵山里古坟群寺址塔基发现的一侧开口的百济昌王铭石舍利龛，就是直接夯筑在塔基之下（图4）[6]；益山弥勒寺西

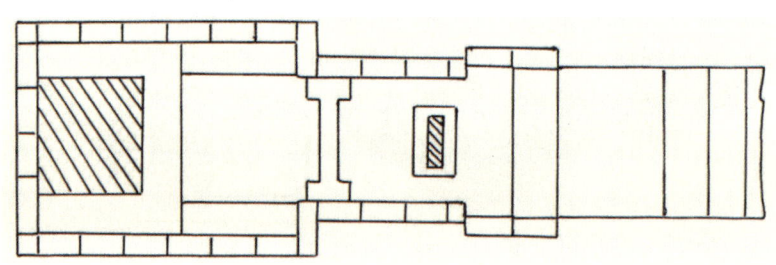

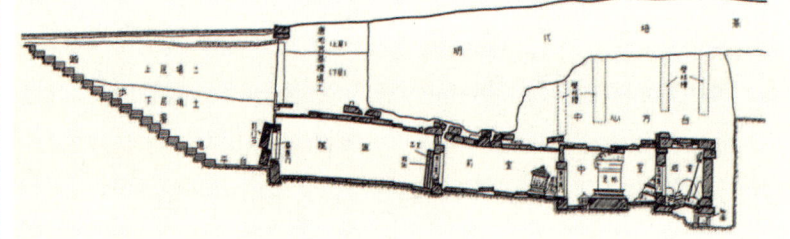

图3-1　河北临漳邺城遗址东魏北齐塔基地宫
图3-2　陕西临潼庆山寺塔基地宫平面图
图3-3　陕西扶风法门寺塔基地宫剖面图

1　河北省文物局文物工作队：《河北定县出土北魏石函》，《考古》1966年第5期，第268—275页。
2　中国社会科学院考古研究所邺城考古队等：《河北临漳县邺城遗址东魏北齐佛寺塔基的发现与发掘》，《考古》2003年第10期，第867—870页；冉万里：《中国古代舍利瘗埋制度研究》，文物出版社，2013年。
3　临潼县博物馆：《临潼唐庆山寺舍利塔基精室清理记》，《文博》1985年第5期，第12—37页。
4　陕西省考古研究院等：《法门寺考古发掘报告》，文物出版社，2007年，第12页。
5　杨泓：《中国古代和韩国古代的佛教舍利容器》，《考古》2009年第1期，第73—84页。
6　［日］國立扶餘博物館：《國立扶餘博物館》（日语版），（株）三和出版社，1998年。

图4 陵山里寺址龛形舍利容器出土状况

图5 益山弥勒寺遗址西塔塔心础石

图6 扶余王兴寺遗址出土塔心础石

塔塔基遗址发现的方形塔心础石的中央开凿有方形舍利孔穴（图5）[1]；扶余王兴寺遗址发现的塔心础石的中央开凿有长方形舍利孔穴（图6）[2]。

虽然韩国的舍利瘗埋未见采用地宫的形式，但其采用天宫形式瘗埋舍利则与中国有相似之处。遗憾的是，中国早期的佛塔特别是隋唐及其以前的佛塔遗存至今的数量远比宋元明清时期要少，更多的仅残留基址，这往往给人造成错觉，即中国隋唐及其以前的舍利主要瘗埋在塔基地宫中，实际情形不是这样的，至少唐代的许多舍利塔都采用在天宫安

---

[1] ［韩］汉城百济博物馆：《汉城百济博物馆》，2012年。
[2] ［韩］汉城百济博物馆：《汉城百济博物馆》。

图7 陕西周至仙游寺法王塔天宫舍利容器组合（局部）

图8 陕西长安天子峪国清禅寺附近残舍利塔出土

置舍利。这不仅见于文献记载，而且有考古发掘的实例。

据《大唐大慈恩寺三藏法师传》卷七记载：

（永徽）三年（652）春三月，法师欲于寺端门之阳造石浮图，安置西域所将经像，其意恐人代不常，经本散失，兼防火难。浮图量高三十丈，拟显大国之崇基，为释迦之故迹，将欲营筑，附表闻奏。

唐高宗闻奏后，建议玄奘用砖，敕云：

师所营塔功大，恐难卒成，宜用砖造。亦不愿师辛苦，今已敕大内、东宫、掖庭等七宫亡人衣物助师，足得成办。

玄奘接受了唐高宗的敕令之后，

于是用砖，仍改就西院。其塔基面各一百四十尺，仿西域制度，不循此旧式也。塔有五级，并相轮露盘，凡高一百八十尺。层层中心皆有舍利，或一千二（两）千，凡一万余粒。上层以石为室。[1]

从考古发现来看，在陕西周至仙游寺法王塔第二层北壁发现的唐代天宫，以砖砌筑而成，平面呈长方形，长42厘米、宽26厘米、高26厘米，其中出土了一组舍利容器（图7）[2]；陕西长安天子峪国清禅寺附近的残舍利塔的第三层中间，有一砖砌的竖穴式天宫，其内放置装有骨灰（舍利）的白瓷钵及圆形金银盒3件、波斯银币7枚（图8）[3]。种种迹象表明，唐代有在地宫和天宫中分别瘗埋舍利的现象。韩国在石塔上部安置舍利的做法，与唐代在佛塔天宫安置舍利具有一定的相似性，反映了两者之间存在着密切关系。韩国比较明确的例子是在庆州市九黄洞狼山东麓皇福寺三层石塔的第二、三层之间，发现一方形的安置舍利的石室，其上有盖，其中出土了一组舍利容器（图9）[4]。

---

1 （唐）沙门慧立本，释彦悰笺：《大唐大慈恩寺三藏法师传》，《大正藏》第50册。
2 王殿武：《浮屠之秘》，作家出版社，1999年。
3 朱捷元、秦波：《陕西长安和耀县发现的波斯萨珊朝银币》，《考古》1974年第2期，第126—132页。
4 ［日］淺井和春：《皇福寺跡三層石塔發見の二体の金制仏像》，《仏教芸術》第188号，1990年；［日］奈良国立博物馆：《特別展 ブッダ釈尊——その生涯と造形》，日本写真印刷株式会社，1984年。

图9 皇福寺石塔天宫及其舍利函
1.皇福寺石塔天宫 2.3.4.皇福寺石塔天宫出土舍利函

图10 弥勒寺西塔出土舍利容器（百济时期）

三 舍利容器的组合方式

从目前中国发现的舍利容器来看，其组合方式多采用套合式，也就是外重为石函，其他舍利容器依次相互套合，这一点是对印度舍利容器套合方式的模仿，但舍利容器的形制却与印度发生了较大的差异。就目前所知的舍利容器的组合方式而言，韩国的舍利容器以三重组合比较常见，可以看作是韩国舍利容器的标准组合方式，其代表性的发现如下：

1. 弥勒寺遗址西塔出土舍利容器的组合为：鎏金铜壶+金壶+琉璃瓶+舍利（图10）[1]。

2. 感恩寺西塔出土的舍利容器的组合为：铜函+灵帐形铜舍利容器+舍利瓶+舍利（图11）[2]。感恩寺东塔的组合与西塔的组合相似。

3. 王兴寺遗址出土的舍利容器的组合为：舍利壶+舍利壶+舍利瓶+舍利（图12）[3]。

图11 感恩寺西塔出土舍利容器组合

图12 王兴寺遗址出土舍利容器组合

---

[1] ［韩］全州国立博物馆：《益山》，2013年。
[2] ［韩］韩国国立中央博物馆：《特别展 统一新罗》，2003年。
[3] ［韩］全州国立博物馆：《益山》。

图13　王宫里五层石塔出土舍利容器组合

图14　王宫里五层石塔出土经函

图15　松林寺出土舍利容器组合

4. 王宫里五层石塔出土舍利容器的组合为：铜函+鎏金铜函+琉璃瓶+舍利（图13）。[1]

5. 王宫里五层石塔出土舍利容器的组合为：铜函+鎏金铜函+经板（图14）。[2]其中的经板，笔者认为是法舍利。

6. 松林寺舍利容器的组合为：灵帐形鎏金铜舍利容器+琉璃碗+舍利（图15）。[3]

与韩国的舍利容器组合相比较，中国的舍利容器都在三重以上，下面分别以隋、盛唐、晚唐时期比较有代表性的文献及考古资料进行论述。据《广弘明集》卷十七《舍利感应记》记载：

皇帝以仁寿元年六月十三日，御仁寿宫之仁寿殿，本降生之日也，岁岁于此日深心永念，修营福善

1　[韩] 全州国立博物馆：《益山》。
2　[韩] 全州国立博物馆：《益山》。
3　[韩] 韩国国立中央博物馆：《特别展　统一新罗》。

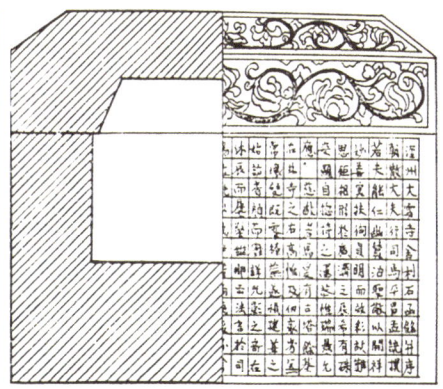

图16 甘肃泾川大云寺塔基地宫出土舍利容器组合

图17 陕西临潼庆山寺塔基地宫出土舍利容器组合 1.灵帐 2.鎏金银椁 3.金棺 4.琉璃瓶

追报父母之恩。故迎诸大德沙门与论至道,将于海内诸州选高爽清净三十处各起舍利塔。皇帝于是亲以七宝箱奉三十舍利,自内而出置之御座之案,与诸沙门烧香礼拜……乃取金瓶、琉璃各三十,以琉璃盛金瓶,置舍利于其内。熏陆香为泥,涂其盖而印之。三十州同刻十月十五日正午入于铜函、石函,一时起塔。[1]

这段记载反映了隋仁寿年间的舍利容器的组合已经形成了较完备的制度,由外及内依次为:石函+铜函+琉璃(瓶)+金瓶,这种组合与考古发现基本吻合。

中国的舍利容器的组合方式对于容器的重数非常强调,这一点可能是受了中国传统丧葬思想的影响。在中国传统的丧葬思想中,棺椁的多少与墓主人的地位高低有关,如周代之时,天子之棺椁九重,诸侯七重,大夫三重,士一重,其等级性非常明显,对后世产生了深远的影响。目前考古发现的唐代比较有代表性的舍利容器组合如下:

武则天延载元年(694)甘肃泾川大云寺塔基地宫的舍利容器组合:鎏金铜函+鎏金银椁+鎏金银函+琉璃瓶+舍利(图16)。[2]

开元二十九年(741)陕西临潼庆山寺塔基地宫的组合:石灵帐+鎏金银椁+金棺+琉璃瓶+舍利(图17)。[3]

陕西扶风法门寺塔基地宫出土的一组八重组合

---

[1] (唐)道宣:《广弘明集》卷十七,《大正藏》第52册。
[2] 甘肃省文物工作队:《甘肃省泾川县出土的唐代舍利石函》,《文物》1966年第3期,第8—14页。
[3] 临潼县博物馆:《临潼唐庆山寺舍利塔基精室清理记》,《文博》1985年第5期,第12—37页。

图 18 陕西扶风法门寺塔基地宫出土舍利容器组合

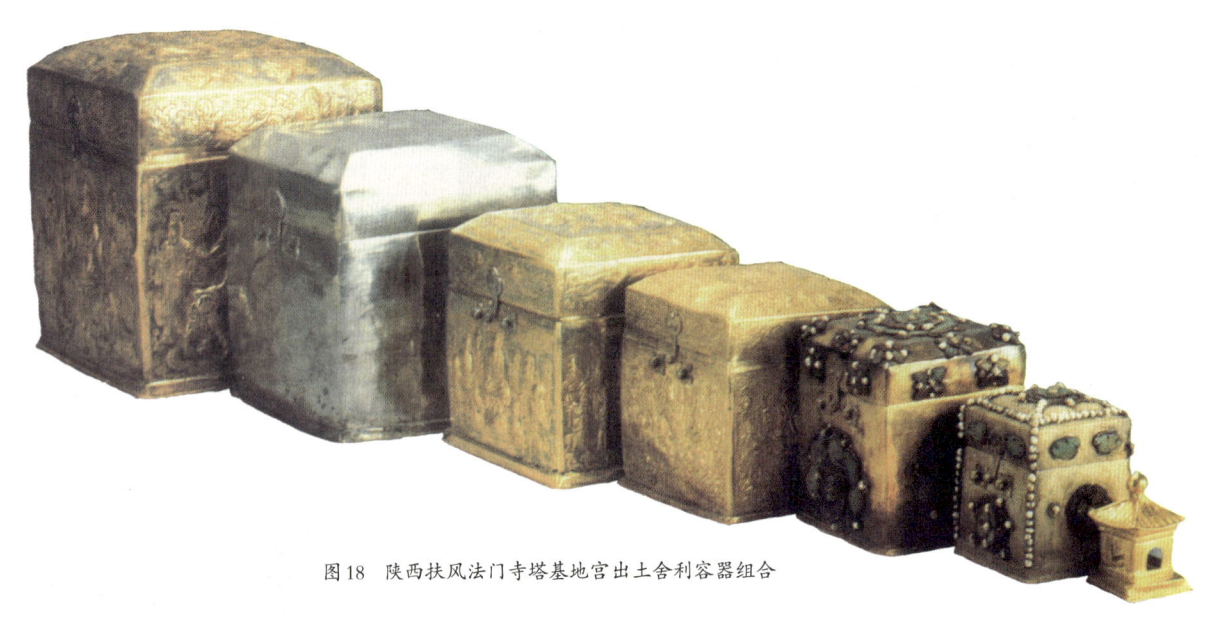

图 19 陕西扶风法门寺塔基地宫出土舍利容器组合

的舍利容器：檀香木函+鎏金银函+银函+鎏金银函+金函+金函+琉玞石函+金塔+佛指舍利（图18）。[1] 同塔基地宫出土的另一组舍利容器的组合为：铁函+金函+水晶椁+玉棺+佛指舍利（图19）。[2]

四　舍利容器造型的比较

（一）舍利函

方形盝顶的舍利函首先出现在中国，而未见于印度，这毫无疑问是舍利瘗埋中舍利容器中国化的结果。就目前所见的中国舍利函来看，石函类可以分为一侧开口的龛形和盝顶方形两大类，特别是盝顶方形石函是中国古代瘗埋舍利的标准容器，自北魏时期开始出现一直延续到宋元明时期。中国发现的金属函类舍利容器也继承了石函中盝顶方形函的形制，自隋代以后一直沿用不衰，只是装饰上有所变化。虽然韩国石塔众多，但从韩国发现的舍利容器来看，却罕见采用石函来瘗埋舍利者，其中用来

---

[1] 李新玲主编：《宁静的辉煌》，长城出版社，2003年；陕西省考古研究院等：《法门寺考古发掘报告》，文物出版社，2007年。
[2] 李新玲主编：《宁静的辉煌》；陕西省考古研究院等：《法门寺考古发掘报告》。

安置舍利的塔心础石，严格地讲，与中国造型规整的舍利函有很大差异，是塔的一个重要组成部分，而不是一个独立的个体，所以，尚难以说明它就是石函。韩国在舍利瘗埋上的这一反差——即石塔较多而石函少见，形成了韩国舍利瘗埋中的自身特点，这也是中韩两国在舍利容器的质地上所表现出的差异。但值得注意的是，自隋代开始使用的金属函却在韩国广泛使用，只是形制上有所不同。

1. 一侧开口的龛形函

一侧开口的龛形函就目前的考古发现来看，仅见于河北定州静志寺塔基地宫出土者，这也是中国目前所知最早的舍利函，其侧面刻铭内容为："大代兴安二年岁次癸巳十一月□□朔丑癸□"等，同时还线刻有坐佛[1]，而且其形制颇为特殊，并不是一般意义的盒子式，而是在一侧开口的龛式（图20—1）。令人惊讶的是，韩国也发现了类似的舍利函。1995年在韩国百济扶余陵山里寺址塔心础石上发现1件带有铭文的石舍利龛（图20—2），其上有铭文："百济昌王十三年太岁在丁亥妹兄公主供养舍利。"百济昌王（威德王）十三年即567年。[2] 两者的差异表现在：前者为盝顶形，后者为圆拱形；相同之处表现在两者都为双口。同时，还值得注意的是，这两件形制相似一侧开口的舍利容器，在中韩两国的考古发现中都是唯一的。

2. 盝顶形金属舍利函

在中国的金属舍利函中，以盝顶的铜函、金银

图20-1 河北定州静志寺塔基地宫出土

图20-2 百济昌王铭石舍利龛

函为主。这些金属类舍利函在形制上与石函中的盝顶方形函基本一致，但在一些细节上却存在明显的时代差异。隋文帝仁寿时期瘗埋舍利所用的金属舍利函，函盖与函身的口部以子母口相互扣合，没有锁鼻、合页及锁子等，而且素面无纹饰，这是隋文帝时期的金属舍利函的特征，如陕西耀县仁寿四年神德寺塔基地宫出土铜函（图21—1）。[3] 自隋炀帝大业时期开始，在金属舍利函上錾刻天王、菩萨等图像，如河北定州静志寺塔基地宫出土的隋大业十二年鎏金铜函（图21—2）。[4] 唐代的金属舍利函则普遍带有锁鼻、合页及锁子等，这是唐代金属函的重要特征，而且其上多錾刻各类纹饰，装饰华丽，如甘肃泾川大云寺塔基地宫出土的鎏金铜函（图21—3）[5]、陕西扶风法门寺塔基地宫出土的各类函（图21—4、图21—5、图21—6）等。[6]

韩国舍利容器中的盝顶金属函虽然较为少见，

---

1 浙江省博物馆、定州市博物馆：《心放俗外 定州静志·净众佛塔地宫文物》，中国书店，2013年，第41—43页。
2 ［日］国立扶馀博物馆：《國立扶餘博物館》（日语版），第74、177—178页。
3 朱捷元、秦波：《陕西长安和耀县发现的波斯萨珊朝银币》，《考古》1974年第2期，第126—132页。
4 浙江省博物馆、定州市博物馆：《心放俗外 定州静志·净众佛塔地宫文物》，中国书店，2013年。
5 甘肃省文物工作队：《甘肃省泾川县出土的唐代舍利石函》，《文物》1966年第3期，第8—14页。
6 陕西省考古研究院等：《法门寺考古发掘报告》。

图 21-1 陕西耀县神德寺塔基地宫出土铜函

图 21-2 河北定州静志寺塔基地宫出土铜函

图 21-3 甘肃泾川大云寺塔基地宫出土铜函

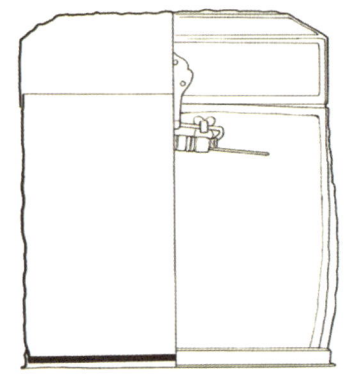

图 21-4 陕西扶风法门寺塔基地宫出土鎏金四天王盝顶银函

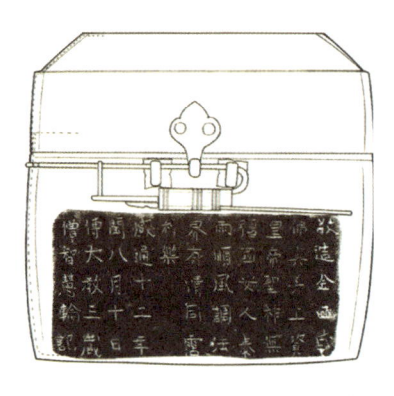

图 21-5 陕西扶风法门寺出土智慧轮壶门座盝顶银函

图 21-6 陕西扶风法门寺塔基地宫出土金筐宝钿珍珠装纯金函

但也有发现,如在韩国庆州市九黄洞狼山东麓皇福寺三层石塔的第二、三层之间安置舍利的石室内,发现了盝顶形金函和银函(图9—2、图9—3)。[1]这两件金属函的盖部为盝顶,函盖与函身口部以子母口相扣合,这是典型的隋代金属函的特征,同时它们也是韩国的金属舍利函中仅有的2件与中国隋代的金属舍利函在形制上完全一致者,其年代大约在6世纪末至7世纪初期。这种形制的金属函的出现,似乎也验证了文献记载的隋文帝仁寿元年新罗、百济、高句丽三国各请一粒舍利归国供养的真实性。

3. 四角攒尖式金属舍利函

四角攒尖式金属舍利函主要出现在统一新罗时期,此前未见。四角攒尖式金属舍利函在韩国金属舍利函中比较常见,通过比较可以看出,韩国发现的金属舍利函,在形制上受隋代的影响较大,而受唐代的影响较小。但同时还应该看到,不论是隋代还是唐代的金属函,其顶部都呈盝顶状,而韩国的金属舍利函的顶部除前面所云的盝顶形金属函之外,其顶部有四角攒尖式及平顶式,其中的四角攒尖式金属函应该是对盝顶函的变体,从而形成了韩国舍利函的自身特征,其主要发现于感恩寺西塔(图22—1)和东塔(图22—2)[2]、王宫里五层石塔(图22—3)[3]。但在

---

[1] [日] 浅井和春:《皇福寺跡三層石塔發見の二体の金制仏像》,《仏教芸術》第188号,1990年。
[2] [韩] 韩国国立中央博物馆:《特别展 统一新罗》。
[3] [韩] 全州国立博物馆:《益山》。

图 22-1 感恩寺西塔出土 　　图 22-2 感恩寺东塔出土 　　图 22-3 王宫里五层石塔出土舍利铜函

图 23-1 皇福寺三层石塔出土铜函 　　图 23-3 王宫里五层石塔出土金刚经板内函

图 23-2 王宫里五层石塔出土金刚经板外函图 　　图 23-4 王宫里五层石塔出土舍利铜函　　图 23-5 佛国寺释迦塔出土鎏金铜函

其上装饰宝珠形钮这一点，则与唐代的金属舍利函有相似之处，如甘肃泾川大云寺武则天延载元年塔基地宫出土的鎏金铜舍利函上即装饰一莲座宝珠形钮。[1] 平顶式扁平的金属函也是韩国舍利函的特征之一，如皇福寺三层石塔出土的平顶铜函（图23—1）[2]、王宫里五层塔出土的金刚经板、铜外函（图23—2）、内函（图23—3）和舍利铜外函（图23—4）[3]、佛国寺三层释迦石塔出土的鎏金铜函（图23—5）等[4]。

4. 圆形舍利盒

在陕西耀县神德寺隋仁寿四年（604）塔基地宫中发现1件圆形舍利盒，口径7.9厘米，高5.2厘米，出土时其中放置有头发（图24—1）。[5] 这种圆形的舍利盒，在韩国也有发现，而且形制极为相似，反映了两者之间的关系。当然，这种圆形铜盒在武宁王

1　甘肃省文物工作队：《甘肃省泾川县出土的唐代舍利石函》，《文物》1966年第3期，第8—14页。
2　[日]菊竹淳一、吉田宏志：《世界美术大全集·東洋编》，第10卷《高句麗·百濟·新羅·高麗》，小学馆，1998年。
3　[韩]全州国立博物馆：《益山》。
4　[韩]韩国国立中央博物馆：《特别展　统一新罗》。
5　朱捷元、秦波：《陕西长安和耀县发现的波斯萨珊朝银币》，《考古》1974年第2期，第126—132页。

古代中韩舍利瘗埋的比较研究 | 227

图24-1　陕西耀县仁寿四年神德寺塔基地宫出土舍利盒

图24-2　松林寺出土青瓷舍利盒

图25-1　佛国寺三层石塔出土

图25-2　相传韩国南原出土

图25-3　江西永新县出土

陵也曾经出土过，这充分反映了6世纪至7世纪初，以圆形铜盒安置舍利的情形。与此同时，年代大约在8世纪中叶以前的唐代舍利容器中也发现有金银质地的圆形舍利盒，但这些圆形金银舍利盒的形制明显发生了变化，盖和底部凸出，如陕西长安县佛塔天宫中的出土者即是如此。[1]以圆形盒作为舍利容器，在韩国也有发现，如松林寺发现的圆形青瓷舍利盒（图24—2）。[2]

5. 关于金属舍利函腹壁的镂空问题

从舍利容器的一些装饰细节上，也可以看到中韩两国在舍利瘗埋制度上的密切关系。如在韩国发现的一些金属舍利函中，有将函四周镂空的现象，如韩国庆尚北道庆州市佛国寺三层石塔发现的铜舍利函四面镂空成卷草纹，高17.5厘米（图25—1）[3]；相传出土于韩国南原的1件鎏金铜函，高14厘米，其腹壁镂空有结跏趺坐的菩萨像（图25—2）[4]。这也可以在中国唐代的舍利函中找到相似者，如在江西

1　朱捷元、秦波：《陕西长安和耀县发现的波斯萨珊朝银币》，《考古》1974年第2期，第126—132页。
2　[韩]韩国国立中央博物馆：《特别展　统一新罗》。
3　[韩]韩国国立中央博物馆：《特别展　统一新罗》。
4　[韩]韩国国立中央博物馆：《特别展　统一新罗》。

永新县发现的1件唐代铜舍利函的腹壁即镂空并錾刻有各种类似花草、钱文图案，函身呈长方形，顶部有带莲花座的宝珠钮，放置于座上栏杆之内（图25—3）。长25厘米，宽15.5厘米，通高22厘米。[1]

6. 关于在金属舍利函上镶嵌或焊接四天王像的问题

在韩国感恩寺西塔（图26—1、图26—2）[2]和东塔（图26—3、图26—4）[3]出土的金铜舍利函四侧，焊接或者镶嵌有类似浮雕的四天王像，这种现象至目前为止，尚未明确地见于中国的金属舍利函上，似乎是韩国舍利容器的独特装饰。但值得注意的是，1955年西安市文物管理委员会移交给陕西历史博物馆的金银器中，有5件银天王像，它们已于2003年发表，其高度分别为20.8厘米、22.8厘米、17.5厘米、17.5厘米、16.6厘米（图26—5、图26—6、图26—7、图26—8、图26—9）。申秦雁认为它们可能属于佛教器物上的装饰附件。[4]笔者对其观点是赞同的，但到底是什么样的佛教器物呢？根据其高度和形制特点判断，前2件属于一组，后3件属于一组。结合前文韩国感恩寺东、西塔发现金铜舍利函焊接或者镶嵌四天王像这一点来看，笔者推测陕西历史博物馆收藏的这5件银天王像，原来应该是焊接或镶嵌在舍利函的侧面的装饰，而且分属两件金属或者木质舍利函，由于种种原因而与原来的舍利函分离了。[5]如果笔者的这一推测不错的话，在金属舍利函侧面镶嵌或者焊接类似浮雕的天王像的这一装饰特点，也反映了中韩两国之间有着密切联系，很难说是孤立的或者某个地区独有的现象，它是东亚世界在舍利瘗埋上存在互动的重要物证。

（二）其他舍利容器

1. 舍利瓶

中韩两国的舍利容器中，特别是直接用来安置舍利的容器中，大多以琉璃瓶即玻璃瓶来安置舍利。而琉璃是佛教中所云的七宝之一，所以，以琉璃瓶安置舍利是一举两得，一是作为舍利容器使用，二是琉璃瓶也具有七宝之一的功能。以各种形制的玻璃瓶安置舍利的做法，在中韩两国都比较流行。如河北定州北魏时期的华塔基址中出土的长颈玻璃瓶[6]、甘肃泾川大云寺塔基地宫出土的玻璃瓶[7]、陕西临潼庆山寺塔基地宫出土的玻璃瓶等[8]，而且中韩两国的玻璃瓶都呈绿色，证明其含铅量较高，而中国制造的琉璃器以铅玻璃为主，两者之间的相似性也反映了两国在玻璃舍利容器制造方面的交流和密切关系。

2. 殿阁式（灵帐形或宝帐形）舍利容器

韩国称为殿阁形的舍利容器，在中国的瘗埋舍

---

[1] 李志荣：《永新古墓出土青铜棺及玻璃器》，《江西文物》1991年第3期，第78—79页；冉万里：《中国古代舍利瘗埋制度研究》，文物出版社，2013年。
[2] ［韩］韩国国立中央博物馆：《特别展　统一新罗》。
[3] ［韩］韩国国立中央博物馆：《特别展　统一新罗》。
[4] 申秦雁主编：《陕西历史博物馆馆藏金银器》，陕西人民美术出版社，2003年，第118—120页图版126—130。
[5] 近来也有人提出与笔者相似的看法，其依据也是韩国感恩寺出土的铜舍利函，参见张晓艳《陕西历史博物馆藏唐代银质天王像正名》，《文博》2016年第2期，第68—72页。
[6] 河北省文物局文物工作队：《河北定县出土北魏石函》，《考古》1966年第5期，第268—275页。
[7] 甘肃省文物工作队：《甘肃省泾川县出土的唐代舍利石函》，《文物》1966年第3期，第8—14页。
[8] 临潼县博物馆：《临潼唐庆山寺舍利塔基精室清理记》，《文博》1985年第5期，第12—37页。

图 26-1

图 26-3

图 26-2

图 26-4

图 26-5　　　　图 26-6　　　　图 26-7　　　　图 26-8　　　　图 26-9

图 26-1、26-2　感恩寺西塔出土
图 26-3、26-4　感恩寺东塔出土
图 26-5、26-6、26-7、26-8、26-9　陕西历史博物馆藏银天王像

图27-1　陕西扶风法门寺塔基地宫出土灵帐　　图27-2　陕西临潼庆山寺塔基地宫出土宝帐
图27-3　山西博物院藏涅槃变相碑　　图27-4　山西博物院藏涅槃变相碑局部
图27-5　敦煌莫高窟盛唐第148窟西壁　　图27-6　陕西蓝田蔡拐村塔基地宫出土石函纹饰

利的塔基地宫中也有发现，但在中国发现的这类舍利容器有题名，当时人称为"灵帐""宝帐"。目前所知年代最早者在8世纪初叶至8世纪中叶之间。在中国境内，其代表性的发现有两件：

陕西扶风法门寺塔基地宫中宗景龙二年（708）灵帐，汉白玉质，自上而下由盝顶、帐檐、帐身、须弥座、床五部分组成。盝顶斜刹北侧阴刻："仇思泰一心供养"，东侧阴刻"杨阿娄、仇潮俞、仇梦儿、范存礼"等供养人姓名。帐檐内侧刻铭："大唐景龙二年（708）戊申二月己卯朔十五日沙门法藏等造白石灵帐一铺，以其舍利入塔，故书记之（图27—1）。"[1]

陕西临潼庆山寺塔基地宫开元二十九年（741）宝帐，石灰岩质，高109厘米。下部为"工"字形须弥座。上部帐体中空，用一块整石雕凿而成，高30厘米、宽44厘米、壁厚7厘米。帐体四周分别雕刻释迦说法图、涅槃图、荼毗图、分舍利图。宝帐顶盖呈重檐式，盝顶，高19厘米。阴刻有"释迦如来舍利宝帐"八字，字内填金（图27—2）。[2]

韩国称为殿阁形的舍利容器，在中国所发现者则自题"灵帐"及"宝帐"，不仅有前述的考古发现，在一些石质佛教造像及敦煌莫高窟壁画中也有这种送舍利的"灵帐"或"宝帐"图，如山西博物院收藏的武则天天授元年（690）涅槃变相造像碑上所雕刻的送舍利图中的灵帐（图27—3、图27—4）[3]；敦煌莫高窟第148窟西壁盛唐时期壁画中的送舍利图中

---

[1] 陕西省考古研究院等：《法门寺考古发掘报告》。
[2] 临潼县博物馆：《临潼唐庆山寺舍利塔基精室清理记》，《文博》1985年第5期，第12—37页。
[3] 国家文物局主编：《中国文物精华大辞典·金银玉石卷》，上海辞书出版社、商务印书馆（香港），2005年，第128页图版120。

图28-1 感恩寺东塔出土　　图28-2 感恩寺西塔出土　　图28-3 松林寺砖塔出土　　图28-4 传韩国庆尚南道出土

的灵帐（图27—5）[1]；陕西蓝田蔡拐村塔基地宫出土的舍利函上也雕刻有送舍利的灵帐（图27—6）[2]。这些壁画或石刻中的送舍利图表现的是当时送舍利至瘗埋场的场景，送舍利的道具则均采用灵帐，灵帐或宝帐形舍利容器就是以送舍利的灵帐为模特制作而成的。从目前考古发现的图像和实物资料来看，灵帐或宝帐形舍利容器出现于7世纪末至8世纪初，唐代出现这种形制的舍利容器是舍利容器中国化的一个重要证据。

据笔者查阅有关资料，可知在韩国发现的舍利容器中有4件"灵帐"或"宝帐"形舍利容器。如在韩国感恩寺东塔出土1件，鎏金铜质，高16.5厘米（图28—1）[3]；感恩寺西塔出土1件，铜质，上半部无存（图28—2）[4]；松林寺砖塔出土1件，鎏金铜质，高15.3厘米（图28—3）等[5]。另外，还有1件是相传出土于韩国庆尚南道的传世品，铜质，上部无存（图28—4）。[6]它们与陕西扶风法门寺塔基地宫出土的"灵帐"、陕西临潼庆山寺塔基地宫出土的"宝帐"，在形制上存在惊人的相似之处，只是其中部为中空状，未采用封闭的形式，而在其四角以竹节状或圆柱形的立柱将盖和底座相连。[7]这种相似性不是偶然的，它反映了中韩两国在舍利瘗埋制度上存在密切的关系。它是由送舍利的灵帐发展而来，这不仅是舍利容器中国化的反映，还证明了中国的舍利容器形制曾对韩国产生了影响，其发生的时间在7世纪末至8世纪前半叶。一直到南宋时期，才开始出现真正意义上的韩国所谓的殿阁形舍利容器，如浙江宁波天封塔地宫出土的1件银殿形舍利容器就是其典型代表（图29）。[8]

3. 塔形舍利容器

南朝梁武帝在大同四年（538）瘗埋舍利时也采用套合式：

1　贺世哲主编：《敦煌石窟全集》第7卷《法华经画卷》，商务印书馆，1999年，第162页。
2　樊维岳、阮新正、冉素茹：《蓝田新出土舍利石函》，《文博》1991年第1期，第36—37页。
3　[韩] 韩国国立中央博物馆：《特别展　统一新罗》，第214页图版222。
4　[韩] 韩国国立中央博物馆：《特别展　统一新罗》，第210页图版220。
5　[韩] 韩国国立中央博物馆：《特别展　统一新罗》，第221页图版230。
6　[日] 奈良国立文化财研究所、飞鸟资料馆：《仏舎利埋納》，（有）関西プロセス，1989年，第7页。
7　关于这一点，杨泓先生已经指出，参见氏著《中国古代和韩国古代的舍利容器》，《考古》2009年第1期，第73—84页。笔者在此仅补充了几条资料而已。
8　林士民：《浙江宁波天封塔地宫发掘报告》，《文物》1991年第6期，第1—27页。

高祖（梁武帝）又至寺设无碍大会，竖二刹，各以金罂、次玉罂重盛舍利及爪发，内七宝塔中，又以石函盛宝塔分入两刹下，及王侯妃主百姓富室所舍金银镮钏等珍宝充积。[1]

可知梁武帝时的舍利容器组合为：石函+七宝塔+金罂+玉罂，其中的七宝塔是目前所知年代最早的塔形舍利容器，虽然未见实物，但对后世产生了很大影响。在隋文帝仁寿年间瘗埋舍利之时，也偶有以塔为舍利容器者，这在文献中也有明确记载，如《续高僧传》卷二十六《释昙观传》记载：

仁寿中岁，奉勅送舍利于本州定林寺，初停公馆，即放大光，掘基八尺获铜浮图一枚，平顶圆基两户相对，制同神造雕镂骇人，乃用盛舍利安瓶置内，恰得相容。[2]

据此可知，以塔作为舍利容器是从南朝梁武帝时期开始的，并被隋代所继承。据《酉阳杂俎》续集卷五《寺塔记（上）》记载：

常乐坊赵景公寺……塔下有舍利三斗四升，移塔之时，僧守行建道场，出舍利俾士庶观之，呗赞未毕，满地现舍利，士女不敢践之，悉出寺外。守公乃造小泥塔及木塔近十万枚葬之，今尚有数万存焉。[3]

（1）塔身呈方形的塔形舍利容器

陕西扶风法门寺塔基地宫出土绘彩四铺阿育王

图29 浙江宁波天封塔地宫出土

石塔1件。汉白玉质，由塔刹、塔盖、塔身、塔座四部分组成。塔高78.5厘米（图30—1）。根据其造型来看，有盛唐时期特征。[4]

陕西扶风法门寺塔基地宫出土铜塔1件。由宝刹、浮屠、月台、基座组成。浮屠设方形基座。通高53.5厘米。原通体鎏金，现多已脱落（图30—2）。根据其造型来看，有隋至盛唐时期的特征。[5]

以塔形舍利容器为核心容器者，以陕西扶风法门寺塔基地宫出土宝珠顶单檐纯金四门塔最为典型，高7.1厘米。中心焊接有高2.8厘米，直径0.7厘米的银柱，其上套置第1枚佛指舍利（图30—3）。[6]

1　(唐)姚思廉：《梁书》，中华书局，1973年。
2　(唐)道宣：《续高僧传》，《大正藏》第50册。
3　(唐)段成式撰，曹中孚校点：《酉阳杂俎》，《唐五代笔记小说大观》（上），上海古籍出版社，2000年。
4　陕西省考古研究院等：《法门寺考古发掘报告》。
5　陕西省考古研究院等：《法门寺考古发掘报告》，第231页。
6　陕西省考古研究院等：《法门寺考古发掘报告》，第231页。

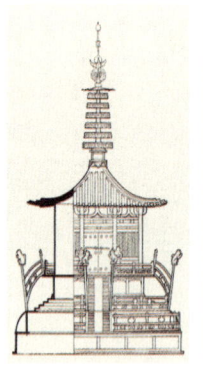

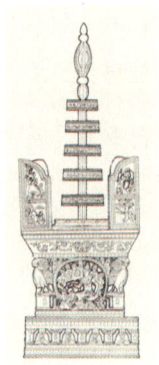

图30-1、图30-2、图30-3 陕西扶风法门寺塔基地出土

图30-4 浙江南京杭州雷峰塔塔基地宫出土

图30-5 江苏南京北宋金陵长干寺塔基地宫出土

图30-6 全罗南道光州市龟洞西五层石塔出土

到了五代时期,吴越国则出现了独特的塔形舍利容器。如浙江杭州雷峰塔塔基地宫出土塔形舍利容器(图30—4)[1];南京金陵长干寺宋代塔基地宫出土的塔形舍利容器(图30—5)[2]。这种塔形舍利容器也常被人们称为宝箧印塔。

塔身呈方形的塔形舍利容器在韩国也有发现,但时代已经略偏晚,如韩国全罗南道光州市龟洞西五层石塔发现的塔身呈方形的鎏金铜舍利容器,其年代在高丽时期(11—12世纪),高15厘米(图30—6)。[3]

(2)塔身呈六角或者八角形的塔形舍利容器

河北省静志寺塔基地宫出土六角形鎏金银塔1件,其年代在隋代,是目前所知的年代最早的六角塔形舍利容器(图31—1)。[4]

河北定州静志寺塔基地宫出土六角形银塔1件,高14.5厘米。塔身、塔座用银丝缀连而成。形制为单层六面亭阁式,出土时塔内置1件鎏金莲瓣座宝珠银盖的方形琉璃瓶和2件琉璃葫芦,内盛舍利;塔身转角宇池内有直书铭文共计94字:

静志寺(唐)会昌六年(846)毁废,佛像俱焚,宝塔全除,至大中二年(848)再置兴切修建,舍利出兴,双合分明,随人心愿,□□寺僧众与城隍善交同造银塔子,再安舍利,伏愿法界清泰业海长銷一切有□□会真记,大中四年四月八日,丘□(悟)真定方铭侠于记(图31—2)。[5]

陕西户县草堂寺的六角形鸠摩罗什舍利塔,为八角形亭阁式,通高230厘米。该石塔实际上就是一个位于地面上的舍利容器,这也是中晚唐时期瘞埋舍利的一个特征(图31—3)。[6]

与中国的塔形舍利容器相比较,韩国的塔形舍

---

1 浙江省文物考古研究所:《杭州雷峰塔五代地宫发掘简报》,《文物》2002年第5期,第4—32页。

2 南京市考古研究院:《南京大报恩寺遗址塔基与地宫发掘简报》,《文物》2015年第5期,第4—52页。

3 [日]菊竹淳一、吉田宏志:《世界美術大全集・東洋編》,第10卷《高句麗・百済・新羅・高麗》,小学館,1998年。

4 浙江省博物馆、定州市博物馆:《心放俗外 定州静志・净众佛塔地宫文物》,中国书店,2014年。

5 国家文物局主编:《中国文物精华大辞典・金银玉石卷》,上海辞书出版社、商务印书馆(香港),2005年。

6 西安市文物局:《华夏文明故都 丝绸之路起点》,世界图书出版公司,2005年。

图31-1、图31-2 河北定州静志寺塔基地宫出土

图31-3 鸠摩罗什舍利塔

图31-4 日本千叶县小仓文化财团藏

图31-5 日本京都私人藏

图31-6 李成桂供奉的塔形舍利容器

利容器更多地使用八角形这一形式。如日本千叶县小仓文化财团收藏的1件八角形鎏金铜塔形舍利容器，高17.8厘米（图31—4），这件舍利容器的年代有不同说法，有的认为其年代在统一新罗时期，有的认为在新罗末至高丽初期，有的认为在高丽时期[1]。但其样式却与前文所列举的河北定州静志寺塔基地宫出土的六角塔形舍利容器存在较大的相似性，其具体时间约在9世纪。这种六角形或八角形的塔形舍利容器对韩国的舍利瘗埋影响很大，如日本京都1件私人收藏的鎏金铜八角形舍利容器，高6.5厘米（图

---

1 ［日］奈良国立博物馆：《日本仏教美術の源流》，株式会社天理时报社，1978年，第170页图版18；［日］读卖新闻社：《大東洋美術展》，株式会社大塚巧芸社，1977年，第118页图版57。

图32-1、32-2　MIHO MUSEUM 藏　　　　　　　　　　图32-3　德国国立柏林印度美术馆藏

31—5），内底錾刻有元至治二年（1323），而且其上所錾刻的鱼子纹地也是唐代金银器上常见的装饰内容。[1] 这种影响一直延续至高丽时期，如高丽恭让王李成桂于1390—1391年供奉的银八角塔形舍利容器，高19.8厘米（图31—6）。[2]

（3）香宝子形塔形舍利容器

有一些香宝子形的塔形舍利容器，这种舍利器的样式与中国和日本收藏的香宝子形制一致，但统一新罗时代却以其为舍利容器，如日本MIHO MUSEUM收藏的1件韩国出土的铜香宝子式舍利容器，其形似覆钵塔（图32—1、图32—2）。[3] 这种香宝子形的舍利容器在中国也有发现，如出土于新疆吐鲁番吐峪沟、现藏于德国国立柏林印度美术馆的1件香宝子形舍利容器（图32—3）。[4] 中韩两国的这类舍利容器在形制上极为相似。这种形制的器物在唐代墓葬中有大量发现，一般被称为"塔式罐"。

（4）覆钵塔形舍利容器

覆钵塔形舍利容器，在古印度的舍利瘗埋过程中经常使用。在中国的北齐时期也发现了以覆钵塔为舍利容器，如河南安阳修定寺石塔基址夯土中出土的北齐天保五年（554）石雕覆钵塔形舍利容器（图33—1）。[5] 但在隋唐时期的塔形舍利容器中却非常罕见，在宋代又开始出现这种覆钵塔形舍利容器，如陕西华县宋代塔基地宫出土的石质覆钵塔形舍利容器，下部为镂空须弥座式，座的四角各浮雕一袒胸露肚的力士，中部为覆钵式，顶部有宝珠形钮，

1　[日] 读卖新闻社：《大東洋美術展》，株式会社大塚巧芸社，1977年，第120页图版60。
2　[日] 菊竹淳一、吉田宏志：《世界美術大全集·東洋編》，第10卷《高句麗·百濟·新羅·高麗》，小学馆，1998年；[日] 国立中央博物館：《国立中央博物館导览手册》（中国语），国立中央博物館，2012年。
3　[日] MIHO MUSEUM：《MIHO MUSEUM 開館一周年記念図録》，日本写真印刷株式会社，1998年，第72—73页。
4　[日] 奈良国立博物館：《日本仏教美術の源流》，株式会社天理时报社，1978年。但也不排除这件舍利容器为香宝子的可能性。
5　河南省文物研究所、安阳地区文物管理委员会、安阳县文物管理委员会：《安阳修定寺塔》，文物出版社，1983年；浙江省博物馆、定州市博物馆：《心放俗外　定州静志·净众佛塔地宫文物》，中国书店，2014年。

图33-1　河南安阳修定寺出土 　　图33-2　陕西华县宋代塔基地宫出土 　　图33-3　浙江瑞安慧光寺塔天宫出土 　　图33-4　李成桂供奉的塔形舍利容器

通高18厘米（图33—2）[1]；在浙江瑞安慧光寺塔天宫出土1件鎏金银覆钵形舍利容器，原简报称为"鎏金银龛"[2]。经笔者仔细观察，实际应为覆钵塔式舍利容器，高10.3厘米（图33—3）。下部为六棱形连束腰须弥座，束腰座上刻"弟子胡用，勾当僧庆恩、可观。景祐二年乙亥岁十二月日凿"。上部为錾刻折枝花、四出开光及莲花纹的覆钵。在高丽时期的舍利容器中也发现有覆钵形舍利容器，如高丽恭让王李成桂于1390—1391年供奉的舍利容器中即采用了覆钵塔形舍利容器，高15.5厘米（图33—4）。[3]

五　舍利容器之下安置莲花座的比较

在韩国的统一新罗时代、日本奈良时代早期舍利函的内底，常见可以活动的莲花座，然后在其上安置盛装舍利的核心容器。如韩国全罗北道益山王宫里五层石塔出土的铜函内安置一铜莲花座，其上安置琉璃舍利瓶[4]；韩国庆州松林寺出土的鎏金铜舍利函内底设置有鎏金铜莲花座，其上置绿色琉璃杯，琉璃杯内置琉璃舍利瓶（7—8世纪）[5]。日本崇福寺塔心础石所出土的舍利容器共四重（7世纪），其中第三重金函内安置有莲花座，其上安置琉璃瓶。[6]日本学者认为，日本在舍利容器之下安置莲花座的做法是受韩国统一新罗的影响。[7]但值得注意的是，在河北定州静志寺塔基地宫出土的隋大业二年（606）石函之内底，就浮雕有莲花座，其上安置舍利容器[8]，早于统一新罗时期。略有不同的是，朝鲜半岛和日本为可移动的铜莲花座，这可以考虑朝鲜半岛和日本的舍利瘞埋极少采用石函，为了适合自己的特点，

1　孙仲光、张明杰：《华县馆藏宋舍利石函》，《文博》1998年第5期。
2　浙江省博物馆：《浙江瑞安北宋慧光塔出土文物》，《文物》1973年第1期。
3　[日]菊竹淳一、吉田宏志：《世界美術大全集・東洋編》，第10卷《高句麗・百濟・新羅・高麗》，小学館，1998年；[日]国立中央博物馆：《国立中央博物馆导览手册》（中国语），国立中央博物馆，2012年。
4　[韩]韩国国立中央博物馆：《特别展　统一新罗图录》，2003年。
5　《特别展　统一新罗图录》。
6　[日]奈良国立文化财研究所、飞鸟资料馆：《仏舎利埋納》，《飛鳥資料館図録》第21册，（有）関西プロセス，1989年。
7　[日]奈良国立博物馆：《日本仏教美術の源流》，株式会社天理时报社，1978年。
8　定县博物馆：《河北定县发现两座宋代塔基》，《文物》1972年第8期，第39—51页。

而采用了可移动的铜莲花座，但其作风无疑是从中国传入的。隋代的这一做法不仅影响了韩国和日本，也对唐代产生了影响，如陕西临潼庆山寺塔基地宫（开元二十九年，741）发现的2件琉璃舍利瓶下面均设置有铜莲花座。[1]隋唐舍利瘗埋的一脉相承更进一步证明，韩国的统一新罗时代、日本奈良时代早期的舍利函内安置莲花座的做法，是在隋代的影响下出现的。

六 同一地点反复瘗埋舍利的问题

在中国的舍利瘗埋过程中，既有一次性瘗埋之后，未再打开并重新进行瘗埋者。如陕西临潼庆山寺塔基地宫即是如此，在开元二十九年（741）瘗埋之后，未再打开过，直至1985年5月被发现并进行了发掘。[2]但与此同时，也有在同一地点多次反复瘗埋者，目前考古发现的大量塔基地宫即是如此。目前所知比较典型的例子，有河北定州静志寺塔基地宫、陕西扶风法门寺塔基地宫等，这些塔基地宫往往经过多次反复瘗埋，从而在塔基地宫中出现了不同时代的器物及其所瘗埋的舍利混杂的现象，以之为线索，大体上能够看出不同时代的舍利瘗埋的特点。而韩国的舍利瘗埋，就目前所知的资料来看，这种在同一地点反复多次瘗埋舍利的现象还比较少见。至于是什么原因造成的这种现象，尚需要进一步深入研究。

就中国的情况来看，中国早期的佛塔，其中有相当一部分是木构建筑，容易遭到战火的损毁，许多木构佛塔就是在这样的情况下被毁坏的。但在风平浪静的和平建设时期，人们在建筑新的佛寺或佛塔的过程中，往往能够在佛寺或佛塔的旧基址中发现先前所瘗埋的舍利，从而不断地反复瘗埋，这可能是其中的原因之一。第二种情况，就是统治者需要利用佛教来达到其政治目的之时，也将完好无损的佛塔中所瘗埋的佛舍利取出，供人瞻仰，同时也起到了宣扬佛教的作用。这种情况的典型代表就是陕西扶风法门寺塔基地宫，其中所瘗埋的佛指舍利所经历的几次瘗埋活动，都是在最高统治者的要求之下主动地打开旧址，在广为瞻仰之后又重新瘗埋的。第三种情况，就是受了佛教所认为的修新不如修旧思想的影响。[3]

七 从棺椁形舍利容器的有无看中韩舍利信仰的差异

棺椁形舍利容器的有无，反映了中韩两国在各自的舍利瘗埋过程中，对佛舍利有着不同的理解。中国自唐代武则天时期开始，出现了仿墓葬形式的地宫，同时开始使用安放尸体所用的棺椁形式来瘗埋舍利，其典型代表就是甘肃泾川大云寺塔基地宫的形制及其舍利容器。这说明自武则天时期开始，将瘗埋佛舍利看作是埋葬佛的遗体本身了，就是将佛舍利拟人化了，这一点并没有降低对佛舍利的崇拜，而且更加符合中国传统的丧葬思想。可见自武则天时期开始，中国传统的丧葬思想已经被佛教所吸收，从而出现了一种全新的舍利瘗埋形式，这也是佛教为适应中国的传统习惯而做的变革。正是因为佛教能够不断地革新，才能在中国繁荣昌盛，长

---

[1] 临潼县博物馆：《临潼唐庆山寺舍利塔基精室清理记》，《文博》1985年第5期，第12—37页。
[2] 临潼县博物馆：《临潼唐庆山寺舍利塔基精室清理记》，《文博》1985年第5期，第12—37页。
[3] 马世长：《关于敦煌藏经洞的几个问题》，《文物》1978年第12期，第21—33页。

久不衰。同时，最为特殊的是，在宋辽时期出现了直接将涅槃佛像置于棺椁或石函之内的现象，这是在唐代拟人化的基础上，更进一步向中国化发展的结果。这种采用棺椁形舍利容器瘗埋舍利的形式，目前在韩国的舍利容器中尚未出现，而且在日本也仅发现1件类似者，即日本太田废寺出土的石质棺形舍利容器。[1]这一点反映了中韩两国在舍利瘗埋中的差异，而这种差异与各自的民族传统有着很大的关系。通过比较可以看出，棺椁形舍利容器是中国的舍利容器中非常有自身特点的舍利容器。

结　语

通过对中韩两国舍利瘗埋的简单比较，可以得出以下结论：第一，韩国的舍利瘗埋最早是通过南朝梁传播过去的，韩国的舍利容器的某些未见于北朝、隋唐时期的特点，某种程度上可以推测是南朝舍利瘗埋的反映，这一点是值得注意和思考的；第二，隋唐时期舍利容器的某些特点或者因素，出现在韩国的舍利容器上并不是偶然的，而是中韩两国之间在舍利瘗埋问题上关系密切的反映；第三，在舍利瘗埋的场所，韩国并未采用地下宫殿的瘗埋方式，而是采用在塔心础中安置舍利，这充分反映了韩国在舍利瘗埋的过程中形成了自身的特点，但在塔的天宫中瘗埋舍利这一点，则见于印度式覆钵塔——中国楼阁式或密檐式塔——韩国的密檐式或楼阁式石塔，这一点说明自印度开始的这种瘗埋方式，在中韩的舍利瘗埋活动中较为流行。

---

1 ［日］奈良国立文化财研究所、飞鸟资料馆：《仏舍利埋納》，《飛鳥資料館図録》第21册，（有）関西プロセス，1989年。

莫高窟第 220 窟甬道南壁宝冠佛像浅析 *

张小刚

（敦煌研究院考古研究所）

莫高窟第220窟是敦煌石窟代表洞窟之一，为一座中型殿堂式洞窟，坐西朝东（图1），位于敦煌莫高窟南区北大像（第96窟）与南大像（第130窟）之间，开凿于初唐时期，后经中唐（吐蕃统治敦煌时期）、晚唐（张氏归义军时期）、五代（西汉金山国时期与曹氏归义军时期前期）、宋初（曹氏归义军时期后期）多次增修，是敦煌翟氏家族世代供养和修功德的翟家窟。

莫高窟第220窟壁画曾进行过两次剥离，一次是在中华人民共和国成立以前，主要是在主室内进行的，剥出了壁面底层精美的初唐壁画，其中南壁的西方净土变、北壁的药师经变与东壁的维摩诘经变等经变画都是初唐艺术的杰作。另一次是在1975年10月，是对甬道重层壁画进行整体搬迁的一次有益尝试。[1] 当时的做法是不破坏表层壁画，将甬道表层壁画整体剥离后向东推移，完整地推移到甬道口新的位置，重新固定，使底层完好的壁画全部暴露出来。这项工作得到了国家文物管理部门的肯定，发现了后来非常有名的新样文殊菩萨图及五代时期敦煌著名文人翟奉达的题记，为研究敦煌石窟壁画和历史增添了珍贵的新资料。需要指出的是，甬道处重层壁画的剥离工作并未全部完成，1975年剥离的只是中唐、晚唐、五代的壁画，更下层的初唐壁画则尚未剥离。

第220窟甬道南壁底层的小龛以及龛内外的壁画都是在1975年的剥离工作中重见天日的。在甬道南壁底层龛上东侧绘有一幅小型说法图（图2），我们发现其主尊的形象比较特殊，在头上戴有宝冠，这是不同于一般佛像的造像特征，这里我们试对这幅图像进行一些分析。

一 莫高窟第220窟甬道南壁底层壁画内容

莫高窟第220窟甬道南壁底层壁画正中开一方口小龛，坐南朝北（图3）。龛内南壁即正壁绘一铺说法图，有一佛二弟子二菩萨共五身立像，佛像居中，左手托药钵，右手作说法印，头上有华盖，华盖两侧各一飞天，佛两侧各侍立一弟子，左侧弟子外侧立一菩萨，右手持香炉，外侧有榜题一方，作"南无药师琉璃光佛观自在菩萨眷圣□□普为二位先亡父母"，右侧弟子外侧立一菩萨，左手持净瓶，外侧也有榜题一方，作"请（清）信佛弟子敬国清一心供养大悲救苦观世音菩萨敬国"。龛内西壁绘一佛二菩萨说法图，中间为倚坐佛，头上有华盖，两侧

---

* 基金项目：国家社科基金重大项目（16ZDA116）阶段性成果。
1 敦煌文物研究所：《莫高窟第220窟新发现的复壁壁画》，《文物》1978年第12期，第41—46页。

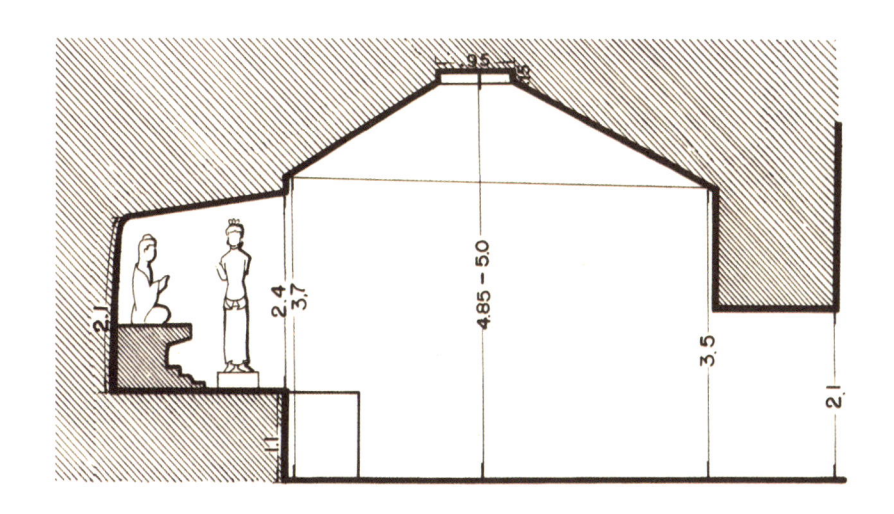

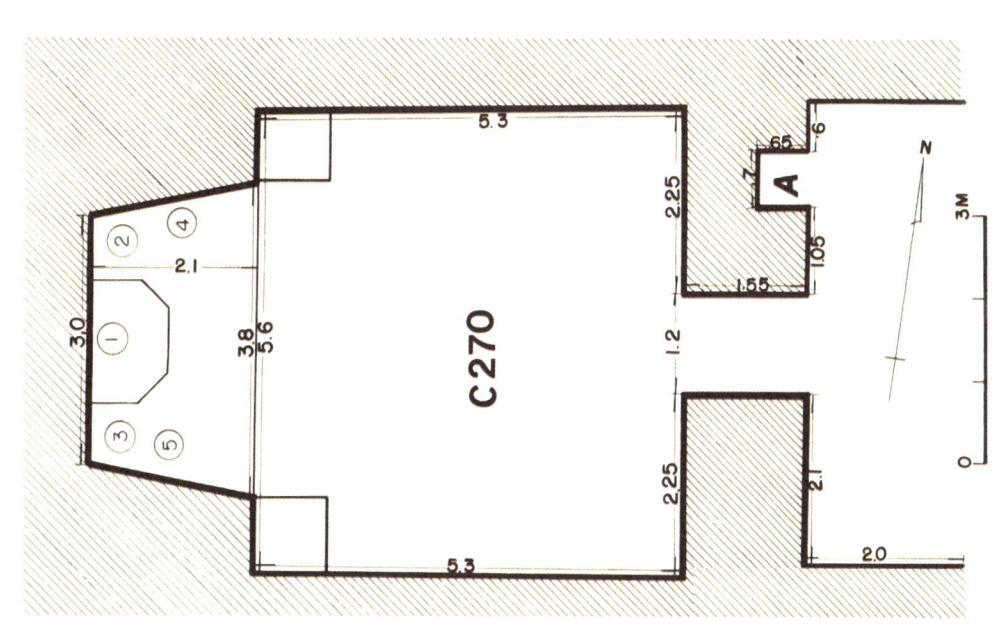

图1　莫高窟初唐第220窟平剖面图（采自石璋如《莫高窟形》第2册图226）

各侍立一身菩萨，榜书"造弥勒佛并二菩萨一躯"，说法图下部画跪状汉装女供养人一身，吐蕃装男供养人两身。龛内东壁亦绘一佛二菩萨说法图，中间为结跏趺坐佛，头上有华盖，两侧各侍立一身菩萨，榜书"释迦牟尼佛并二菩萨"。

龛外帐门两侧，东侧画大小供养人两身，前面的僧人体型较大，后面的吐蕃装侍从较小，西侧画汉装女供养人一身，其外侧有五代翟奉达墨书题记六行：

大成元年（579）己亥岁□□迁于三崅□□，镌龛□□□圣容立（像）。唐任朝议郎敦煌郡司仓参军□□子翟通（乡）贡明经，授朝议郎行敦煌郡博士，复于两大像中□造龛窟一所，庄严素质图写尊容，至龙朔二年（662）壬戌岁卒，即此窟是也。（九代）曾孙节（度押衙守）随军参谋兼侍御史翟奉达检家谱□□

龛外下部中间为白描立佛与比丘各一身，有墨

图2　莫高窟中唐第220窟甬道南壁底层龛上东侧说法图

图3　莫高窟中、晚唐第220窟甬道南壁底层壁画

书榜题三行：

　　大中十一年（857）六月三日信士男力一心供养并亡母造窟一所并卢（舍）那□□

白描像东侧画汉装女供养人三身，榜题文字多漫漶不清，第一身残存"一心供养"四字，第二身仅残留"供养"二字。西侧画比丘两身，男供养人两身，最后一身男像着白衣，题记为"亡弟一心供养"。

龛外上部中间画一坐佛，结跏趺坐，着偏衫式袈裟，左手置于腹前，掌心朝上，右手于胸前作施无畏印，顶上有华盖，华盖上方有贴壁浮塑小佛三身。龛外上部西侧画一佛二菩萨说法图一铺，中间佛像倚坐，着袒右袈裟，双手于胸前结转法轮印，两侧各一菩萨，半跏趺坐于莲花座上。龛外上部东侧画一佛二菩萨说法图一铺，佛坐于莲花座上，有圆形头光与身光，着土红色通肩袈裟，头戴莲花形宝冠，双手于腹前作禅定印，两侧各侍立一菩萨，西侧一身右手托玻璃花盆，左手作说法印，东侧一身右手下垂持净瓶，左手亦作说法印。

从布局、题记、画风和供养人来看，龛外上部、帐门两侧以及龛内壁画，一般认为是吐蕃统治敦煌的中唐时期的作品，龛外下部则是晚唐时所绘。

从第220窟甬道南壁底层中唐时期壁画内容来看，龛内正壁绘药师佛说法图一铺，左壁绘弥勒佛说法图一铺，右壁绘释迦牟尼说法图一铺。龛外上部西侧绘弥勒佛说法图一铺，根据对称性原则，则龛外上部东侧可能也是一铺与释迦牟尼佛有关的说法图。

二　莫高窟第220窟甬道南壁宝冠佛像的图像学分析

莫高窟第220窟甬道南壁底层龛外上部东侧说

242　丝绸之路研究集刊·第一辑

图4 莫高窟中唐第154窟法华经变中的降魔成道画面

图5 莫高窟中唐第237窟法华经变中的降魔成道画面

法图中的主尊作禅定印，头上戴有莲花形宝冠，我们在中唐以后的一些敦煌壁画法华经变中可以看到类似形象的造像。

莫高窟中唐第154窟主室南壁下部西侧绘有一铺法华经变，在这铺经变的东侧上角绘有一幅降魔成道的小画面（图4）。在画面中间有一佛结跏趺坐于金刚方座之上，着双领下垂式袈裟，头戴冠帽，双手于腹前作禅定印，周围围绕着魔兵与魔女，有七身魔兵，或为兽头裸身，或身着甲胄，作投掷武器或引弓射箭状，有三身魔女，分别用来表现魔女款款而来、歌舞诱惑、变为衰老三个情景，佛座下方有从地面钻出半身的地神。在莫高窟中唐第237窟主室南壁西侧法华经变的东侧上角也绘有类似的一幅降魔成道的小画面（图5），画面正中的主尊佛也结跏趺坐于金刚方座之上，着袈裟，头戴藏式红色毡帽，双手作禅定印，周围有四身夜叉形魔兵与

图6 莫高窟宋初第454窟窟顶南披法华经变中的降魔成道画面

一身魔女。

莫高窟宋初第454窟主室南披绘一铺法华经变。在这铺法华经变下部中间偏西一侧也绘有一幅降魔成道的小画面（图6）。在画面中间的佛也结跏趺坐

莫高窟第220窟甬道南壁宝冠佛像浅析 | 243

图7 莫高窟北魏第254窟南壁降魔变

于金刚方座之上，着田相纹通肩袈裟，头戴莲花形冠帽，双手作禅定印，周围围绕魔兵与魔女。

莫高窟第220窟甬道南壁的宝冠佛像与莫高窟中唐第154、237窟，宋初第454窟法华经变降魔成道画面中的主尊佛像颇具相似性，两者均结跏趺坐，作禅定印，头上戴有冠帽，而且有的冠帽都作莲花形，不同的是前者坐于莲花座上，后者坐于金刚方座上，前者周围只有两身胁侍菩萨，后者周围有魔兵魔女围绕。

在莫高窟北朝洞窟中绘制有四铺降魔变，分别见于北魏第254、260、263窟，北周第428窟内。在这些降魔变中，主尊佛像一般不戴冠帽和装饰物，右手下垂作降魔印，周围有魔兵和魔女等人物（图7）。莫高窟中唐112窟东壁门上画降魔变，残损严重，暂不讨论。西千佛洞中唐第18窟南壁门上画降魔变，残损过半，主尊左手置于腹前，右手下垂作降魔印，虽然身上没有装饰物，但是头上戴帽（图8）。莫高窟晚唐第156窟前室顶部画降魔变，主尊残损严重，头部不详，但似为双手作禅定印（图9）。莫高窟第23窟甬道顶部残存部分五代时绘制的降魔变。榆林窟五代第33窟北壁佛传画中间为降魔变，中间主尊虽然没有冠帽和装饰物，但双手作禅定印，周围有魔兵和魔女等人物（图10）。同样，在中唐以降的一些敦煌壁画法华经变中，也有一些降魔成道的画面是主尊作禅定状，周围有魔众围绕，但佛陀头上没有戴冠帽的图像，如莫高窟晚唐85窟、五代61窟、宋初55窟等窟内所见[1]（图11）。当然，这个时期有一些降魔变的主尊仍旧为传统的形式，如法国人伯希和从敦煌藏经洞中劫走的今藏于巴黎吉美国立亚洲艺术博物馆的一幅降魔变的绢画（MG.17655），画面中的主尊即为右手下垂作降魔印这种形式（图12）。敦煌有些佛传故事画中也有降魔成道的画面，如莫高窟五代第61窟北壁下部佛传屏风故事画中的降魔成道画面，主尊佛双手亦作禅定印（图13）。榆林窟西夏第10窟甬道南壁佛传故事画中央的主尊是右手作降魔印的大坐佛，坐佛两侧上方有一些小魔众，用来表现降魔成道的情节。西夏时期的榆林窟第3窟、东千佛洞第5窟及五个庙第1窟内绘制的八塔变相中都有表现降魔成道的画面，但这些佛像一般都是右手作降魔印的佛像（图14）。

与降魔成道图像有密切关系的著名造像还有菩提瑞像。初唐时唐使王玄策、匠宋法智等人自印度摩揭陀国带回菩提瑞像的图画，这种瑞像于是在中国广为流传，目前在西安、洛阳、敦煌与四川广元、安岳等地都发现了数量不少的相关造像遗存。中国初唐时期的佛教文献中对这种瑞像也有较为详细的记载。

唐代玄奘《大唐西域记》卷8"摩揭陀国"条谓：

图8　西千佛洞中唐第18窟南壁门上降魔变

图9　莫高窟晚唐第156窟前室顶部降魔变

图10　榆林窟五代第33窟北壁佛传图中的降魔成道图

---

[1] 郭俊叶博士根据第85窟内的榜题"破魔军已垂得菩提而请佛"，认为此画面出自法华经的化城喻品，所依据的经文为："大通智胜佛寿五百四十万亿那由他劫。其佛本坐道场，破魔军已，垂得阿耨多罗三藐三菩提，而诸佛法不现在前。"（《大正藏》第9册，第22页）。参见郭俊叶《敦煌莫高窟第454窟研究》，甘肃教育出版社，2016年，第256页。另外，在第98窟法华经变降魔图中，我们在画面旁发现了"十劫坐道场大通智胜佛"的榜题，说明此看法是正确的，需要指出的是，这个画面中，主尊佛两手于胸前掌心相对而结说法印或施无畏印，既非降魔印，又非禅定印。

图11 莫高窟宋初第55窟窟顶南披法华经变中降魔成道图画面

精舍既成，招募工人，欲图如来初成佛像。旷以岁月，无人应召。久之，有婆罗门来告众曰："我善图写如来妙相。"众曰："今将造像，夫何所须？"曰："香泥耳。宜置精舍之中，并一灯照我，入已，坚闭其户，六月后乃可开门。"时诸僧众皆如其命，尚余四日，未满六月，众咸骇异，开以观之。见精舍内佛像俨然，结跏趺坐，右足居上，左手敛，右手垂，东面而坐，肃然如在。座高四尺二寸，广丈二尺五寸，像高丈一尺五寸，两膝相去八尺八寸，两肩六尺二寸。相好具足，慈颜若真，唯右乳上图莹未周。既不见人，方验神鉴。众咸悲叹，殷勤请知。有一沙门宿心淳质，乃感梦见往婆罗门而告曰："我是慈氏菩萨，恐工人之思不测圣容，故我躬来图写佛像。"垂右手者，昔如来之将证佛果，天魔来娆，地神告至，其一先出，助佛降魔。如来告曰："汝勿忧怖，吾以忍力降彼必矣！"魔王曰："谁为明证？"如来乃垂手指地言："此有证。"是时第二地神踊出作证。故今像手做昔下垂。众知灵鉴，莫不悲感。于是乳上未周，填厕众宝，珠缨宝冠，奇珍交饰。设赏迦王伐菩提树已，欲毁此像，既觌慈颜，心不安忍，回驾将返，命宰臣曰："宜除此佛像，置大自在天形。"宰臣受旨，惧而叹曰："毁佛像则历劫招殃，违王命乃丧身灭族。进退若此，何所宜行！"乃召信心以为役使，遂于像前横垒砖壁，心惭冥闇，又置明灯。砖壁之前画自在天。功成报命，王闻心惧，举身生疮，肌肤攫裂，居未久之，便丧没矣。宰臣驰返，毁除障壁。时经多日，灯犹不灭。像今尚在，神工不亏。既处奥室，灯炬相继，欲觌慈颜，莫由审察，必于晨朝，持大明镜，引光内照，乃觌灵相。夫有见者，自增悲感。[1]

唐代道宣《释迦方志》卷下云：

东南接为重阁三层，檐宇特异，并金银饰镂。三重门龛中，左观自在，右慈氏像，并铸银成，高一丈许，无忧王造也。精舍初小，后因广之，内置成道像。有婆罗门应募造之，惟须香泥及一灯内精舍中，六月闭户，作之乃成。尚余四日，僧咸怪之，因开观览，见像俨然东面加坐，右足加上，左手敛，右手垂。不见作者。坐高四尺二寸，广一丈二尺五寸。像高一丈一尺五寸，两膝相去八尺八寸，两肩六尺二寸，相好具足。惟右乳上图饰未周，更填众宝。遥看其相，终似不满。有僧梦匠者云："我是慈氏，恐工拙思，故自写之。"言垂手者像，佛语魔指地为证。近被月王伐树，令臣毁像。王自东返。臣本信心，乃于像前横施砖障。心愧暗故，置灯于内，外画自在天

---

[1] （唐）玄奘、辩机撰，季羡林等校注：《大唐西域记校注》，中华书局，2000年，第674—676页。

图12　法国吉美博物馆藏五代敦煌绢画降魔变（MG. 17655）

图13　莫高窟五代第61窟北壁下部降魔成道图

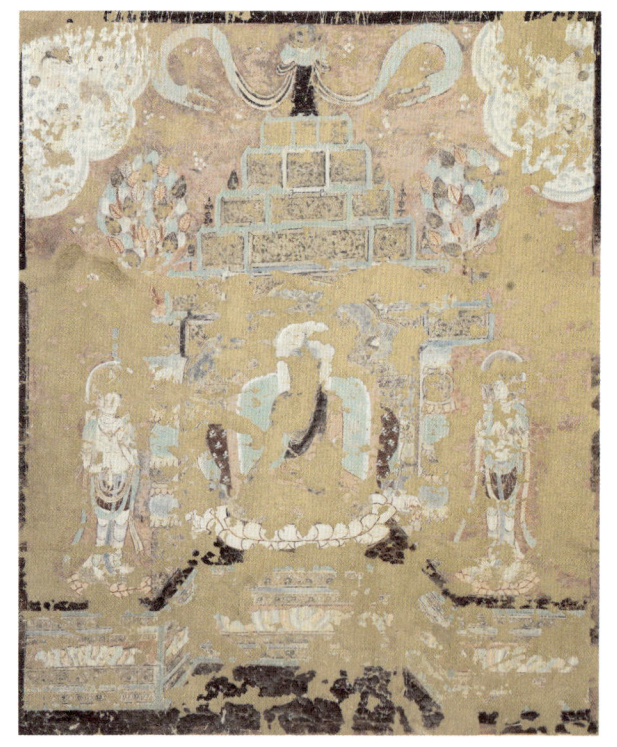

图14　东千佛洞西夏第5窟北壁八塔变相中的降魔成道塔

像。功成报命，月王闻惧，举身生疮，肌肤皆裂，寻即丧没。大臣驰返，即除壁障。往还多日，灯犹不灭。今在深室，晨持镜照，乃睹其相，见者悲恋，敬仰忘返。[1]

唐代道世《法苑珠林》卷29"感通篇"亦载：

依《王玄策行传》云：西国瑞像无穷。且录摩诃菩提树像云：昔师子国王名尸迷佉拔摩（唐云功德云）梵王，遣二比丘来诣此寺。大者名摩诃誦（此云大名），小者优波（此云授记）。其二比丘礼菩提树金刚座讫，此寺不安置，其二比丘乃还其本国。王问比丘："往彼礼拜圣所来，灵瑞云何？"比丘报云："阎浮大地，无安身处。"王闻此语，遂多与珠宝，使送与此国王三谟陀罗崛多。因此以来，即是师子国比丘。又金刚座上尊像，元造之时，有一外客来告大众云："我闻募好工匠造像，我巧能作此像。"大众语云："所须何物？"其人云："唯须香及水及料灯油支料。"既足，语寺僧云："吾须闭门营造，限至六月，慎莫开门，亦不劳饮食。"其人一入，即不重出。唯少四日，不满六月。大众评章不和，各云："此塔中狭窄，复是漏身，因何累月不开见出？"疑其所为，遂开塔门。乃不见匠人，其像已成，唯右乳上，有少许未竟。后有空神，惊诫大众云："我是弥勒菩萨。"像身东西坐，身高一丈一尺五寸，肩阔六尺二寸，两膝相去八尺八寸。金刚座高四尺三寸，阔一丈二尺五寸。其塔本阿育王造，石钩栏塔。后有婆罗门兄弟二人，兄名王主，弟名梵主。兄造其塔高百肘，帝造其寺。其像自弥勒造成已来，一切道俗规模图写，圣变难定，未有写得。王使至彼，

---

[1] （唐）道宣撰，范祥雍点校：《释迦方志》，中华书局，2000年，第66—67页。

请诸僧众及此诸使人至诚殷请,累日行道忏悔,兼申来意,方得图画,仿佛周尽。直为此像出其经本,向有十卷,将传此地。其匠宋法智等巧穷圣容,图写圣颜。来到京都,道俗竞摸。

《奘师传》云:像右乳上图饰未周,更填众宝。遥看其相,终似不满。像坐跏趺,右足跏上,左手敛,右手垂。所以垂手者,像佛初成道时,佛语魔王,指地为证。近被月王伐树,令臣毁像。王自东返。臣本信心,乃于像前横施砖障,心愧暗故,置灯于内,外画自在天像。功成报命。月王闻惧,举身生疮,肌肤皆裂,寻即丧没。大臣驰报,即除壁障。往还多日,灯犹不灭。今在深室,晨持镜照,乃睹其相。见者悲恋,敬仰忘返。[1]

唐代称这种造像为"摩诃菩提树像"或"金刚座上尊像",简称"菩提瑞像"(广元千佛崖《大唐利州刺史毕公柏堂寺菩提瑞像颂并序》)。相传此像由弥勒菩萨所造,形象为"佛像俨然""金刚座上""结跏趺坐,右足居上,左手敛,右手垂,东面而坐""座高四尺二(或作'三')寸,广丈二尺五寸,像高丈一尺五寸,两膝相去八尺八寸,两肩六尺二寸""相好具足,慈颜若真""(右)乳上(图莹)未周,填厕众宝,珠缨宝冠,奇珍交饰"。右手下垂(即作降魔印)的原因是表现"初成道时,佛语魔王,指地为证"的情景,故又称"成道像"。

英国人斯坦因从藏经洞所获的盛唐后期绢画Ch.xxii.0023上,有一身坐佛瑞像,结跏趺坐于金刚方座之上,右足在上,左足居下;有圆形焰缘头光与身光;顶戴高宝冠,着袒右袈裟,有项饰,饰臂钏,左手平置于腹前,掌心朝上,右手下垂至膝前,

图15 盛唐敦煌绢画Ch.xxii.0023摩揭陀国菩提瑞像图

掌心朝内,作降魔印(图15)。类似形象的瑞像还见于莫高窟中唐第231与237窟主室龛内顶部东披(图16、图17)。我们认为这三幅敦煌瑞像图表现的就是菩提瑞像。

在敦煌瑞像图中,还有一种瑞像与降魔成道像也有一定关系,这就是摩伽陀国放光瑞像。斯坦因从藏经洞所获的盛唐后期绢画Ch.xxii.0023上,有一身坐佛瑞像,结跏趺坐于石台之上,左足在上,右足居下;有桃形焰缘头光与圆形身光;顶戴宝冠,

---

[1] (唐)道世撰,周叔迦、苏晋仁校注:《〈法苑珠林〉校注》第2册,中华书局,2003年,第906—908页。

图16 莫高窟中唐第231窟摩揭陀国菩提瑞像图　图17 莫高窟中唐第237窟摩揭陀国菩提瑞像图　图18 盛唐敦煌绢画Ch.xxii.0023摩伽陀国放光瑞像图

冠内为一恶相男面，丑恶忿怒，张牙吐舌，男面下方左右侧似各有一只张口的摩羯鱼；着袒右袈裟，颈围壁形项饰，饰手镯；左手平置于腹前，掌心朝上，右手下垂至膝前，掌心朝内，作降魔印；座前左右各有一个男面半身小菩萨，肩部以上露出地面，戴项饰；榜题："中天竺摩伽陀国放光瑞像。图赞曰：此图形令仪颜首，络以明珠，饰以美璧，方座棱层，圆光□瞻仰尊颜功德。"（图18）

莫高窟中唐第237窟主室龛内东披北起第12格内，亦绘一佛，结跏趺坐于石台上，右足在上，左足居下；有圆形头光与身光；顶戴宝冠，冠上置一菩萨面；着袒右袈裟，有项饰，饰臂钏与手镯；左手平置于腹前，掌心朝上，右手下垂至膝前，掌心朝内，作降魔印；座前左右各有一个半身小菩萨，肩部以上露出地面，戴三珠宝冠及项圈；榜题："中天竺摩伽陀国放光瑞像"（图19）。

莫高窟中唐第231窟主室龛内东披北起第12格内，亦绘一结跏趺坐佛于石台上，右足在上，左足居下；有圆形头光；顶戴三珠宝冠；着偏衫式袈裟，饰耳环、项圈、臂钏及手镯；双手于胸前作说法印；座前并列两身小菩萨，肩部以上露出地面，戴三珠宝冠，饰耳环与项圈；榜题："中天竺摩加陀国""放光瑞像"（图20）。

莫高窟曹氏归义军时期第98窟甬道北披西起第7格内，亦绘一佛，结跏趺坐佛于石台上，右足在上，左足居下；有圆形头光与身光；顶戴宝冠，冠上置一菩萨面；着袒右袈裟，饰耳环、项圈、臂钏及手镯；左手于胸前托莲苞，右手下垂作降魔印，

图19 莫高窟中唐第237窟摩伽陀国放光瑞像图 　图20 莫高窟中唐第231窟摩伽陀国放光瑞像图 　图21 莫高窟宋初第454窟摩伽陀国放光瑞像图

榜题文字漫漶。

第454窟甬道北披西起第8格内，绘一佛结跏趺坐佛于莲花座之上，右足在上，左足居下，莲座下为一石台；有华盖，圆形头光与身光；顶戴宝冠，冠上置一菩萨面；着偏衫式袈裟，饰耳环、项圈及手镯；左手于胸前结印，右手下垂作降魔印，榜题："中印度境佛……/珠□盗□……□□□□……"（图21）

类似形象的瑞像还见于莫高窟第108窟甬道北披西起第8格，第126窟甬道北披西起第8格，榆林窟第33窟南壁。在第108、126窟内瑞像下垂的右手掌心朝外。这些瑞像都具有如下特征：均为佛像，结跏趺坐于石台之上；头顶多有男面或菩萨面；着袒右或偏衫式袈裟；有项饰、臂钏、手镯等饰物；右手早期多平置腹前，晚期则多于胸前结印或托莲苞；右手一般下垂作降魔印；早期座前有两个半身小菩萨，晚期则没有。根据绢画Ch.xxii.0023与第231、237窟榜题，我们将此种瑞像定名为摩伽陀国放光瑞像。我们注意到摩伽陀国放光瑞像均结跏趺坐于石上，右手悉下垂，作降魔印，所以它可能也是一种表现成道的瑞像，画面中出现的两个半身菩萨应该是"从地涌出"的地神。

盛唐时有一部分佛传故事画中的降魔成道图像可能受到了菩提瑞像造像形式的影响，其主尊佛像造像衍变成了装饰佛的形式。莫高窟盛唐第208窟主室北壁绘弥勒经变一铺，在这铺经变画的西侧上部绘有弥勒菩萨下生降魔成道的画面：一佛结跏趺坐于金刚方座之上，着袒右袈裟，戴项圈、臂钏与手镯，左手置于腹前，右手下垂作降魔印，周围有

莫高窟第220窟甬道南壁宝冠佛像浅析 | 251

图22 莫高窟盛唐第208窟北壁弥勒经变中降魔成道图

魔兵侵扰的（图22）。将降魔成道的主尊绘成装饰佛的形式，固然有主尊身份为弥勒而弥勒长期作菩萨的因素，但是我们认为这种画法很可能还受到了唐代前期非常流行的以菩提瑞像为代表的降魔成道式装饰佛造像的影响。

通过上文的梳理，我们可以得到如下结论：

一，在莫高窟北朝洞窟中绘制的单幅降魔变中，主尊佛像均为右手作降魔印，也不戴冠帽或装饰物。

二，在敦煌石窟西夏时期的佛传故事画及八塔变相的降魔成道图像中，主尊佛像一般也为右手作降魔印，也不戴冠帽或装饰物。

三，从初唐与盛唐时期开始，降魔成道式装饰佛形象的菩提瑞像等瑞像在中国广泛流传，有时反过来影响佛传造像中的降魔成道像的形象。

四，从中唐开始，有一部分降魔成道图像发生一些变化。一个变化是，其主尊佛像不再绝对遵循右手作降魔印的定式，而是有时采用了双手结禅定印的新形式。这种作禅定印的降魔成道图像，从中唐开始，经晚唐、五代，延续到宋初，一直在敦煌有流传。另一个变化是，有时主尊佛像在头顶戴有冠帽，但是没有发现项圈或钏镯等装饰物，这种变化是否是受到了降魔成道式装饰佛瑞像造像的影响，我们不得而知，但是这样的形式首先出现在吐蕃统治敦煌的中唐时期，这些降魔成道图像中主尊所戴的冠帽有的为藏式毡帽形，有的为莲花形，尤其是莲花形冠帽与这个时期开始流行的毗沙门天王造像头顶的莲花形冠帽较为相似，因此无论是藏式毡帽形还是莲花形，都应该是借鉴了当时流行的冠帽形式。

结论

莫高窟第220窟甬道南壁的宝冠佛像，不论是其头戴莲花形宝冠的形式，还是双手作禅定印的形式，都与流行于这个时期的一种降魔成道图像基本相符合。上文中我们通过甬道南壁各组说法图之间的布局关系，推测宝冠佛可能是释迦牟尼佛。结合上述图像学的比较研究，我们可以进一步认为宝冠佛像表现的可能是释迦牟尼成道像，而该宝冠佛像作为主尊的这一铺说法图应该就是释迦牟尼成道说法图，只不过这个成道图像，没有表现魔众侵扰佛陀的降魔内容，采用的是简易说法图常用的一佛二菩萨的形式。由于佛右侧的一身胁侍菩萨手持净瓶，也可以推测其为观世音菩萨，说明在这铺释迦牟尼成道说法图中，观世音菩萨是作为主尊的胁侍菩萨出现的。

窟主与敦煌石窟的开凿与重修

——以阴氏家族为中心*

张景峰

(兰州大学历史文化学院)

敦煌莫高窟从前秦建元二年第一个洞窟的开凿[1]，到元代开窟结束，历时千年之久，在这千年的营造史中，敦煌大族起主要作用。石窟中不仅包含着艺术、宗教、社会、风俗等文化信息，也成为反映家族兴衰、地方政权消长甚至是国家政权更迭的晴雨表。石窟中还保存了丰富的供养人画像和题记，这些供养人是活跃在敦煌历史上各民族成员的代表，有汉人、鲜卑人、吐蕃人、回鹘人、西夏人、蒙古人，还有中亚的粟特人等。当然，还有许多供养人也参与了历代石窟的营建，由于各种原因，石窟中没有保存下来他们的记录。保存下来的这些供养人中许多来自敦煌大族，他们有的源自老牌汉族大姓，有的则出自新崛起的家族，也有依靠少数民族政权而跻身大族行列的少数民族。他们是莫高窟各个时期洞窟的窟主，成为敦煌石窟营建者的主体之一，更为重要的是敦煌石窟中的许多洞窟，特别是一些大窟都是大族修建的家窟。

一 "家窟"概说

"家窟"这一概念最早出现于何时，由于文献记录的缺失无从知晓，但是，敦煌石窟中最早由一家祖孙三代为施主修建的洞窟则在隋代出现。莫高窟第62窟为隋窟[2]，形制为人字披顶西壁开龛式，西壁龛外北侧存千佛、供养比丘及供养人等；北壁上方画千佛，中间画说法图，下方画供养人共15身。根据隋代洞窟的分期可知，此窟属于第三期，时代应在隋大业九年以后至唐初武德年间。[3]

第62窟西壁北端供养人画像，第一身穿袈裟，持香炉，题记为"比丘普济供养"；后画老人，身着大袖裙襦，双手捧香炉，身后有侍者，题记为"亡祖成天赐供养"。北壁的供养人画像，第一身老人，头戴幞头，身穿大袖衫，绛袍乌靴，袖手持一长柄香炉，题记为"亡父成僧奴供养"，身后一侍从，手中持一把伞；第二身男像，戴幞头，穿靴袍，袖手

---

* 基金项目：国家社科基金重大项目（16ZDA116）阶段性成果。
1 据武周圣历元年（698）《李君修莫高窟佛龛碑》载："莫高窟者，厥初秦建元二年，有沙门乐僔，戒行清虚，执心恬静，尝杖锡林，行至此山，忽见金光，状有千佛，遂架空凿险，造窟一龛。"又据莫高窟第156窟前室北壁及敦煌文书《莫高窟记》载："又在州东南廿五里三危山上，秦建元之世，有沙门乐僔杖锡西游至此，巡礼其山，见金光如千佛之状，遂架空凿岩，大造龛像。"
2 五代开凿第61窟时将该窟东壁、南壁及窟顶破坏。
3 樊锦诗、关友惠、刘玉权：《莫高窟隋代石窟的分期》，敦煌研究院编：《敦煌研究文集·敦煌石窟考古篇》，甘肃民族出版社，2000年，第127—136页。

图1 莫高窟第62窟北壁下部供养人

持莲,题记为"亡兄……",身后一侍从,双手持物;第三身男像,戴幞头,穿靴袍,袖手持莲,题记"亡兄□□□供养";其后还有,"信士成陀罗供养",男像,戴幞头,穿靴袍,袖手持莲,此人是窟主;"弟文达供养",男像,戴幞头,穿靴袍,袖手持莲;"亡母赵桃根供养",女像,穿窄袖衫长裙,高头履,披帛,袖手持莲;"妻索玉思供养",女像,穿窄袖衫长裙,高头履,披帛,袖手持莲;"女阿文供养",女像,窄袖衫长裙,高头履,披帛,袖手持莲等供养像(图1)。

莫高窟第62窟画出了成陀罗一家三代供养人的画像,虽然没有明确的"家窟"字样,却是以一家之力开窟的实例。如果此窟属于家窟,那么敦煌家庙窟最迟应该在隋代就已经出现了。

"家窟"之名最早出现则是在初唐时期。解放前,罗寄梅在剥落第220窟表层宋代壁画时,露出了底层初唐壁画。该窟西壁龛下有初唐"翟家窟"[1]三字的榜题,这则题记至今保存在此窟龛下,这应该是最早将莫高窟的有些洞窟直接定性为家窟的开始(图2)。第220窟开凿于贞观十六年(642)前后,可以认为,至少在唐贞观十六年时敦煌石窟中就已经有了"家窟"这一提法。可见,敦煌石窟真正意义上"家窟"的出现与发展开始于唐代。唐以前由敦煌一个或几个家族修建或参与修建的洞窟较多,且还出现了像第62窟这样一家三代为施主修建的洞窟。由于没有"家窟"这一确切的提法,因此,我们不把唐以前敦煌大族在莫高窟修建或参与修建的洞窟称为家窟。

敦煌莫高窟现存保存有塑像和壁画的洞窟有492个,几乎所有洞窟都经过了后代的重修。无论是新建洞窟还是对已开洞窟的重修,都或多或少地带有家窟营建的痕迹。归纳起来,敦煌大族在石窟中的营建活动主要体现在以下几个方面:

(1)开凿新窟;

(2)参与开凿新窟;

(3)重修前代家窟;

---

[1] 敦煌研究院编:《敦煌莫高窟供养人题记》,文物出版社,1986年,第103页。

图2　莫高窟第220窟西壁龛下发愿文墨书题记

（4）重修前代洞窟。

敦煌石窟中最能体现窟主身份特征的内容是供养人画像及题记，而能够体现窟主意愿和目的的则是洞窟中的塑像及壁画。本文选取敦煌石窟营建中极具代表性的阴氏家族营建的洞窟为考察对象，对敦煌的世家大族特别是阴氏家族在石窟营建方面的作用进行探讨。

敦煌阴氏在莫高窟的营建活动较多，主要有以窟主身份开凿的第217、321、231、138等家窟，以主要供养人身份开凿的第96、285窟，重修第431窟，还有以曹氏归义军节度使僚属或姻亲的身份参与开凿的第98、108、61等窟。在这些洞窟营建过程中，阴氏家族所起的作用是不相同的。

二　敦煌阴氏开凿之家窟与重修

敦煌石窟中的阴家窟有第217、321、231、138窟，这些洞窟分别是初唐、盛唐、中唐、晚唐四个历史时期敦煌石窟艺术、宗教的代表，具有特殊的意义。

1. 第217窟

敦煌莫高窟第217窟位于洞窟南区南段第二层，其南是翟氏家族修建的第220窟，下方偏南是第100窟。此窟是一个殿堂窟，西壁开一平顶龛，龛内现存趺坐佛一尊（后代重修较多），龛顶画经变一铺[1]，龛外南侧大势至菩萨一身，北侧画观音菩萨一身；东、南、北三壁均画通壁经变一铺，其中北壁画观无量寿经变一铺，窟顶四披画千佛（图3）。

第217窟的研究成果较为丰富，不仅有对窟主及营建年代的探讨，而且在进行相关经变画专题研究时，此窟的经变画也一直是讨论的热点。笔者对第217窟东壁的经变画进行了详细的考释，认为此铺经变是敦煌石窟最早的观音经变。[2]我们还对第217窟主室南壁佛顶尊胜陀罗尼经变、北壁观无量寿

图3　莫高窟第217窟内景

---

[1] 《敦煌石窟内容总录》记为："龛顶画释迦说法图一铺。"现经考证为金刚经变。
[2] 张景峰：《敦煌石窟最早观音经变考》，《敦煌学辑刊》2015年第1期，第68—81页。

图4 莫高窟第217窟西壁龛下供养人画像

图5 莫高窟第217窟西壁龛外南台北壁女供养人及底层女画像

经变、东壁观音经变以及西壁龛顶金刚经变进行了考察与研究，认为这四铺经变画体现佛教三种灭罪的法门，具有浓厚的灭罪的思想与功能。[1]

第217窟主室西壁龛下现存供养人画像一排，以龛下为中心男女相对排列，中间用一个大的香炉隔开。男像行列从西壁龛下北侧开始，经龛外北"力士"台下南壁，到东壁结束；女像从西壁龛下南侧开始，经龛外南"力士"台下北壁，到东壁结束（图4）。在调查第217窟时，我们发现在目前判定为唐中宗神龙前后的供养人画像及题记下还存有一层壁画，即目前暴露于外面的供养人画像属于表层壁画，而其下方还存有一层底层壁画。经过考察，这些下层壁画仍属于供养人画像，其中龛外南"力士"台北壁下方露出的面积最大，显现的供养人为女像，上身被覆盖，下身为黄色曳地长裙，裙摆和飘带清晰可见（图5）。通过对第217窟主室西壁龛下的这两层供养人画像及题记的研究，笔者认为第217窟不是传统意义上的盛唐洞窟，而是开凿于武周时期的洞窟，由初唐时期的敦煌大族阴稠家族开凿。[2]

研究表明，第217窟在武周时期由敦煌阴氏家族开凿，武则天退位之后，阴氏家族又对此窟进行了重修，不仅重绘了西壁龛下的表层供养人画像并书写了题记，还至少应绘制了西壁龛外北侧的这身左手提净瓶，右手拿莲花，头戴化佛宝冠的观音菩

---

[1] 张景峰：《灭罪的殿堂——敦煌莫高窟第217窟研究》，敦煌研究院编：《敦煌研究院建院70周年论文集》，2014年，第144—155页。
[2] 张景峰：《敦煌莫高窟第217窟主室供养人画像调查新发现》，《敦煌研究》2016年第2期，第32—39页。

图6　莫高窟第217窟西壁龛外观音与大势至菩萨像

萨画像（图6）。

晚唐时期，敦煌刘氏家族就对第217窟的甬道进行了重修，此窟甬道南北两壁晚唐各画供养人两身，北壁第一身题名为：

男□□□□度押□银青光……察
兼御史中丞刘……

第二身：

男节度……兵马使银青光禄大夫检校太子
宾客兼试殿中监刘怀德再缋□□□□

南壁第一身：

亡祖父前节度押衙银青光禄大夫检校国子
祭酒□察□□刘□朝一心供养[1]

五代时，第217窟又进行了一次重修，在东壁门北画高僧供养人一身，门南画世俗男供养人画像一身。门北画像内穿交领僧祇支，外罩田相袈裟，双手持一长柄香炉，作供养状（图7）。题名为：

□□□释门都都僧政京城内外临坛
供奉大德毗尼藏主阐扬三家大法师
敕紫沙门洪忍一心供养。

东壁门南门框上的男供养人像头戴圆角幞头，面部有胡须，双手合十，衣服为红色，衣服下摆开叉，为晚唐五代典型的世俗人的装扮（图8）。这样的例子很多。

综上，第217窟在武周时期由敦煌阴氏家族开凿，洞窟中绘制了金刚经变、佛顶尊胜陀罗尼经变、观无量寿经变及观音经变等全新的经变画，武则天退位之后，阴氏家族又重绘了洞窟中西壁龛下的供养人画像。到了晚唐时期，第217窟遭到阴氏遗弃，被敦煌刘氏家族重新利用，绘制了刘氏家族的供养人画像。五代时期，高僧洪忍等又在东壁门南、北绘制了他们的供养人画像。

2. 第321窟

莫高窟第321窟位于洞窟崖面南区北段第一层，与第323、332、335等窟均在一个层面上。此窟是一

---

[1] 敦煌研究院编：《敦煌莫高窟供养人题记》，第99页。

图7　莫高窟第217窟东壁门北洪恐供养像（左）

图8　莫高窟第217窟东壁门南五代男供养人像（左）

中型殿堂窟，前室残毁，残存有西壁门南北两侧的初唐壁画。主室顶为覆斗形顶，西壁开一平顶敞口龛，龛内现存经过清代重修的唐塑趺坐佛一身，力士两身；清代重塑弟子、菩萨像各两身，龛外南北台上存清塑天兽各一身；南北两壁绘通壁壁画；东壁主要画说法图，其中门北画十一面观音变一铺（图9）。

第321窟南壁的经变画经王惠民考释为十轮经变[1]，2010年王惠民在《敦煌莫高窟若干经变画辨识》一文中，对此窟南壁东下角的一方尚存有文字的榜题进行了释读，确认其为《十轮经》第四轮，为此经变为十轮经变提供了确切的文字依据。[2]

第321窟南壁十轮经变，中央绘佛说法以及宝雨供养、渴仰菩萨、三天女请问等画面，属于《序品》内容；右侧画面主要表现地藏化现及以沙门像救难的场面，仍属《序品》，其中部分画面表现象王本生，属于《刹利旃陀罗现智相品第六》的内容；经变左侧上方内容仍然属《序品》，画面中不仅绘出了毁坏佛像、僧人破戒、杀生、斗殴及淫秽等十业恶轮所表现的末法景象，也画出了敬佛、斋僧、抄经、诵经等宣扬和保护佛教的内容。经变左侧和说法图下方画面主要表现《发问本业断结品第三》及《灌顶喻品第四》的内容（图10）。由于经变下方残损较严重，给画面释读工作带来困难，目前我们只识别出十轮中的灌顶大王第二、第四轮及疑似第五轮的内容。

北壁的通壁经变为无量寿经变，上方中间说法图被置于水上平台上，阿弥陀佛及观世音、大势至坐其上。佛趺坐莲台上，双手作转法轮印；观音、大势至二上首菩萨分别坐于左右两侧，周围是听法部众。上方表现极乐净土的"功德庄严"，碧蓝的天

1　王惠民：《敦煌321窟、74窟十轮经变考释》，《艺术史研究》第6辑，2004年，第309—336页。
2　王惠民：《敦煌莫高窟若干经变画辨识》，《敦煌研究》2010年第2期，第1—5页。

图9　莫高窟第321窟全景

空中绘出了10身飞天、35件拴着飘带的乐器，用来表现西方净土乐器不鼓自鸣、飞天飘洒香花。下方画面表现许多持幡的世俗之人（图11）。我们对第321窟主室的经变画进行了详细的考察，认为此窟体现了十轮地藏系与净土宗两种末法思想的阐释与对抗，这种对抗以净土宗的胜利而告终。[1]

第321窟，《总录》定为初唐时期。[2] 樊锦诗、刘玉权在莫高窟唐代前期洞窟的分期中将其确定在高宗至武则天时期。[3] 马德认为此窟为初唐时期的阴家窟。[4] 张清涛对武周时期敦煌阴氏与莫高窟阴家窟进行了简要论述，认为第321窟为阴家窟，并推测此窟为阴守忠升迁后所建。[5] 1983年，史苇湘先生将第321窟南壁考订为宝雨经变的基础上，确定此窟的营建年代在武周证圣（695）到圣历（699）间。[6] 2004年，王惠民对该窟南壁经变画重新进行考释，确定为十轮经变，认为其与三阶教有关，并将该窟的营

1　张景峰：《佛教两种末法观的对抗与阐释——敦煌莫高窟第321窟研究》，《敦煌学辑刊》2014年第3期，第60—73页。
2　敦煌研究院编：《敦煌石窟内容总录》，文物出版社，1996年，第131—132页。
3　樊锦诗、刘玉权：《敦煌莫高窟唐代前期洞窟分期》，敦煌研究院编：《敦煌研究文集·敦煌石窟考古篇》，第150—159页。
4　马德：《敦煌阴氏与莫高窟阴家窟》，《敦煌学辑刊》1997年第1期，第90—95页。
5　张清涛：《武则天时代的敦煌阴氏与莫高窟阴家窟浅议》，敦煌研究院编：《2004年石窟研究国际学术会议论文集》（上），上海古籍出版社，2006年，第425—430页。
6　史苇湘：《敦煌莫高窟的〈宝雨经变〉》，敦煌文物研究所编：《1983年全国敦煌学术讨论会文集·石窟艺术编》（上），甘肃人民出版社，1985年，第61—83页。

图10　莫高窟第321窟南壁十轮经变

建年代推定在705—720年间。[1]

由于在开窟时没有留下供养人画像及题记等任何有关窟主的直接信息，使得第321窟的窟主（功德主）一直不明。王惠民推测，第321窟可能为李庭光的功德窟。[2] 笔者对第321窟主室西壁龛外两侧"力士台"上的动物塑像及现藏于俄罗斯的莫高窟第321窟的两尊动物塑像进行了详细的考察，认为这两尊动物塑像是原塑，位置原应在第321窟龛外"力士台"上，应定名为祥瑞白狼，其进入莫高窟的洞窟中与敦煌阴氏家族的阴守忠有关。[3] 我们根据十轮经变入绘敦煌的时间及敦煌文书P.2625《敦煌名族志》中的"阴守忠""阴修己""河西节度使"及"节度使差专知本州军兵马"等相关信息，分析认为莫高窟第321窟是盛唐时期的阴家窟，由阴守忠、阴修己父子开凿，开窟时间当在阴修己任"节度使差专知本州军兵马"之职时，即开元九年十月至十一年（721—723）四月间王君㚇代河西节度使时。[4]

之后，莫高窟第321窟又经五代时期重修。不仅重修了甬道，绘制了甬道顶及南、北两壁的文殊变和普贤变[5]，且在洞窟主室北壁下方绘男供养人画

1　王惠民：《敦煌321窟、74窟十轮经变考释》，《艺术史研究》第6辑，2004年，第309—336页。
2　王惠民：《敦煌佛教与石窟营建》，甘肃教育出版社，2013年，第285页。
3　张景峰：《莫高窟祥瑞塑像白狼考察》，《敦煌研究》2013年第5期，第31—39页。
4　张景峰：《敦煌阴氏与莫高窟研究》，甘肃教育出版社，2016年，第331—343页。
5　敦煌研究院编：《敦煌石窟内容总录》，文物出版社，1996年，第131页。

图11 莫高窟第321窟北壁无量寿经变

像一排，共24身，东壁下方绘男供养人画像22身，东壁门北存有"弟子阴……""弟子囗（阴）……"，北壁存"阴囗子……"[1]等题记。说明五代时期，敦煌阴氏家族成员又对此前代家窟进行了重修。

3. 第231窟

吐蕃统治敦煌时期，敦煌家族阴绸支阴嗣瑗、阴伯伦系的阴嘉政兄弟等在莫高窟开凿家窟第231窟。此窟是佛教思想和世俗目的相结合的典范，不仅体现了吐蕃期法相宗唯识学的思想，而且是佛教报恩与"常念君王、父母恩，当报君王、父母恩"世俗报恩目的的集中体现。[2]此窟完成之后，敦煌阴嘉政的后人没有对其进行有效的管理，不久被废弃。到了宋代曹元忠时期，有可能是曹元忠夫妇又对此窟的甬道、前室进行了重修，不仅绘了一些经变画，而且在甬道两壁绘制了曹元忠夫妇供养人像。[3]

4. 第138窟

大中二年，张议潮率众起义，推翻了吐蕃统治，建立归义军政权。阴嗣鉴后人阴文通参与了从起义到收复凉州所有大的战争，并娶张议潮女为妻，成为节度使内亲。张承奉时期，阴氏家族成为节度使母族，参与了张承奉重新夺回政权的斗争，阴季丰被任命为凉州防御使，为了庆贺而开凿第138窟，之后，阴季丰子海晏和尚出任河西都僧统，又重修其家窟，并开凿其影窟第139窟作为纪念。[4]第138窟营造的社会目的明显，不仅体现了当时流行的禅宗思想，而且与报恩、忠君、护国等思想结合，共同展现了张承奉统治归义军时期的政治社会及宗教信仰状况。[5]五代时期，阴季丰孙阴善雄等又对莫高窟第138窟进行了重修，并在南壁前部下方重新绘制了敦煌阴氏家族的男性供养人画像10身。[6]

之后，第138窟又经宋、元、清几次重修[7]，甬道也被后代的壁画覆盖，清代对该窟中心佛坛上的塑像进行了重修，还补塑了几身塑像，并在前室修建了一座三开间的建筑，成为今天的"送子娘娘殿"（图12）。

三 敦煌阴氏家族参与开凿的新窟

敦煌阴氏在跟随敦煌当地统治者参与石窟营建方面表现积极，不仅如此，还作为主导者积极参与

---

1 敦煌研究院编：《敦煌莫高窟供养人题记》，文物出版社，1986年，第130页。
2 张景峰：《敦煌阴氏与莫高窟研究》，第359—461页。
3 敦煌研究院编：《敦煌石窟内容总录》，第91页。
4 张景峰：《莫高窟第138窟及其影窟的几个问题》，敦煌研究院编：《2004年石窟研究国际学术会议论文集》上，上海古籍出版社，2006年，第410—424页。
5 张景峰：《敦煌阴氏与莫高窟研究》，第463—577页。
6 张景峰、顾淑彦：《敦煌莫高窟第138窟供养人画像再认识》，《艺术百家》2009年第3期，第17—23页。
7 敦煌研究院编：《敦煌石窟内容总录》，第52—53页。

图12　莫高窟第138窟外景

图13　敦煌第285窟洞窟内景

洞窟的营建。这些洞窟有莫高窟第285、96、98、108、61等窟。

莫高窟第285窟位于洞窟南区中段第二层，是敦煌石窟极具艺术特点与文化信息的洞窟，也是北朝期唯一存有确切纪年的洞窟。此窟为一禅窟，主室平面为方形，窟顶为覆斗形，中央设有低矮的方坛，西壁开凿有圆券形龛三个，内均存有塑像；南、北两壁各开对称的四个小禅室（图13）。

莫高窟第285窟北壁中部通壁绘有七铺说法图[1]，每铺说法图下部均画有供养人画像一行，除西起第三铺均为女供养人外，其他六铺皆为左右对称的男女供养人行列（图14）。第一铺说法图的供养者由于发愿文和题记漫漶，我们无法知晓其具体身份，出自哪个家族。第二铺供养者为敦煌阴氏，施主是瞢化，供养人包括瞢化及其所在家族成员阴安归及妻史崇姬等。第三铺的施主是比丘惠遵，供养人有惠胜等。第四铺的施主是滑□安，供养人有滑□安及其妻丁爱等。第五铺的供养者由于发愿文和题记均已漫漶，我们无从知晓。第六铺仅存比丘昙珠和僧一的提名。第七铺施主是滑黑奴，供养人包括滑黑奴其妻何□，孙昔海等。可见，第285窟北壁的这七铺说法图是由不同的家族作为施主和供养人绘制而成。

西魏大统四年至五年间，阴氏家族加入当时流行的佛教组织"义邑"，参与了莫高窟第285窟的营建，成为实际的供养人家族之一。阴氏家族的供养人画像被排在紧随统治者之后的位置，而家族成员比丘瞢化在营建过程中担任"邑师"的职务。[2]

武周延载二年（证圣元年），禅师灵隐和阴祖与其他家族为了奉迎武则天称帝，开凿弥勒大像（第96窟），此像后来成为敦煌石窟的标志。[3]

曹氏归义军时期，敦煌阴氏还参与营建了第98、108、61等窟。

第98窟是曹氏归义军首任节度使曹议金的功德窟，开凿完成于同光前后。此窟主室下方绘制男女

---

[1] 第285窟北壁说法图，贺世哲先生认为是八佛，因此确定为八铺说法图，参见贺世哲《莫高窟第285窟北壁八佛考释》一文；2003年贺先生重新进行了解读，仍然确定为八佛，但是将说法图确定为七铺。从说法图及供养人的布局来看，七铺为是。
[2] 张景峰：《敦煌阴氏家族与莫高窟第285窟的营建》，张景峰：《敦煌石窟考古与艺术研究文集》，民族出版社，2016年，第261—296页。
[3] 张景峰：《敦煌阴氏与莫高窟研究》，第85—100页。

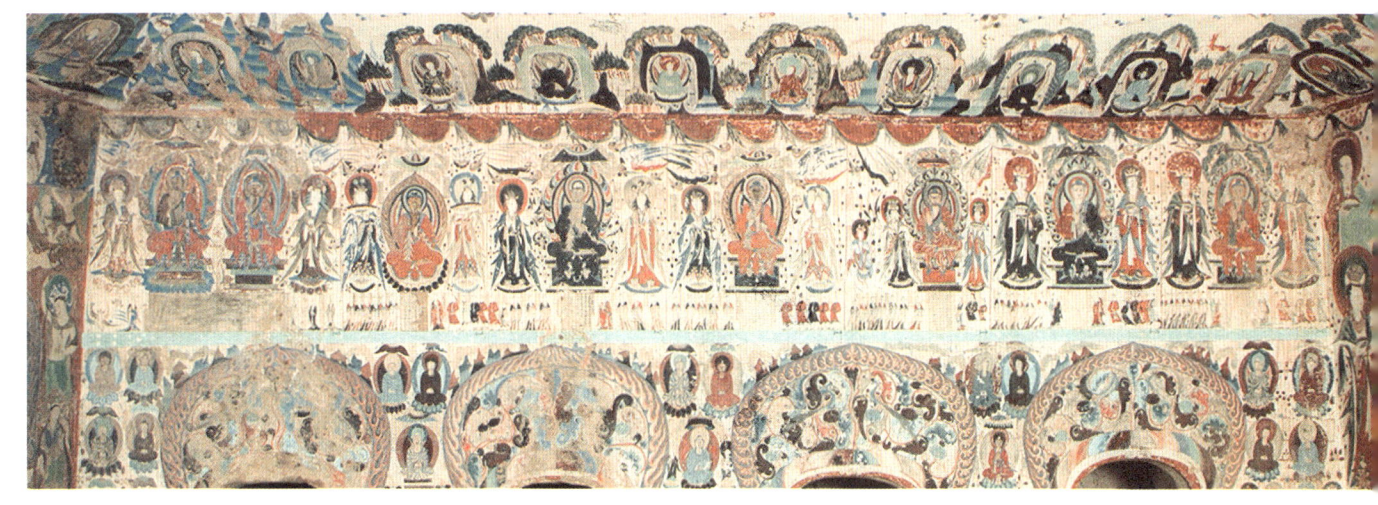

图14 莫高窟第285窟北壁说法图及供养人画像

供养人画像多身，包括曹氏家族成员、曹氏的姻亲、幕僚以及佛教界等。

北壁东列第一身：

节度押□银青光禄大夫检校国子祭酒兼御史□（中）丞上柱国阴又明一心供养。

第八身：

度押衙银青光禄大夫检校国子祭/酒兼御史中丞上柱国阴提□一心供养。[1]

西壁第七身：

节度押衙银青光禄大夫检校太/子宾客兼监……阴进□供养。

第十身：

节度押衙知内宅官银青光禄大夫检校/太子宾客兼监察御史阳（阴）□果一心供养。

第十九身：

节度押衙知四界道水渠银青光/禄大夫检校太子宾客监察史阴弘政供养。[2]

这些阴氏成员是作为曹氏归义军幕僚而入绘第98窟。

另第98窟东壁东向第三身：

故王母太夫人武威阴氏一心供养。[3]

这是作为曹议金的姻亲入绘洞窟。

第108窟是张淮庆的功德窟，开凿建成于曹元德掌权时期（936—940），此窟北壁第十一身供养人题记：

新妇小娘子阴氏供养。[4]

---

[1] 敦煌研究院编：《敦煌莫高窟供养人题记》，第34页。
[2] 敦煌研究院编：《敦煌莫高窟供养人题记》，第44—45页。
[3] 敦煌研究院编：《敦煌莫高窟供养人题记》，第38页。
[4] 敦煌研究院编：《敦煌莫高窟供养人题记》，第53页。

图15 莫高窟第431窟崖面位置图

这是嫁入张淮庆家族的阴氏成员。

第61窟是曹元忠夫妇的功德窟。此窟东壁门北第八身：

故伯母武威郡夫人阴氏一心供养。

南壁第十四身：

新妇小娘子阴氏一心供养。

北壁第十二身：

外甥小娘子阴氏一心供养。[1]

以上是嫁入曹氏的阴氏家族成员。

综上，北朝时期，敦煌阴氏家族参与了第285窟的开凿，成为实际的供养人家族之一，其供养人画像被排在紧随统治者之后的位置。武周延载二年（证圣元年），禅师灵隐和阴祖与其他家族为了奉迎武则天称帝，开凿弥勒大像（第96窟）。在这两窟的开凿过程中，阴氏家族所起的作用不同，在前者的开凿过程中，阴安归等人是作为重要的出资者，而在后者的开凿过程中，灵隐与阴祖则是起着主导者的作用。在曹氏归义军时期第98、108、61等窟的营建过程中，敦煌阴氏是作为曹氏节度使的幕僚及姻亲关系参与其中的。

四　敦煌阴氏重修的前代洞窟

敦煌阴氏在重修前代洞窟方面表现依然积极。不仅重修了第431窟，绘制了观无量寿经变、供养人等壁画，还在第129、208、225等窟的重修过程中，留下了供养人画像及题记。

第431窟位于莫高窟南区中段第三层，与北周建造的著名的第428窟相邻，窟前有宋代木构窟檐一座（图15），窟檐前梁存北宋太平兴国五年（980）题记。洞窟形制为中心塔柱式，原修时代为北魏。[2]此窟开凿于北魏孝昌元年（525）以前至西魏大统十一年（545），相当于东阳王元荣一家统治敦煌时期。[3]此窟四壁原画西魏时代的夜叉，初唐时洞窟地面下挖，沿窟一周的药叉被覆盖，现在西壁北端的药叉已露出来一身，初唐时期把新形成的空间重新画成壁画。笔者对第431窟初唐绘制的南、西、北三壁的观无量寿经变及供养人画像，东壁的四大天王像和中心塔柱四面的说法图进行了全面考察，认为此观无量寿经变体现了唐代净土大师善导的"凡夫论"思想，说法图、四大天王等也与往生西方净土有关，进而指出第431窟初唐的这次重修，建立了敦煌莫高窟最早的一个往生西方净土法事活动的道场。[4]

---

[1] 敦煌研究院编：《敦煌莫高窟供养人题记》，第22—25页。
[2] 敦煌研究院编：《敦煌石窟内容总录》，第176页。
[3] 樊锦诗、马世长、关友惠：《敦煌莫高窟北朝洞窟的分期》，敦煌文物研究所编：《敦煌研究文集》，甘肃人民出版社，1982年，第381页。
[4] 张景峰：《莫高窟第431窟初唐观无量寿经变与善导之法门在敦煌的流传》，《敦煌研究》2010年第4期，第34—43页。

图16 莫高窟第432窟前室顶贞观年间题记

第431窟保存的供养人题记均已漫漶，也没有保存下来任何有关重修年代的题记，因此，无法判定此窟唐代壁画绘制的时间。第431窟初唐壁画所涉及的仪轨体现了善导的净土思想，那么，从善导的活动时间也可大致对此窟初唐壁画绘制的时间做出推断。善导主要活动于太宗后期至高宗时期，他的净土思想主要形成于贞观十九年到长安后，既然此窟初唐壁画体现了善导净土的思想，那么绘制时间应当在贞观十九年后。

当然，单靠这些无法判断第431窟初唐壁画的具体年代，我们还要从洞窟本身及其相邻的洞窟寻找相关的信息。位于第431窟南侧的第432窟也留下了初唐重修的痕迹。第432窟原为北周时期开凿[1]，洞窟前室人字披西披土红色画的椽子间存唐代题记，存两行，用红色颜料书写，前后均残，至今还存于洞窟前室人字披西披上（图16）。

题记为：

……□（贞）观廿二年正月

……阴义本兄义□（全）[2]

此残缺不全的贞观二十二年（648）题记，应是重修第432窟前室时所留，贺世哲认为阴义全、阴义本兄弟可能重绘第431窟主室下部及第432窟前室，而阴义全、义本题记很可能是阴家兄弟重修第432窟前室窟檐时信笔写上的。[3] 他的推测是很有道理的。

首先，第432窟为北周开凿，现存壁画有三层，表层为西夏绘制，中间一层由于暴露较少，无法判断其年代，从前室顶保存的题记来看，应为初唐时期。相邻的第431窟为西魏开凿，初唐进行了重修，曹延禄时期再一次进行了重修。初唐在重修第431窟时，不仅将洞窟主室下挖，绘制壁画，并重修了前室，宋代又对甬道和前室的初唐壁画进行进一步修理，还修建了木构窟檐。如果对唐代这两窟前室进行复原的话，即去掉宋代建筑，会发现第431、432窟两前室是相连的。也就是说初唐对第431窟进行重修的同时，也重修了第432窟前室，并留下了贞观年间题记。可见，贞观二十二年题记也是重修第431窟时所留。

其次，从第431窟的这铺观经变来看，北壁绘未生怨，西壁绘十六观，而九品往生绘于南壁，属横卷式构图方式。这种构图方式在唐代经变画构图中未见，然而，此方式在莫高窟北朝故事画中多见。

---

1 第432窟，《莫高窟北朝洞窟分期》及《敦煌石窟内容总录》将其时代定为北周，而《敦煌莫高窟供养人题记》定为西魏。此从北周说。
2 根据调查释读，《题记》记录相同，见敦煌研究院编《敦煌莫高窟供养人题记》，第165页。
3 贺世哲：《从供养人题记看莫高窟部分洞窟的营建年代》，《敦煌莫高窟供养人题记》，第201页。

窟主与敦煌石窟的开凿与重修 | 265

这铺横卷式经变画既是北朝、隋故事画及个别经变画构图方式的延续[1]，也是唐代的通壁经变画构图方式的开端，起承上启下的作用。此经变又体现了唐代净土大师善导的净土思想。从这两方面来看，这铺观经变也是在善导到了长安，形成自己思想后不久传到敦煌的。因此，贞观二十二年题记的出现与初唐壁画绘制的时代背景相符合。

最后，上面题记中提到了阴义全、义本二人，除了莫高窟第432窟有题名外，其他均不见记载。从题记来看，阴义全、义本是活动于贞观二十二年前后敦煌当地的百姓，他们是重修第431、432窟的实际功德主。在莫高窟洞窟中能够留下姓名的除了窟主（功德主）外，最可能留下姓名的就是绘制或重修壁画的画匠。然而，第432窟这方残损题记，位于前室顶部的中央位置，只要进入洞窟中，抬头就能看见，因此是属于比较醒目的位置。可见，阴义全、阴义本二人可能是重修的实际功德主，当然，也有可能既是功德主也是画匠。可见，第431窟初唐壁画绘制时间当在贞观二十二年间，阴义全、义本等人为功德主。

阴义全、阴义本兄弟应属于敦煌阴氏家族成员，活动于初唐贞观二十二年前后。随着丝绸之路的重新畅通，长安地区兴盛的大乘佛教与艺术也传到敦煌，莫高窟随之掀起了一股修建石窟的浪潮，敦煌大族也积极参与到其中。莫高窟第220窟就是在贞观十六年（642）前后，由敦煌大族翟氏修建，由于有确切的洞窟纪年，成为莫高窟初唐洞窟的标尺性洞窟。而在其后的高宗到武则天时期，敦煌大族开凿的洞窟有延载二年（695）的第96窟、圣历元年（698）开凿的第332窟等，第332窟为李氏家族开凿，而第96窟是由阴氏会同其他家族开凿。第220窟主室佛龛下还存有"翟家窟"字样的发愿文，敦煌大族修建的家窟在这一时期兴起。

在敦煌大族修建洞窟的大环境下，贞观二十二年，阴义全、义本兄弟所在的阴氏家族也开始了营建洞窟的活动。也许因为此时阴氏家族在敦煌的势力还没有像翟氏家族那样显赫，不能以家族之力来重新修建一个洞窟，而只能重修前代"废弃"的洞窟，作为自己家族的功德窟。于是将第431窟主室地面下挖，并在四壁下部以及中心塔柱四面重绘壁画，在洞窟南、西、北三壁引进了以前在敦煌石窟不见的观经变，并与其他内容结合表现往生西方净土法事的道场。此次重修的内容都是善导倡导的净土法门流传到敦煌后的结果。在这些壁画的下方，还绘制了大量供养人，不仅有男女主人，而且有管家、仆人、马夫以及马童等，为我们展示了唐代贞观年间，当地百姓特别是地方大族率领家族众人礼佛或参与净土道场法会的壮观景象。这就是一部栩栩如生的世俗礼佛图，而这些成员可能就是阴义全、义本所在的阴氏家族成员。从引进佛教新思想以及佛教艺术新内容的行为来看，这比较符合阴氏家族对待佛教的态度。阴氏将全新的观经变引入家窟中，使善导倡导的"凡夫论"思想及往生净土法门在敦煌迅速流传，也体现了阴氏家族吸收敦煌地区佛教出现的新图像的敏感性。

曹氏归义军时期，敦煌阴氏还参与重修了第129、208、225等窟。

第129窟为盛唐窟，五代进行了重修，并绘制

---

[1] 第417窟人字披顶部金光明经变绘制了流水长者品和舍身品，属于横卷式构图。然此铺经变画还是以故事画形式与内容来表现，没有摆脱故事画的影子。

了供养人画像。北壁西向第十二身题名：

新妇阴氏一心供养。[1]

第208窟为盛唐窟，五代进行了重修，并绘制了供养人画像。西壁龛下南坛南壁第三身题名：

故父节度押衙银青光禄大夫太子宾客阴过三一心供养。[2]

第225窟为盛唐窟，五代重修时，绘制了供养人画像，题记为：

施主归义军节度押衙□□内□□银青光禄大夫检校国子祭酒……阴□□一心供养。[3]

在参与重修前代洞窟时，阴过三、阴□□是作为施主，而新妇阴氏作为施主姻亲。

另外，阴愿昌还作为施主绘制了绢画观音像。Mg17665《观音经变相图》供养人题记：

施主弟子银青光禄大夫检校太子宾客阴愿昌一心供养。[4]

曹氏归义军时期，敦煌阴氏通过重修先代家窟、重修前代洞窟，以及以归义军幕僚、敦煌大族的姻亲等身份参与开凿洞窟。

可见，在重修前代洞窟方面，除了在重修第431窟时，敦煌阴氏家族在合理利用原洞窟内容及布局的基础上，重新定义洞窟，使第431窟在初唐时期有了新的功能与意义，而曹氏归义军时期阴氏重修的这些前代废弃洞窟，则是做功德的成分多一些。

结 语

从以上分析可知，以阴氏为代表的敦煌大族在莫高窟的营建活动是非常活跃的，在敦煌几乎每一个历史时期都有他们家族营建的痕迹。

唐前期修建的阴家窟中不断有新图像绘入，在武周第217窟中，佛顶尊胜陀罗尼、观音、金刚等经变都是首次出现，而北壁的观经变则是增加了净土庄严相之后以全新的经变形式出现；在盛唐第321窟中则是引进了十轮经变、祥瑞白狼等新的图像。在吐蕃期的第231窟中，体现了佛教法相宗唯识学的思想，而在张氏归义军时期的第138窟中则是体现了禅宗思想，这两种思想都是敦煌当时流行的佛教思想。不仅如此，在重修前代洞窟时，敦煌阴氏还适时引进体现初唐净土大师善导净土法门的观无量寿经变于第431窟中。可知，阴氏家族是尝试佛教新信仰、新思想、新图像的代表，反映了他们易于接受新事物的个性。

另外，鉴于与前凉政权关系的经验教训，自此以后，不管是中央王朝时期还是地方政权割据时期，阴氏家族一直与敦煌当地统治者保持着一种良好的关系。西魏时期开凿的第285窟、武周开凿的第96窟，还有曹氏归义军时期开凿的第98、108、61等窟，阴氏家族均有积极参与，表现了他们善于奉迎的特点。

---

[1] 敦煌研究院编：《敦煌莫高窟供养人题记》，第61页。
[2] 敦煌研究院编：《敦煌莫高窟供养人题记》，第96页。
[3] 敦煌研究院编：《敦煌莫高窟供养人题记》，第104页。
[4] 马德：《敦煌绢画题记记录》，《敦煌学辑刊》1996年第1期，第143页。

《历代名画记》中的"鬼""神"考

杨 丹

（陕西师范大学丝绸之路历史文化研究中心）

前 言

《历代名画记》是由张彦远在9世纪撰写而成的一部绘画艺术通史，其中卷三"记两京外州寺观画壁"更是学界在研究唐代两京地区和其他地区寺观壁画时不可缺少的文字资料。然而张彦远在描写这些寺观壁画的内容时失之详尽，许多壁画的内容从《历代名画记》记载的文字描述中无法得知具体的细节，仅仅可知壁画的大致题材，还有许多壁画的内容指代不明，如书中所记"（慈恩寺）塔北殿前总间吴画《菩萨》，殿内杨廷光画《经变》，色损"[1]。我们无法从中得知塔北殿前总间具体画的是哪位菩萨，殿内杨廷光所画经变又具体是哪类经变。而在《历代名画记》所记载的各寺观院廊之中，多次提及有"鬼""神"题材的壁画，这种指代不明的称法是否是因为在当时的唐代社会中，人们对某一个或者某一类壁画形象有着一个约定成俗的称谓，即此处的"鬼""神"称谓，这是值得令人思考的问题。

但在此需要提前说明的是，本文所谈及的"鬼""神"是限定在佛教范围之内的题材，因为《历代名画记》卷三"记两京外州寺观画壁"的记载中不仅涉及佛教的寺院，同样涉及一些道教的道观，但鉴于本文接下来所分析考证的材料都是佛教的题材，道教的"鬼""神"还有待进一步考证的空间，故而本文先不考虑道教的因素。

学界一直重视对《历代名画记》的研究，从20世纪二三十年代就开始对其版本进行整理校释[2]，无论是从文学角度还是从美术学角度，也都不乏论著。王世襄[3]先生写《中国画论研究》一书，就对《历代名画记》所涉及的画学思想进行了研究，此后学界也有许多探讨张彦远画学理论和美学思想的专题发表，如1987年于太原举办的《张彦远暨〈历代名画记〉学术思想讨论会》上闫丽川、李德仁、叶朗、谭树同等学者发表的一些专题论著[4]。

在研究《历代名画记》中所记寺观壁画时发现，与之相关的著述往往囿于寺观壁画实物的缺失而未能还原画壁的具体内容和细节，亦未有对

---

* 本文为陕西师范大学丝绸之路历史文化研究中心课题"丝绸之路上的敦煌与长安"阶段性成果。

1 （唐）张彦远：《历代名画记》，人民美术出版社，1963年，第50页。

2 罗世平：《回望张彦远——张彦远〈历代名画记〉的整理与研究》，《湖北美术学院学报》2005年第4期，第5页。

3 王世襄：《中国画论研究》，广西师范大学出版社，2010年。

4 罗世平：《回望张彦远——张彦远〈历代名画记〉的整理与研究》，第8页。

"鬼""神"的定名。本文拟从《历代名画记》中主要的"鬼""神"壁画创作者吴道子所开创的"吴家样"风格的绘画作品入手，通过分析吴道子所创作的绘画形象来推测这种"鬼""神"究竟所指为何。不当之处，敬希方家教正。

一 《历代名画记》所记"鬼""神"画壁

张彦远《历代名画记》卷三"记两京外州寺观画壁"可以发现，"鬼""神"题材的画壁数量庞大，而且不仅仅出现在长安地区，洛阳及外州地区亦存在这种题材。此外"鬼""神"题材也不仅出现在寺院内，一些道观中也记载有这种题材。"记两京外州寺观画壁"关于每个寺院和道观画壁的文字记载繁多，在此不全文照搬罗列，仅做两京地区及外州地区寺院和道观"鬼""神"题材的统计表，方便比照和参考[1]：

1.长安地区：

寺／观	题材	壁画所在的寺院方位	画师
荐福寺	神、鬼	净土院门外两边	吴道子
兴善寺	神	东廊从南第三院小殿柱间	吴道子
慈恩寺	二神	入院北壁	佚名
	神	中三门里两面	尹琳
龙兴观	神	大门内	吴道子
资圣寺	神	寺西门直西院外	杨廷光
兴唐寺	神	三门楼下	吴道子
	神	净土院小殿内	吴道子
菩提寺	神、鬼	佛殿内东西壁	吴道子
净域寺	神、鬼	院门内外	王韶应
安国寺	神	东车门直北东壁北院门外两壁	吴道子
	二神	大佛殿东西	吴道子
咸宜观	二神	殿前东西	解倩
	二神	殿外东头东西	吴生、杨廷光
永寿寺	神	三门里	吴道子
千福寺	鬼、神	东塔院	杨惠之
	白画鬼神	门屋下内外面	杨廷光

---

[1]《历代名画记》，第49—73页。

(续表)

寺/观	题材	壁画所在的寺院方位	画师
千福寺	鬼、神	塔北	似是尹琳
	鬼、神	塔院门两面内外及东西向里各四间	吴道子
崇福寺	神	西库门外西壁	吴道子
温国寺	鬼、神	三门内	吴道子
	神	南北总门	佚名
定水寺	二神	殿内东壁北	张僧繇
	七神、下小神	殿内	解倩
懿德寺	神	三门楼下两壁	佚名
胜光寺	神	三门外	杨仙乔
西明寺	神两铺	入西门南壁	杨廷光
海觉寺	神	西南院门北壁	佚名或云郑法士
庄严寺	神	南门外壁	尹琳

2. 洛阳地区：

寺/观	题材	壁画所在的寺院方位	画师
长寿寺	鬼、神	门里东西两壁	吴道子
敬爱寺	立神、两鬼	中门内，中门东东西	刘行臣
	坐神	大门内	刘行臣
	二神	山亭院北及门楼内两厢	刘行臣
	神	第二门东	刘行臣
大云寺	鬼、神	门东两壁	尉迟乙僧

3. 外州地区：

除长安地区和洛阳地区之外，张彦远还记载了其他地区。但也如他在《历代名画记》中所说的那样，"会昌五年，武宗毁天下寺塔，两京各留三两所，故名画在寺壁者，唯存一二"[1]。而外州地区的寺观壁画，"唯甘露不毁"[2]。

寺/观	题材	壁画所在的寺院方位	画师
甘露寺	神	禅院三圣堂外壁	张僧繇
	鬼、神	僧迦和尚南外壁	吴道子

1　2　《历代名画记》，第71页。

唐代两京地区及外州地区的寺观都出现了"鬼""神"壁画，从以上表格不难发现，这些壁画的创作者，尤以吴道子为众。

在《历代名画记》卷三"记两京外州寺观画壁"所记载的37铺"鬼""神"壁画中，仅吴道子创作的就占了其中的14铺。张彦远在《历代名画记》"论顾陆张吴用笔"中评价吴道子时说道："张（旭）既号'书颠'，吴宜为'画圣'"[1]，此后人们也就一致推崇吴道子的画圣地位。

吴道子擅长佛教题材的创作，作品众多，且吴道子的绘画风格自成一派，影响深远，现今学界对那些具有吴道子绘画风格的绘画样式都统称为"吴家样"。"吴家样"为唐朝画家们推崇的画风，不仅影响了当时大批画师的绘画风格，甚至还影响了后世许多画匠的绘画创作。因此，本文拟从研究吴道子和影响唐朝及后世的"吴家样"入手，探寻这种"鬼""神"题材可能代表的某一类壁画形象。

二 "吴家样"作品中的"鬼""神"引发的思考

史载吴道子好游，喜欢在各种寺观墙壁留其画作，在其一生中创作有数量十分庞大的寺观壁画，且他的绘画风格影响深远，为后人纷纷效仿临摹，渐成"吴家样"一派。但在保存至今的绘画作品中，没有可以完全确定为吴道子真迹的作品。只能说，现今所传吴道子的作品，其风格当是"吴家样"，本节涉及讨论的亦正是世传为"吴家样"的作品。

1.《护法神》

宋代宣和年间，董逌曾跋吴道子画《护法神》，其中记载：

诸佛于过去世振大法音，作狮子吼，其破聋抉瞽，如天鼓雷音，裂山发地，于是天龙鬼神，各司其方，咸出获持，以左右大法。又尝发大誓愿，愿以救末法。其考于经名，在诸神不可胜数也。吴生作《护法神》，止存一像。以经考者，知其非护佛而持法者也。特护经而来尔，故不为众相，而特以焉缠为相者也。当元徽间，法献自西方来，得诸佛说法，传之震方，有神伽蓝毗罗护持佛牙与其经说，偕东至宋，而求及国献，即图其形留之。后入庄敬寺。则吴子于画，盖稽于经矣。非如后世绘工、塑师于僧坊下，冠冕相者，岂止无所据耶。[2]

虽然现如今《护法神》此作无法看到实物了，但董逌是宋宣和年间以考据鉴赏扬名在外的大师，《护法神》即便不是吴道子的真迹，风格也当属于"吴家样"。

从跋文中对《护法神》图像的描述，可以发现"天龙鬼神"的字样。"天龙鬼神"指代的是什么？照跋文所说"天龙鬼神，各司其方，咸出获持，以左右大法"，可以释读为此"天龙鬼神"各自守护一方，"左右大法"说明他们的护法身份，既是护法神，且又说明是守护一方的"天龙鬼神"，那应当就是佛教中的"天龙八部"形象了。此外，跋文中还有一处也能证明《护法神》所绘的就是"天龙八部"的形象，跋文提及"有神伽蓝毗罗护持佛牙与其经说"，"伽蓝毗罗"即"天龙八部"中的部众之一。

因此，本文认为《护法神》这一作品描绘的应当就是天龙八部的形象。然而，此作的定名是《护

---

1 《历代名画记》，第24页。
2 于安澜：《画品丛书》，河南大学出版社，2009年，第291页。

图1 《送子天王图卷》

法神》，而非以《天龙八部》为名，以此推测，当时人们默认将天龙八部的形象称为"神"，这种"护法神"与《历代名画记》所记两京及外州地区寺观中的"神"题材的画壁存在一定的联系。

2. 送子天王图卷

张彦远在《历代名画记》"论顾陆张吴用笔"中论及吴道子画的释道人物，"虬须云鬓，数尺飞动，毛根出肉，力健有余"。这一形容与《送子天王图卷》（图1）中的天神形象极为吻合，即便学界许多不赞同《送子天王图卷》是吴道子的真迹的学者，

图2 《送子天王图卷》（局部）

也不得不承认其"用笔飞动，头发须鬓，根根有力，真像从肉里长出来似的"[1]。《送子天王图卷》虽未肯定就是吴道子的真迹，但它的风格跟"吴家样"是一致的。

《唐朝名画录》里说道：吴道子"画内殿五龙，其鳞甲飞动"。这一描述亦与《送子天王图卷》右起第一段两个天神驾驭的形似龙的瑞兽的形象极为吻合。旧传吴道子于"寺观之中图画墙壁凡三百余间，变相人物，奇踪异状，无有同者"。《送子天王图卷》中所画的二十个形象，正是"无有同者"的"奇踪异状"的形象（图2）。且《送子天王图卷》中的人物形象，衣服飘带背风而折，亦是"吴带当风"手法的极好体现。

3. 天龙八部图卷（稿本）

根据明代张丑在《清河书画舫》中的记载，他看到过吴道子的《天龙八部图卷》，且在其所著《清河书画舫》中详细地记录了图中的收藏印，也收录了图中全部的题跋。其中亦有关于"鬼""神"字样的记载：

此吴道子本，深爱之，故为后人所爱也。予钦吴道子画鬼神人物，得面目之新意，穷手足之变态，尤妙于旁见侧出，曲折长短之势，精意考之，不差毫毛，其粗可言者如此。至其神妙自然，使人喜愕

---

[1] 袁有根：《吴道子研究》（修订版），人民美术出版社，2014年，第143页。

者，固不可言也。今长安雷氏所藏。

　　天龙梵释等，无量诸身云；而于一毫端，示现大神变。当知妙起处，不落真妄中。

　　道子鬼神，精伟造物，两苏行草，颜筋柳骨，宝重璠玙，光照缥帙，燕懿有孙，世藏十袭。绍兴己巳秋社，鄱阳程瑀伯宇。

　　道子遗笔，观梵释尽天神自在之相，鬼神极阴威变化之容，兹非入神之妙欤！绍兴己巳仲秋十有七日，大梁陈汉。[1]

　　根据此画作题名《天龙八部图卷》，可以确定其内容是天龙八部，可跋文对其内容的描述中却多使用"鬼神""神"的字样，而非直接以天龙八部相称，说明跋文中对天龙八部使用"鬼神""神"的称呼，在当时是一种普遍的现象，人们用"鬼神""神"指代天龙八部。既然在《天龙八部图卷》的收藏跋文中，"鬼神""神"指的是天龙八部，那么在其他地方，如《历代名画记》中，"鬼神""神"有很大的可能性也指的是天龙八部。

　　4.曲阳北岳庙壁画《天宫图》中的"曲阳鬼"

　　河北曲阳北岳庙壁画《天宫图》世传为吴道子奉诏于开元九年三月之前所绘。壁画中所展现的山、水、松、石、车骑和人物，用笔老道，笔法苍劲，气派雄厚。其中的人物形象从姿态到神情无不是活泼生动，尤其是人物的衣带背向转折，飘逸灵动，正是吴道子"吴带当风"的表现形式。西壁上层画有骑龙的"飞神"形象，身旁侍女的前方有一开道小鬼，左手持戟，呈踏步飞跃的姿态，正是被称作北岳庙壁画精华所在的"曲阳鬼"（图3）。

　　根据《曲阳县志》记载，《天宫图》的"上方绘有相貌狰狞、横枪倒戈的'飞天神'，俗称'曲阳鬼'"[2]。从现有"曲阳鬼"拓片仍可清晰地看见踏步飞跃的"曲阳鬼"飘动着的衣带和衣襟。此外，"曲阳鬼"两臂和双腿暴起，这种形象正与张彦远在《历代名画记》"论顾陆张吴用笔"中描述吴道子用笔时所记载的"肤脉连结"特点相一致，"曲阳鬼"随风飘向一边的上竖的头发也正合张彦远对吴式用笔"虬须云鬓，数尺飞动，毛根出肉，力健由余"[3]特点的记载。

　　北岳庙壁画《天宫图》是否为吴道子真迹还有待商榷，但这种"吴家样"风格却是可以肯定的，"曲阳鬼"在县志里被称为"飞天神"，可以将《天宫图》中"曲阳鬼"这一定名与《历代名画记》中所记寺观画壁中的"鬼""神"的题材形成联系。我们今天看到的"曲阳鬼"这种形象，或许也是当时两京及外州地区寺观中的"鬼""神"题材画壁中的

---

1 （明）张丑：《清河书画舫》，上海古籍出版社，2011年，第735页。
2 《曲阳县志》编纂委员会编：《曲阳县志》，新华出版社，1998年，第402页。
3 《历代名画记》，第24页。

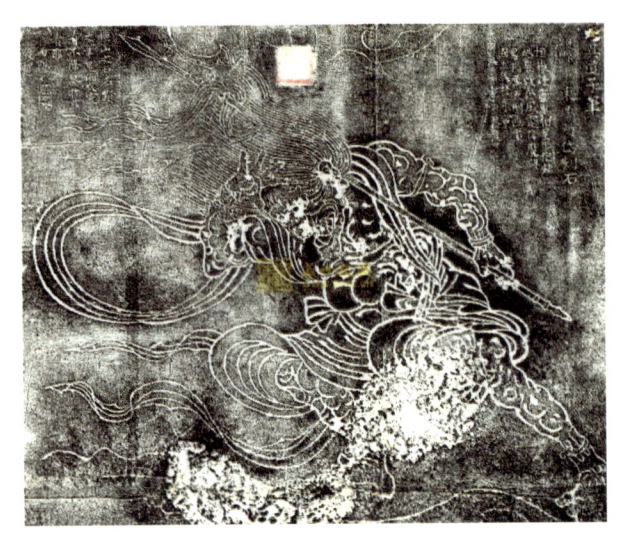

图3 "曲阳鬼"拓片

三 《历代名画记》中"鬼""神"的具体形象

本节讨论张彦远所写《历代名画记》中的"鬼""神"题材及形象就是基于以上世传"吴家样"作品中涉及"鬼""神"的思考,不难发现这些"吴家样"作品中存在的"鬼""神"的形象,与《历代名画记》所载不无关系。

河北曲阳北岳庙西壁画有骑着黄龙的"飞神"形象,其旁有三侍女,再前有一开道小鬼,为左手持戟作踏步飞跃状的"曲阳鬼"。"飞神"和"曲阳鬼"组图的下方左侧则绘有文武"天神"及男女侍从。[1]

在1998年编纂的《曲阳县志》中提到了清光绪三十年刻本《重修曲阳县志》卷六《山川古迹考》的记载:"德宁殿'殿左右壁有唐吴道子画《天宫图》,人物车旗各各瑰异。西壁最上有飞天之神,今有临本勒石于露台东南隅,可摹拓'。"[2]《直隶定州志》也记载有:"吴道子飞天神图,北岳庙正殿西壁,相传为吴道子真笔。"[3]县志也说"'飞天神',俗称'曲阳鬼'"[4],说明当时对小鬼也可称其为"神"。

"曲阳鬼"具有明显的"吴家样"风格,正如《历代名画记》记载的那样,吴道子所作鬼、神皆是"肤脉连结","虬须云鬓,数尺飞动,毛根出肉,力健有余"[5]。因而《历代名画记》中所提及的寺观"鬼""神"壁画,这种"鬼"的形象应当与河北曲阳北岳庙壁画中的"曲阳鬼"有极大的相通之处,

从《送子天王图卷》中可以看到与曲阳北岳庙壁画《天宫图》中的"曲阳鬼"相似的形象,亦是位于天王之前的开道小鬼的形象。同是世传为吴道子真迹的作品,同样出现有相似的开道小鬼的形象,可以证明这种"鬼"的形象在"吴家样"作品中应当是比较普遍的,或者说,"吴家样"作品中的"鬼"的形象都如《天宫图》和《送子天王图卷》中的那般样式。

从"吴家样"的作品《天宫图》和《送子天王图卷》中可以看到相似的开道小鬼的形象,从《护法神》和《天龙八部图卷》的稿本跋文中都可以发现时人称呼"天龙八部"的形象为"鬼神""神",那么张彦远在《历代名画记》中提及的"鬼""神"题材,应当是可以找到其所指代的具体形象了。

---

1 胡蛮:《吴道子的真迹》,转引自黄苗子《吴道子事辑》,《中国画研究》第3辑,第240页。
2 《曲阳县志》编纂委员会编:《曲阳县志》,新华出版社,1998年,第403页。
3 《曲阳县志》,第403页。
4 《曲阳县志》,第402页。
5 《历代名画记》,第24页。

即使张彦远记载的以"鬼"为题材的寺观壁画可能并不一定就是"曲阳鬼"形象,毕竟"曲阳鬼"本身带有当地的志怪传说的背景[1],但想必其表现手法和形式与"曲阳鬼"的刻画不会有太大出入。这种开道小鬼的形象还可以在《送子天王图卷》中窥得一斑,《送子天王图卷》与《天宫图》都是世传为吴道子真迹的作品,具有"吴家样"的风格特色,在两幅作品中都出现了相似的开道小鬼的形象。因此本文推测,《历代名画记》所说"鬼"的具体形象,可能是类似《送子天王图卷》与《天宫图》中的开道小鬼的形象。

张彦远在《历代名画记》中记载了唐代两京地区及外州地区寺观壁画,其中出现的许多"鬼""神"题材画壁,通过整理可以发现,以"神"为题材的壁画通常伴有"鬼"的形象,两者是以位于寺观同一方位的组合形式记载于《历代名画记》中的,如"(荐福寺)净土院门外两边,吴画神鬼,南边神头上龙为妙"。此外,以"神"为题材的壁画也以单独的形式出现在寺观墙壁之上,如"(慈恩寺)入院北壁二神甚妙失人名。中三门里两面尹琳画神"。但在整理中没有发现过以"鬼"为题材的壁画以单独的形式出现在寺观墙壁之上,因此可以充分肯定这种以"鬼"为题材的壁画只会是与"神"题材壁画共同构图组成的组合形式。故而也就可以说这种"鬼"的形象肯定是与"神"形象存在一种附庸关系,附庸于"神"的"鬼"的形象是可以基本确定的,不是单独出列作开道状的小鬼,就是为了展现"神"的威慑和力量而画成被"神"踩于脚下的小鬼。但既然张彦远在"论顾陆张吴用笔"中描述吴道子用笔时对其所刻画的鬼神人物有生动详细的描述,就足以说明当时寺观壁画中的这种"鬼"题材是具有特色的。如果"鬼"指的是神脚下踩的小鬼,那么多半是一个很小的形象,不会太过突出表现或者着墨太多,不然就犯了画家构思人物形象时主次关系混乱的错误,导致喧宾夺主,能在寺院画壁画的画匠们肯定不会在构图上犯这种最低级的错误,那张彦远描述的这种鬼神形象,只可能是单独刻画的小鬼,也就是开道小鬼的形象了。

上文提及,"诸佛于过去世振大法音,作狮子吼,其破聋抉瞎,如天鼓雷音,裂山发地,于是天龙鬼神,各司其方,咸出获持,以左右大法。又尝发大誓愿,愿以救末法。其考于经名,在诸神不可胜数也。吴生作《护法神》,止存一像"[2]。关于《护法神》,如今已无法窥见其貌,但通过宋宣和年间鉴赏大师董逌的跋文可见,"天龙鬼神,各司其方,咸出获持,以左右大法",《护法神》的形象应该就是天龙八部神众的形象。《历代名画记》所记"鬼""神"题材多画于寺观的门道及内外两壁等位置,若假设这种"神"题材的壁画形象为天龙八部神众的形象,那么将这些护法神画于寺观门道及内外两壁等位置正是起到护持佛法的象征意义,尤其是《历代名画记》记载的唐两京及外州地区"鬼""神"壁画多位于这种供人进出的门道位置,将天龙八部神众画于此,更是突出了护持佛法,邪祟不侵的护法意义,所以此种假设在结合了其象征意义和寺观方位布局来看是十分合乎情理的。

除此之外,关于《历代名画记》中"神"题材壁画的形象为天龙八部护法神众形象这一假设,在

---

[1]《曲阳县志》编纂委员会编:《曲阳县志》,第815页。
[2] 于安澜:《画品丛书》,第291页。

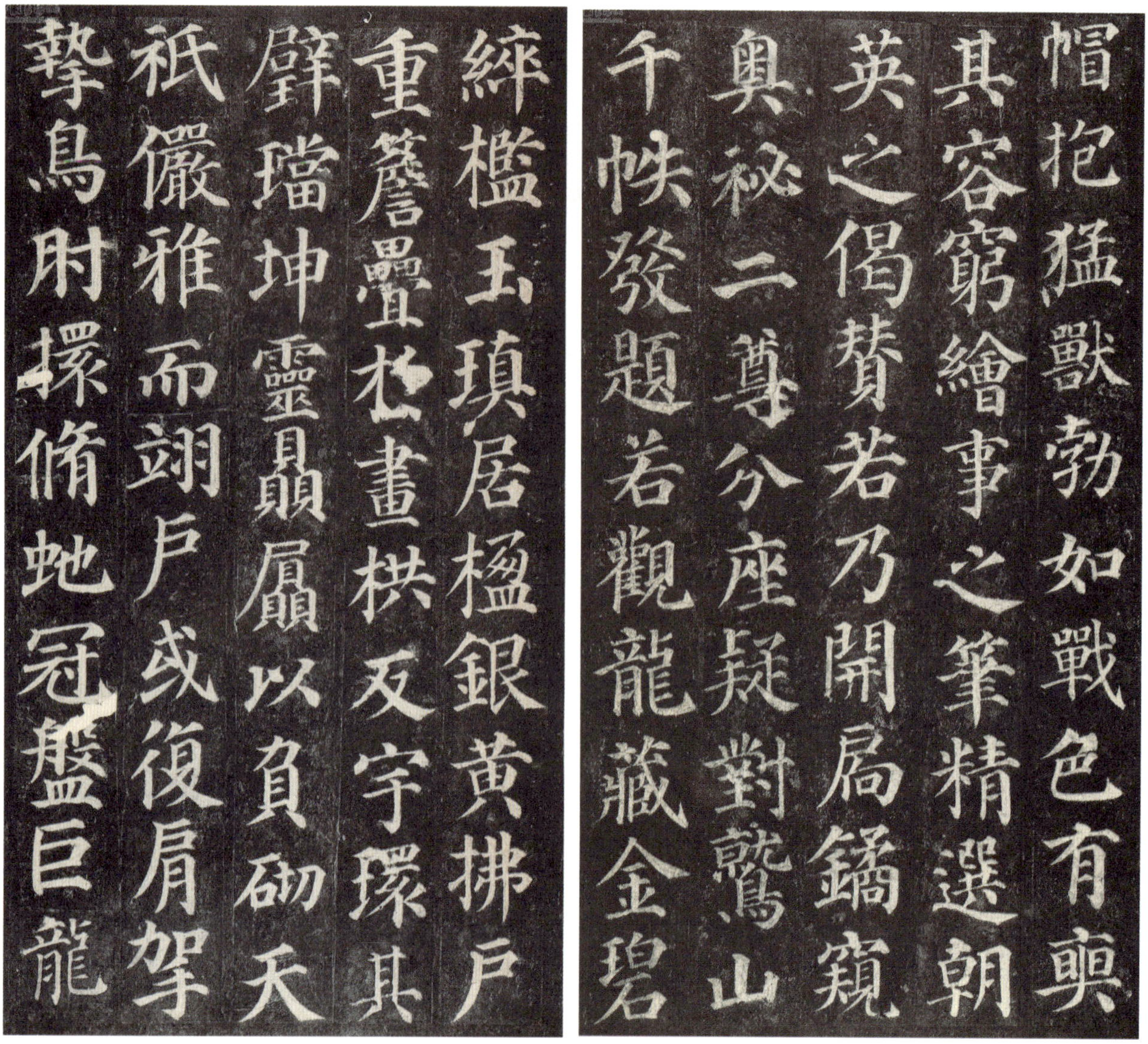

图4 《千福寺多宝塔感应碑》（局部）

明代张丑所著《清河书画舫》对吴道子的另一作品，即《天龙八部图卷》中的收藏印和图中全部的题跋记录的相关记载中，可以发现一定的佐证。

"此吴道子本，深爱之，故为后人所爱也。予钦吴道子画鬼神人物，得面目之新意，穷手足之变态，尤妙于旁见侧出，曲折长短之势，精意考之，不差毫毛，其粗可言者如此。至其神妙自然，使人喜愕者，固不可言也。"[1] 这里在描述《天龙八部图卷》时，用的是"吴道子画鬼神人物"一语，是否可以认为与张彦远在《历代名画记》中所记的"鬼""神"语义相同，即指代的就是天龙八部神众，而张彦远之所以不明说此"神"即天龙八部，是因为当时鉴赏家和书画学者默认为用"鬼""神"来统称天龙八部，像《历代名画记》所记载的这种"鬼""神"在当时应当是对某类题材或者形象约定俗成的称呼，而这类题材或者形象，极有可能就是天龙八部的神众形象。

---

[1] 《清河书画舫》，第735页。

图5 莫高窟第158窟西壁"天龙八部"

关于寺观中的"神"壁画即为天龙八部题材，除了以上几条推证之外，还可以从《历代名画记》中有载的唐代千福寺和荐福寺的相关记载中发现蛛丝马迹。

张彦远记千福寺西塔院"绕塔板上《传法二十四弟子》，卢棱伽、韩幹画。里面吴生画时，菩萨现吴生貌。""塔院门两面内外及东西向里各四间吴画鬼神、帝释，极妙。"[1]

关于千福寺的壁画，现藏于西安碑林的由岑勋撰文，颜真卿书写的《千福寺多宝塔感应碑》中有这样一段记载："重檐叠于画栱，反宇环其壁珰。坤灵赑屃以负砌，天祇俨雅而翊户。或复肩□挚鸟。肘擐修蛇，冠盘巨龙，帽抱猛兽，勃如战色，有奭其容。穷绘事之笔精，选朝英之偈赞……"（图4）《千福寺多宝塔感应碑》记载的是修筑宝塔一事，宝塔位于千福寺西塔院内，故而这段碑文描述的也应当是千福寺西塔院的情形，根据《历代名画记》记载千福寺西塔院"院门两面内外及东西向里各四间吴画鬼神、帝释"，对应碑文"或复肩□挚鸟。肘擐修蛇，冠盘巨龙，帽抱猛兽，勃如战色"的描述，反映的正是天龙八部神众的形象。"肩□挚鸟"吻合迦楼罗的形象，"肘擐修蛇"吻合摩呼罗迦的形象，"冠盘巨龙"吻合龙众的形象。很遗憾如今在长安地区已经看不到千福寺西塔院画壁的实物，但我们却可以在敦煌莫高窟的石窟壁画中发现与这段《千福寺多宝塔感应碑》碑文描述相一致的图像，如莫高

---

[1] 《历代名画记》，第66页。

窟第158窟西壁涅槃变中的天龙八部像（图5）无疑就是一个很好的例证，壁画中的"天龙八部"形象保存完好，我们可以清晰地看到这种吻合《多宝塔感应碑》碑文中所说的"复肩□挚鸟。肘攘修蛇，冠盘巨龙，帽抱猛兽"的形象。

除了《多宝塔感应碑》碑文的记载，张彦远在《历代名画记》卷三"记两京外州寺观画壁"记载荐福寺时，更是直接有"净土院门外两边，吴画神鬼，南边神头上龙为妙"[2]的记载。"神头上龙为妙"与上述《千福寺多宝塔感应碑》中"冠盘巨龙"的描述相一致，神头上有龙的形象只出现于天龙八部中，是天龙八部部众之一龙众的形象。因此可以大致推定，张彦远在《历代名画记》中所载的"神"很有可能指的就是天龙八部的形象。但若要说再具体到天龙八部的哪一部众形象，根据现有的记载仍无法完全断定。除千福寺、荐福寺有具体的文字，可将"神"对应到天龙八部的具体部众，其余寺观只能大致推测"神"的形象为天龙八部的形象。此外，囿于笔者所查找的资料，不排除还存在其他可以推测"鬼""神"形象的资料，而且古代"鬼""神"的称谓所包含的内容十分复杂，因此本文对《历代名画记》中"鬼""神"形象的考证不免片面，文中资料的疏漏和推证的不当之处，敬希方家教正。

小 结

张彦远《历代名画记》卷三"记两京外州寺观画壁"对学界研究唐代两京地区及外州地区的寺观壁画来说，是非常重要的文献资料，其中记载了大量的佛教壁画题材，但也存在指代不清之处。本文考证的"鬼""神"题材就占很大的比重，关于"鬼""神"的具体形象，本文通过对"吴家样"画作中的"鬼""神"形象的考证，如《天宫图》壁画中的"曲阳鬼"以及《送子天王图卷》，以及其他文献资料的推证，如《历代名画记》《清河书画舫》和后代收藏名家的跋文，可以基本推定这种形象是天龙八部神众及开道小鬼的形象。在敦煌莫高窟的壁画中也找到了天龙八部这一图像佐证，吻合"神"的文字资料的推证。

但由于"鬼""神"这种称法背景复杂，既涉及从先秦以来就有的"鬼神"思想，又涉及佛教和道教宗教内涵的不同，故而本文先仅针对佛教背景下的"鬼""神"加以简单考证，至于道教的"鬼""神"以及不在严格的宗教范围之内的古人的"鬼神"思想，留待日后进行单独的分析。

---

1 《历代名画记》，第49页。

西夏佛经版画再探

［美］黄士珊 著 （美国莱斯大学艺术史系）

杨冰华 译 （陕西师范大学丝绸之路历史文化研究中心）

近年来的考古发现使中国中古时期征服王朝的丰富材料与视觉文化趋于明朗。大体上，艺术史家已经发表了关于契丹—辽、女真—金的多元物质文化，如中国北方、东北地区辽代、金代墓葬及佛教遗址发现大量绘画艺术品的丰富研究成果，其对西夏（1038—1227）处于中国中古时期多元视觉文化次要地位的传统观点提供了进一步讨论的可能。[1] 西夏王朝曾在宋朝与吐蕃、印度及其他丝路沿线地区的商品贸易、文化交流中扮演重要角色。[2] 西夏是一个多民族政权，建立者是游牧民族唐古特人，又称党项人、木雅（弭药）人，其为发源于康巴藏区及今青海湖一带古代西羌人的后裔。[3] 西夏统治者奉佛教为国教，热衷于从毗邻国家和地区搜集佛教典籍。[4] 西夏统治中国西北地区长达近两个世纪，疆域辽阔，

---

* 基金项目：2016年度国家社科基金重大项目"敦煌西夏石窟研究"（16ZDA116）；陕西师范大学中央高校基本科研业务费专项资金资助博士研究生自由探索项目（Supported by the Fundamental Research Funds For the Central Universities）"敦煌莫高窟第61窟研究"（2016TS030）。

1 罗伯·林若泽（Rob Linrothe）以"周边视角"高度评价西夏艺术在汉藏美术间的重要地位。参见氏著《周边视角：新发现西夏佛教艺术研究》（Peripheral Visons），《华裔学志》（Monumenta Serica）1995年总第43期，第235—262页，尤其是第250—251页；第255—257页。英语世界研究西夏艺术的经典之作还有罗伯·林若泽《夏仁宗及其对西夏佛教艺术的赞助》，《宋元研究》1998年总第28期，第91—121页。此外，还有其《新德里、新英格兰旧藏西夏艺术》，《美成在久》（Orientations）1996年总第27期第4部分，第32—41页。中文发表的有关西夏艺术的研究，参看史金波、白滨、吴峰云《西夏文物》，文物出版社，1988年；陈炳应：《西夏文物研究》，宁夏人民出版社，1985年；韩小忙、孙昌盛、陈悦新：《西夏美术史》，文物出版社，2001年；高春明：《西夏艺术研究》，上海古籍出版社，2009年；陈育宁、汤晓芳：《西夏艺术史》，上海三联书店，2010年。

2 关于俄藏黑水城西夏艺术品的编目情况，参看比奥特罗夫斯基（Mikhai Piotrovsky）等 Lost Empire of the Silk Road:Buddhist Art from Khara Khoto, Milan:Electa,1993。中译本参看许洋主译《丝路上消失的王国：西夏黑水城的佛教艺术》，台北"国立"历史博物馆，1996年。关于西夏与其他政权的关系，参看杨富学、陈爱峰《西夏与周边关系研究》，甘肃民族出版社，2012年；李华瑞：《宋夏关系史》，河北人民出版社，1998年。

3 研究西夏历史的经典之作还包括邓如萍（Ruth W.Dunnell）作品，参看罗伯特·弗兰克（Herbert Franke）、丹尼斯·特维斯特（Denis Twitchett）编《剑桥中国史》，邓如萍：《西夏》，剑桥大学出版社，1994年，第6卷，第154—213页；《白高大夏国：十一世纪西夏之佛教与立国》（The Great State of White and High: Buddhism and State Formation in Eleven-Century Xia），夏威夷大学出版社，1996年；《西夏译经史》，《亚洲学刊》（Asia Major）2009年总第22期第1部分，第41—78页。

4 参看西夏研究的经典之作，史金波：《西夏佛教史略》，宁夏人民出版社，1988年。最近研究成果参看索罗宁（Kirill J. Solonin）《西夏佛教一瞥》（The Glimpses of Tangut Buddhism），《中亚学刊》（Central Asiatic Journal）2008年总第52期第1部分，第66—127页；索罗宁：《西夏佛教的契丹影响》，沈卫荣、中尾正义（Nakao Masayoshi）、史金波编：《黑水城人文与环境研究》，中国人民大学出版社，2007年，第371—395页；《辽与西夏的佛教互动》，《宋元研究》第43期，待刊。

包括今天的甘肃、宁夏、内蒙古及陕西部分地区，直到1227年被蒙古所灭。或许由于内地对西夏知之甚少，元朝并未编修西夏正史，留下一块空白，甚至影响到后世对西夏的研究。[1]

尽管对辽、金、西夏考古的系统性比较研究亟待建立，三者间的根本差异已经凸显。首先，相比于多发现于中国北方、东北地区墓葬之中的辽—金材料，西夏材料出土地则并非丧葬场合，而多为中国偏僻的西北地区，如内蒙古黑水城、甘肃及宁夏地区的佛教遗址。[2]另外，不像辽—金比较常见的墓室壁画、浮雕、金属材质艺术品，西夏材料却多为佛经扉页的木刻版画，远远超过可资参考的宋、辽、金材料。其采用宋朝样式的折页装印刷。[3]这些佛经版画是本文研究的核心材料。

此前，学界多认为藏式（或喜马拉雅式）风格对西夏佛教艺术具有深远影响，而汉式影响甚微。[4]甚至，林若泽称之为二元论的佛教移植，将其描述为独一无二、特色鲜明的西夏视觉文化。[5]在其作品著述的20世纪90年代中期，学术界已经开始关注黑水城发掘的唐卡，建立其多元风格及与吐蕃文化的图像学关系，而对其与汉文化联系却少有涉及。[6]然而，最近的研究已开始质疑此汉藏二分法。据索罗宁教授研究："密教是中国北方流行佛教的核心元素，其集汉藏两种元素之大成，成为近乎独立于藏式之外的新兴宗教体系。"[7]索罗宁一系列细致入微的研究，表明的确应将西夏佛教艺术研究"置于10—12世纪西夏多民族政权并立的宏观视角中"。由于共同的时代与传统，"西夏文化及宗教不应与契丹、女真及区域内的其他民族割裂开"[8]。

超越已丰富我们认识的大量藏式（或喜马拉雅式）探究模式，现在的研究则关注于西夏艺术中的汉式风格，将其置于包括宋、辽、金大量相似的佛经版

---

1 杨富学、陈爱峰：《西夏与周边关系研究》，第1页；李华瑞：《宋夏关系史》，第3—4页。

2 仅有数量不多的西夏墓葬被发掘。关于西夏王陵的研究，参看斯坦因·哈德特（Stein Hardt）《西夏王陵》（*Tangut Royal Tombs*），20世纪90年代甘肃武威西郊林场发现的西夏墓葬出土材料表明西夏流行火葬。参看常岚、于光建《武威西郊西夏墓墓葬题记述论》，《宁夏社会科学》2014年第1期，第106—110页；王伟、马克华：《从武威西郊林场西夏墓谈西夏的主体葬俗——火葬》，《兰州学刊》2000年第4期，第79—80页。

3 有关俄藏黑水城出土西夏文佛经版画的研究，参看俄罗斯科学院东方研究所圣彼得堡分所、中国社会科学院民族研究所、上海古籍出版社《俄藏黑水城文献》20册，上海古籍出版社，1996—2013年。笔者指导的一名硕士研究生学位论文也关于西夏佛经版画，参看夏安（Anne Saliceti-Collins）《黑水城出土西夏文佛经木版画：11—13世纪东亚文化交流的个案研究》（*Xi Xia Buddhist Woodblock Prints Excavated in Khara Khoto*），华盛顿大学硕士学位论文，2005年。关于中国佛经版画领域的最新研究总结，参看笔者《唐宋时期佛教版画中所见的媒介转化与子模设计》，第136页；《天竺灵签：宋杭州佛寺的庙签》，《亚洲艺术》（*Artibus Asia*）2007年总第67卷第2部分，第244—245页。

4 萨玛秀克（Kira Fyodorovna Samosyuk）认为西夏艺术"不能与汉式或藏式粉本区别开"。参看其《西夏王国的艺术：历史风格上的诠释》，《丝路上消失的王国》，注解4，第66页。

5 林若泽：《周边视角：新发现西夏佛教艺术研究》，第257—262页。

6 有关西夏与吐蕃（或称为喜马拉雅）互动的艺术史研究，参看谢继胜《西夏藏传绘画：黑水城出土西夏唐卡研究》，河北教育出版社，2002年；熊文彬：《从版画看西夏佛教艺术对元代内地藏传佛教艺术的影响》，《中国藏学》2003年第1期，第66—79、90页；《从版画看西夏佛教艺术对元代内地藏传佛教艺术的影响》（续），《中国藏学》2003年第3期，第87—93页；萨玛秀克：《十二至十四世纪黑水城汉藏佛教绘画》，国立艾尔米塔什博物馆编，2006年；林若泽：《夏仁宗》。就阿弥陀佛图像表现汉藏影响的研究，参看李玉珉《黑水城出土西夏弥陀画初探》，《故宫学术季刊》1999年总第13卷第4期，第1—50页。

7 索罗宁：《西夏佛教一瞥》，第69页。

8 索罗宁：《西夏佛教的契丹影响》，第371页；《西夏佛教一瞥》，第70页。

画语境中。笔者对四种文化中发现的大量佛经版画代表作给予特殊关注，坚定地追寻不同含义作品的视觉分析。[1]之所以这样，笔者希望证明其为研究者进行跨文化、跨宗教研究提供了宝贵机会。然而，作为海量文本（通常为卷轴样式）的一部分，这些可移动的材料为研究者提出了特殊挑战，因为很多我们关注的材料已经脱离了其原始环境。此外，佛经的印刷常一成不变地沿用旧活字，距其刻制时间有不少差异，追溯其本源无疑困难重重，甚至永无可能。

在本文中笔者拟先介绍西夏考古状况，随后探究西夏佛教绘画的多元文化环境，从更宏阔的背景评述西夏王室及僧侣的贡献。本文的核心是搜集一些西夏佛经版画，将其与其他佛经，尤其是北宋、契丹—辽、女真—金作品相联系。结论部分，另对照元初佛经，尤其是与西夏僧侣活跃的江南地区相联系，建立起西夏佛教艺术遗产与印经文化的联系。

一 西夏考古发现

1908年，由俄国地理学家彼得·库兹米奇·科兹洛夫率领的探险队，从蒙古穿越戈壁沙漠，到达了内蒙古地区的额济纳河河口。[2]这是第一拨到达黑水城遗址（黑河边）的外国人。遗址面积巨大（大约385×285米），矗立在距离一条干涸河道不远处。据科兹洛夫日记记载，其探险队"找到了文书资料（大多数是汉文）、纸币、容器、旧武器等。还找到了一个金属小佛像，发现一本用金粉书写成华美的金字藏文小册子"[3]。第二年，科兹洛夫探险队又返回黑水城遗址，发掘了一座佛塔，出土数以千计的珍贵印刷本书籍、写本文书、唐卡、佛经、陶器、佛教典籍及其他文献，可以说是20世纪最令人振奋的考古发现之一。[4]绝大部分作品是西夏文物，但也有一些与其他政权，如宋、金、元有关。其风格与语言包括了汉、藏、回鹘、蒙古等。这些艺术品的发现使中古时期跨宗教文化交流趋于明朗。

科兹洛夫探险队用了40匹骆驼才将8000多件出土文物运出沙漠，放进了圣彼得堡的出土文献研究中心。[5]自他们返回俄国将近一个世纪后，这些材料才逐渐公布。从1996至2013年，中国社会科学院联合俄罗斯科学院相继出版了20本文书图册。[6]此外，斯坦因也曾在1914年到达黑水城，带走7000件

---

[1] 黄士珊：《唐宋时期佛教版画中所见的媒介转化与子模设计》；石守谦、颜娟英：《艺术史中的汉晋与唐宋之变》，石头出版社，2014年，第385—434页。

[2] 有关科兹洛夫1907—1909年在蒙古与四川的旅行路线图，参看《丝路上消失的王国》，第30页；更多有关科兹洛夫首次抵达黑水城情况，见该书第37、39—40页。

[3] 俄罗斯科学院东方研究所圣彼得堡分所、中国社会科学院民族研究所、上海古籍出版社：《俄藏黑水城文献》第1册，第7页。

[4] 一些学者持不同意见，认为其在元代统治黑水城后移入宝塔。有关后西夏时期黑水城的状况，参看陈炳应、梁松涛《黑水城废弃的时间及原因新探》，《宁夏大学学报》2009年总第31卷，第2期，第48—50页；束锡红：《黑水城"河边大塔"的性质及断代——以考察队的地图和照片为中心》，《西夏学》2009年总第4辑，第157—164页。过去学界已经指出，科兹洛夫转移出土材料时未能很好地保存地层记录，参看林若泽《周边视角：新发现西夏佛教艺术研究》，第247页。斯坦因（Stein）：《亚洲腹地考古图记》（Innermost Asia）第2卷，克拉伦敦出版社，1928年，第447页。萨玛秀克：《黑水城的发现》，《丝路上消失的王国》，注解4，第42页。

[5] 杨富学、陈爱峰：《西夏与周边关系研究》，第3页。

[6] 俄罗斯科学院东方研究所圣彼得堡分所、中国社会科学院民族研究所、上海古籍出版社：《俄藏黑水城文献》。有关俄藏非佛教文献的最新研究，见孙继民、宋坤、陈瑞青《俄藏黑水城汉文非佛教文献整理与研究》（3册），北京师范大学出版社，2012年。包括著名双头佛像在内的佛像被运至圣彼得堡，但俄国考察队在佛塔遗址发掘的大部分泥胎造像因太重而难以运走，被埋在流沙之下，最

文物，散藏于大英博物馆、大英图书馆及印度新德里博物馆。[1]大英图书馆所藏文书已经在2005年出版。[2]除此之外，自1917年以来，中国考古学家也在甘肃、宁夏、内蒙古等地的佛教遗址和王室墓葬中发掘不少材料，因而，中国的博物馆、图书馆所藏西夏艺术品、文书及印刷品数量也蔚为可观；这些材料从2005至2008年相继出版。[3]更重要的发现，诸如用神秘西夏文书写的《天盛改旧新定律令》、可移动的木活字印刷品——此技术最早由北宋时期的汉人发明，使西夏社会及科技状况趋于明朗。[4]而其他一些文书则表明西夏与东南亚、中亚及西亚可能存在着联系。这些可移动的物品，包括过去一个世纪发现的佛教石窟寺、佛塔及墓葬遗址，极大地弥补了缺少西夏正史的缺憾。[5]这些发掘的艺术品及文献材料奠定了新兴学科——西夏学的基础，创刊于2006年的《西夏学》和2010年的《西夏研究》即是其代表性学术刊物。[6]

二 西夏佛教图像的多元文化背景

黑水城发掘的大部分印刷本佛经都由西夏王室赞助，规模宏大。从1031至1073年，西夏六次请求北宋颁赐新印《开宝藏》。[7]西夏首都兴庆府的大型宗教遗址，如修建于1047年的高台寺、1055年的承天寺，都为存放开宝藏而建。[8]另外，西

（接上页）终从历史上消失。参看束锡红《黑水城'河边大塔'的性质及断代——以考察队的地图和照片为中心》，第162页。

1　斯坦因：《亚洲腹地》；林若泽：《新德里与新英格兰旧藏西夏艺术》。
2　英国国家图书馆、西北第二民族学院：《英藏黑水城文献》（4册），上海古籍出版社，2005年。
3　史金波、陈育宁等：《中国藏西夏文献》（20册），甘肃人民出版社，2005—2007年；塔拉、杜建录、高国祥等：《中国藏黑水城汉文文献》（10册），国家图书馆出版社，2008年。更多情况，参看杜建录《中国藏西夏文献研究》，上海古籍出版社，2012年；罗丰等：《西夏方塔出土文献》（2册），甘肃人民出版社，2006年。
4　史金波、聂鸿音、白滨：《天盛改旧新定律令》，法律出版社，2000年；杨积堂：《法典中的西夏文化：西夏〈天盛改旧新定律令〉研究》，法律出版社，2003年；史金波、雅森、吾守尔：《中国活字印刷术的发明和早期传播：西夏和回鹘活字印刷术研究》，社会科学文献出版社，2000年；牛达生：《西夏活字印刷研究》，宁夏人民出版社，2004年；史金波：《西夏出版研究》，宁夏人民出版社，2004年，第77—94页；杨富学、陈爱峰：《西夏与周边关系研究》，第6—7页。
5　西夏时期兴修或重修的大型石窟寺包括甘肃莫高窟和榆林窟部分洞窟。参看敦煌研究院《中国石窟：安西榆林窟》，文物出版社，1997年；王静如：《敦煌莫高窟和安西榆林窟中的西夏壁画》，《文物》1980年第1期，第49—55页；赵声良：《榆林窟第3窟山水画初探》，《艺术史研究》1999年总第1辑，第363—380页；敦煌研究院：《榆林窟研究论文集》（2卷），上海辞书出版社，2011年。更多西夏佛塔研究成果，参看雷润泽、于存海、何继英等《西夏佛塔》，文物出版社，1995年；宁夏回族自治区文物考古研究所：《拜寺沟西夏方塔》，文物出版社，2005年；彭金章、王建军：《敦煌莫高窟北区石窟》（3卷），文物出版社，2000—2004年；彭金章：《敦煌莫高窟北区石窟研究》（2卷），甘肃教育出版社，2011年。
6　最新研究文章，参看李华瑞《黑水城出土文献与西夏史研究——纪念黑水城文献发现100周年》，《视野、社会与人物：宋史、西夏史研究论文稿》，中国社会科学出版社，2012年，第278—291页。另外，沈卫荣、中尾正义、史金波等编：《黑水城人文与环境研究》；皮特·柯尼可（Peter Kornicki）：《西夏史新成果导读》（Steps towards a History of the Tangut Book: Some Recent Publications，《东亚出版与社会》，East Asian Publishing and Society）2012年总第2卷第1期，第83—91页。
7　西夏为北宋提供马匹作为补偿，每批佛经折马70匹。有时宋朝会取走马匹，但大部分时间无偿赠送。参看史金波《西夏佛教史略》，第59—63、70—71页。更多有关西夏王室赞助佛教研究，参看林若泽《周边视角：新发现西夏佛教艺术研究》，第241—245页。
8　（清）吴广成撰，龚世俊校：《〈西夏书事〉校证》，甘肃文化出版社，1995年，第212页；史金波：《西夏佛教史略》，第112页；杨富学、陈爱峰：《西夏与周边关系研究》，第294页；更多有关西夏首都兴庆府成果，参看邓如萍《西夏首都的命名》。

夏还接收了契丹辽印刷的汉文佛经与西夏文译本相对勘。[1] 11世纪后半叶，夏惠宗、夏崇宗统治时期是西夏译经的高潮，夏仁宗时期更是推波助澜。[2] 夏仁宗及其皇后罗氏是佛教的热心功德主，发心供养大量佛教图像作品。[3] 寺院印经规模宏大，朝廷颁赐佛经时还会在寺院举行盛大仪式。[4] 兴庆府成为西夏时期印经活动的中心。[5] 一些官方机构分工明确，如负责西夏文印刷的刻字司，掌握活字制作工艺的工院。[6]

通过四个版本《观弥勒菩萨上生兜率天经》版画的比较，可知经坊使用不同插图以满足多元的社会文化需求。在科兹洛夫运至圣彼得堡的三个版本中，两件是汉文（TK58,TK81/82/83；图1、图2），另外一件为西夏文（Hhb78，图3）。[7] 第四幅版画是斯坦因发现的西夏文残片（K.K.Ⅱ.C17.s.Ⅳ；图4），现收藏于大英图书馆。[8] 这些版画非常相似，尤其是刻工处理刻板底部流云、中间僧侣及顶部建筑的细节的方式，很明显，它们参照了相同的粉本。

两幅汉文版均有1189年由夏仁宗赞助在大度民寺举行发愿上生弥勒兜率天宫的法会而印施大量佛经的发愿文，该年被邓如萍称为"东亚变革年"。[9]

图1 俄罗斯科学院圣彼得堡分所藏[观]弥勒菩萨上生兜率天经 TK58 西夏

法会中印施了十万卷不同版本的汉文、藏文《观弥勒菩萨上生兜率天经》，同时还有不同版本的《金刚经》《普贤行愿品》《观音经》各五万卷。这些汉文、西夏文、藏文佛经证明，由不同民族高僧主持

---

1 没有直接材料表明西夏接收了辽藏。笔者此看法基于学者对《北经》的研究，其为辽藏的部分经典。参看杨富学、陈爱峰《西夏与周边关系研究》，第200—201页。另外，竺沙雅章（Chikusa Masaaki）从黑水城发现的文书中分辨出一份辽藏佛教残片。参看其《黑水城出土的辽刊本》，《汲古》（Kyuko）2003年第43期，第20—27页。
2 史金波：《西夏佛教史略》，第73、83页。更多有关夏仁宗对佛教艺术的赞助，参看林若泽《夏仁宗》。
3 更多有关夏仁宗统治时期的历史，参看邓如萍《西夏》，第199—205页。
4 比如，1189年温家寺负责印刷罗皇后赞助的《金刚般若波罗蜜经》。参看史金波《西夏佛教史略》，第121页；氏著《西夏出版研究》，第110—111页。
5 史金波：《西夏出版研究》，第109页。
6 史金波：《西夏出版研究》，第104—106页；其他印经机构，参看第102—104、106—109页。
7 俄罗斯科学院东方研究所圣彼得堡分所、中国社会科学院民族研究所、上海古籍出版社：《俄藏黑水城文献》第1册，彩图版52（无页码）；第2册，彩图版3，黑白见第41—42、307—308页。
8 底版参看中国版画全集编辑委员会《中国版画全集》第1册，紫禁城出版社，2008年，第82页。
9 邓如萍：《西夏》，第205页。两个中文版都有同样内容。参看俄罗斯科学院东方研究所圣彼得堡分所、中国社会科学院民族研究所、上海古籍出版社：《俄藏黑水城文献》第2册，第49、315页。有关该寺的研究，参看聂鸿音《大度民寺考》，《民族研究》2003年第4期，第94—98页。研究表明西夏朝廷常常在重要的国家节日印施佛经。参看萨玛秀克《西夏王国的艺术》，第241页。

图2 俄罗斯科学院圣彼得堡分所藏［观］弥勒菩萨上生兜率天经 TK81、82、83 西夏

图3 俄罗斯科学院圣彼得堡分所藏西夏文［观］弥勒菩萨上生兜率天经 Hhb78 西夏

的译经事业规模宏大。[1] 此外，还做了其他形式的功德，如供养僧侣及救济穷苦百姓、放生、赦免囚徒，法会一直持续了十天十夜。[2] 中国国家图书馆收藏一幅元代印制的《西夏译经图》（图5）版画，真实地反映出一个多元文化环境，过去已有很多前辈学者对其做过研究。[3]《西夏译经图》布局匀称，表现了一群僧人及俗人在大殿中译经的场景，大殿以卷帘、栏杆、彩绘折扇式屏风装饰。中间正面端坐的僧人最引人注目，其形象几乎是周围人的两倍大小。据上部边界处的条状题记可知，该僧人即西夏国师白智光。其为回鹘僧人，精通多种语言，自1038年起在汉文佛经翻译西夏文的工作中扮演重要角色。[4]

这些文本及视觉材料使回鹘人在中古时期跨政

---

1 有关西夏时期佛经印刷事业的译人、校者、抄写者研究，参看史金波《西夏出版研究》，第121—132页。
2 完整发愿文录文见史金波《西夏佛教史略》，第267—268页。译者注：史金波先生此处录文，错将"七"录为"十"，可能与七七斋会有关。
3 此带版画的元本《现在贤劫千佛名经》为西夏文。另一件复制品见中国版画全集编辑委员会《中国版画全集》，第1册，第88页。研究见史金波《西夏佛教史略》，第76—78页；史金波：《西夏译经图》，《文献》1979年第1期，第215—219页。К. Б. 克平（К. Б. Leping）、彭向前：《西夏版画中的吐蕃和印度法师肖像》，《西夏研究》2011年第3期，第3—6页；陈育宁、汤晓芳：《西夏艺术史》，第163—164页。
4 题记可译为"都译勾管作者安全国师白智光"。参看史金波《西夏佛教史略》，第76页。1038年，夏国主李元昊任命白智光及其他僧人翻译佛经。见史金波《西夏佛教史略》。更多有关白智光的研究，见邓如萍《白高大夏国》，第65—67页；夏安：《黑水城出土西夏文佛经木版画》，第154—155页。

图4 西夏文［观］弥勒菩萨上生兜率天经 K.K.C17.s

图6 德国柏林印度艺术博物馆藏吐鲁番出土回鹘文佛说法图

图5 中国国家图书馆藏灵武出土元代西夏译经图

权佛教印经文化中扮演的角色趋于明朗。回鹘僧人以语言天赋及教法圆融著称于世，其被西夏及其他政权争相迎请。[1]据《辽史》载，1050年，一位西夏使臣将回鹘僧人作为礼物供奉给辽国。[2]此外，德国柏林印度艺术博物馆收藏了一幅鲜为人知的回鹘文佛经版画（图6），表明回鹘人是佛教印施活动的供养人。[3]令人注意的是，其由吐鲁番一位回鹘商人赞助。[4]图像左上侧题记表明三位供养人可能是商人本人及其往古父母。[5]饶有趣味的是，此商人还可能于1188年左右，在金中都（今天的北京）赞助印施一批佛经，还将一份带至位于中亚的故乡，并在那里

---

1 更多有关西夏回鹘僧人及回鹘文化的研究，参看杨富学《论回鹘文化对西夏的影响》，姜锡东、李华瑞编：《宋史研究论丛》第5辑，河北大学出版社，2003年，第279—294页；杨富学：《回鹘僧与〈西夏文大藏经〉的翻译》，《敦煌吐鲁番研究》第7卷，2004年，第338—344页。

2 陈述、朱子方编：《辽会要》，上海古籍出版社，2009年，第1001—1002页；史金波：《西夏佛教史略》，第149页；杨富学、陈爱峰：《西夏与周边关系研究》，第198页。

3 在此感谢鲁克思（Klass Ruitenbeek）博士和王庆龄在获取版画图版时提供的帮助。

4 图版及研究见彼德·茨默（Peter Zieme）《一件回鹘文雕版印刷品的供养人及尾记》，《丝路艺术及考古》（*Silk Road Art and Archaeology*）1996年第4辑，第409—424页（版画在pls.1/3/5）。中译本见彼得吉姆、魏文捷译《一件回鹘文雕版印刷品的供养人及尾记》，《敦煌研究》2002年第5期，第33—36页。

5 该回鹘文题记中的名称翻译见茨默《一件回鹘文雕版印刷品的供养人及尾记》，第412—413页。

布施了此回鹘文版画。[1]

在《西夏译经图》中，协助翻译佛经的众僧人围绕译主白智光，其形象比白智光略小，每侧四位。由图像边界处题记可知有党项人，也有汉人。[2]他们坐于长条桌前，上置刷子、墨、书及纸。僧人后面站立一些俗人，很可能是助印佛经的信众。[3]前面为一男一女，身着皇室服饰，坐于安放数盘贡品的桌边。由图像边界处题记可知，前者为盛明皇帝（夏惠宗），后者为其母亲梁氏皇太后。总之，该版画提供了有关西夏皇室赞助翻译佛经的重要信息。

据文献记载，在西夏社会中吐蕃僧人地位最高，回鹘僧人、党项僧人紧随其后，最后才是汉族僧人。[4]夏仁宗迎请吐蕃大师都松庆巴（dus-gsum-mkhyen-pa, 1110—1193）担任其佛教事务的老师，然而，都松庆巴拒绝了夏仁宗的邀请，不过却派遣弟子藏波巴贡却森格（gtsang-po-pa-dkon-mchog-seng-ge, ?—1218）前往，后来该僧成为帝师。[5]这是西夏王朝最高等级的佛教阶层，创建于12世纪末，一直持续到元代。帝师即皇帝的私人老师，负责教授、翻译、编校佛典，当然，也主持佛教仪式。[6]除帝师之外，西夏王朝还聘请高级僧人担任国师、上师，均相当于高级官阶的职务。[7]

这些佛教精英留下了不少图像。比如，在敦煌附近榆林窟第29窟西壁绘画的僧人肖像[8]，由题记可知为西夏国师党项僧人智海，其在西夏王朝后期非常活跃[9]。其服饰及尖帽都带有明显的西夏特色。内着通肩衣，外罩由左肩斜向右肩腋下的袈裟。另外，在黑水城发现一幅夹在藏式唐卡和汉式卷轴画间的僧人画像。[10]其为西夏国的大师，画师运用线描技法表现其稀疏的头发、胡须及前额、脖颈、眼圈处的皱纹。

三 西夏版画及其与其他印刷文化的影响

黑水城出土绝大部分西夏佛经带有明显的汉式风格，与中国其他地方发现的佛经版画具有很大相似性。下文笔者试图将西夏佛经版画与北宋开封，

---

1 在此笔者认同党宝海对文书时代的推论。见党宝海《吐鲁番出土金藏考——兼论一组吐鲁番出土佛经残片的年代》，《敦煌吐鲁番研究》第4卷，1999年，第103—125页。李际宁：《佛经版本》，第118页。茨默将此金代回鹘文佛经版画的时间推定在1038年，见其《一件回鹘文雕版印刷品的供养人及尾记》，第413页。
2 题记中人名翻译见史金波《西夏佛教史略》，第76页。
3 夏安：《黑水城出土西夏文佛经木版画》，第156页。
4 史金波：《西夏佛教史略》，第148页。
5 史伯岭（Elliot Sperling）：《西夏皇帝的喇嘛》（Lama to the king of Hsia），《西藏社会》（Journal of the Tibet Society）1987年总第7卷，第31—50页；邓如萍：《源自西夏的元代国师制度》，《亚洲学刊》（Asia Major）（系列3）第5卷第1部分，1992年，第85—111页，尤其是第96—97页。夏安：《黑水城出土西夏文佛经木版画》，第136页；史金波：《西夏佛教史略》，第142页。
6 邓如萍：《源自西夏的元代国师制度》，第99—100页。
7 史金波：《西夏佛教史略》，第144页。
8 译者注：此图位于榆林窟第29窟南壁东侧上方，而非西壁。或因西夏文题记翻译时，将信毕（西壁）智海错看成"西壁"才致以讹传讹。参看敦煌研究院编《中国石窟·安西榆林窟》，文物出版社，1989年，第241页。
9 图版见高春明《西夏艺术研究》，第218页；谢继胜：《西夏藏传绘画》第1卷，第266—267页；王静如：《敦煌莫高窟和安西榆林窟》，第52页。史金波认为智海是鲜卑裔党项人，见史金波《西夏佛教史略》，第149页。
10 图版见比奥特罗夫斯基《丝路上消失的王国》，第238—239页；关于此图的更多研究见谢继胜《西夏藏传绘画》，第166、169—170页。

图7 中国国家图书馆藏西夏现在贤劫千佛名经 B11.048

图8 龙树祖师像（图7细节）

北宋、南宋杭州，11世纪的辽国燕京（今天的北京）、12世纪的金国平阳印刷佛经进行比较，其相似性表明这些区域之间存在着文化交流。

（一）宋印刷文化的影响

现藏中国国家图书馆的汉文本西夏佛经《现在贤劫千佛名经》版画（B11.048）（图7），精雕细刻，表现了一位僧人坐于木椅之上（图8），其与北宋时期印施的大量佛经图像，尤其是宫廷印施作品存在联系。[1] 由题记可知，该僧人为印度大乘佛教中观学派创始人龙树祖师，体现其教法的《般若波罗蜜多经》在西夏也得以顺利印施。

现存北宋时期的图像，无论是原本还是邻国临摹本，都与西夏作品有很大相似性。首先，其很可能参照了当时的流行粉本或同行惯例，尤其是北宋（图9）、高丽版（图10）《御制秘藏诠》版画。其著述于宋太宗时期，很可能是《开宝藏》的一部分，而西夏也曾获赠此版《开宝藏》。[2] 另外，西夏佛经版画中椅子上的椭圆形坐垫也让人联想到1054年北宋宫廷雕版的禅宗四祖图像、现藏日本京都高山寺绘制于13世纪的禅宗六祖白描画像（图11）。[3] 类似僧人坐于精致木椅上的构图也保留在一幅木刻板的背面（图12），据说其出自河北巨鹿，是目前现存于世最早的刻版之一，现为美国纽约公共图书馆斯

---

1 版画中间位置是罕见的场景：光圈中卢舍那佛为众菩萨、供养人集会说法。图版见陈育宁、汤晓芳《西夏艺术史》，第142页图版2.93—3。更多关于北宋时期龙树祖师的图像，见第141—143页。

2 图版见罗越（Max Loehr）《中国山水木版画：从御览到10世纪的印刷佛经》（Chinese Landscape Woodcuts），波尔纳普出版社，1968年，图版1。黄士珊：《媒介转化与子模设计》，第153页图版28B；黄士珊：《唐宋时期佛教版画》，第396—399页。最新研究成果，见陈昱全《北宋〈御制秘藏诠〉版画研究》，台湾师范大学硕士学位论文，2009年。

3 图版见中国版画全集编辑委员会《中国版画全集》第1卷，第41页图版55。有关该图研究，参看小野玄妙（Ono Genmyo）《唐末五代赵宋时代の佛教画8》，《国華》（Kokka）1934年第524号，第186—187页。简方庭（Jan Fontein）、穆尼·惠克曼（Money L. Hickman）：《禅画与书法》（Zen Painting and Calligraphy），波士顿艺术博物馆，1970年，第2—5页。《高山寺展：明惠上人没后750年特别展览会》，朝日新闻社，1981年，第168—169、229—230页；石守谦：《古传日本之南宋人物画的画史意义——兼论元代的一些相关问题》，《台湾大学美术史研究集刊》（5），1998年，第159页；黄士珊：《道教天、地、水三官图及南宋（1127—1279）视觉文化的形成》，耶鲁大学博士学位论文，2002年，第105页。

图9　北宋御制秘藏诠卷13

图10　高丽副本御制秘藏诠卷7

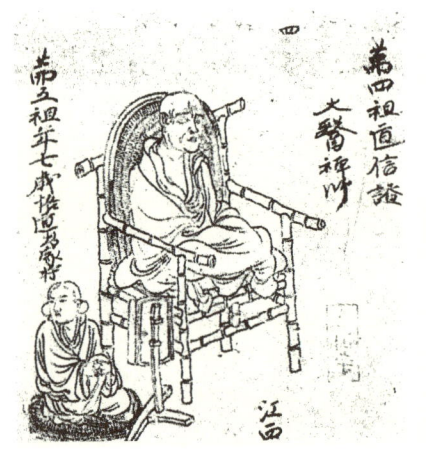

图11　日本京都高山寺藏禅宗六祖像

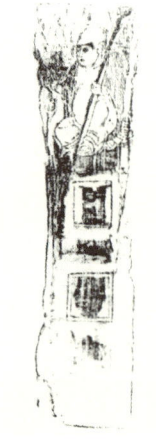

图12　美国纽约公共图书馆藏最早的木刻版画（北宋河北巨鹿）

宾塞藏品。[1]

一些西夏佛经版画同样与杭州的版画也存在相似性，杭州是当时最著名的雕版中心之一。西夏于1146年印施的六个版本汉文本《妙法莲华经》即是佳证（图13）。[2]在第7卷末尾有题记："其日费饮食之类，皆宗室给之"，表明该印经事业由夏仁宗赞助。[3]题记中也提及四名雕版工匠，两人为汉人：王善惠、王善圆。[4]由于在黑水城发现几个宋本《妙法莲华经》，因而，工匠为西夏王室雕刻经版时很有可

---

[1] 图版首刊于李约瑟《中国科学技术史》（Science and Civilization in China）第5卷《化学与化工》第一分册，钱存训：《纸与印刷》，剑桥大学出版社，1985年，图版1053c，刻板封面图像见图版1053b。在钱存训《现存最早的印刷品和雕版实物略评》也有涉及，《装订源流和补遗》，注解9，中国书籍出版社，1993年，第156—157页。在此感谢莱斯大学的安德鲁·泰勒（Andrew Tayor）为笔者提供插图。

[2] 此批佛经六个版本相同，分别是卷一至卷四扉页版画的（TK1、TK15、TK3、TK4），卷六TK10、卷七TK11，见俄罗斯科学院东方研究所圣彼得堡分所、中国社会科学院民族研究所、上海古籍出版社：《俄藏黑水城文献》第1册，第1、17、32、241、257、310页。西夏王朝早期已经将《妙法莲华经》翻译成了西夏文。流传的印刷品及写本，见史金波《西夏佛教史略》，第160—161页。

[3] 黄士珊：《唐宋时期佛教版画》，第425页。

[4] 俄罗斯科学院东方研究所圣彼得堡分所、中国社会科学院民族研究所、上海古籍出版社：《俄藏黑水城文献》第1卷，第270页。史金波认为王善惠是汉人，见氏著《西夏佛教史略》，第148页。更多关于西夏刻工的多民族成分分析，见史金波《西夏出版研究》，第107—108页；陈育宁、汤晓芳：《西夏艺术史》，第136、140、146、180页。

图13 西夏妙法莲华经卷3

能将其作为参照。[1]

据最新研究成果,西夏佛经版画与由晏氏、钱氏雕刻的《妙法莲华经》版画(图14)存在一致性,晏、钱两家为北宋杭州最早进行商业化运作的刻工家族。[2] 虽然西夏佛经版画显得画面简单,雕刻粗糙,但一些独特的元素,如由屏风拱卫坐于讲坛上的说法僧、带篦笆式房屋(图13)前两位着蓑衣农夫的"牧归篱舍图",同样出现在了杭州版画中(图14)。[3] 故而,西夏佛经版画的设计者很有可能参照了杭州佛经版画。[4] 西夏考古材料中也有宋朝印施的佛经材料。

---

[1] 十个版本的《妙法莲华经》第25卷《观音菩萨普门品》(TK154、TK155、TK156、TK167、TK170、TK171、TK175、TK177);见索罗宁《西夏佛教木版画》,第58页。黑水城所出宋代文本研究,见白滨《〈俄藏黑水城文献〉中的宋代文献》,张其凡、范立舟编:《宋代历史文化研究》(续编),人民出版社,2003年,第394—406页。

[2] 黄士珊:《唐宋时期佛教版画》,第414—420、424—425页。

[3] 关于此杭州印刷品的研究,见崔巍《山东省莘县宋塔出土北宋佛经》,《文物》1982年第12期,第40—41页;黄士珊:《杭州早期佛经残片》,贾晋珠(Lucille Chia)、魏希德(Hilde De Weerdt)编:《印刷时代知识与文本的产生:900—1400年的中国》(Knowledge and Text Production in an Age of Print),博睿(Brill)学术出版社,2011年,第135—165页。

[4] 笔者在早期研究中因多臂尊像头光后的一丛长叶图像而将其认为是《大孔雀明王经》,见黄士珊《媒介转化与子模设计》,第147页。在西夏《大密咒总持经》版画中有相似图像,参看陈育宁、汤晓芳《西夏艺术史》,第139页。

西夏佛经版画再探 | 289

图14　北宋杭州晏家雕版妙法莲华经卷7

图15　南宋王仪设计（图14细节）

比如，在黑水城出土一件《妙法莲花经》版画中就有"杭州晏家"题记。[1]

金灭北宋后阻挠西夏与南宋交往。即便与邻国关系紧张，金国仍然在宋夏之间扮演中介的角色，商品通过榷场或者走私贸易得以流通。[2]虽然史料缺载，但通过直接比较西夏与南宋佛经版画，就能意识到前者吸收了后者的佛经印刷文化。

笔者以南宋王仪设计的《妙法莲华经》版画为例。[3]在过去的研究中，笔者通过比较不同时代而形式相同的作品，建立起其与杭州印刷文化之间的联系。[4]图中僧人坐于矮脚凳上，另有一僧坐于带书法或绘画屏风的高台上（图15），同样元素也出现在西夏《华严经·普贤行愿品》版画（此后称华严经版画）（TK98）（图16）中。[5]后者精雕细刻地表现了善财童子参拜善知识的场景，包括假山、植物及栏杆，令人不由联想到南宋《文殊指南图赞》（图17）中相似的设计与题记。该图由杭州众安桥附近的出版商——贾官人宅印制。[6]

除了前述相似性外，《华严经》版画还有一些独特的叙事图像。一个情节是佛教史中罕见的血写佛经场景。[7]版画中善财童子将左臂割伤，流血于碗内。

---

1 关于此经的更多研究，见黄士珊《媒介转化与子模设计》，第146—147页。此或许是参照晏家版画的西夏印刷品，见中国版画全集编辑委员会《中国版画全集》第1卷，第33页。

2 杨富学、陈爱峰：《西夏与周边关系研究》，第98—99页；李华瑞：《宋夏关系史》，第110—119页；王昆：《宋与辽夏金间的走私贸易》，东北师范大学硕士学位论文，2006年。

3 图版见台北故宫博物院编辑委员会编《〈妙法莲华经〉图录》，台北"国立"故宫博物院，1995年，第19—21页。

4 更多有关王仪设计版画的研究，见黄士珊《媒介转化与子模设计》，第147—154页。

5 佛经末尾的发愿文表明其为皇太后罗氏为夏仁宗去世三周年纪念而印施。详细录文见俄罗斯科学院东方研究所圣彼得堡分所、中国社会科学院民族研究所、上海古籍出版社：《俄藏黑水城文献》第2册，第372—373页。

6 更多有关此图赞的研究，见简方庭（Jan Fontein）《善财童子的朝圣之旅：中国、日本、爪哇〈华严经·入法界品〉图像研究》（The Pilgrimage of Sudhana），莫顿（Mouton）出版社，1967年，第23—40页。黄士珊：《道教天、地、水三官图及南宋（1127—1279）视觉文化的形成》（Triptych of Daoist Deities），第127—128页；奈良国立博物馆：《东亚佛教》，奈良国立博物馆，1999年，第229、263—264页；宿白：《唐宋时期的雕版印刷》，文物出版社，1999年，第88、154页。

7 柯嘉豪（John Kieschnick）：《中国的血书佛经》（Blood Writing in Chinese Buddhism），《国际佛教研究协会期刊》（Journal of the International Association of Buddhist Studies）2000年总第23卷第2部分，第177—194页；余吉美（Jimmy Yu）：《中国宗教的神圣与抗争：1500—1700》

图16　华严经·普贤行愿品（西夏TK98） 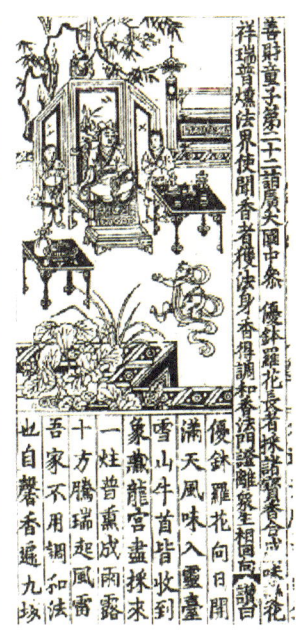　　　　　　　　　　　　　　　图17　南宋贾家文殊指南图赞

其后一文人坐于桌前，书写佛经。旁边题记为"刺血为墨，抄写经典"，表明写经用的是特殊墨水——血。

黑水城出土一块《大方广佛华严经变相》（此后称华严经变）版画残片（TK114）（图18），为验证西夏与南宋印经文化间的关系提供了条件。[1] 图像表现了美妙的华严宇宙莲花台藏世界海，其中很多小型坐姿千佛，每尊都处于漂浮在海水中封闭的莲花苞内。[2] 中间是善财童子参拜坐于华丽亭子中的一尊佛的场景。此图像与普贤版画中的善财童子场景非常相似（图16）。

此《华严经》版画残片与一幅几乎不为学界所知的南宋《梵网经》（图19，今后称《梵网经》，

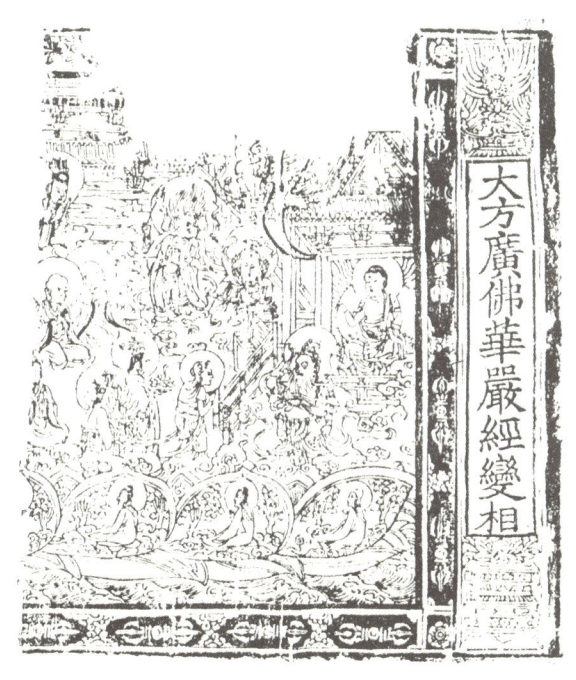

图18　黑水城出土西夏《大方广华严经变相》（TK114）

（接上页）(Sanctity and Self-Inflicted Violence in Chinese Religions)，牛津大学出版社，2012年。李际宁提到中国国家图书馆收藏一份明代血书《观音经》，参看李际宁《佛经版本》，第8页。

1　有关西夏流行华严思想的研究，见史金波《西夏佛教史略》，第156—157页。
2　图版见陈育宁、汤晓芳《西夏艺术史》，第151页图版2.100。
3　图版见中国版画全集编辑委员会《中国版画全集》，第1卷，第55页。《梵网经》内容见T.24.1484，第997—1003。现存朝鲜佛经版画、日本佛经版画也参照同样粉本。更多有关《梵网经》研究，见金延美（Youn-mi Kim）《永恒世界：朝阳北塔》(Eternal Ritual in an Infinite Cosmos: The Chaoyang North Pagoda)，哈佛大学博士学位论文，2010年，第5—6、96、102—103页。

西夏佛经版画再探　│　291

图19 日本京都西大寺藏南宋《梵网经》

现藏日本奈良西大寺）版画有很大相似性。[1]虽然同样表现华严宇宙莲花台藏世界海，但《梵网经》却是部伪经，可能成书于3至5世纪间，表现了卢舍那佛及莲花藏世界的无数化佛。[2]奈良西大寺版画和《华严经》版画残片是现存最早的两幅表现莲花台藏世界海的版画。

不同于北宋时期常见的表现方式，如王静芬及其他学者研究的经变画、版画、造像，新模式则为水平式完整海边漂浮大莲花的卢舍那说法图。[3]因而，莲花意象是种创新，占据了图像中心位置。现在看来其就像一艘无所不包的航母，载着乘坐在无数艘封闭小舟内的无量化佛。我们都很惊叹于此由版画艺术家创作的新构图，成为一个新范式，酝酿出相似的朝鲜、日本、中国图像。[4]

（二）辽的影响

历史学家已经探明了西夏、辽和宋的复杂关系。西夏与辽皇室的通婚、战争、贡赐、跨境贸易都是二

---

1 王静芬（Dorothy Wong）：《东亚的华严图像》（*The Huayan Painting in East Asia*），郝清新（Imre Hamar）编：《反射之镜：华严宗的视角》（*Reflecting Mirrors*），哈拉索威兹出版社（Harrassowitz Verlag），2007年，第341—342页。一些学者已经注意到《梵网经》中表现的莲花藏世界与《华严经》阐释的华严世界并非一样。参见定方晟（Akira Sadakata）《佛教的宇宙观：哲学与起源》（*Buddhist Cosmology*），佼成（Kosei）出版社，1997年，第143—157页。更多有关华严哲学研究，见弗朗西斯·库克（Francis H. Cook）《华严宗：因陀罗网》（*Hua-yen Buddhism: The Jewel Net of Indra*），宾夕法尼亚大学出版社，1977年。有关经变画的研究，见霍熙亮《敦煌地区的梵网经变》，敦煌研究院编：《安西榆林窟》，文物出版社，1997年，第188—215页。有关莲花藏世界中的卢舍那佛及小型千佛，见榆林窟第32窟及莫高窟第454窟的五代时期壁画，第190、202—203页。

2 王静芬辨别出了一些宋代之前的莲花藏世界图像，包括法国吉美博物馆藏一幅卷轴画，敦煌莫高窟第12窟、第61窟经变画，以及日本东大寺（Todaiji）青铜佛造像莲花座。见其《东亚的华严图像》，第338—344页。金延美曾研究辽代的界主释迦佛造像，探析洛阳龙门石窟唐代奉先寺卢舍那造像，见其《永恒世界》，第91—100页。

3 此范式尚需更多研究。类似南宋和西夏版画（图18、19）的图像，见太监刘世芳整理的以杭州旧版为基础清代康熙时期（1662—1722）新刻版画。中国版画全集编辑委员会：《中国版画全集》，第1卷，第190页。学界已经注意到唐代和辽代卢舍那造像的相似性，但没有图片可与南宋、西夏版画对比。见金延美《永恒世界》，第94—100页。

4 杨浣：《辽夏关系史》，人民出版社，2010年，第11—15、136—159、227—235页；杜建录：《西夏与周边民族关系史》，甘肃文化出版社，1995年，第110—128页；杨富学、陈爱峰：《西夏与周边关系研究》，第281—283页；漆侠、乔幼梅：《辽夏金经济史》，河北大学出版社，1994年，第237—239页。

者互动的表现。[4]11世纪西夏与辽就在今天山西北部的大同及内蒙古部分地区开辟了榷场贸易。[1]西夏与辽邦交初期，西夏就向辽派送回鹘僧人、金质佛像、贝叶经等作为外交礼物。[2]此外，在内蒙古呼和浩特一座辽代佛寺遗址中，发现一枚西夏文"天祐宝钱"，可见西夏僧人可能也参访了辽国寺院。[3]随着西夏—辽贸易开展，辽国信众也朝拜西夏佛教寺院宝塔。[4]

索罗宁对辽和西夏之间佛教往来的系列研究已经表明前者对后者的影响不容忽视。[5]据其研究，西夏除了翻译辽国佛经外，甚至还印制了整部《契丹藏》，讲授、传播禅宗、华严宗及密宗教派。[6]诚如笔者所述，1062年西夏皇室接收了以宋《开宝藏》为底本的新印《契丹藏》，作为编校西夏佛经的补充材料。[7]

竺沙雅章及其他学者已经注意到黑水城出土《阿含经》文书与此前被认为是西夏，后来确定为辽国燕京（北京）印施《阿含经》版本的区别[8]，如《佛说长阿含经第四分世纪经·阿须伦品》（TK274）版画残片（图20），由题记可知为护法神王。[9]此图与山西应县佛宫寺木塔所出未完成的版画相似（图21）。[10]因而，黑水城所出护法神王版画残片可能属于辽国版画。

竺沙雅章对辽国《阿含经》残片的探索使笔者联想到另一幅应县木塔所出《中阿含经》（图22）。《中阿含经》三十六卷，版画完整、精美，其与该塔所出《大法炬陀罗尼经》第十三卷版画完全一致（图23）[11]，表明此两幅应县版画共同参照了流行的西夏

1　杨富学、陈爱峰：《西夏与周边关系研究》，第82页。

2　陈述、朱子方：《辽会要》，第1001—1002页；杨浣：《辽夏关系史》，第152—153页。

3　杨富学、陈爱峰：《西夏与周边关系研究》，第82页；杨富学、陈爱峰：《西夏钱币的流布区域及相关问题》，《西夏研究》2012年第4期，第3—28页；张郁：《呼和浩特郊区辽代佛寺废墟揭密》，《内蒙古文物考古》1994年总第11卷第2期，第75—79页。西夏文大约在1036年前后开始运用；参看邓如萍《西夏》，第182页。

4　杨富学、陈爱峰推测辽国只是以宗教为借口，借参访佛寺之机侦察边境。参见杨富学、陈爱峰《西夏与周边关系研究》，第199—200页。

5　索罗宁：《辽对西夏佛教的影响》；《西夏佛教一瞥》；《辽与西夏间的佛教互动》。

6　索罗宁：《辽和西夏间的佛教互动》。

7　杨富学、陈爱峰：《西夏与周边关系研究》，第200—201、205页。黑水城所出其他辽国僧人所写佛经及注解见第201—202页。有关《契丹藏》与《开宝藏》比较研究，见罗绍《"契丹藏"与"开宝藏"之差异》，《文物》1993年第8期，第59—65页；徐时仪：《〈开宝藏〉和〈辽藏〉的传承渊源考》，《宗教学研究》2006年第1期，第45—50页。

8　竺沙雅章讨论的两个版本《阿含经》为《增一阿含经》（T.125）和《佛说长阿含经》（T.1）；见竺沙雅章《黑水城出土的辽刊本》，《汲古》2003年第43期，第23—24页；杨富学、陈爱峰：《西夏与周边关系研究》，第201—203页；府宪展：《敦煌文献辨疑录》，《敦煌研究》1996年第2期，第89页。

9　图版见俄罗斯科学院东方研究所圣彼得堡分所、中国社会科学院民族研究所、上海古籍出版社《俄藏黑水城文献》第4册，第365页。有关辽代的出版事业，参看王巍《辽代刻书事业管窥》，《装订源流和补遗》注解9，第259—264页；杨效芳：《应县木塔辽代秘藏版画研究》，《五台山研究》2013年第3期，第38—43页。

10　竺沙雅章：《黑水城出土的辽刊本》，第22—23页；图版见山西省文物局、中国历史博物馆编《应县木塔辽代秘藏》，文物出版社，1991年，第19页。更多有关应县木塔的研究见郑恩准《应县木塔发现的七件辽代印刷品》，《装订源流和补遗》注解9，第265—273页。

11　图版见山西省文物局、中国历史博物馆编《应县木塔辽代秘藏》，第6、52页。文本中都有"神坡云泉院"封印。更多有关应县木塔所出辽佛经版画研究，见黄士珊《唐宋时期佛教版画》，第421页。另见来国龙（Guolong Lai）《扣岑（Cotsen）所藏辽代供养铜镜》，《扣岑所藏中国铜镜研究》，罗泰（Lothar Von Falkenhausen）：《古迹考古》（Monumenta Archaeological）2011年第2期，第25卷，科特森出版社，第189—191页。

西夏佛经版画再探 | 293

图20 辽代《长阿含经阿须伦品》护法神王（TK274）

图21 辽代护法神王

图22 山西应县木塔出土辽代《中阿含经》

图23 山西应县木塔出土辽代《大法炬陀罗尼经》卷13

粉本。下面一部分我们就会发现，其还影响到后来的版画设计。[1]

（三）金的影响

在12世纪前，西夏因与金强大的对手——辽关系密切，故而两国未建立外交关系。但是，在1125年金灭辽和北宋后，情况发生了转变。随着边界线的重新改动，金成为西夏的毗邻国家，两国关系迅速升温。1154年，西夏遣使金国，求取儒家经典和佛经。[2]从1162年至1189，金每年都遣使西夏，庆贺夏仁宗寿诞。[3]

12世纪，西夏与金两国的市场大部分位于边境线一带，即今天的山西北部、内蒙古和陕西。[4]这也是11世纪西夏与辽、北宋设立市场进行贸易的地方。绝大部分畅销品是西夏的宝石、猎鹰，金国的丝织品、铁器、马匹，双方互购马匹。[5]他们还交换一些从其他地方贩运来的商品，金渴望从西夏得到丝路沿线的香料、宝石、翡翠等物品。[6]同样，金也会出售从南宋获取的茶叶、丝绸、稻米，或许还有书籍。[7]此外还流行民间贸易与非法的走私贸易。[8]

考古发现可为文化之间的传播提供更多确凿的例证。在宁夏银川西夏宏佛塔发现了一件用于佛教仪式的旗幡，时代为1190—1227年。上有墨书发愿文，表明功德主为金国镇戎州（今宁夏固原）人赵仲及其家人，该地毗邻西夏边境。[9]

就印刷品而言，金国印制的版画材料在西夏境内也有发现。经常被提及的是黑水城所出一件精美的单张印刷品《四美图》，其由金国平阳一户姬姓出版商印制。该地位于山西南部，距离西夏边境不远，

---

1 从山西应县木塔所出少量辽代佛经版画，就可看到其风格与大多数西夏佛经版画并不一致。更多有关辽与宋代版画研究见拙文《媒介转化与子模设计》，第145—146页以及拙著《唐宋时期佛教版画》，第420—423页。
2 （元）脱脱：《金史》第60卷，中华书局，1975年，第1408页。另见杨富学、陈爱峰《西夏与周边关系研究》，第205页。
3 刘建丽：《略论西夏与金朝的关系》，《宁夏社会科学》2005年第3期，第79页。更多有关夏—金关系研究，见邓如萍《西夏王朝的没落》，第161—162、167、171—176页。
4 杨富学、陈爱峰：《西夏与周边关系研究》，第63—99页。
5 杨富学、陈爱峰：《西夏与周边关系研究》，第95—97页；漆侠、乔幼梅：《辽夏金经济史》，第238—239、387—388页。
6 杨富学、陈爱峰：《西夏与周边关系研究》，第95页。黑水城所出现藏俄罗斯圣彼得堡的艺术品中有一串五颜六色的项链，用珊瑚、玻璃、宝石等珠子串成。学者推测该项链源自遥远的阿拉伯国家。图版见比奥特罗夫斯基《丝路上消失的王国》，第253页。更多研究见杨蕤《西夏外来商品小考》，《宁夏社会科学》2002年第6期，第70—73页。更多有关西夏在丝路贸易中扮演角色的研究，见杨富学、陈爱峰《西夏与周边关系研究》，第3—62页；李学江：《西夏时期的丝绸之路》，《宁夏社会科学》2002年第1期，第91—96页。邓如萍以著名的洪皓（1088—1155）旅行记《松漠纪闻》为证据，指出回鹘商人取道西夏前往金都燕京，西夏抽取运送商品价值10%的商税；见邓如萍《西夏》，第100页。更多有关《松漠纪闻》的研究，见林航（Hang Lin）《蛮夷之旅：12世纪洪皓女真之行及其旅行记〈松漠纪闻〉》（A Journey to the Barbarians），《中国研究杂志》（*Revista de Estudos Chineses*）2013年第9期，第89—104页。
7 杨富学、陈爱峰：《西夏与周边关系研究》，第98—99页；女真（金）人抱怨与西夏人交换的宝石和翡翠毫无价值，见邓如萍《西夏》，第205页。
8 王昆：《宋与辽夏金间的走私贸易》。
9 孙继民：《宁夏宏塔寺所出幡带汉文题记考释》，《俄藏黑水城汉文非佛教文献》（注解21）第3册，第1038—1047页，尤其是第1041页。更多有关宏佛塔幡的研究见杨富学、陈爱峰《西夏与周边关系研究》，第206—207页。更多有关宏佛塔及其他西夏时期佛塔研究，见雷瑞泽、于春海、何继英《西夏佛塔》。

图24 敦煌莫高窟出土西夏观音菩萨普门品

是金国最著名的印刷中心。[1]另外，珍贵的金国文书《刘知远诸宫调》，可能也出自平阳，其让后世明乎彼时流行的世俗文学。[2]黑水城所出另一件金国佛教印刷品文献是《心经》和《华严经·普贤菩萨誓愿品》。[3]

虽然现存金国佛教版画图像寥寥无几，但西夏水月观音图像与金国版画有相似之处。[4]其为敦煌所出西夏图像（图24）与现藏新奥尔良艺术博物馆（New Orleans Museum of Art）的金国木造像（图25）装藏《高王观世音经》版画（图26）的参照材料。[5]在卷末有一方出版戳印"平阳府洪洞县经坊卫家印造记"（图27）。然而，此卫家经坊本藉藉无名，却也出现在著名的平阳印刷《四美图》出版名目里。由1173年的发愿文题记可知，印造观音经一千卷的供养人为耶律珪及其夫人大氏，耶律珪为洪洞县承

图25 金代木雕观音像

---

[1] 印经模仿卷轴画的形式，封面和封底另以黑蓝色纸护封。此印经及其他早期印经均模仿绘画形制，见黄士珊《唐宋时期佛教版画》，第393—395页。

[2] 更多有关《刘知远诸宫调》研究，见孙康宜（Kang-i Sun Chang）、宇文所安（Stephen Owen）《剑桥中国文学史》第1卷，剑桥大学出版社，2010年，第541页。感谢同事钱南修女士为我提供资料。

[3] 杨富学、陈爱峰：《西夏与周边关系研究》，第206页；史金波：《西夏出版研究》，第70页。

[4] 关于此主题的更多研究，见夏安《黑水城出土西夏文佛经木版画》，第63—77页；黄士珊：《唐宋时期佛教版画》，第415—416页；樊丽莎：《从出土文献看西夏的观音信仰》，《西夏研究》2013年第3期，第49—54页。

[5] 伍德（Wood）：《七十五周年献礼》；韩琦：《美国发现的金刻本佛经》。

296 | 丝绸之路研究集刊·第一辑

图26　山西平阳洪洞卫家经坊金代高王观世音经

图27　山西平阳卫家经坊高王观世音经

图28　金代佛说生天经

安康，四恩三友，同登彼岸。[2]

据韩琦研究，金代木造像装藏另外两份佛教文书，有一份为从未收入佛藏的《佛说生天经》（图28）。[3] 卷末珍贵的发愿文表明其时间为1155年，功德主为长命村刘姓村民（图29）。图像表现了一幅地藏菩萨站在地狱门口的场景。此图令人想起前文讨论过相似的普贤版画（图16），其在宋代宗教艺术中也很常见。

（四）模式构图：背对观者的跪姿图像

1988年敦煌莫高窟北区石窟B53窟发现金国《华严经》残片（B53:1）（图30），可能与西夏汉文本《普贤菩萨行愿经》版画有关（TK142）（图31）。[4] 大体而言，两幅图像中间位置均有一人背对观者，跪拜

信校尉。[1] 发愿文还表明其印施佛经的两个目的：追荐亡灵，愿超开天界；见存家眷，增延福寿，永保

1　题记的翻译见韩琦《美国发现的金刻本佛经》，第212—213页。
2　关于此主题的解析及其相关活动见汪悦进（Eugene Y. Wang）《法华经的塑造：中国中古时期的佛教视觉文化》（Shaping the Lotus Sutra），华盛顿大学出版社，2005年，第364页。
3　韩琦：《美国发现的金刻本佛经》，第212、214页。
4　重印情况见中国版画全集委员会《中国版画全集》第1卷，第64、75页。更多有关莫高窟北区石窟遗址发掘资料见彭金章、王建军《敦煌莫高窟北区石窟》第1卷，第190—191页；彭金章：《敦煌莫高窟北区石窟研究》第1册，第246页。

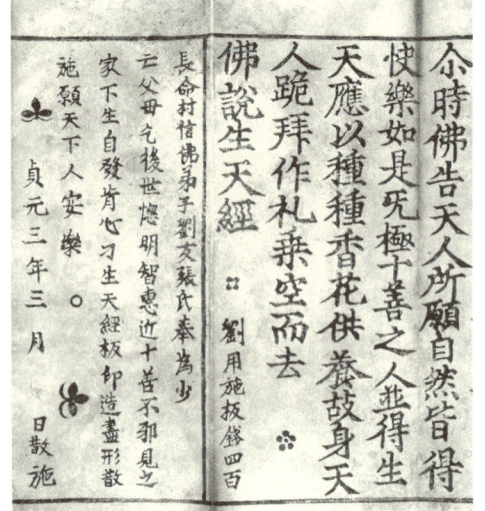

图29　金代佛说生天经细节　　　　　图30　莫高窟北区石窟B53出土金代华严经

主尊佛。主尊可能是华严教主大毗卢遮那佛，其广为人知的另一名号为"大日如来"。[1]如果从背面看，在跪姿菩萨像右侧还有一身相同的跪姿善财童子像。此西夏佛经版画中的漩涡纹表明其为"眉明胜音菩萨"。

敦煌本金国文书残片断代很难。李际宁以木板刻工所刻文本构图入手，认为其为金藏（以《赵城藏》著称于世）一部分。该经板于1143—1173年在山西解州天宁寺首次雕刻，随后于1181年前后流传到中都弘法寺。[2]虽然笔者对此观点深表赞同，但也怀疑敦煌版画残片为金代的说法。文献表明，金藏在13世纪后半叶还有数次重印和补刻，其变化自然也包括新制版画。[3]

敦煌所出该件文书的断代需要提前大约100年，应为10世纪末、11世纪初印刷的北宋或辽国版画，其有现存最早可资参考背对观者的跪姿人像。[4]北宋淳化年间（990—994）杭州龙兴寺印刷的《华严经》版画可能是金国和西夏最相似的潜在

---

[1] 两个经本中大日如来的宝冠、服饰、智拳印看起来相似。宝冠佛样式的大日如来在西夏佛经《华严经》版画（TK243）中能够看到。来国龙文中讨论了相似的辽代图式，《辽代佛教还愿镜》（*Liao-Dynasty Buddhist Votive Mirror*），第189页。更多有关大日如来及《华严经》的研究，见何恩之（Angela Falco Howard）《大日如来图像》，博睿出版社，1986年；王静芬：《东亚的华严图像》；金延美：《永恒世界》，第6—7页。

[2] 李际宁：《佛经版本》，第104—118页，尤其是第117页图版49—50；另见中国版画全集委员会《中国版画全集》第1卷，图版94的解说，第32页。由吐鲁番所出现藏德国柏林的数件佛经残片，学界推测金国佛经经西夏传至吐鲁番。详见茨默《功德主与题记》；党宝海：《吐鲁番出土金藏考》；李际宁：《佛经版本》，第118页。

[3] 扈时祥、扈新红：《"赵城金藏"事迹考》。

[4] 山西省博物馆所藏691年石碑上浅浮雕涅槃佛，右下侧有一身背对观者的跪姿僧人图像。感谢卜向荣（Phillip Bloom）和汪悦进给我提示此件材料。有关此石碑的研究见李琛妍（Sonya S. Lee）《幸存的涅槃：中国视觉文化中的佛陀之死》，香港大学出版社，2010年，第81—82页。两个或两个以上背对观者的跪姿图像出现在敦煌莫高窟第12窟、第61窟华严经变壁画中，但其在9、10世纪作品中并不突出。见敦煌研究院、江苏美术出版社编《敦煌石窟艺术·莫高窟第61窟》（五代），江苏美术出版社，1995年，图版100；同上《敦煌石窟艺术·莫高窟第9窟》、《敦煌石窟艺术·莫高窟第12窟》（晚唐），江苏美术出版社，1994年，图版170。王静芬：《东亚的华严图像》，第366页图版5；第368页图版7。

图31 西夏普贤菩萨行愿经TK142

图32 北宋七处九会

粉本（图32）。[1] 该版画图像经典依据为盛唐时期翻译的《华严经》，图像表现了"七处九会"的场景。[2] 在表现佛集会说法的九会场景中，五处参照了前述西夏和金国的相同粉本。龙兴寺图像构思巧妙，既非敦煌本残经也非西夏例证——用两个三角形图案勾勒出跪者袍服下的双脚轮廓。相比之下，虽然还不能确定应县木塔所出两幅辽国佛经版画构图（图22、图23），其很有可能印刷于1003年之前。[3] 这一构图模式一直流传于元明清时期，甚至还远播高丽和日本。[4]

如果我们超越《华严经》的图像范围，就会发现跪姿者图像可能反映了职业工匠在工作坊采用的

---

[1] 林柏亭：《大观：宋版图书特展》，台北"国立"故宫博物院，2006年，第200—207页；中国版画全集委员会：《中国版画全集》第1卷第36页。

[2] 有关这一主题的敦煌图像（壁画和绢画）研究见王静芬《东亚的华严图像》，第338—344页。

[3] 关于此应县版画图像的讨论见来国龙《辽代佛教还愿镜》，第189—191页。

[4] 元、明、清的例子见中国版画全集委员会《中国版画全集》，第117—119、123、127—128、130、132、134—136、175、187、195、205页。

西夏佛经版画再探 | 299

图33 西夏圣妙吉祥真实名经

标准化构图模式。[1]从西夏佛经版画到文殊山石窟中的西夏壁画，均出现了《华严经》中根本不存在的跪姿者的图像。[2]跪者身份或为菩萨，或为僧人。如在一幅西夏设计者根据藏传图像风格设计的《圣妙吉祥真实名经》版画中就出现了一位跪姿僧人像（图33）。[3]除了版画外，此构图模式也出现在晋南地区宋元时期寺院壁画中，其中最早的是1096年北宋时期高平开化寺的佛说法图（图34）。[4]另外，陕西耀州圣帝东庙1102年北宋道教《太上说九幽拔罪心印妙经相》石刻上也出现了相似图像（图35）。[5]除了前文已经讨论过的早期印刷本和壁画形式的佛教图像外，此处是道士跪在供奉三清天尊像供桌前的道教图像。另一可资比较的图像是元代稷山青龙寺壁画中立姿僧人向供奉的毗卢遮那佛鞠躬。[6]卜向荣指出："此跪姿者像是信徒的化身……一个告知信众如何供养崇高佛祖的模范。"[7]借用其观点，辽、宋、西夏、金版画中出现的跪姿者图像，或也对凝注佛经扉页版画的观者起了指引的作用。

结语　西夏印刷文化在元初杭州的遗留

最近，元代西夏佛教印刷文化的研究为未来开辟了新方向。据美国印第安纳大学艾鹜德《蒙古及

1　中古时期作坊在绘制寺观壁画、墓室壁画、卷轴画、佛经版画的个案研究，见夏南希（Nancy Shatzman Steinhardt）《朱好古再探：晋南佛道寺观壁画风格时代新探》，《亚洲艺术》（*Artibus Asiae*）1987年总第48卷，第1/2部分，第5—38页；雷德侯（Lothar Ledderose）：《万物：中国艺术中的模件化和规模化生产》（*Ten Thousand Things*），普林斯顿大学出版社，2000年；雷德侯：《地狱十王》（*Kings of Hell*），《中央研究院国际汉学会议论文集·艺术史组》，台北"中央"研究院，1981年，第191—219页；胡素馨（Sarah E. Fraser）：《构造视觉：中国及中亚地区佛教壁画的绘制（618—960）》，斯坦福大学出版社，2003年；李清泉：《粉本：从宣化辽墓壁画看古代画工的工作模式》，《南京艺术学院学报》（美术与设计版）2004年第1期，第36—39页；孟嗣徽：《元代晋南寺观画群研究》，紫禁城出版社，2011年；黄士珊：《从永乐宫壁画谈元代晋南职业画坊的壁画制作》，台湾大学硕士学位论文，1995年；黄士珊：《媒介转化与子模设计》；黄士珊：《唐宋时期佛教版画》。

2　有关万佛洞壁画，参看施爱民《文殊山石窟万佛洞西夏壁画》，《文物世界》2003年第1期，第57—59页。

3　图版见比奥特罗夫斯基《丝路上消失的王国》，第268页。

4　有关北宋壁画，见中国寺观壁画全集编辑委员会《中国寺观壁画全集》第1卷，广东教育出版社，2009年，第170页图版110。感谢洪知希（Jeehee Hong）提示笔者注意这些材料。青龙寺壁画图版见前书第2卷，第34页图版9。

5　图版见北京图书馆金石组《北京图书馆藏中国历代石刻拓本汇编》第41卷，中州古籍出版社，1989年，第75页。

6　图版见戴晓云《佛教水陆画研究》，中国社会科学出版社，2009年，第132页。

7　卜向荣：《神祇之位：水陆斋会及宋代（960—1279）佛教视觉文化的转化》（*The Water-Land Retreat and the Transformation of the Visual Culture of Song-Dynasty [960—1279] Buddhism*），哈佛大学博士学位论文，2013年，第249页。尤其是其对大足宝顶山石窟南宋时期的圆觉洞中华严诸尊前跪姿菩萨像的解析，第363—366页。

图34 北宋山西高平开化寺壁画

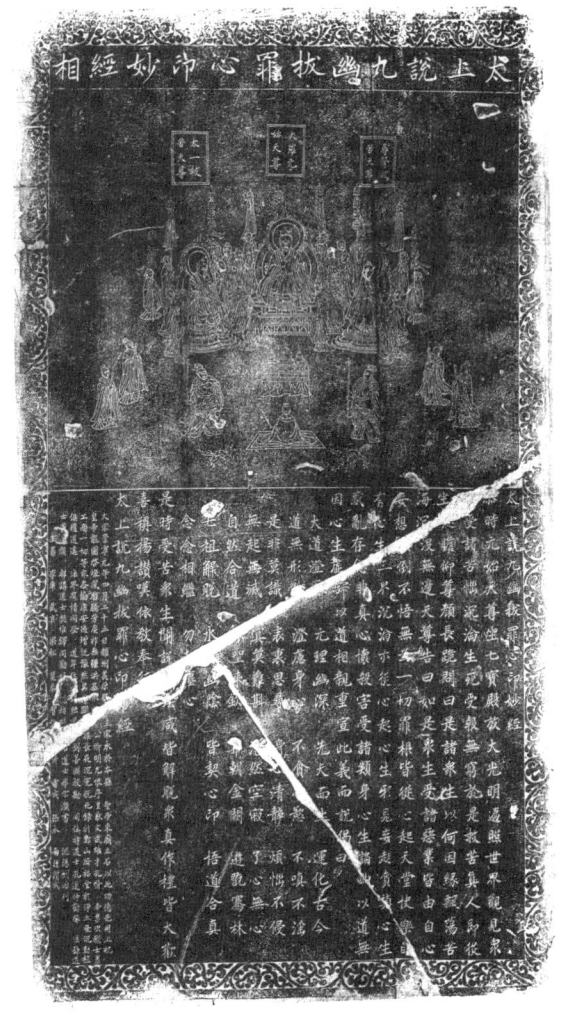

图35　陕西耀州圣帝东庙太上说九幽拔罪心印妙经相

蒙古帝国百科全书》载，在蒙古人攻占中幸存下来的少量西夏人，在新生的蒙元政权中跻身于最高阶层——色目人。在14世纪初，西夏人已经跻身于高贵的统治阶层。[1]较为学界熟知的1340年完成的居庸关云台（广为人知的"过街塔"）上雕刻的多民族文字即是此变化的证据。西夏文字占据了石龛大部分空间，在汉文、藏文、八思巴文、回鹘文、梵文中显得格外突出。[2]

现在我们已经知晓先前被认为是西夏时期的印经是元代杭州作品，包括著名的1917年发现于宁夏灵武，现藏中国国家图书馆的西夏文佛经《慈悲道场忏罪法》版画（图36），时间是1302年。[3]图像右侧边框处有珍贵的刻工俞声题名（图37），其也参与了1277—1290年《普宁藏》经板的雕刻。[4]饶有兴趣的是，研究者认为其雕版参照了早期的西夏范本。[5]灵武佛经版画数次作为明清时期印经和版画的粉本（图38），证明此西夏图像长期盛行，广受关注。[6]

《慈悲道场忏罪法》是佛教忏悔仪式文本，据

---

[1] 艾鹜德（Christopher P. Atwood）：《蒙古及蒙古帝国百科全书》（*Encyclopedia of Mongolia and the Mongol Empire*），纽约档案公司出版社，2004年，第591页。

[2] 宿白：《居庸关过街塔考稿》，《文物》1964年第4期，第13—29页，尤其是第21—26页。

[3] 图版见中国版画全集委员会《中国版画全集》，第1卷，第93页。西夏文前言的汉译见史金波《西夏佛教史略》，第240页。黑水城出土《慈悲道场忏罪法》残片研究见塔拉、杜建录、高国祥《中国藏黑水城汉文文献》，第9册，第1739—1741、1743—1744页。

[4] 王菡：《元代杭州刊刻〈大藏经〉与西夏的关系》，《文献》2005年第1期，第111—118页，版画边框处和附属文本中刻工名讳介绍在第114—115页。在白云宗主道安和盐巴、杨琏真伽、管主八等僧官的赞助和支持下，《普宁藏》得以于1277—1290年刊刻。见李富华、何梅《汉文佛教大藏经研究》，宗教文化出版社，2003年，第316—345页（版画上的手迹介绍在第330页）；丁国范：《元代的白云宗》，元史研究会编：《元史论丛》，第4卷，中华书局，1992年，第173—182页；欧大年（Daniel L. Overmyer）：《中国宋元时期的白云宗》（*The White Cloud Sect in Sung and Yuan China*），《哈佛亚洲研究学报》（*Harvard Journal of Asiatic Studies*）1982年第42卷第2部分，第615—642页。

[5] 俄罗斯藏一件相似但尚未确定的版画，见陈育宁、汤晓芳《西夏艺术史》，第163页。该图像的时代尚需更多研究，与中国国家图书馆藏版画相似的一幅图像收藏在大英图书馆，见中国版画全集委员会《中国版画全集》第1卷，第83页。

[6] 有关云南水目寺1545年版画和北京响铃寺1652年重印图像，见中国版画全集委员会《中国版画全集》第1卷，第161、177页。

图36　元代俞声刊慈悲道场忏罪法

说起源于梁武帝在宝志公禅师建议下兴修法会。[1] 忏罪仪式为了追荐梁武帝去世的皇后郗氏，其因生性善妒而遭报应，死后变身蟒蛇。此仪式即为其超度，使其再返人身，最终能够往生天国。

版画左侧的叙事式图像将此故事表现得栩栩如生（图34）。在一座以山水画屏风装饰的宫殿中，梁武帝与宝志公禅师相对而坐，注视着郗氏的两次变身：第一次是盘绕在殿内地砖上的蛇；第二次是乘云飞升，身着华服的贵妇。

想要明白为何元代参照西夏范本的佛经版画在杭州印刷，我们需要追寻西夏灭亡后移居江南的西夏僧人。[2] 国师、帝师杨琏真伽、管主八等西夏佛教精英人士[3]，在13世纪末、14世纪初都曾布施供养三部大藏

图37　慈悲道场忏罪法（图36细节）"俞声刊"题记

1　有关此文本的研究见杨志高《中英两国的西夏文〈慈悲道场忏罪法〉藏卷叙考》，《宁夏师范学院学报》2010年总第31卷第1期，第73—81页。此十卷本《慈悲道场忏罪法》，见T.45.1909:922—926。据说梁武帝是水陆斋的创始人。最新有关此仪式的宋代佛教视觉文化研究见卜向荣《神祇之位》。有关梁武帝对佛教仪式的赞助见陈金华《梁武帝内道场中的无遮法会》，《哈佛亚洲研究学报》2006年第66卷第1部分，第43—103页。

2　忽必烈可汗打压禅宗，任命女真僧人亢吉祥、西夏僧人杨琏真伽及其他非汉族僧人主持佛教事务，支持藏传佛教等宗派。见陈高华《再论元代河西僧人杨琏真伽》，《中华文史论丛》2006年第6期，第160—166页。更多有关元代西夏人研究，见史伯岭《咱米桑杰扎巴（Rtsa-mi lo-tsa-ba Sangs-rgyas grags-pa）与早期蒙古—吐蕃关系中的西夏因素》，《6世纪西藏研究研讨会论文集》第2卷，奥斯陆人类文化比较研究中心，1994年，第801—824页；史金波：《西夏佛教史略》，第197—211页。

3　更多有关杨琏真伽研究见陈高华《略论杨琏真伽和杨暗普父子》，《西北民族研究》1986年第1期，第55—63页。更多关于管主八研究见段玉泉《管主八施印〈河西字大藏经〉新探》，《西夏学》2006年第1期，第125—131页。陈怀宇：《普林斯顿大学东亚图书馆藏敦煌吐鲁番写本文献》，《东亚图书馆杂志》2010年第14卷第1/2部分，第1—208页；荒川慎太郎（Arakawa Shintaro）：

图38　1545年云南水目寺慈悲道场梁皇宝忏，引自《中国版画全集》

经（《河西字大藏经》《碛砂藏》《普宁藏》）的印刷。[1]绝大部分佛经由在杭州孤山一带两座南宋道观遗址上重建的万寿寺印刷。[2]

杨琏真伽在13世纪末担任管理江南宗教事务的最高僧官江南释教总摄和江南释教总统，其事迹在文献中多有记述，被后世认为是元代政治史和宗教史上最臭名昭著的人物之一。其为《碛砂藏〈华严经〉》功德主（图39），该经版画题记称之为"永福大师"。[3]据推测，该版画在杨琏真伽离任的1291年前完成。[4]学者已经注意到，其与山西省图书馆藏《普宁藏〈解脱道论〉》版画非常相似，只不过后者的功德主是吐蕃僧人胆巴。[5]

该版画值得做进一步的深究。图像左侧是一座寺院，一群僧人在寺院前方的长条桌上校对佛经。

（接上页）《普林斯顿大学所藏西夏文〈华严经〉卷七十七译注》，《东京外国语大学亚非语言文化研究》2011年总第81卷，总第83卷，第1—48、5—36页。也有学者认为管主八是吐蕃贵族管氏家族的藏人，见李克璞《"管主八"新考》，《中国历史博物馆馆刊》1992年第2期，第40—46页。除杨琏真伽和管主八外，过去研究还涉及另一位西夏僧人沙啰巴，其在1310—1313年因翻译《普宁藏》中的六种佛经而著称，参看贾晋珠《〈碛砂藏〉及其后继者》，吴疆、贾晋珠编：《佛宝东渐：汉文佛教大藏经的形成与演变》（Spreading Buddha's World in China），哥伦比亚大学出版社，待刊；福赫伯（Herbert Franke）：《沙啰巴（1259—1314）：一位元代的西夏僧人》，Gert Naundorf、卜松山（Karl-Heinz Pohl）、汉斯·赫尔曼·施密特（Hans-Hermann Schmidt）编：《东亚的宗教和哲学》（Religion und Philosophie in Ostacien），维尔茨堡（Wurzburg）konigshausen and neumann，1985年，第201—222页。关于另外一位元朝政府任命的西夏学者，见史金波《西夏佛教史略》，第204页；熊文彬：《从版画看西夏佛教艺术》，第74页。

1　更多有关此印经事务参看李富华、何梅《汉文佛教大藏经研究》，第252—374页；李际宁：《关于"西夏刊汉文版大藏经"》，《文献》2000年第1期，第139、151—152页；贾晋珠：《〈碛砂藏〉及其后继者》。
2　陈高华：《略论杨琏真加》，第57页；氏文《再论元代僧人杨琏真加》，第168—175页。
3　图版见中国版画全集委员会《中国版画全集》，第1卷，第95页。
4　贾晋珠：《〈碛砂藏〉及其后继者》。
5　李富华、何梅：《汉文佛教大藏经研究》，第330页。

图39　14世纪早期碛砂藏华严经

一块上书"万寿殿"的匾额表明该寺是佛经印刷活动的核心场所。校对佛经的场景不禁让人想起前文已经讨论过的《西夏译经图》(图5)。二者皆呈倒V字形构图，两排僧人以顶点处的译主为中心分列两侧。两幅版画很有可能先后均在杭州印刷。就图像风格而言，"万寿寺"图像与《慈悲道场忏罪法》版画汉式风格明显(图36)，其与《普宁藏》《碛砂藏》《河西字大藏经》中九分之八的版画中反复运用的藏式风格形成了鲜明对比。[1]

管主八是另一位在元初主持印施佛经事务的西夏僧人，其曾担任松江府僧录，元朝为之加封"广福大师"尊号。管主八以主持布施和供养印刷《碛砂藏》和《河西字大藏经》著称于世。据《碛砂藏〈大宗地玄文本论〉》卷三末尾题记(1306)(图40)，管主八印刷佛经施于中国西北地区的西夏故地——宁夏、永昌。[2]其印施《华严经》《梁皇宝忏》各一百多部，《焰口施食仪轨》一千多部。《梁皇宝忏》可能是指《华严道场忏仪》。[3]敦煌莫高窟北区石窟考古发掘的佛经文书残片为此题记提供了支持。管主八作为功德主的敦煌文书残片被放置在甘肃沙州的文殊师利塔内。[4]马可波罗称其在这一地区曾见过由西夏人供养的佛教图像。[5]

1　宿白：《元代杭州的藏传密教及其有关遗迹》，《文物》1990年第10期，第67页。
2　王菡：《元代杭州刊刻"大藏经"与西夏的关系》，第112页图版1。
3　据史金波先生研究，《华严忏仪》由西夏僧人编写而成，见氏著《西夏佛教史略》，第102页。另一位学者则更进一步直接将该僧人考定为慧觉，参看崔红芬《僧人"慧觉"考略——兼谈西夏的华严信仰》，《世界宗教研究》2010年第4期，第53—55页。此处的题记参照中国国家图书馆藏《大宗地玄文本论》，参看王菡《元代杭州刊刻"大藏经"与西夏的关系》，第112页图版1。
4　彭金章、王建军：《敦煌莫高窟北区石窟》第1册，第38页。黄润华、史金波：《少数民族古籍版本——民族文字古籍》，江苏古籍出版社，2002年，第104页。
5　曼纽尔·科姆罗夫(Manuel Komroff)：《马可波罗游记》，利夫莱特出版社，2002年，第74页；另可参看汉斯·威格尔(Hans Ulrich Vogel)《马可波罗在中国：来自货币、盐业和税收的新证据》(Marco Polo Was in China)，博睿出版社，2012年，第411页。(接

西夏佛经版画再探 | 305

图40 碛砂藏1306年大宗　图41 普宁藏大集譬喻王经
地玄文本论卷3

据熊文彬及其他学者研究，杭州印刷的《普宁藏》《碛砂藏》和《河西字大藏经》参照的版画粉本都带有浓厚的藏式风格，这又反过来支持了元代沿用西夏艺术的论述。[1] 出现在数卷《普宁藏》（图41）、《碛砂藏》以及部分西夏文佛经中的版画（图42）即是佳例。[2] 宝座顶部以正面鸟首装饰、人物形象的波浪纹眼睛、菩萨的三角形头冠以及两侧人物大体3/4面像的表现形式，都让人联想到西夏佛经版画艺术中显著的藏式风格（图43）。[3]

然而，藏式风格也有不同形式。比如，西夏佛

上页）孔德翊、贺亭：《西夏祭祀初探》，《西夏研究》2013年第1期，第61—65页；庄延龄（E. H. Parker）：《马可波罗的西夏之行》，《东方学、殖民地、皇家和亚洲通讯》1901年总第11卷第21期，第128—139页；第22期，363—378页；史金波：《西夏佛教史略》，第147页。

1　学者已经考证出这些版画中使用了十种粉本，参看熊文彬《从版画看西夏佛教艺术》（续），第89—93页；史托德（Heather Stoddard）：《早期汉藏艺术》（Early Sino-Tibetan Art）第2卷，曼谷（Bangkok）兰花出版社，2008年，第43—49页；葛婉章：《辐射与回向：蒙元时期的藏传佛教艺术》，石守谦、葛婉章：《大汗的世纪：蒙元时代的多元文化与艺术》，台北故宫博物院，2001年，第265页，注释108。

2　此处版画属于《普宁藏》中的《大集譬喻经》，现藏"台北故宫博物院"。参看中国版画全集委员会《中国版画全集》，第1卷，第100页。西夏文的版画为西夏文《悲华经》文献，现藏中国国家图书馆，编号为B.11.049 [3.17]，参看史金波、陈育宁《中国藏西夏文献》第5册，第219—220页；中国版画全集委员会：《中国版画全集》第1卷，第101页。中国国家图书馆藏同样版画的另外两种西夏文佛经，编号为B.11.050 [4.01—4.02]、B.11.051 [第7件]，图版见宁夏大学西夏学研究中心、国家图书馆、甘肃五凉古籍整理研究中心编《中国藏西夏文献》第5册，甘肃人民出版社，2005年，第263—264、315—316页。李志田在山西太原崇善寺发现带有相似版画同为《普宁藏》的《大宝集经》，另外在美国普林斯顿大学东亚图书馆藏《碛砂藏》中也有相似版画，见中国版画全集委员会《中国版画全集》第1卷，第50页图版149。

3　比奥特罗夫斯基：《丝路上消失的王国》，第268页；中国版画全集委员会：《中国版画全集》第1卷，第41、80页；史托德：《早期汉藏艺术》，第38页图版23。

图42　元代西夏文悲华经

经版画中的人物形象躯体瘦长，细腰，薄衣贴体的服饰特征与元代版画决然不同。藏式风格的粉本被杭州的画工和雕版刻工添加了汉式元素。[1]学界已经考证出参加佛经及版画事务的汉人刻工陈宁、画匠陈昇、众安桥附近的杨家经坊。由于汉族画工及刻工对本民族审美更加熟悉，希望以圆脸、稍厚重的服饰来表现人物形象，脱离了其本该遵守的粉本。[2]

除了活跃在元朝统治阶层极富权势的喇嘛杨琏真伽和管主八外，名气稍逊的西夏僧人光明禅师李惠（慧）月在13世纪末也对佛经及版画的印刷做出

---

[1] 熊文彬：《从版画看西夏佛教艺术》（续），第93页。
[2] 有关杭州印施《碛砂藏》活动的参与者，参看贾晋珠《〈碛砂藏〉及其后继者》；宿白：《元代杭州的藏传密教》，第65页。

图43 普宁元代不空羂索心咒王经

图44 元代不空羂索心咒王经释迦佛灵鹫山说法图

了突出贡献。[1] 在有关他的经典研究成果中，李际宁认为李惠（慧）月是西夏灭亡后从北方流落江南的西夏遗民。[2] 由题记可知，现存13世纪晚期的印刷或手抄带有功德主李惠（慧）月名字（或尊号）的佛经至少有十四件，其中部分带有精美的版画。[3] 比如，现藏中国国家图书馆的《普宁藏〈不空羂索心咒王经〉》（图44）卷末题记表明，捐资印刷该经的功德主是光明禅师。最后也很重要的是，日本京都国立博物馆藏1298年李惠（慧）月组织书写的一批靛蓝色纸质《华严经》（图45）。[4] 卷71版画图像右侧边框处一棵松树，其下放置珠光宝气的聚宝盆，显得格外引人瞩目，左侧是以山水画为背景的善财童子参拜之旅，极富李成和郭熙的山水风格特征。日本学者神田喜一郎首次刊布此精致版画，其注意到一则重要题记："杭州路奉溪界峰画士沈镜湖同男应祥绘画《华严经》像八十一卷"，表明沈姓父子的创作也参照了杭州地区的专业版画。神田甚至怀疑此件雅致写经是以写经闻名于世的高丽写经僧之作。[5]

---

1 有"李惠（慧）月"名号的题记及封泥，参看李际宁《佛经版本》，第143页图版61；王菡：《元代杭州刊刻"大藏经"》，第116页图版4—5。

2 李际宁：《关于"西夏刊汉文版大藏经"》；氏著《佛经版本》，第141—147页。判定李惠（慧）月即光明禅师最明确的题记出现在尚未完成但注解详细的《华严经》，该件文书时代为1291年，靛蓝色纸书写。完整的题记翻译见神田喜一郎《神田喜一郎全集》第3卷，京都同朋舍，1984年，第428页。李际宁：《佛经版本》，第142—143页。关于蒙元统治时期西夏人情况，参看邓文韬《元代西夏遗民纳怀事迹补考》，《西夏研究》2013年第3期，第55—59页；邱树森、陈广恩：《元唐兀人星吉生平考论》，《西夏研究》2013年第1期，第3—9、52页。

3 李际宁：《关于"西夏刊汉文版大藏经"》。

4 关于该批佛经的经典之作，参看神田喜一郎《神田喜一郎全集》第3卷，第427—436页。图版见第430—431页间未编页码的几页。"李惠（慧）月"出资书写的佛经文献还包括一份靛蓝色纸质金书《华严经》（无版画）；参看史金波《西夏出版研究》，第98—101页；陈炳应：《金书西夏文〈大方广佛华严经〉》，《文物》1979年第5期，第92—93页。译者注：陈文刊自《文物》1989年第5期。

5 神田喜一郎：《神田喜一郎全集》第3卷，第432—433页。

图45　日本京都国立博物馆藏1298年华严经版画

总结前文，本研究以20世纪以来宁夏、甘肃等地发现的西夏佛经版画为主要材料，重新探索西夏视觉文化与周边文化（包括宋朝及中国史上其他的所谓征服王朝，如辽、金、元等）的关系。透过视觉分析来检验西夏及其他地区佛经版画共同使用的图像粉本，使其在各文化圈的制作、传播与交流更显清晰。西夏的佛教视觉文化遗产，亦反映在元初由活跃于宫廷及江南地区的西夏僧人所主持、印施于杭州的佛经及扉画作品上。佛经版画研究所见西夏多元的视觉文化，为中古中国研究提供了新视野。西夏在中国视觉文化史上原本趋于边缘的地位亦应被重新评估。[1]

（本文译自浙江大学艺术与考古研究中心编《浙江大学艺术与考古研究》2014年第1辑，浙江大学出版社，第129—182页。）

1　译者注：本段内容非原文所有，由黄士珊老师亲自改写自原文摘要部分，译者略作修饰。

和田达玛沟出土棕地黄色莲花舞蹈狩猎图案锦时代考[*]

张世奇

（新疆维吾尔自治区博物馆）

2011年和田策勒县公安局追缴回一批策勒县达玛沟乡出土的文物，其中有一件十分精美的织锦——棕地黄色莲花舞蹈狩猎图案锦（以下简称为舞蹈狩猎图案锦[1]）。有学者认为这件舞蹈狩猎图案织锦可能出土于达玛沟附近的一处佛寺遗址，并根据以同样织法（斜纹重纬组织法）织制的织物最早发现于辽代，称其为辽式纬锦。[2]同时，学界对其织制的时代也只是给出了一个大致的时代区间——唐代—宋代，并未给出确切时代。[3]鉴于此，本文对该舞蹈狩猎图案锦的确切时代进行了探讨，不当之处，敬请方家指教。

一 舞蹈狩猎图案锦介绍

舞蹈狩猎图案锦（图1）[4]，为两片残破织锦拼接而成。该斜纹纬锦长约61.5厘米，幅宽约16.5厘米，用翠绿、鹅黄、米白和绛紫四色丝线织成，正面绛紫色地、鹅黄色图案，反面图案为绛紫色，底色由米白、鹅黄及早已暗淡的翠绿组成。[5]

织锦图案呈左右对称状，中间为一朵盛开的十瓣大莲花，莲根部对称的左右各伸出一莲茎，莲茎上的莲叶和含苞待放的莲蕾围绕莲花自由伸展。莲花两侧各有一个两腿交叉踩于六瓣仰莲上的童子，甩动着手臂，身体弯曲向中间的莲花，为舞蹈状。两童子外侧各有一身骑马者，做侧身回头拉弓射箭之姿。[6]此外，十瓣莲花上方依稀可以看见有大鸟的一只足和部分翅膀及其飘逸的鸟尾部，整幅图案的右上方有大鸟的部分翅膀和双足，表明其图案中应还有祥鸟图案，似为凤。[7]

---

[*] 基金项目：国家社科基金重大项目（16ZDA116）阶段性成果。
[1] 有学者将其称为棕地黄色莲花舞蹈狩猎纹锦，事实上纹样是指装饰器物表面的花纹，如《辞海》解释纹样为"器物上装饰花纹的总称"，所以我们将其称为"棕地黄色莲花舞蹈狩猎图案锦"似更为贴切。
[2] 斜纹重纬组织法出现于晚唐，目前发现最早的此类织法的织物时代为辽代。史燕：《一件珍贵的丝织品——和田达玛沟出土棕地黄色莲花舞蹈狩猎纹锦释读》，《新疆日报》（汉）2012年6月26日第10版，第1页。
[3] 上海博物馆编：《丝路梵相：新疆和田达玛沟佛教遗址出土壁画艺术》，上海书画出版社，2014年，第140—141页。新疆维吾尔自治区博物馆编：《舞动生命乐扬心声：新疆古代舞乐艺术的记忆》，新疆美术摄影出版社，2016年，第40页。
[4] 新疆维吾尔自治区博物馆编：《舞动生命乐扬心声：新疆古代舞乐艺术的记忆》，第40页。
[5] 上海博物馆编：《丝路梵相：新疆和田达玛沟佛教遗址出土壁画艺术》，上海书画出版社，2014年，第141页。
[6] 有学者称这种侧身回射的形象为"安息射法"（Parthian shot）。可参见罗丰《胡汉之间——"丝绸之路"与西北历史考古》，文物出版社，2004年，第72页。
[7] 有学者认为该鸟为金翅鸟，详可参见史燕《一件珍贵的丝织品——和田达玛沟出土棕地黄色莲花舞蹈狩猎纹锦释读》，《新疆日报》（汉）2012年6月26日第10版，第1页。

图1　舞蹈狩猎图案锦

该锦画幅中最引人关注的当为站于莲花上舞动手臂的童子和回头射猎的骑马者。童子发式为髡发，上身着对襟V字领半臂，腰束革带，下身穿窄腿长裤。骑马者头戴翻檐帽，上身穿翻折领对襟窄袖齐膝胡袍，衣摆有分衩，腰束革带，下身同童子一样穿窄腿长裤，并作侧身回首搭弓射箭状。

二　童子发式

古代民族发式看似是一个无关紧要的学术问题，但它却与各民族居住的地理环境问题、政治制度和风俗习惯等问题紧密相关。从这个意义上讲，民族发式就并非显得那么无关紧要了。有学者曾对《二十五史》中记载的各民族发式进行总结，认为可分为三类。[1] 第一类称总发，分两式，一为髻，包括结发，椎结，魋发，盘头，束发；一为辫，包括编发，辫发，索头。第二类为剃发，有两式，一是半薙式，包括髡发，断发，剪发，鬋发，削发，祝发；一为全薙式，包括秃发。第三类曰披发，包括被发，散发，拖发，毛头。将童子发式与前述所列发式对比，发现童子发式为剃发类型中的髡发发式。髡发乃我国古代少数民族发式，其特征是将头发部分剃除，只在两鬓或前额部分留少量头发作装饰，根据性别、民族、历史时期及个人成长阶段不同，髡发有多种类型。检索史籍，发现历史上曾有众多少数民族留有髡发，主要有乌桓、鲜卑、契丹、渤海、西夏[2]、女真、蒙古、满洲等。[3]

《史记·匈奴传》司马贞索隐服虔云："东胡，乌丸之先，后为鲜卑。在匈奴东，故曰东胡。"[4]

《后汉书·乌桓传》："乌桓者，本东胡也。汉初，匈奴冒顿灭其国，余类保乌桓山，因以为号焉。俗善骑射，弋猎禽兽为事。随水草放牧，居无常处。以穹庐为舍，东开向日。食肉饮酪，以毛毳为衣。……父子男女相对踞蹲。以髡头为轻便。"[5]

《后汉书·鲜卑列传》："鲜卑者，亦东胡之支也，

1　李思纯：《说民族发式》，陈廷湘、李德琬编：《川大史学·李思纯卷》，四川大学出版社，2006年，第43页。
2　西夏受契丹影响民众梳有髡发发式，但其发式始终以秃发为其主基调发式。相关学术成果参见吴峰天《西夏发式初探》，《西夏学》第9辑；朱存世：《西夏秃发的类型》，《北方文物》2002年第2期。
3　李思纯：《说民族发式》，陈廷湘、李德琬编：《川大史学·李思纯卷》，第51页。
4　（汉）司马迁：《史记》卷一百十《匈奴列传第五十》，中华书局，1963年，第2885页。
5　（刘宋）范晔：《后汉书》卷九十《乌桓鲜卑列传第八十》，中华书局，1973年，第2979页。

别依鲜卑山，故因号焉。其言语习俗与乌桓同。唯婚姻先髡头，以季春月大会于饶乐水上，饮谳毕，然后配合。"[1]

由上述史料得知，乌桓和鲜卑均为髡发发式，且最早髡发之民族为乌桓，又称乌丸，乃鲜卑之先，这说明鲜卑的髡发发式应与乌桓的髡发发式一样。契丹、渤海为乌桓鲜卑之后的髡发民族，但渤海发式为仿效契丹的发式。

《宋史·宋琪传》："又有渤海首领大舍利高模翰步骑万余人，并髡发左衽，窃为契丹之饰。"[2]

史籍中对金朝女真人梳留髡发之事实未做直接记载，但我们可从金人强迫汉人梳留髡发得知金人应是梳留髡发之民族。

《大金国志·卷十》："天眷二年（1139）……夏，除李邺为翰林（学士）承旨，冯长宁为东京（辽阳渤海地）户部使。命下日，各髡发、左衽赴任。"[3]

《续资治通鉴·卷第一百六》："青州观察使李邈，留金三年，金欲以（李）邈知沧州，笑而不答。及髡发令下，（李）邈愤诋之，金人以挝击其口流血，复吮血噀之。"[4]

蒙古人的髡发，见于《高丽史·舆服志》："蒙古之俗，剃顶至额，方其形，留发其中，谓之'怯仇儿'。"[5]

契丹、女真、蒙古、满洲等这些古代北方少数

图 2 契丹发式

民族虽都梳留髡发，但事实上各民族的髡发形式还是各不相同的。[6]将前述民族髡发发式与童子发式进行对比，发现童子发式与契丹髡发发式（图2）中第二式一样[7]，即把头顶头发部分剃光，只在两鬓各留有一绺头发作为装饰，头发根部剪成圆桃形。

梳有第二种髡发发式的契丹人形象多见于目前发现的大量考古资料——辽墓壁画中。如库伦旗1号辽墓壁画《归来图》《出行图》（图3）[8]，库伦旗6号辽墓壁画《出猎图》（图4）[9]，北三家1号墓壁画《契丹人引马图》和辽代享有盛名的大画家胡环的《卓歇图》等。

通过将此件舞蹈狩猎图案锦上的童子髡发发式与现今留存的众多辽代墓葬壁画中的髡发人物进行对比，我们有理由相信童子即是契丹人或辽人。如果再考虑这件织锦的组织法——斜纹重纬组织法，

---

[1] 《后汉书》卷九十《乌桓鲜卑列传第八十》，第2985页。

[2] （元）脱脱：《宋史》卷二六四《列传第二三》，中华书局，1977年，第9126页。

[3] （金）宇文懋昭撰，李西宁点校：《大金国志》卷十，齐鲁书社，2000年，第86页。

[4] （清）毕沅：《续资治通鉴》卷第一百六，中华书局，1979年，第2794页。

[5] ［朝鲜］金宗瑞、郑麟趾等编撰：《高丽史》卷二十八，［朝鲜］太白山史库本（钞本，万历四十一年［1613年］），第4页。

[6] 上述民族发式图片可参见管彦波《文化与艺术：中国少数民族头饰文化研究》，中国经济出版社，2005年，第163—169页。

[7] 转引自［日］桑原骘藏著，钱婉约、王广生译：《中国人辫发的历史》，《东洋史说苑》，中华书局，2005年，第117页。

[8] 采自中国科普博览 http://www.kepu.net.cn/gb/civilization/liao/culture/200203260068.html。

[9] 采自中国科普博览 http://www.kepu.net.cn/gb/civilization/liao/culture/200203260070.html。

图3　库伦旗1号墓出行图

我们似乎可以说这件舞蹈狩猎图案锦是辽代织锦工匠将本民族人物形象织制于锦上的一件精美作品。

三 其他图案

1. 狩猎图案

商周至魏晋时期，狩猎图案纹样出现在各种载体上，如青铜器、陶器、画像砖石和壁画等；至唐代，狩猎风盛行，狩猎图案纹样被大量绘于各种器物上，如铜镜、纺织品、金银器和胡瓶等。[1]在各类带有狩猎图案或纹样的载体上，狩猎者采取舞蹈狩猎图案锦上这种转身后射的姿势多见于纺织品上，而且所猎动物多为狮、豹等食肉动物。[2]然绘有转身射猎物的狩猎图案的纺织品很少[3]，如日本法隆寺收藏的联珠狩猎图案锦，日本正仓院南仓保存的绿地黄色联珠狩猎图案锦和石赭红地黄色联珠狩猎图案锦。[4]另外英国维多利亚与亚伯特美术馆藏的叙利亚图案织物上的对人对兽狩猎图案与前述狩猎图案如出一辙，其生产织造时间相当于唐代。[5]目前，除本文所研究的这件狩猎图案锦，新疆另有一件此类狩猎图案的织锦，即为吐鲁番阿斯塔那191号墓出土的烟色地狩猎图案印花绢。[6]

上述这些狩猎图案纺织品均可被认为是初盛唐时的织物。[7]这与有些学者对纺织品上出现狩猎图案时间的看法是不谋而合的，即认为纺织品上出现狩

---

1 王丽：《唐代狩猎图案及狩猎俑的初步研究》，西北大学硕士学位论文，2012年，第2页。
2 王丽：《唐代狩猎图案及狩猎俑的初步研究》，第42页。
3 本文研究的狩猎图案特指唐代那种骑马者姿势为手持弓箭转身射猎物的狩猎图案，并非是唐以前的狩猎图案。
4 图片参见［日］百桥明穂、中野彻《世界美术大全集·东洋编》第4卷，小学馆，1997年，第273页图250。周菁葆：《日本正仓院所藏研究》，《浙江纺织服装职业技术学院学报》2009年第4期，第46页图5、图6。
5 金秋鹏主编：《中国科学技术史·图录卷》，科学出版社，2008年，第321页。
6 新疆维吾尔自治区文物局编：《新疆维吾尔自治区第三次全国文物普查成果集成·吐鲁番地区卷》，科学出版社，2011年，第124页。
7 新疆文物事业管理局、新疆文物考古研究所：《新疆维吾尔自治区文物考古五十年》，《新中国考古五十年》，文物出版社，1999年，第496页；陈欣：《唐代丝织品装饰研究》，山东大学硕士学位论文，2010年，第46页。

图4　库伦旗6号墓《出猎图》

猎图案的年代大约在初唐到盛唐时期（8世纪初—8世纪中期），中晚唐（8世纪中期到9世纪初）不见绘有狩猎图案的纺织品，仅有部分铜镜上饰有该类图案。[1]这似乎说明这件纺织品是初盛唐时期的遗物。但结合前述斜纹重纬组织法出现的时间，我们产生了一些疑问，为什么在晚唐出现斜纹重纬织锦组织法的时候[2]，纺织品上却不见了狩猎图案的踪影？为什么该件纺织物上出现了髡发之辽人？这只有一个解释，即使用斜纹重纬组织法的辽人继承了这种图案，并将之织在了这件织物上。

事实上，前述推断是有可能发生的。契丹自古即为游牧民族，崇尚狩猎活动，且其又深受唐文化和周边民族文化的影响，形成了集中原文化、草原游牧文化及外来文化于一体的多种混合文化特色的艺术形式。其装饰艺术继承唐朝时期流行的这种狩猎图案自当合情合理。考古发现表明辽纺织品有直接继承唐代图案风格的证据，如内蒙古赤峰阿鲁科尔沁旗辽耶律羽墓出土的雁衔绶带图案锦袍。据《唐会要》卷三十二记载："太和六年六月。敕三品以上，许服鹘衔瑞草，雁衔绶带，及对孔雀绫袍袄。"[3]可见雁衔绶带图案是唐晚期三品以上官员才能使用的表示品秩的法定服饰图案。[4]然而这种图案却出现在了耶律羽墓出土的雁衔绶带图案锦袍上。

另据《辽史·太祖本纪上》记载："（唐天复二年）明年秋七月，以兵四十万伐河东代北，攻下九郡，获生口（俘虏）九万五千，驼马牛羊不可胜纪。"[5]辽太祖耶律阿保机在河东代北俘掠的这批汉民中应不乏能工巧匠，将唐朝中原地区流行的装饰图案带入辽地，也是极有可能的。虽然辽人深受多种文化的影响，所创造的织物广泛吸收了不同民族的艺术特色和艺术形式，但他们的艺术创作也未失其独具的民族特色，加上了具有自己民族的特征的

---

[1] 李婷婷：《唐代狩猎纹铜镜研究》，陕西师范大学硕士学位论文，2013年，第10页；王丽：《唐代狩猎图案及狩猎俑的初步研究》，第30页。
[2] 陈欣：《唐代丝织品装饰研究》，第41页。
[3] （宋）王溥：《唐会要》，中华书局，1955年，第582页。
[4] 李斌、刘安定、李强：《南京云锦起源的研究》，《丝绸》2014年第8期，第3页。
[5] （元）脱脱：《辽史》卷一《太祖本纪上》，中华书局，1974年，第2页。

人物形象——髡发童子。前述之证明，更使我们倾向该件纺织品是辽代的作品。那么该件织锦上的其他图案是否也是传承唐宋并流行于辽代的图案呢？

2. 莲花图案和凤图案

辽是一个崇信佛教的少数民族政权，其历代君主均十分重视佛教的发展。据《辽史·太祖本纪上》记载："（唐天复二年）九月，城龙化州于潢河之南，始建开教寺。"[1] 从辽太祖在辽境内龙化州（今内蒙古通辽市西南）建立第一座佛教寺院——开教寺开始，佛教便在辽境内传播开来。[2] 佛教的传入，不仅给民众带来了精神支撑，伴随而来的佛教艺术也深刻地影响着辽朝的社会生活和文化艺术，并对其装饰图案纹样产生了很大的影响。作为佛教艺术图案纹样的莲花和凤鸟等也被人们运用到了文化艺术品之上。[3] 但受此时中国佛教大环境——世俗化的影响，这些原来佛教中代表性的装饰图案纹样逐渐失去了宗教意涵，更多地成为具有吉祥含义的装饰图案纹样。

莲花图案纹样，又称荷花图案纹样，是中国传统装饰图案纹样。莲花，古称芙蕖或水芙蓉，现称荷花，因其出淤泥而不染的特性，故得"花中君子"的美誉，是圣洁、高雅的化身，美德的象征。[4] 春秋战国时其就作为装饰图案纹样，被装饰在青铜器和陶器上。佛教传入中国后，由于佛教对莲花非常推崇，并将莲花作为佛教的八宝之一，奉莲花为佛门圣花，以其代表"净土"，象征圣洁，寓意吉祥，所以莲花便成为佛教艺术的典型装饰图案纹样，被运用到与佛教相关的各种器物上，如石刻、壁画、雕塑和金铜像等。[5] 莲花图案纹样从魏晋南北朝至清代一直非常流行，但随着佛教在晚唐五代宋时期的世俗化，莲花等佛教艺术图案纹样逐渐丧失了其原有的宗教意义，被中国人赋予了许多吉祥的寓意，并被中国人视为中国传统的吉祥装饰图案纹样，而逐渐成为纯粹意义上的吉祥装饰图案纹样。[6]

辽宋时期，莲花图案纹样在前代图案纹样发展的基础上逐渐形成了以莲花为主要题材的组合式吉祥图案纹样，有以莲和鸟、童子、凤等元素相组合的吉祥图案纹样，如儿童戏莲寓意"连生贵子"，如宋代陶枕荷莲婴戏纹枕面纹样、辽代双童采莲纹铜镜。人们通常使用鸟、子等形象和莲花共同组合成纹饰来表现生殖繁盛的意义。[7] 幻想的宗教世界已和现实生活结合起来，辽将童子、凤鸟、莲花这些艺术图案纹样水乳交融地融入本民族的传统艺术之中[8]，可能是期寄契丹族能够永续繁衍、生生不息。

对于该狩猎图案锦右上方和十瓣莲花正上方的祥鸟图案，有些学者认为其是金翅鸟，但从其外形上看，我们觉得不是金翅鸟，应为凤。金翅鸟又名大鹏金翅鸟、大鹏妙翅鸟、迦楼罗，在印度，它被

---

1 《辽史》卷一《太祖本纪上》，第2页。
2 漆侠：《辽宋西夏金代通史·宗教风俗卷》，人民出版社，2010年，第26页。
3 徐华铛：《中国凤凰》，轻工业出版社，1988年，第12页。
4 古月：《中国传统纹样图鉴》，东方出版社，2010年，第74页。
5 高健：《金镂之雅：马进贵西域玉雕艺术》，新疆人民出版社，2011年，第124页。
6 谷莉：《宋辽夏金装饰纹样研究》，苏州大学博士学位论文，2011年，第67页。
7 谷莉：《宋辽夏金装饰纹样研究》，第82页。
8 方立天：《中国佛教与传统文化》，上海人民出版社，1988年，第208页。

认为是一种性情猛烈的神鸟[1],起初被画成鹰状巨鸟,后来形状被确定为鸟人,即半鹰半人,是人形的上半身与鸟头、鸟大腿、鸟小腿、鸟爪和鸟翼的结合。[2]传入中国后,其被藏传佛教画成长有人的躯干、臂膀、双手,背上长满羽毛,其尾翼一直拖到足部,长有长毛的强壮大腿与长有利爪、鸵鸟般小腿的护法神形象。[3]如云南博物馆藏南宋时期的铜质"大鹏金翅鸟"造像[4]和甘肃甘南拉卜楞寺的"金翅鸟"壁画[5]。除前述金翅鸟形象外,新疆龟兹石窟、云冈石窟和甘肃炳灵寺石窟等佛教石窟壁画中亦有不少金翅鸟形象,如克孜尔第171窟的金翅鸟、云冈第13窟、甘肃炳灵寺140窟"金翅鸟"壁画(图5)。[6]综观这些金翅鸟形象,均与舞蹈狩猎纹锦上的祥鸟图案不大一样,祥鸟图案之鸟并非长有粗壮的大腿和利爪,而是与鹤的腿部和爪十分相似,应为中国传统的祥鸟——凤。

凤最早出现是作为我国原始氏族部落——原始殷人的图腾。自商周时期,凤纹图案纹样[7]开始被装饰在青铜器上[8],以后历代多用凤图案纹样作为装饰纹样。到了辽宋时期,凤的造型完成了写实形象的标注定型,即从隋唐时期的健壮美变成辽宋时期的清秀美,具体形状是:锦鸡的头,如意的冠,鹦鹉的喙,鸳鸯的身,仙鹤的足,大鹏的翅膀和孔雀的羽毛,尾翎分3—5条等,显得清新秀丽。[9]延续辽宋时期凤图案纹样风格的明清甚至总结出了一套绘制凤纹的口诀:"首如锦鸡,冠似如意,头如藤云,翅如仙鹤""凤有三长:眼长、腿长、尾长"[10]。

辽代,受中原汉族文化影响甚大,尤其到辽代中晚期,其装饰图案纹样受中原宋朝装饰图案纹样的影响最终趋于成熟。凤图案纹样是辽人最喜欢的纹饰之一,被广泛使用在各种器物上,如金银器、壁画和石刻等。[11]凤图案也多出现在辽代的纺织品上,如内蒙古博物院藏团窠对凤纹刺绣、中国丝绸博物馆藏团花对凤纹织金缎、辽缂丝龙凤鸟兽花卉纹织成衣料和美国俄亥俄州克里夫兰美术博物馆藏对凤纹三团花刺绣裾衣。[12]这些纺织品上的凤纹跟舞蹈狩猎图案锦上的凤图案有很多相似性。

综前所述,无论是狩猎图案锦上的狩猎图案,还是莲花图案和凤图案,这些均是辽代继承唐宋装

---

1 马维光:《印度神灵探秘:巡礼印度教、耆那教、印度佛教万神殿、探索众神的起源、发展和彼此间的关系》,世界知识出版社,2014年,第380页。
2 褚丽:《大鹏金翅鸟造像的形成与流变》,《西藏艺术研究》2012年第4期,第25页。
3 褚丽:《大鹏金翅鸟造像的形成与流变》,《西藏艺术研究》2012年第4期,第25页。另有学者认为其头翼尾爪嘴如鹫,可参见王承昊《凤鸟与金翅鸟图像造型探析》,《美苑》2009年第6期,第86页。
4 李飞主编:《中国历代佛像收藏品鉴赏》,浙江摄影出版社,2008年,第36页。
5 王承昊:《凤鸟与金翅鸟图像造型探析》,《美苑》2009年第6期,第86页图版4。
6 苗立辉:《龟兹石窟中的风神和金翅鸟》,《新疆文物》2005年第2期,第71页。吴艳春:《试从文化生态学的角度阐释金翅鸟神话——以龟兹壁画中的金翅鸟图像模式为切入点》,《龟兹学研究》第二辑,第309页。张华:《云冈石窟的建筑脊饰》,《敦煌研究》2007年第6期,第14页图版4、9、10。该图片为笔者2014年在甘肃炳灵寺文物保护研究所实习期间拍摄。
7 其实此时的凤纹和后来看到的凤纹造型相差甚远,严格意义上应该称为"夔凤"。
8 徐华铛:《中国凤凰》,轻工业出版社,1988年,第1页。
9 徐华铛:《中国凤凰》,第15、19页。谷莉:《宋辽夏金装饰纹样研究》,第104页。
10 徐华铛:《中国凤凰》,第17页。
11 朱天舒:《辽代金银器上的凤纹》,《内蒙古文物考古》1997年第1期,第33页。
12 图片参见谷莉《宋辽夏金装饰纹样研究》,第108页。

图5 甘肃炳灵寺140窟"金翅鸟"壁画

饰纹样图案并流行于辽代的装饰图案。

结 语

辽是一个善于吸收周边民族优秀文化的少数民族政权。虽如此，但辽人并非是简单的拿来即用的继承，而是能把这些优秀的文化融入自己本民族的文化中，形成既有外来文化的影子，却不失本民族的风格的独具特色的民族文化。通过前述对童子发式、狩猎图案、莲花图案和凤图案的研究，我们认为这件舞蹈狩猎图案织锦是辽代之物。那么，我们也会不由得产生疑问，为什么辽代的织锦会出现在和田呢？我们认为可能是于阗朝贡辽朝时，辽朝的赏赐物。据《辽史》记载，于阗对辽朝的朝贡多达5次，且均在辽圣宗时期，现将这5次朝贡史料转录如下：

《辽史·圣宗本纪三》记载："统和七年……二月……甲寅，回鹘、于阗、师子等国来贡。……戊寅，阿萨兰、于阗、辖烈并遣使来贡。……十一月甲申，于阗张文宝进内丹书。"[1]

《辽史·圣宗本纪三》记载："八年……二月丁未朔，于阗、回鹘各遣使来贡。"[2]

《辽史·圣宗本纪三》记载："开泰四年……二月壬子朔，如萨堤泺。于阗国来贡。"[3]

所以我们认为，如果该件织物果为辽赐予于阗的赏赐物，那么这件织物织制的时间最迟也是辽圣宗在位时期。

---

[1] 《辽史》卷12《圣宗本纪三》，第133、136页。
[2] 《辽史》卷13《圣宗本纪四》，第139页。
[3] 《辽史》卷13《圣宗本纪四》，第176页。

阿斯塔那古墓群发掘简况及墓葬编号
——以可移动文物普查与国保档案为中心

李亚栋

(吐鲁番学研究院《吐鲁番学研究》编辑部)

吐鲁番阿斯塔那墓地和哈拉和卓墓地位于今吐鲁番市高昌区三堡乡和二堡乡，在高昌故城西北边。西距市区约40公里，南距高昌故城约2公里，东西长约5公里、南北宽约2公里。

新疆维吾尔自治区级第一批文物保护单位名单中，古墓葬类列3处，阿斯塔那墓葬群即为其一，时代定为"晋—唐"，地址为"吐鲁番县东阿斯塔那（三堡）村北及东北两区"。在《自治区级第二批文物保护单位名单》后附一"说明"，其第二条为："第一批自治区级文物保护单位七十七处，新疆日报一九五七年一月四日公布，第二批自治区级文物保护单位四十一处，新疆日报一九六二年七月十一日公布。两批共计一百一十八处。"

阿斯塔那墓地和哈拉和卓墓地在被公布为全国重点文物保护单位时合并称为"阿斯塔那古墓群"。通往312国道至高昌故城、三堡乡的公路穿过阿斯塔那墓地，将墓地分为东、西两部分，公路以东为东区，亦称为一区，建有阿斯塔那古墓文管所及陈展大厅，另外开放三座墓葬供参观，其余地区未开放；公路以西为西区，亦称二区（图1）。除已经发掘的四百余座墓葬以及少量被盗掘、扰动之外，其余墓葬均未经考古发掘。未经发掘的墓葬现集中在西区（图2）。

一 1949年以后发掘报告（简报）所记载发掘情况

阿斯塔那墓地及哈拉和卓墓地1949年以后考古发掘所出文物，文书类经过中国文物研究所、新疆维吾尔自治区博物馆及武汉大学历史系合作整理出版了《吐鲁番出土文书》录文本十册（图3），后又汇集为图录本四卷；墓葬所出砖志经过侯灿、吴美琳先生的辛勤努力，汇成《吐鲁番出土砖志集注》一书；学界专家早期对于阿斯塔那、哈拉和卓墓室壁画以及出土的绢画、纸画、麻布画、俑、碑刻、丝织品等从技术、艺术角度的探讨文章汇集在赵华编的《吐鲁番古墓葬出土艺术品》一书中。其他的文物经过新疆文博行业各位同志的悉心整理，出版了一些报告及简报。最近几年，以鲁礼鹏先生为主的新疆博物馆各位同志对阿斯塔那古墓群所出文物进行了大力整理，连续发表了一系列研究性成果。[1] 2004、2006年吐鲁番抢救性发掘阿斯塔那墓地几座墓葬出

---

[1] 鲁礼鹏、万洁：《吐鲁番阿斯塔那墓地出土木梳的型式研究》，《吐鲁番学研究》2013年第1期，第20—31页；鲁礼鹏：《吐鲁番阿斯塔那墓地出土木案类型学研究》，《吐鲁番学研究》2014年第1期，第91—102页；鲁礼鹏：《吐鲁番阿斯塔那墓地出土镇墓神兽研究》，

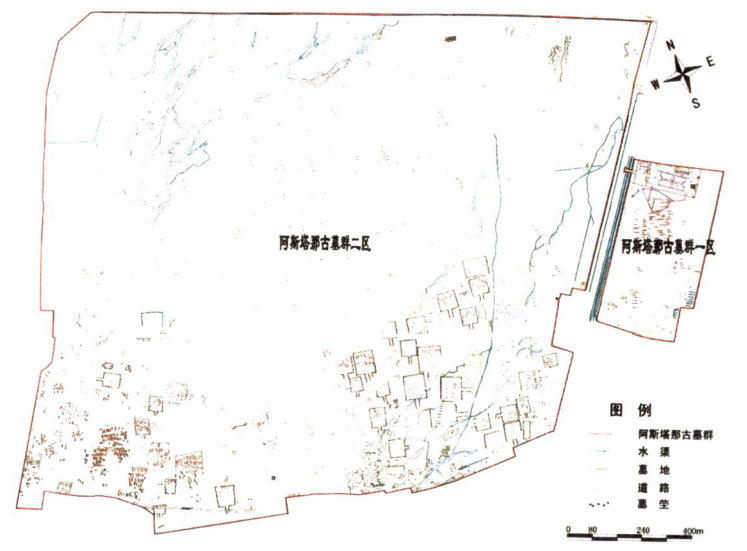

图1　阿斯塔那古墓群总平面图

图2　阿斯塔那墓地一区已发掘墓葬

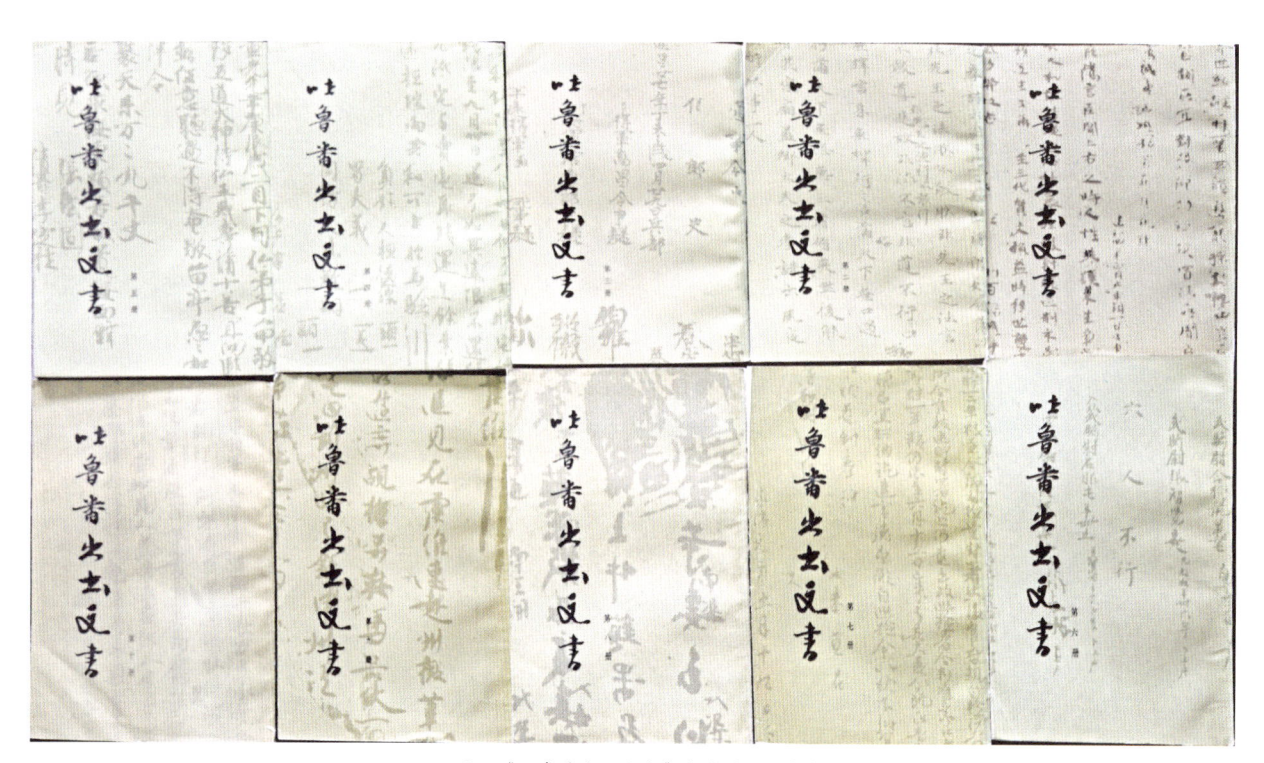

图3　《吐鲁番出土文书》书影（录文本）

（接上页）《吐鲁番与丝绸之路经济带高峰论坛暨第五届吐鲁番学国际学术研讨会论文集》，上海古籍出版社，2016年，第205—217页；鲁礼鹏：《吐鲁番阿斯塔那古墓群出土陶（泥）灯研究》，《吐鲁番学研究》2015年第2期，第1—18页。

土文献被收在《新获吐鲁番出土文献》一书中。[1]

以下根据所见到的考古发掘报告及简报梳理阿斯塔那古墓群历年发掘情况及墓葬编号。[2]

1959年10—11月新疆博物馆东疆文物工作组在阿斯塔那进行了一次为时半月的墓葬发掘，编号为59TAM301—59TAM306。[3]

1960年4—10月，以吴震先生为领队的自治区博物馆考古队对阿斯塔那古墓群进行第二次发掘，共发掘墓葬30座，编号为60TAM307—60TAM336。[4]

1960年11月，以吴震、王炳华为正、副领队的自治区博物馆考古队，带领自治区文化干校文博班的十名学员，在阿斯塔那古墓地西北区进行了第三次发掘，清理墓葬四座，编号为60TAM337—60TAM340。[5]

1963年12月至1965年，自治区博物馆对阿斯塔那—哈拉和卓两地区进行了发掘。阿斯塔那42座墓葬编号为63TAM1—63TAM3、64TAM4—64TAM37、65TAM38—65TAM42，其中未清理的5座；哈拉和卓14座墓，编号为64TKM1—64TKM14，其中未清理的6座。这些未清理的墓曾被严重盗扰，正式清理的有45座。[6]

1966至1969年，自治区博物馆先后四次在吐鲁番县阿斯塔那—哈拉和卓地区进行古墓葬发掘。在阿斯塔那以北、哈拉和卓以西地区共清理古墓95座，编号为TAM43—147（其中未清理的10座）；在哈拉和卓以东清理10座，编号为TKM15—54（其中未清理的30座）。两区共清理105座，其中被盗掘一空的12座，余93座也绝大部分遭到不同程度的盗扰。[7]

1966年，吐鲁番文管所在阿斯塔那墓地发掘360号墓，编号66TAM360。[8]

1967年，新疆维吾尔自治区博物馆在阿斯塔那东南段砖窑附近发掘1座墓葬，编号67TAM363。[9]

1972年末至1973年初，以新疆博物馆考古队和吐鲁番县文物保管所共同组成的考古工作队，在吐鲁番阿斯塔那古墓群东南段，清理了麴氏高昌豪门张氏家族茔墓区及其附近的晋—唐墓葬，有72TAM148—157、TAM159—165、TAM167—171、TAM173—190、TAM194、TAM195、TAM200—205、TAM209、TAM215—218、TAM223、TAM225—231、TAM233、TAM234共计63座。[10]

1973年春，新疆博物馆考古队的李征、穆舜英带

---

1 荣新江、李肖、孟宪实主编：《新获吐鲁番出土文献》，中华书局，2008年，第1—55页。其中第54—55页附录收入阿斯塔那1965年发掘341号墓出土文书。
2 关于阿斯塔那墓地1973年以前发掘情况、哈拉和卓墓地1975年以前发掘情况可参看鲁礼鹏《吐鲁番阿斯塔那古墓群墓葬登记表》《吐鲁番哈拉和卓古墓群发掘墓葬登记表》，载《新疆文物》2000年第3—4期合刊，第215—237、238—243页。另有吐鲁番出土文物研究会编的《吐鲁番出土文物研究情报集録——吐鲁番出土文物研究会会报1—50号》（東洋文庫内中央アジア・イスラム研究室，1991年）中第8—10号《阿斯塔那古墳群墳墓一覽表》（第35—48页）、第11号《哈拉和卓古墳群墳墓一覽表》（第49—52页）及荒川正晴《トゥルファン出土文書ひよび關连伴出资料の調查》中《随葬物别出土文書一覽表》（大阪大学大学院文学研究科，平成15年，第107—190页）可参考。
3 新疆维吾尔自治区博物馆：《新疆吐鲁番阿斯塔那北区墓葬发掘简报》，《文物》1960年第6期，第13—21页。
4 新疆博物馆考古队：《阿斯塔那古墓群第二次发掘简报》，《新疆文物》2000年第3—4期合刊，第1—65页。
5 新疆博物馆考古队：《阿斯塔那古墓群第三次发掘简报》，《新疆文物》2000年第3—4期合刊，第66—83页。
6 新疆维吾尔自治区博物馆：《吐鲁番县阿斯塔那—哈拉和卓古墓群发掘简报（1963—1965）》，《文物》1973年第10期，第7—27页。
7 新疆维吾尔自治区博物馆：《吐鲁番县阿斯塔那—哈拉和卓古墓群清理简报》，《文物》1972年第1期，第8—29页。
8 柳洪亮：《吐鲁番阿斯塔那古墓群360号墓出土文书》，《考古》1991年第1期，第33—37页。
9 新疆维吾尔自治区博物馆：《吐鲁番阿斯塔那363号墓发掘简报》，《文物》1972年第2期，第7—12页。
10 新疆文物考古研究所：《阿斯塔那古墓群第十次发掘简报》，《新疆文物》2000年第3—4期合刊，第84—167页。

领当时为新疆博物馆考古训练班学员的九人，在阿斯塔那古墓群东南区张氏茔区进行了第十一次考古发掘。这次共发掘墓葬20座，编号为73 TAM116、TAM191—193、TAM196—199、TAM207、TAM208、TAM211—214、TAM221、TAM222、TAM232、TAM236—238。[1]

1973年新疆维吾尔自治区博物馆与西北大学历史系考古专业共同组织了考古发掘队，从9月21日至11月18日，共发掘墓葬38座。其中TAM113—115、206、210、224六号系过去已编号未发掘的，新编的号从TAM501号起至532号止，计32座。[2]

1975年，新疆博物馆考古队在哈拉和卓发掘了51座古墓，编号为75TKM55—105。[3]

1979年，吐鲁番地区文管所发掘阿斯塔那382、383号墓，编号79TAM382、79TAM383。[4]

1984年，吐鲁番地区文管所发掘哈拉和卓383号墓，编号84TKM383。[5]同年，在阿斯塔那一未发掘古墓的封土中发现一木楔，编号为84TAM:1。[6]

1985年12月中旬哈拉和卓抢救性发掘一座竖穴木棺墓，无编号。[7]

1986年9月22日至10月5日，吐鲁番地区文管所在阿斯塔那棉花加工厂抢救性发掘墓葬8座，编号86TAM384—391。[8]

1986年，棉花收购站的工人在平整场院时从一个墓道中挖出两方墓志，因墓葬地面铺上砖并堆放了棉花而没有发掘，仅有器物编号，分别为86TAM:1、86TAM:2。[9]

2004年3月，吐鲁番地区文物局对阿斯塔那墓地西区南边的9座遭水淹塌的墓葬进行了抢救性清理，编号2004TAM392—400。[10]

2004年5月，在棉花加工厂后院高粱地里抢救清理7座被水泡塌的古墓，编号2004TAM401—2004TAM407。[11]

2004年6—7月，吐鲁番地区文物局对阿斯塔那古墓群西区一被盗、一坍塌的墓葬进行了清理，编号为2004TAM408、2004TAM409。[12]

2006年4月14日至5月25日，新疆维吾尔自治

1　新疆文物考古研究所：《阿斯塔那古墓群第十一次发掘简报》，《新疆文物》2000年第3—4期合刊，第168—214页。
2　新疆维吾尔自治区博物馆、西北大学历史系：《1973年吐鲁番阿斯塔那古墓群发掘简报》，《文物》1975年第7期，第8—26页。
3　新疆博物馆考古队，穆舜英执笔：《吐鲁番哈拉和卓古墓群发掘简报》，《文物》1978年第6期，第1—14页。该文后收入新疆社会科学院考古研究所编《新疆考古三十年》，新疆人民出版社，1983年，第116—124页。
4　新疆吐鲁番地区文管所：《吐鲁番出土十六国时期的文书——吐鲁番阿斯塔那382号墓清理简报》，《文物》1983年第1期，第19—25页；柳洪亮：《新出吐鲁番文书及其研究》，新疆人民出版社，1997年，第19—22页。
5　吐鲁番地区文管所：《唐北庭副都护高耀墓发掘简报》，《新疆社会科学》1985年第4期，第60—68页。
6　柳洪亮：《新出吐鲁番文书及其研究》，第24页。
7　吐鲁番地区文管所：《吐鲁番哈拉和卓乡竖穴木棺墓发掘简报》，《新疆文物》1986年第2期，第48—50页。在可移动文物普查工作中，经过与吐鲁番博物馆库存部分文物比对，确认此墓编号为85TKM384，详见后文叙述。
8　吐鲁番地区文管所：《1986年新疆吐鲁番阿斯塔那古墓群发掘简报》，《考古》1992年第2期，第143—156页。
9　吐鲁番地区文管所：《1986年新疆吐鲁番阿斯塔那古墓群发掘简报》。
10　吐鲁番学研究院：《新疆吐鲁番阿斯塔那墓地西区2004年发掘简报》，《文物》2014年第7期，第31—53页。
11　转引自吐鲁番地区文物局：《吐鲁番阿斯塔那古墓群西区408、409墓清理简报》(《吐鲁番学研究》2004年第2期，第1页)中的叙述文字。
12　吐鲁番地区文物局：《吐鲁番阿斯塔那古墓群西区408、409墓清理简报》；吐鲁番地区文物局：《新疆吐鲁番地区阿斯塔那古墓群西区408、409号墓》，《考古》2006年第12期，第3—11页。

区博物馆考古部与吐鲁番地区文物局阿斯塔那文物管理所联合对阿斯塔那墓葬进行了考古发掘，并对一些已发掘的墓葬、遗迹做了清理工作；共发掘五座墓葬，编号2006TAM601—2006TAM605。[1]

2006年9月，新疆吐鲁番学研究院与新疆维吾尔自治区博物馆对阿斯塔那西区两座被盗墓葬进行了清理，目前见编号为2006TAM607之发掘简报[2]，疑另一座编号为2006TAM606。

2009年，吐鲁番学研究院考古工作者对一区保护范围以外发现的一座墓葬进行了保护性清理，编号2009TAM410。[3]

2014年，吐鲁番学研究院考古研究所在阿斯塔那二区抢救性发掘411号墓，编号2014TAM411。[4]

二 参考资料及档案资料所见1949年以后墓地发掘情况

在一些学者的研究文章及档案资料中零星地保留了一些关于吐鲁番阿斯塔那及哈拉和卓古墓群墓葬发掘的信息，有助于我们更加完整地认识当年墓地的发掘历史，可以为我们提供进一步的资料。吐鲁番出土文书及砖志的整理，从文献角度出发，以墓号为单位，也可以告诉我们一些发掘报告中未曾出现的信息。

（1）技术保护修复类文章提供重要的信息

在夏侠先生《阿斯塔那古墓群出土纺织品纹样特征初探》一文中，提到了1959年发掘了阿斯塔那古墓群325号、332号、北区138号墓，编号为59TAM325、59TAM332、59TAM138；1968年，发掘了阿斯塔那381号墓，编号为68TAM381；1970年，发掘了阿斯塔那北区92号墓，编号70TAM92。[5]

1968年发掘了阿斯塔那104号墓，编号为68TAM104。[6]

2013年，吐鲁番学研究院技术保护研究所工作人员修复完成一片1965年出土于阿斯塔那墓葬的麻

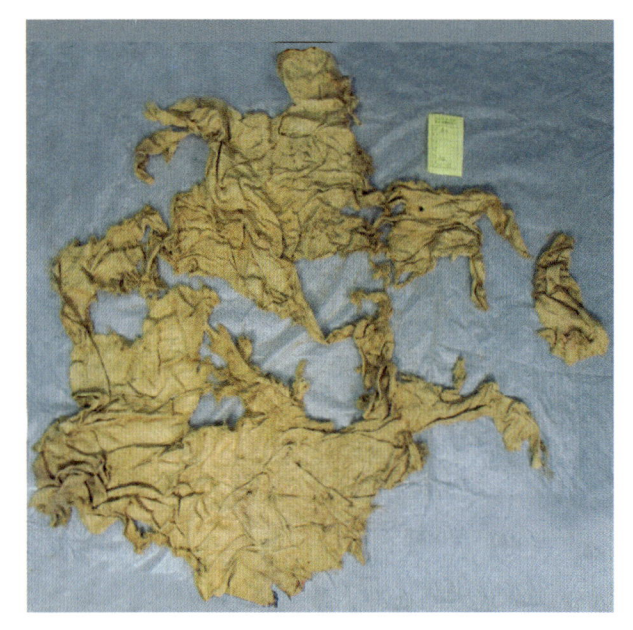

图4　1965年阿斯塔那出土麻布残片

1　新疆维吾尔自治区博物馆考古部、吐鲁番地区文物局阿斯塔那文物管理所：《2006年吐鲁番阿斯塔那古墓群西区发掘简报》，《吐鲁番学研究》2007年第1期，第7—27页。
2　新疆吐鲁番学研究院、新疆维吾尔自治区博物馆：《2006年阿斯塔那古墓Ⅱ区607号墓清理简报》，《吐鲁番学研究》2010年第2期，第3—6页。
3　新疆吐鲁番学研究院：《2009年吐鲁番阿斯塔那古墓群1区410号墓葬清理简报》，《吐鲁番学研究》2010年第1期，第1—5页。
4　吐鲁番学研究院考古研究所：《吐鲁番阿斯塔那古墓群Ⅱ区M411的抢救性发掘简报》，《吐鲁番学研究》2014年第2期，第1—5页。
5　夏侠：《阿斯塔那古墓群出土纺织品纹样特征初探》，《浙江纺织服装职业技术学院学报》2012年第1期，第43—46页。
6　殷福兰：《吐鲁番出土纺织品对称纹样的艺术风格探究》，《吐鲁番研究：第二届吐鲁番学国际学术研讨会论文集》，2006年，第294—301页。

图5　66TAM361出土皮鞋

布，由于背景资料的缺失，无从得知其具体为哪一座墓葬所出[1]（图4）。

2015年3月，在德国波恩莱茵河州立博物馆皮制品修复保护专家REGINE VOGEL教授的全程指导下，吐鲁番学研究院技术人员完成了阿斯塔那古墓群出土的66TAM361:6皮鞋（图5）的修复保护工作。[2]这表明，阿斯塔那361号墓被发掘于1966年，但是发掘报告上没有相关记载。

侯灿先生《吐鲁番学与吐鲁番考古研究概述》《新发现的高昌王阚首归与麴嘉年号考》二文中记载1975年发掘、但目前未见于各发掘简报及报告的阿斯塔那的墓葬有75TAM58、75TAM60、75TAM88、75TAM90。[3]

以上所提到的发掘各墓，68TAM104在鲁礼鹏《吐鲁番阿斯塔那古墓群墓葬登记表》中有所提及，70TAM92（北区）在发掘报告中记录为1967年发掘，1965TAM不详，其余59TAM325、59TAM332、59TAM138（北区）、68TAM381、66TAM361、75TAM-58、75TAM60、75TAM88、75TAM90均无记录。

（2）《吐鲁番出土文书》提供的信息

在《吐鲁番出土文书》（图录本）第壹卷中刊布了1973年发掘哈拉和卓96号墓中出土的文书，该墓编号为73TKM96。[4]1967年发掘的墓葬未见发掘报告的

1　吐鲁番学研究院技术保护研究所：《新疆吐鲁番阿斯塔那古墓群出土唐代麻布修复报告》，《吐鲁番学研究》2013年第2期，第109—114页。
2　吐鲁番学研究院技术保护研究所：《吐鲁番阿斯塔那古墓群三六一号墓葬出土皮鞋保护修复报告》，《吐鲁番学研究》2015年第1期，第98—103页。
3　侯灿：《吐鲁番学与吐鲁番考古研究概述》，《敦煌学辑刊》1989年第1期，第48—62页；侯灿：《新发现的高昌王阚首归与麴嘉年号考》，《西北史地》1984年第1期，第59—63页。
4　唐长孺主编：《吐鲁番出土文书》（图录本）第壹卷，文物出版社，1996年，第28页。

有67TAM364、67TAM365、67TAM366、67TAM370、67TAM377五座。[1]

在《吐鲁番出土文书》（图录本）第叁卷中刊布了1965年发掘的阿斯塔那346号、1967年发掘的阿斯塔那376号、1975年发掘的阿斯塔那239号，分别编号为65TAM346、67TAM376、75TAM239。[2]且编号75TAM239恰好可与1973年春季进行的第十一次考古发掘结束号73TAM238衔接。

在《吐鲁番出土文书》（图录本）第肆卷中刊布了1965年发掘的阿斯塔那341号墓中出土的文书，墓葬编号为65TAM341。该墓出土文物现存新疆维吾尔自治区博物馆，但有几件当时留在了吐鲁番。《新获吐鲁番出土文献》中记载了吐鲁番文物局专业技术人员从本墓所出俑胳膊上拆出纸质文书，现编号为77与78号。[3]

《吐鲁番出土文书》（图录本）第肆卷中收录有编号为66TAM30的文书[4]，这表明阿斯塔那30号墓发掘于1966年，但发掘报告《吐鲁番县阿斯塔那—哈拉和卓古墓群发掘简报（1963—1965）》显示该墓发掘于1964年，未知孰是。

《吐鲁番出土文书》（图录本）第肆卷中收录有编号为66TAM358、67TAM380、68TAM381[5]的文书，表明阿斯塔那358、380、381号墓发掘于1966、1967、1968年。

（3）档案资料提供的编号信息

根据阿斯塔那古墓群的全国重点文物保护单位档案《大事记卷》记载："1997年底，由于周边水渠对阿斯塔那古墓群所造成的威胁，吐鲁番地区文物局联合新疆维吾尔自治区考古研究所对阿斯塔那古墓区北缘十几座墓葬共同进行抢救发掘。"截至目前，我们尚未见到关于1997年这次抢救性发掘的报告及简报，也未见相关研究。

在整理关于阿斯塔那墓地的全国重点文物保护单位档案时，我们见到了2004年阿斯塔那墓地1—9号墓的发掘资料，编号"04TAM1—M9"。同样，在可移动文物普查中，出现了"2004TAM6:2"，还有其他一些编号为2004年1—9号墓出土的文物，均注明出土地为"阿斯塔那古墓"。查看相关考古报告，2004年的发掘有三次，3月抢救性清理9座墓，编号2004TAM392—2004TAM400；5月抢救清理7座墓，编号2004TAM401—2004TAM407；6—7月清理了一被盗、一坍塌的墓葬，编号为2004TAM408、2004TAM409。且6—7月清理墓葬工作是对5月抢救性发掘工作的继续，故亦为9座墓。这其中并无M1—M9的编号。经过对比档案资料中的器物线描图与记录卡，与3月抢救清理的9座墓完全一致，即M1—M9后来被依次编号为2004TAM392—2004TAM400。"04TAM1—M9""2004TAM6:2"属于最原始的编号，在文物入库时登录了原始编号。

三 几种特殊编号及可移动文物普查中遇到的编号问题

建国以后，经过多次考古发掘，国内目前使用通

---

[1] 唐长孺主编：《吐鲁番出土文书》（图录本）第壹卷，第385、292、458、331、400页。
[2] 唐长孺主编：《吐鲁番出土文书》（图录本）第叁卷，第260、289、553页。
[3] 唐长孺主编：《吐鲁番出土文书》（图录本）第肆卷，第54—64页；《新获吐鲁番出土文献》，第54—55页。
[4] 唐长孺主编：《吐鲁番出土文书》（图录本）第肆卷，第361页。
[5] 唐长孺主编：《吐鲁番出土文书》（图录本）第肆卷，第178、362、351页。

用的关于整理阿斯塔那古墓群出土文物的编号原则，即"发掘年份+TAM+墓葬序列号+器物序列号"，"墓葬序列号"与"器物序列号"之间使用比号。但是我们在实际工作中也遇到了几种特殊的编号方式，列举如下。

（1）没有具体墓号的编号

1984年，在阿斯塔那一未发掘古墓的封土中发现一木楔，编号为84TAM:1。[1] 1986年，棉花收购站的工人在平整场院时从一个墓道中挖出两方墓志，后因墓葬地面铺上砖并堆放了棉花而没有发掘，仅编有器物号，分别为86TAM:1《延寿七年（630）张迁谦祐墓志》，86TAM:2《贞观十六年（642）张谦祐妻严氏墓志》。[2] 因为没有对墓葬进行发掘，故而此处编号采取不同于以往的方式，没有写墓号，只写了文物出土年代、地点及器物编号。

（2）发掘年代不详的编号

在《吐鲁番出土文书》（图录本）第肆卷第47—51页刊布了阿斯塔那240号墓出土的一些文书图版及录文，但是该墓发掘年代不详，编号仅仅为TAM240。根据发掘简报，阿斯塔那239号墓为1975年发掘，则240号墓发掘年代在1975年及以后。

（3）墓号、发掘年代不详的编号

《吐鲁番出土文书》（图录本）第贰卷第345—349页刊布阿斯塔那发掘一墓葬出土文书多件，但其发掘年代不详，墓葬序号为"X2"，故该墓编号为TAMX2。

（4）整理过程中重新给号与加区分号

在对阿斯塔那出土文物的整理过程中，发现同一编号出现了多件器物。为了便于整理，在不改变原始编号的前提下，在总号后增加分号以示区别，或对其重新给号。在出版物中，则采用新号附加原始编号的方法。例如，73TAM208:4—1［73TAM208:4］表示括号内的编号为当初发掘时的原始编号，括号之前的为同一编号出现的不同器物，故而增加分号；73TAM517:35［73TAM517:08］表示括号前的为新给的编号，括号内为原始编号[3]。

每一件文物有多类别的编号，这些编号除了考古发掘的编号属于最原始的现场编号外，其他的都属于后期整理所给编号、入库存放编号、总账号、文物分类编号、出版整理序列号等。在参与吐鲁番市第一次全国可移动文物普查工作中，遇到了很多关于阿斯塔那和哈拉和卓墓地发掘的记载，这些记载不同于我们通用的编号方式。出于对待文物编号信息的慎重，我们不随便否定、更改、猜测每一个遇到的"奇特"的编号。只在有确切证据的情况下才认定为"工作人员手误"。

列举几处特殊编号。"65TKM341"，注明出土地为"哈拉和卓古墓"，但没有更进一步的信息可以证明。我们怀疑其为"65TAM341"之误，但账目中又出现了"66TAM341"。

"66TKM303""66TKM304""66TKM305"，注明出土地为"哈拉和卓古墓"，查历年考古报告

---

1 柳洪亮：《新出吐鲁番文书及其研究》，第24页。
2 吐鲁番地区文管所：《1986年新疆吐鲁番阿斯塔那古墓群发掘简报》，《考古》1992年第2期，第143—156页。
3 鲁礼鹏：《吐鲁番阿斯塔那古墓群出土陶（泥）灯研究》，《吐鲁番学研究》2015年第2期，第4、8页。

图6 哈拉和卓出土箆梳原物与线描图

图8 哈拉和卓出土织绣囊[3]

图7 哈拉和卓出土弓箭箙及局部，上图为吐鲁番博物馆通史展厅展出哈拉和卓出土弓箭箙实物，中图为上图左部弓箭箙局部书写编号处，下图为弓箭箙编号。

及各处所辑录资料，均无相关资料可证明1966年对哈拉和卓303、304、305号墓进行发掘。另外还出现了"68TKM303:12""66TMTAM303:19"的编号，出土地同样为"哈拉和卓古墓"[1]。存疑。

"85TKM384"，注明出土地为"哈拉和卓古墓"。1985年12月中旬，吐鲁番文管所确实在哈拉和卓抢救性发掘过一座竖穴木棺墓，但是简报中未曾提及此墓编号。吐鲁番博物馆库存文物出现此编号五次，分别为木箭、织绣囊、弓箭箙、"非"字形木梳箆、羽毛。"非"字形木梳箆极具特色，左梳右箆，梳12齿，箆35齿，与发掘报告中器物描述、线描图完全一致，器物上附有编号85TKM384:9（图6）；弓箭箙及

---

1 鲁礼鹏：《吐鲁番哈拉和卓古墓群发掘墓葬登记表》中登记有66TKM301、66TKM306，无66TKM303、66TKM304、66TKM305。结合吐鲁番藏66TKM303、66TKM304、66TKM305文物信息，似乎可以为我们提示一条信息，即1966年至少发掘了哈拉和卓301—306号墓。

七支箭目前在吐鲁番博物馆通史展厅展出，仔细查看，在弓箭箙尾部破裂处内壁写有编号85TKM384:2（图7）；织绣囊也在吐鲁番博物馆通史展厅展出，其上附有编号为85TKM384:8（图8）。经过对比可知，1985在哈拉和卓墓地所发掘墓葬编号即为85TKM384。[1]

"80TAM336:142"，注明出土地为"阿斯塔那古墓"，发掘报告上为1960年。

"65A0062"，注明地点为"阿斯塔那古墓"，但不知具体所指。

"67:0105"，注明出土地为"阿斯塔那古墓"，未解。

结 语

阿斯塔那墓地及哈拉和卓墓地1949年以后考古发掘所出文物，文书类与砖志类已经过专家学者的细致整理，有部分专家学者也对墓葬及出土文物从艺术角度进行了探讨；其他文物经过新疆文博界各位同志的悉心整理，出版了一些报告及简报，目前还在整理、研究、发表阶段。吐鲁番出土文献的整理研究者的学术成果及档案资料中零星保留的一些关于阿斯塔那及哈拉和卓墓地墓葬发掘信息，有助于我们更加完整地认识当年墓地的发掘历史，可以为我们提供进一步的资料，也可以让我们更好地认知吐鲁番出土文物的总体情形与文化价值。

在整理全国重点文物保护单位阿斯塔那古墓群的档案时，我们注意到关于其出土文物编号的几种特殊情况。在吐鲁番市第一次全国可移动文物普查工作中，遇到了很多特殊的编号情形，有的属于账本登录中"工作人员手误"而致，而有的需要进行进一步的考证，有的由于原始信息过于简单，不明所指。这些基础性工作中出现的细小问题，有的保留了很有价值的学术信息。[2]

学者们的研究文章特别是技术保护修复类文章，其中提供了很多重要的文物信息，我们必须重视此类文章。因为阿斯塔那墓地和哈拉和卓墓地当时发掘完毕以后，除去研究所用而提取的部分文书砖志及精美定级文物之外，其他的一般文物则进入库存状态。特别是很多丝织品，因为当时的技术修复能力不足而未对其作深入清洗修复。故而原样保存，但它们大多留有当时的发掘编号卡片。近十几年以来，我们的文物保护修复技术与水平有了很大提升，开始对这类丝织品进行修复、研究，让它们逐渐展现在世人面前。然而目前存在的一个问题就是，由于文物技术修复类文章、修复报告的结构较为模式化、内容较为单调、图版多、科技分析成分高、写作人员文字水平受限等原因，所撰文章投稿于各期刊，特别是社科类期刊，因其过于占期刊版面、编排困难等，故而不容易发表。所以对于修复类文章应当加以重视，其为我们当前之文物研究与保护工作提供了重要的价值及信息，应该让这些有效信息及时地面向学术界。

---

[1] 此墓出土文物编号目前所见有85TKM384:22，即最少出土22件文物。与弓箭箙一起展出的有七支箭，博物馆库房另有一编号，将此墓出土箭四支列为一组。根据发掘报告，此墓共出土箭21支。剩余的10支箭有可能被编为其他号码，也有部分出土地失载。对此，我们将结合发掘简报与库存文物进行进一步的比对确认工作。

[2] 在普查工作中，我们初步整理出吐鲁番博物馆库存而之前未见于相关公开报告、简报的编号有13个。详见仵婷、李亚栋《1975年之前阿斯塔那古墓群的十三次发掘及编号系统》，《丝绸之路》2016年第18期，第33—34页。

Lions from Sogdiana to Chang'an（550—755）

毛 铭

(University of London)

1. A Lion tribute: the Rise and Fall of the Imperial China

The lion as sacred, solar or regal symbol permeated many ancient cultures, in India, Persia and among the Sogdians. Paul Pelliot[1] noted that the Chinese word for lion, *shi* 狮, or *suoni* 狻猊, was derived from the Sogdian word *sarye*. In ancient China the lion remains a favourite tribute, as the symbol of the prosperity of the empire. Indeed, we see clearly the rise and fall of the Imperial China through the lion tribute from Sogdiana/Persia.

A wooden manuscript recovered from the Xuanquan Pass, near Dunhuang, reveals that as early as 52 BC the Han royal zoo welcomed a lion when it arrived in Dunhuang with the Sogdian envoys[2] (Fig.1a, 1b). It informs us about the Han caravan hostel and says:

> Please offer a [lamb] to feed the king of Zheyuan, along with the lion tamer; please offer a [lamb] to feed the official from the Han royal zoo (*goudun* 钩盾). Please prepare to receive the lion, and guide the lion tamer to see the emperor. 其一只，以食折垣王一人，狮使者，一只，以食钩盾使者，迎狮子，以狮使者岱君。

The wooden manuscript echoes a celadon candlestick in shape of a Sogdian riding a lion, which was unearthed in 2003 from the tomb of a Western Jin noble（C.285-313）in the city proper of Linyi（临沂, ancient name Langye 琅琊）, Shandong province[3]（Fig.2a）. It is high-fired and has a soft grey-green glaze. The figure has spellbound eyes, and whiskers curled upwards; he looks arrogant and complacent. His tight-sleeved caftan, composed of medallions within squares of lattice and bordered with a line of 'pearls', and his baggy Sasanian silk trousers, tell us that he probably a Sogdian envoy, who brought the lion as a state tribute from Samarkand.[4] Out of his head rises a tube, supposedly his Phrygian hat, but perhaps also meant to be used as a taper holder for receiving a long candle. Along with the candlestick, 11 gold rings were found worn on the corpse's fingers and a gold bracelet on his arm. Gold bracelets as

---

1　Cited by Cai Hongsheng, *Culture of the Sogdians and the Turks in the Tang Dynasty*, (*Tang dai Jiu xing hu yu tu jue wen hua* 唐代九姓胡与突厥文化), pp.195-211, note 1, Beijing, Zhonghua shuju, 1998.

2　Rong 2008, Hua rong jiao hui: *Dunhuang ethnics and the communication between China and the West*, 华戎交汇：敦煌民族与中西交通, Gansu jiaoyu chubanshe, Lanzhou, 2008. pp26-28.

3　*Major Archaeological discoveries in China in 2003*, Beijing, Wenwu Press, 2004, pp.109-115.

4　It is recorded in *Wei Shu and Jin Shu* that lions came from the mountains near Samarkand; they became one of the major tribute items from Sogdiana to China.

Fig.1a Aerial view of the Xianquan Pass site (22,500 sq.m., at the foot of the north slope of Sanweishan, Dunhuang), from which 15,000 Han wooden slips were excavated in 1990−1992.

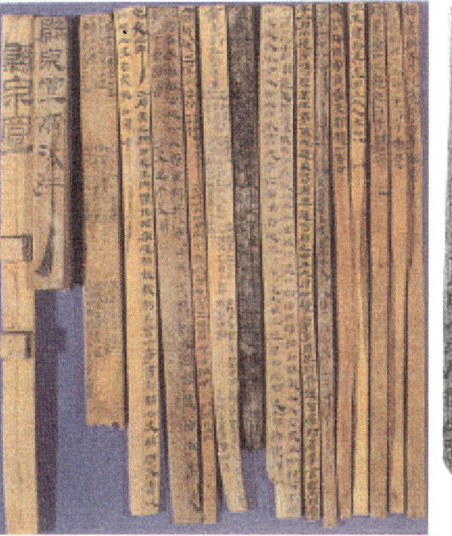

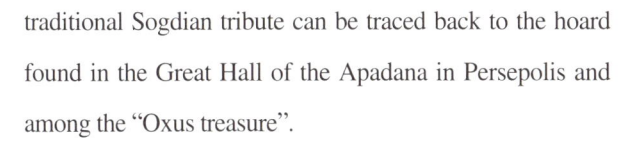

Fig.1b Han dynasty wooden slips, dated to Ganlu 2nd year (52 BC) from Xianquan Pass, Dunhuang. Both After Rong Xinjiang, 2006: Hua rong jiao hui, p.27.

traditional Sogdian tribute can be traced back to the hoard found in the Great Hall of the Apadana in Persepolis and among the "Oxus treasure".

Meanwhile, gold rings are often found in Northern Dynasties tombs, including those of Xu Xianxiu and Yu Hong in Taiyuan, Shi Jun in Xi'an, and the Shi family in Guyuan, which might be attributed to the Sogdians.[1] Another similar celadon figurine was recovered from a Western Jin tomb in Nanjing (d. 294), now in the Nanjing Museum[2] (Fig.2b). Considering that Linyi and Nanjing lie by the sea, it is possible that these Sogdian envoys arrived from the Indian Ocean via the maritime Silk Road. A Sogdian merchant active around the Yangtze River was mentioned in *Biography of Eminent Monks* or *Gaosengzhuan* 高僧传, vol. 34, "Biography of Shi Daoxian" 释道仙：

Monk Shi Daoxian was originally from Sogdiana. When he was younger, he was a merchant active in the Southern Liang and Northern Zhou period, travelling from Jiangsu to Sichuan via the Yangtze River. Dealing with goods from the Yangtze River and overseas, he gathered two vessels full of treasures.

释道仙，一名僧仙，本康居国人。以游贾为业，梁周之际，往来吴蜀。江海上下，集积珠宝，故其所获赀货，乃满两船。[3]

In history only once instead of the Sogdian envoys a Chinese diplomat, Gao Hui, had brought back a lion from Sogdiana, as recorded in the *Bei Qi Shu*, "Biography of Gao Guiyan":

Gao Guiyan, Prince Pingqin, younger brother of

---

1 The Institute of Archaeology of Shanxi, Excavation of Yu Hong's tomb of the Sui Dynasty in Taiyuan, Shanxi, *Wenwu* no.1 2001, Beijing, p.27-52. The Institute of Archaeology of Shanxi, Excavation of Xu Xianxiu's tomb of the Northern Qi Dynasty in Taiyuan, *Wenwu* 2003/10, p.1; Guyuan Museum & the Sino-Japanese archaeology team of Yuanzhou: *Collection of the Ancient Tombs in Yuanzhou*, 1999, Beijing.

2 *Kaogu*, vol.6, 1976, p.397, fig.5.

3 *Biography of Eminent Monks* or *Gaosengzhuan*, vol. 34, Zhonghua shuju, 1981.

Fig.2a.
Celadon candle holder from the tomb of a Western Jin noble (c.285–313), Linyi, Shandong. After *Major Archaeological discoveries in China in 2003*, Wenwu Press, 2004, p109.

Fig.2b.
Celadon figuring from a Western Jin tomb, Nanjing Museum, 294. After *Kaogu* 1976, vol.6, Wenwu Press, Beijing, p.397, fig.5

Gao Huan. Guiyan's father Gao Hui once broke the law in the late years of Wei and was exiled to Liangzhou. When Hui's team went across the Wei River, they met bandits. Gao Hui defended heroically and was rewarded by the court. Hui was released and resided in the Hexi Corridor for many years, where gradually he learned the Sogdian language. Because of this language capacity, Hui served as the envoy of Wei to the Western Regions, and brought back a lion as tribute from Sogdiana. For this Hui was further appointed as the Governor of Hedong but died soon after.

平秦王归彦，神武族弟也。父徽，魏末，坐事当徙凉州，行至河渭间，遇贼，以军功，得免流。因于河州积年。以解胡言，为西域大使，得胡师子来献，以功得河东守。寻遂死焉。[1]

Moreover, the date of Gao Hui's visit to Central Asia is provided in *Wei Shu*, Biography of Gao Hu, as around 512-515:

In the Yanchang Era [512–515], Gao Hui was sent [by the Northern Wei court] as the envoy to the Hephthalites. States of the Western Regions saluted Gao Hui concerning the great power of the Wei. Therefore Poluohou and Wusun presented famous horses to the Wei court.

魏书·高湖传：延昌中，高徽"使于嚈哒，西域诸国莫不敬惮之，破洛侯、乌孙并因之以献名马"。[2]

In the Northern Wei, a live lion from Persia travelled via Kucha, Turpan, Dunhuang and Guyuan and eventually arrived in Luoyang.

The lion was presented by the King of Persia. Around the end of the Zhengguang era (520–525), it was captured by the rebel Moqi Chounu and kept by his bandit gang in Gaoping (Guyuan, Ningxia). Only when Moqi Chounu was defeated at the end of Yong'an (528–530) did it finally reach the capital [Luoyang].

---

1 *Bei Qi shu*, vol 14, Biography of Gao Guiyan, written by Li Delin & Li Baiyao in 629AD. "Gao Hui had a close friendship with Gao Huan. When Gao Huan pacified the capital city of Luoyang [after the second Erzhu Rebellion in 532], he transported the corpse of Gao Hui and buried him decently with Gao Mu. Hui received the honourable title of *Situ* and the posthumous name Wenxuan. In his early years Gao Hui visited Chang'an market where he had a love affair with Lady Wang. Wang gave birth to a son Guiyan, who was nine years old at that time. Gao Huan sought out the boy, embracing him in joy and sorrow." "徽于神武旧恩甚笃。及神武平京洛，迎徽丧，与穆同营葬。赠司徒，谥曰文宣。初，徽尝过长安市，与妇人王氏私通而生归彦，至是年已九岁。神武追见之，抚对悲喜。"

2 *Wei Shu*, Biography of Gao Hu, cited by Yu Taishan, 2005, p.513.

狮子者，波斯国胡王所献也，正光末，为逆贼万俟丑奴所获，留于高平寇中。永安末，丑奴破，始达京师。[1]

Luoyang qie lan ji records that in 531 the Wei Emperor Xiaozhuang was interested in this lion and the next emperor tried to free it:

> When the Prince of Guangling came to the throne in the first year of Putai [531] he issued an edict that said, 'To hold birds and beasts in captivity is to go against their nature. They should be sent back to the hills and forests.' He ordered that the lion should be sent back to its own country. The men who were taking the lion reckoned that it would be impossible to get it to Persia so they killed the animal on the way and came back. The authorities prosecuted them for disobeying an imperial decree, but the Prince of Guangling said, 'How can men be punished for the sake of a lion？' and pardoned them.
>
> 普泰元年，广陵王即位，诏曰："禽兽囚之，则违其性，宜放还山林。"狮子亦令送归本国。送狮子胡，以波斯道远，不可送达，遂在路杀狮子而返。有司纠劾，罪以违旨论广陵王曰："岂以狮子而罪人也？"遂赦之。[2]

The description in *Cefu yuangui*, "Memoir of Foreign Tribute", suggests that the Sogdian states under the hegemony of the Tang Empire, in 635 brought the lion as tribute to Emperor Taizong. According to *Quan Tang wen*, in 696, Tashkent sent a lion as tribute to Luoyang, but the Tang scholar Yao Shou insisted Empress Wu should return this gift, saying:

> As a wild beast the lion would eat too much meat on its long journey from Suyab to Luoyang, which would be too costly.
>
> 请却石国献狮子疏：狮子猛兽，唯止食肉。远从碎叶，以至神都，肉既难得，极为劳费。[3]

From this we learn that the lion offered by the Tashkent ruler in 696 actually came from Suyab. This was most likely associated with the military success of Empress Wu in Western Central Asia. Suyab was one of the Four Garrisons of the Western Regions under the Tang Empire, and a flourishing nexus for the Silk Road caravans travelling through the vast Eurasian Steppe. In 679 Empress Wu sent the Tang army to defeat the rebel Turgesh 突骑施 (a branch of the Western Turks) by the banks of Issyk Lake. Afterwards Wang Fangyi, General

---

1　*Wei shu*, Memoir of the Western Regions, cited by Yu Taishan, 2005, p.660; also see Jenner, *Luoyang qie lan ji*, 1981, p.221.

2　Jenner, *Luoyang qie lan ji*, 1981. p.221-222.
　'I have heard,' said the Emperor Xiaozhuang to the Imperial Assistant Li Yu, 'that a tiger will submit to a lion on sight. I would like to test this.' He ordered the nearest mountainous prefectures and counties to capture tigers and send them. Kang County and Shanyang sent two tigers and a leopard. The Emperor watched the spectacle in the Hualin Park. When the tigers and the leopard saw the lion they shut their eyes, not daring to look up. The Emperor then sent for a very tame blind bear that was kept in the park to see what it would do. When the foresters led it to within smelling distance of the lion it leapt in terror and fled, dragging its chains behind it. The emperor roared with laughter. 庄帝谓侍中李或曰："朕闻虎见狮子必伏，可觅试之。"于是诏近山郡县，捕虎以送。巩县、山阳并送二虎一豹，帝在华林园观之，于是虎豹见狮子，悉皆瞑目，不敢仰视。园中素有一盲熊，性甚驯，帝令取试之。虞人牵盲熊至，闻狮子气，惊怖跳踉，曳锁而走，帝大笑。

3　*Quan Tang wen*, vol. 169. The same reason for refusing a lion tribute was mentioned in the Ming period, when the Samarkand Sultan sent lions twice to the Ming court in 1481 and 1489. The lion was regarded by the Ming scholars as "useless but costly". Roderick Whitfield, Portraits of Tribute Horses and lions at the Ming Court, 2004, Sussex University lecture.

Protector of Anxi, built the Suyab citadel. In order to confuse future invaders, the three entrances of the city were designed by Wang Fangyi in zigzag style, which deeply amazed the local Sogdian inhabitants.[1]

But during the early eighth century, suddenly and simultaneously, the Sogdian states changed the tribute animal from a lion to a leopard (Panthera pardus), according to *Cefu yuangui*, "Memoir of Foreign Tribute". In 1993, Fujii Sumio noticed this dramatic change, and remarked that 'A sharp decrease in number of lions around the Iranian Plateau possibly accounts for this sudden change', but did not provide a satisfactory answer: what was the underlying reason for the disappearance of lions from the tribute list 'suddenly and simultaneously'?[2]

In my opinion, it is clearly due to the Arab invasion of Panjikent in 713. According to the "Memoir of the Western Regions", in *Xin Tang Shu*, the lions arriving in Tang were not from the Iranian Plateau, but from the area of Mount Mugh in the vicinity of Panjikent. When the last Panjikent prince Dewashtich was captured and executed by the Arabs at Mount. Mugh in spring 722, as evidenced by the documents recovered from Mugh, Panjikent was no longer a Tang vassal state.[3] During the Arab occupation, the remaining Sogdian states still regularly sent caravans to visit Chang'an, paying tribute including the golden peach, the hunting cheetah (Acinonyx jubatus), along with Sogdian dancing girls and felt dancing carpets.

However, in 724 when the Turgesh army (under the Tang sovereign) heavily defeated the Arabs in Ferghana, (and as a result Tashkent and Samarkand were retaken to be Tang vassal states) Emperor Xuanzong received lions once more from Sogdiana as tributes in 727 and 729, as recorded in *Ce fu yuan gui*. According to numismatic studies on the Turgesh coins newly unearthed from Suyab, it is clear that in the reign of Emperor Xuanzong, Suyab was functioning as the Capital of the Turgesh Khanate while remaining a vassal state of the Tang Empire.[4] This success lasted in Sogdiana until 751, when the Tang army was disastrously defeated by the Arabs at the battle of Talas.

2. Goddess Nana on a lion: from Sogdiana to China

In Sogdiana, the lion was highly cherished in Zoroastrian context: Goddess Nana always appears riding a lion, or on the double-headed lion throne. Takeuchi discussed that Nana was worshipped as the goddess of Earth in Central Asia, whilst the lion symbolizes the earth.[5]

It is worth noting that the Sogdian merchants' Zoroastrian faith was evidenced by the fact that their names appear in the Ancient Sogdian Letters, such as

---

1 Lin Meicun, *Gudao xifeng* (古道西风), Sanlian shudian, Beijing, 2000, pp.365-380.

2 Fujii, Sumio, A Reassessment of the Meaning of Leopard Described in *Ce fu yuan gui*, Chapter of Foreign Tributes, *Bulletin of the Ancient Orient Museum*, vol. XIV, Tokyo, 1993, pp.143-168.

3 Grenet 2002c, Grenet & de la Vaissière, The Last Days of Panjikent, *Silk Road Art & Archaeology*, 2002, vol.8, Kamakura.

4 From the Tianbao era (741-755) a special type of Turgesh coin was struck in Suyab, in the shape of Tang coins but bearing a Turkic-Sogdian inscription, identified by Simirnova. Simirnova, *Svodnyi katalog sogdij-skix monet* (Bronze), Moscow, 1981, pp.397-405; and cited by Lin Meicun 2000: 365-380.

5 Takeuchi Ritsushi 武内律志, 1998, The Function of Goddess Nana in Central Asia, *BAOM*, vol. XIX, 1998, Tokyo, pp. 55-72.

Fig.3a
mural of four-armed Nana on lion, Panjikent XXV, sixth century, courtesy Silk Road Art & Archaeology, I, 1990, p.146, fig.19.

Fig.3b.
mural of four-armed Nana on lion, Panjikent 12/Sector XXV, sixth century, courtesy Bulletin of Miho Museum, vol. IV, 2004, p.24, fig.10.

"Nanai Vandak", which means "servant of goddess Nana". Later we learn from sixth-seventh century Turpan and Dunhuang manuscripts that 'Nanayan' and "Naningpan" were popular names among the Sogdians.[1] Inherited from the Kushan cult, the Sogdian kings believed that their kinship was derived from Nana, thus among their Zoroastrian pantheon the name of Nana figures prominently.[2]

The masterpieces of Nana on lion include the Panjikent murals II and VI in the sixth century. Panjikent was mentioned in *Xin Tang shu* as Boxide 钵息德, the capital city of state Maymurgh.[3] In the main chamber of XXV, Panjikent, the upper register of the southern wall depicts the four-armed Nana seated upon a lion, whose arms lift up the sun and moon, meanwhile wields a bow and a sceptre topped with a crescent and banners. The lion is looking backwards and its tongue hangs out. (Fig.3a). Beside the lion's tail, there is a fire altar taken care of by a Zoroastrian priest, figured in much smaller size. Two Zoroastrian gods with hallos flanked with Nana in the centre. On the left is enthroned Weshkapar-Mahesvara, featured by his headgear ribbon blowing in the wind, also holds a sceptre topped with a crescent and banners. Behind the throne is a guard holds a flag. On the right stands Indra, holds long swards in one hand and the other hand lifts up, slightly facing towards Nana. Grenet and Marshak comment that the Nana image here represents the Zoroastrian paradise.[4] At the hall of Panjikent II, on the upper register the four-armed Nana appears on the lion, with two arms lift

---

1 Rong Xinjiang, 2001, p.96.

2 The worship of Goddess Nana was firstly promoted by the Kushan king Kanishka, evidenced on the Rabatak inscription from the Nana temple in Baghlan province, northern Afghanistan, excavated in 1993 and dated to 127/128AD, was deciphered by Joe Cribb and Nicholas Sims-Williams. Sims-Williams & Cribb: 1996, pp.75-142. Sims-Williams, 1998, pp.79-92.

3 *Xin Tang Shu*, chapter 221b, punctuated ed., p.6247.

4 Grenet & Marshak 1998a, Le mythe de Nana dans l'art de la Sogdiane, *Arts asiatiques* 53, 1998, vol.5-18, p.49.

Fig.4. Nana on a double headed lion, Miho couch, Miho Museum, Japan, sixth century. After Juliano & Lerner, 1997a, p.72.

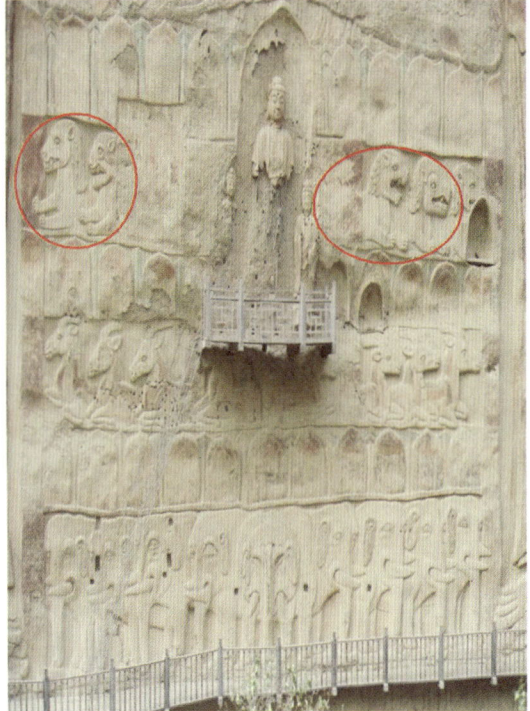

Fig.5. The row of lions on the cliff relief of Lashaosi, near Tianshui, Gansu, 557–579. Photo taken by Prof. R. Whitfield.

up the Sun and Moon, and wields a bow and a similar scepter. The lion is walking towards the right end, once more looking backwards with its tongue hangs out. Underneath Nana there are two arched niches filled with deities, accompanied with a fire altar (Fig.3b).

In the sixth century, image of goddess Nana appeared in China on the Miho Sogdian funerary couch, now in the Miho Museum, Japan (Fig.4). Juliano and Lerner commented: "In what appears to be a depiction of two distinct realms, the heavenly and mundane, a four-armed goddess looks down on divine and mortal entertainers. The goddess can be identified as the Sogdian deity Nana by the symbols of the sun and moon that she holds in two of her four arms and by the two lion heads on the parapet on which she leans. Immediately below her, standing on lotus flowers, are two celestial musicians or bodhisattvas, and below them, an earthly orchestra and dancer".[1] Besides the scene of Nana the stone panel depicts the Miho couch owner's procession on horseback, accompanied with a canopy, as a caravan leader in the Northern Dynasties.

There is one striking detail on Panel 2 of the Miho couch: the two lion heads appear to roar, with their mouths widely open. This is obviously exotic, since the scary appearance of the lion was not known in ancient China. Chinese artists preferred to describe the lion in a gentle, calm way, with its mouth shut, playing with a ball or dancing happily. Rarely indeed, the Miho lions closely resemble the row of lions on the cliff relief sculpture of Lashaosi, near Tianshui, Gansu. Lashaosi can be precisely dated to the Northern Zhou, judging from the inscription of

---

1 Juliano & Lerner, 1997a, p.72.

the commissioner Yuchi Jiong 尉迟迥（active in 552-581）(Fig.5). As Roger Covey pointed out that the lions in Lashaosi "share some important iconographic conventions with the Sasanian/ Central Asian ones", "An especially noteworthy feature is the single tooth in the middle of the upper jaws of the lions".[1]

Recent research reveals that as early as 430 AD, a Nana temple was built in Turpan by the Sogdian migrants from Anjiyan. Among the Northern Liang Buddhist manuscripts, the **Suvar ṇapra bhāsottama sūtra**（*Golden Illumiation Sutra* 金光明经）recovered from Anjialik site in the vicinity of Turpan,[2] now collected at the Xinjiang Museum（65 TIN/65G0054）, provides us with valuable details of the early Nana cult in Turpan.[3] Its dedication says:

> In the *Gengwu* year [430] on the thirteenth day of the eighth month, in the temple of Empress Dowager Nan to the east of Gaochang City, the calligrapher wrote a copy of the Buddhist sutra *Jin Guangming jing* for the Buddhist disciple General Suo, his wife and the whole family. 庚午岁八月十三日，于高昌城东胡天南太后祠下，为索将军佛子妻息阖家写金光明一部。[4]

Here the *hutian* temple in Gaochang was identified as a Zoroastrian temple in 1982 by Jao Tsung-i.[5] In 1998 Zhang Guangda further understood "Nan" as the "south", so he translated as: "in the temple of empress dowager, southern neighborhood of the *hutian*.[6] But more convincingly, Wang Ding studies the same inscription in 2006, pointing out the Nan "南" is the phonetic equivalent of NANA in Sogdian 'n'an', and "Empress Dowager" refers to the Sogdian term '$\delta\beta$'mbn'.[7] It is convincing that the town Anjialik was built for Sogdian migrants, who brought over the Nana icon and Zoroastrian temple to Turpan.[8] In 2006 Lin Meicun identified the two clay heads of a goddess unearthed by von Le Coq from the Shengjinkou 胜金口 caves, Turpan, as icons of goddess Nana.[9]

In 430, only 13 years after Tan Mochan（昙摩讖 Dharma Ksema, 385-433）translated four volumes of *Golden Illumiation Sutra* in Liangzhou（417 AD）, recorded by Sengyou（445-518）in "*Chu san zang ji ji* 出三藏记集"vol.

---

1. Roger Covey, Central Asian Motifs in the Northern Zhou Art at Lashaosi, *Between Han and Tang, Cultural and Artistic Interaction in a Transformative Period*, edit. Wu Hung, Wenwu Press, Beijing, 2001: p.322. [Ming put Roger here instead of Juliano.]

2. The site where the sutra was found is called "Anjialik", a town for "people from Anjiyan", a famous Sogdian caravan nexus located in between Bukhara and the Ferghana Valley. For instance, An Jia, the Northern Zhou *Sabao* of Tongzhou in Gansu province, whose funerary couch was discovered in Xi'an in 2000, was originally from Anjiyan. There are two options to pronounce An Jia's name: An Jia（according to Rong Xinjiang）; and An Qie（according to Victor Mair）. Here considering An Jia was from Anjiyan, most likely, he should be called 'An Jia'.

3. *Historical Relics unearthed in New China*, Beijing, Foreign Language Press, 1972, p.122.

4. Although the biography of General Suo was not found, as far as we know Suo was a renowned noble family in Dunhuang, since its members were recognized as great Buddhist patrons in many caves from the Northern Liang to Tang. It seems General Suo was originally from Dunhuang and appointed in Turpan（Gaochang）, where he and his wife followed Suo family tradition to be Buddhist disciples, the so-called "*fozi*".

5. Jao Tsung-i, *Xuan tang ji lin, shi lin*, Zhonghuashuju, Hong Kong, 1982, pp.472-509.

6. Zhang Guangda, 1998, pp.748; 1999, pp.1-16.

7. Wang Ding, Studies on the Emperor Dowager Nan, *Dunhuang & Turpan Studies*, 2006, Beijing.

8. Wu Zhen, The Sogdians in Turpan, *Dunhuang & Turpan Studies*, vol.4, 1999, pp. 245-264, English version available in *Sino-Platonic Papers*, 119, July 2002.

9. Lin Meicun, *Fifteen Archaeology Lectures on the Silk Roads*, 2006. Peking University Press, Beijing, pp.292-296.

II, this sutra had already become popular in Turpan. It seems confusing that the Turpan people believed Zoroastrianism and Buddhism at the same time; however, this matter was observed by Xuanzang in *Da Tang xiyu ji*, in 629, "The locals (of Gaochang/Turpan) mainly worship the Zoroastrian deities, while others believed Buddhism". (高昌 "俗事祆神，兼信佛法"。) From the Dunhuang Library Cave (Cave 17), there is an astrological manuscript S.2729, dated to the Western Qin period (317-439), in vol. 23, paragraph 15, it says:

> In the mouse year, Tibetan and Tuyuhun will invade Dunhuang; in the ox year, Zoroastrianism will be as popular as Buddhism. 西秦五洲占：岁在子年，蕃浑遍川；岁在丑年，将佛似祆。

Moriyasu Takao studied the case that around the tenth century in Turpan and Dunhuang some Zoroastrian wall paintings were converted to be Buddhist themes, reflecting this kind of Zoroastrian-Buddhist interaction.[1]

3. The Zoroastrian context of the lion hunt of Yu Hong

It is recorded in *Sui shu*, "Memoir of Persia" that Persian kings sat on a gold lion thrones, possibly associated with their Zoroastrian cult.[2] Kucha and Turpan were towns on the highway for the Sogdians or Persians to bring lions to the heartland of China. Following the Iranian tradition, in the nine-tenth century, the Kings of Kucha were of Uyghur origin, who often bore the name of "Aslan Khan", (meaning the lion king), and wore a jewelled crown and yellow caftan. ("龟孜，本回鹘别种。其国主自称师子王，戴宝装冠，着黄衣。"[3]) A document from Mount Mugh tells us that the Sogdian king in the early seventh century used the seal of a lion as his regal authority[4] (Fig.6a). This recalls the lion seal recovered from the tomb of Shi Hedan in the south of Guyuan County, Ningxia, dated to the early seventh century. The seal bears a lion and tulip, with a circle of Bactrian inscription (Fig.6b). According to the epitaph excavated in 1986, Shi Hedan was of Sogdian blood and served as a Tang military official, in particular breeding horses for the Tang imperial house. The Shi family in Guyuan was of high reputation and had been prosperous for generations. It is noteworthy that Shi Hedan's hometown, Guyuan, as well as Kucha, Turpan, and Dunhuang, was one of the important passes for the Sogdians or Persians to bring lions to the heartland of China, as mentioned above.

The lion ridden by Nana is rarely depicted in Persia, but lions often appear in royal hunting scenes, confronting the heroic king, from Assyrian reliefs, to Sasanian rock reliefs or silver wares.[5] Julian Reade commented on Ashurbanipal's lion hunt from Nineveh dated to 646 BC (now in the British Museum) as an unfair battle, "It is not a real hunt, but a ritual in which the lions symbolize the forces of evil against which

---

1 T. Moriyasu, Uyghur traders on the Silk Road, edited by M. Sugiyama, *Unification of Central Eurasia*, Tokyo, 1997, pp.93-119.
2 *Sui shu*, vol. 83, Memoir of Persia, cited by Cai Hongsheng, 2001, p.196.
3 *Song Shi*, vol. 490, Memoir of Foreign Countries, Beijing: Zhonghua shuju, p.14123；also see *Song huiyao jigao*, vol. 197, Memoir of Barbarians, Beijing: Zhonghua shuju, p.7720.
4 Grenet and De La Vaissière, 2002, pp.155-196.
5 Watanabe, 1991:129-160. Tanabe Katsumi, 1990:209-258.

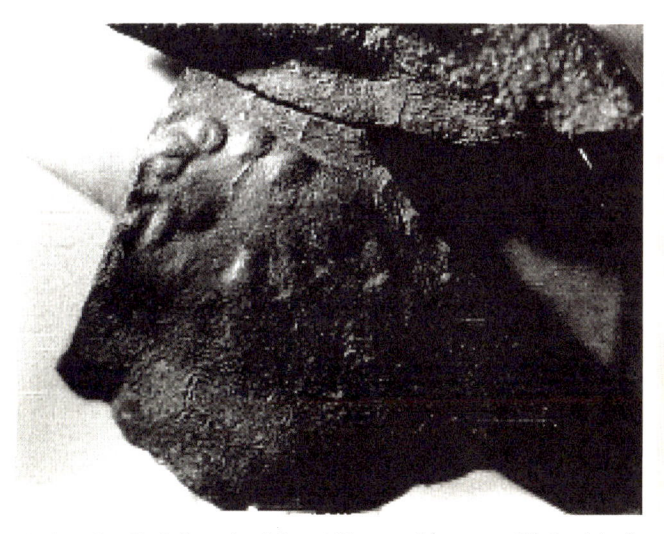

Fig.6a. Detail of a lion's head from Afshun's seal (courtesy *Silk Road Art & Archaeology*, VIII, 2002, p.196, fig.12) .

Fig.6b. Lion seal with Nana, tomb of Shi Hedan, Guyuan County, Ningxia, (courtesy *Collection of the Ancient Tombs in Yuanzhou*, 1999, Wenwu Press, Beijing) .

the king is pledged to protect his people. The sculptors have created a set of images that conform entirely to the Assyrian requirements, showing the king supremely calm and the lions comically contorted in their death throes." [1] As Marshak pointed out, "in Sasanian art the royal hunters are always in incontestable victory. The aim of these artists was to convince that the hunter as a member of the legitimate dynasty must win." [2]

The scene of Yu Hong's hunting lions has to be indeed typically Sasanian, since it recalls the Sasanian royal hunters, depicted on metalwork dishes, such as Shapur I (Fig.7a) and Shapur II (Fig.7b) .[3] The costume of Yu Hong was entirely that of a Sasanian royal figure, from his headgear with ribbons attached to his baggy silk trousers. The portrait of Yu Hong on the marble outer coffin shows that he has a perfect Iranian appearance. [4] The epitaph reveals that served as a diplomat Yu Hong visited Persia (Anxi in Chinese term) himself around 550-579, therefore it is not surprising that Yu Hong brought the cult of Persian regal lion hunting back to China. [5]

---

1 Julian Reade, An unfair battle: Ashurbanipal's lion hunt, *Masterwork:Great Writers on World Art*, Thames & Hudson Ltd, London, Frankfurt, 2009, p.26.

2 Marshak, 1996, p.428.

3 Shinji Fukai, Gilt Silver Plate with Design of Mounted King Hunting Lion, *Studies of Iranian Art & Archaeology, Glassware and Metalwork*, Yoshikawa Kobunkan, Tokyo, 1968, pp.23-155; Wilkinson, C. K., Nishapur: Pottery of the Early Islamic Period, *Metropolitan Museum of Art*, New York, 1987.

4 Zhang Qingjie (ed.) , 2005: Appendix I,II, pp.183-198, Appendix V, pp.204-208. In 2005 DNA tests were carried out on the skeleton and teeth of Yu Hong by Han Kangxin and anthropologists from Jilin University, which proved with 99 per cent certainty that he belonged to the Indo-European group, very likely Iranian. By contrast, his wife was of mixed Iranian and Mongolian origin, although she bears a Sogdian surname.

5 Yu Taishan, 2004c:1-20; Zhou Yiliang, *lingmin qiuzhang yu liuzhou dudu*, 1997:199. According to the epitaph, Yu Hong's father Yu Juntuo served the Ruru Khanate as a high ranking official *Mohe Qufen*, 莫贺渠芬, who visited the Northern Wei as envoy. Yu Hong's grandfather Yu Muqi was the chief (*ling-min qiuzhang* 领民酋长 in Chinese) of the Yu State in the Eurasian Steppe, who led his tribe to submit to the Northern Wei around 386-396.

Fig.7a Sasanian metalwork dish with Shahpur I hunting.

Fig.7b Sasanian metalwork dish with Shahpur II hunting.

Similar Sasanian motif is seen on the silk treasure now in Shosoin, Nara, Japan, on which are depicted warriors in full armour, hunting lions under a palm tree, dated to the seventh century（Fig.8）.[1] It echoes the textile recovered from Astana tomb 191, Turpan, dated to the seventh century（Fig.9）. The geographical importance of Turpan for transporting lions from the northwest is addressed in the letter written by the Northern Wei Emperor Xuanwu（Yuan Ke, r. 500-515）: "Communications between the Ruru, Hephthalites, Tuyuhun [and the Wei] all rely on the road via Gaochang（Turpan）". 蠕蠕,嚈哒,吐谷浑所以交通［魏］者,皆路由高昌。[2]

Furthermore, Yu Hong's hunting may not be heroic mythical but practical on the Silk Road journey. For instance, on the Shi Jun panel W3, the caravan procession is depicted below the hunting scenes（Fig.10）. Is hunting relevant to the caravan？ Yes, because hunting provides food and luxury furs and for a travelling caravan.[3] The hunting scenes demonstrate versatility, such as the one on Shi Jun's panel W3, where behind the *Sabao* there is a Turk holding a hunting eagle, and animals are

---

1 Tanabe Katsumi, The Origin and evaluation of the Hunting Scene Textile in Shosoin, *Bulletin of the Ancient Orient Museum*, vol. IX, Tokyo, 1988.

2 *Wei shu*, Memoir of the Western Regions, cited by Yu Taishan, 2005: p.660.

3 If the Sogdian caravan were very numerous, they would not be able to travel very fast, so from one oasis to the next would take a long time and hunting would be the best solution for gaining food along the way. Rong Xinjiang pointed out that hunting is not only the best solution for gaining food for the travelling caravan, but also for capturing some exotic animals such as horned ibex and deer, lion and leopards for their fur and skin, which could be used as luxury tributes to local governments or for sell in the Chang'an market on arrival. Rong Xinjiang, 2004, London Lecture, Sogdian Caravans on Shi Jun's shrine. Therefore, in most of the Sogdian leaders' tombs, we see hunting scenes, sometimes a couple of them depicted in one tomb.

Fig.8 Sasanian-style silk textile, Shosoin, Nara, Japan.   Fig.9 Textile from tomb 191 with Sasanian-style mounted lion hunter, Astana, Turpan

running away, including deer, ibex and boar, showing how rich their prey possibilities were. Hunting helpers include the dog, eagle, and a cheetah. In Shi Jun's and An Jia's panels we see the Sogdians hunting with the Turks, well cooperated.[1] As the most active commercial group from the sixth century to the eighth century in the Eurasian continent, Sogdian caravans were protected by the nomadic Khans (such as the Ruru, the Hephthalites and the Turks) to against robbers and enemy soldiers (see Table.1). In Shi Jun panel W3, in the upper section the two crowned nomads are hunting (Fig.10). In the Guimet couch (Koroos) P7 there are two bearded Hephthalites warriors wearing diadems, hunting with two other soldiers who wear helmets (Fig.11).

It is common knowledge that Sasanian dynastic hunting art strongly inspired the hunting habit of the Imperial Tang, evidenced on the wall paintings in the tombs of Prince Zhanghuai, Prince Yide and others. But for a long time it was not clear when and how the Sasanian hunting cult had been transmitted to China. Here the hunting scenes of Yu Hong, along with the ones on the Miho, Shi Jun, An Jia and Kooros stone funerary couches, provide one possible missing link: the iconography of lion hunting had been introduced to China in the sixth century by Sogdian migrants.

4. The Lion dance in Buddhist art

The lion which arrived in Luoyang in 531 was associated with the pair of lion carved in the Cave of Duke Huangpu, Longmen (Fig.12). In Buddhism, the lion, as the king of all beasts, is the symbol of Shakyamuni Buddha—who is also known as Shakyasimha, the "lion of the Shakya clan". The lion therefore is one of the prime symbols of the Buddha himself.

---

1 Please note the image of the Sogdian caravan leader meeting with the Turks seen on both Shi Jun's and An Jia's stone panels.

Fig.10 Drawing of panel W3 from the west wall of Shi Jun's couch (after *Wenwu* 2005/3, fig.27)

In legend we are told eight lions representing the eight directions support Shakyamuni's throne of enlightenment.[1] For instance, in 688, the Sogdian-blood eminent monk Fazang, who preached Buddhism to Empress Wu, used the gilt bronze lion standing at the palace as a metaphor. Fazang edited "Chapter of the Gold Lion" in the *Huayan Sutra*, was prevailing at that time.[1] Empress Wu expressed her personal interest in the lion, when she ascended to the throne in 688; the lion was chosen to be carved on her commission on the octagonal bronze column, as one of eight mythical animals.

As soon as the goddess Nana arrived in China during the Northern Dynasties period, her lion throne was taken over by the Bodhisattva Manjusri. Well known as the symbol of wisdom, Manjusri is often depicted opposite Samantabhadra on the elephant; this is a common topic in Dunhuang mural paintings and cave sculptures, as seen on the ninth-century Dunhuang silk painting in the British Museum (Fig.13). As the vehicle of the Bodhisattva Manjusri, a blue-skin lion was depicted on the mural in Dunhuang Yulin cave 25 (983-

Table 1　Hunting Scenes on Sogdian Funerary Couches in China

Couch	Nomads	Hunting Scenes	Prey	Assistant
Miho	Hephthalites	PL5a	ibex, deer, hare, boar	dog
An Jia	Turks	PL9d PL8e PL8b	lion, boar, ibex, deer, hare	dog
Shi Jun	Turks	W3	eagle	dog
Koroos	Turks	P7	deer	dog
Yu Hong	Turks	PL12 PL13a	lion	camel/dog

1　Robert Beer, *The Encyclopedia of Tibetan Symbols and Motifs*, Serindia Publications, London, 1990, p.78.
2　*Quan Tang wen*, vol. 400.

1038), which is associated with the prevailing worship of Manjusri in the early Tangut dynasty (Fig.14). Different from Indian-looking elephant mahouts, the Yulin lion tamer looks more Iranian.

A Northern Zhou Buddha stone stele recovered from the suburbs of Xi'an depicts two lions flank with an incense burner beneath the lotus throne of the Buddha, followed by two bearded Sogdian-looking lion tamers, who wear only loin cloths. There are two monks kneel behind the incense burner make offerings, while two large-sized heavenly kings stand on guard in the corners (Fig.15). Two lions accompany an incense burner became a standard theme in Tang art, as seen on the silk embroidery recovered from the Library Cave of Dunhuang and now in the British Museum (Fig.16).

In the sixth to the eighth century, the lion dance with the tamer, was popular at Buddhist ceremonial occasions. For example, the lion dance was the topic of a debate between two Chan Buddhist monks in the late Tang, as recorded in *Wu deng hui yuan* (五灯会元), vol. 5:

The eminent monk Yaoshan asked Master Yunyan,

"I have heard that you can perform the lion dance, is that true？"

"Yes", replied Yunyan.

"How many stanzas you can play then？"

"Six", said the master.

"I can perform, too," said Yaoshan.

"How many stanzas？"

"Only one", said Yaoshan.

"Well, six is one, and one is six." Master Yunyan commented.

Here the "six stanzas (*liu-chu*) of the lion dance" is

Fig.11 Hunting scene on the Guimet couch (Kooros)

Fig.12 Drawing, pair of lions in front of Buddha, Cave of Duke Huangpu, Longmen, 520−534.

Fig.13 The Lion and a Sogdian lion tamer on the mural of Yulin Cave 25, Dunhuang, tenth century.

Fig.14 Manjusri meeting with Samantabhadra on the Dunhuang silk painting in the British Museum, tenth century.

Fig.15 Lions and Sogdians on the stone stele, Xi'an, sixth century.

Fig.16 Two lions and an incense burner on the silk embroidery from Dunhuang, British Museum, nine-tenth century.

a metaphor for transitory life in Chan Buddhism, since the lion statue made of snowflakes which melts as soon as the sun shines, is also called *liu-chu*.[1]

The Tang poet Yuan Zhen composed a poem entitled "*Xiliang Ji*" (Entertainers from Liangzhou in the west), mentioning a Lion performance arranged by General Gesu Han (哥舒翰), the warlord in the Western Regions, on the eve of the Rebellion of An Lushan:

The lion trembles with its tail standing up,
Whilst the Sogdians dancing softly in drunk.
狮子摇光毛彩竖，胡腾醉舞筋骨柔。[2]

This poetic performance is vividly depicted on the Wuwen stele from a Buddhist temple in Xi'an, dated to the eighth century (Fig.17), on which in mirror image pair of lions is carved ridden by the Sogdian envoys inhabit a vine scroll, accompanying four Sogdian dancers performing on rising lotus petals, with their long sleeves flattering in the air.

---

1 Cai Hongshen, *Zhong wai jiao liu shi shi kao shu*, Zhengzhou, Daxiang Press, 007, p.183.
2 Yuan Zhen, *Quan Tang shi*, cited by Chen Yinko.

Fig.17　Lions, lion tamers and Sogdian dancers on the rubbing of the Wuwen stele in Xi'an, eighth century.

Fig.18　A Sogdian lion tamer and two lions on the pilgrim flask, eighth century, Shanxi Museum.

Fig.19　The clay "lion" figurine unearthed from Tang tomb 336 in Astana, Turpan.

Lions may be white, yellow, grey, brown or black in colour. The lion dance employing five colours（五方狮子舞）symbolising the peace and unity in China, was popular in the Tang period for the Spring Festival. As recorded in *Chaoye qianzhai*（朝野金载）by Zhang Zhu:

> ［In the reign of Xuanzong（713-755）, the Tang poet］Wang Wei served as the Minister of Music, ［at the festival］and he was fooled by some colleague to arrange the dance of the yellow lion,［which offended the Tang Emperor］, and as a result he lost his position. Here one have to be aware that the dance of the yellow lion is a dance reserved only for the emperor, since yellow is the exclusive colour only for use by the imperial house. 王维为大乐丞，被人啜令舞黄狮子，坐是出官。黄狮子者，非天子不舞也，后辈慎之。[1]

A yellow glazed pilgrim flask, which might once be used by Sogdian caravans, is unearthed in Taiyuan and now in the Shanxi Museum, dated to the eighth century（Fig.18）. Both sides of the flask depict a Sogdian lion tamer, who has curly short hair, big beard and who wears a long caftan and long boots. He stands in the middle and is embracing a pair of lions. All three of them are stepping on a round felt carpet trimmed with pearls, as if ready to dance.

Lions from Sogdiana stopped coming to the Tang court after the Rebellion of An Lushan（755-763）, since the Hexi Corridor was then blocked by the Tibetans. As the poet Bai Juyi described, instead of a live lion, the lion dance was performed by two men wearing a lion mask and a fake lion skin and imitating the movement of the lion. The clay "lion" figurine unearthed from Tang tomb 336 in Astana, Turpan, shows two pairs of human shoes underneath a lion skin（Fig.19）.

In modern China the lion dance remains one of the traditional performances played at the New Year festival according to the lunar calendar.

1　*Chaoye qianzai*, by Zhang Zhu, Zhonghua shuju, Beijing, 2006, pp. 64-65.

Table 2 Lion images in Sogdian and Chinese art

Source	Date	Site	Object	Depiction	From	Envoy	Reference
Northern Wei textile	495-534	Luoyang	Textile	Musicians mounted on an elephant with a pair of dancing lions	Sogdiana	unknown	Zhao Feng, 2005, p.23
Bei Qi Shu & Wei Shu	512-515	Luoyang	Historical source	Gain a lion as tribute	Sogdiana	Gao Hui	Wei Shou
Luoyang qielan ji	520	Gandhara	Historical source	A lion arrived in Gandhara from Persia.	Persia	Song Yun	Yang Xuanzhi, 545
Wei shu & Bei shi & Luoyang qielan ji	525-531	Turpan-Guyuan-Luoyang	Historical source	Moqi Chounu rebelled and detained the lion. A Zoo park was built in Luoyang.	Persia	Han Yangpi	Yang Xuanzhi, 545
Turpan textile	500-600	Astana, Turpan	Textile	Elephant with canopy, along with a lion and an ox	Hephthalites	Sogdian caravan	
Liang Zhigongtu	541	Jingzhou	Handscroll painting inscription	A yellow lion as tribute	Hephthalites	Xiao Yi	
Lashaosi	557-579	Near Tianshui, Gansu	Cliff temple painting	Elephants, lions and deer	India and Persia	Sogdian caravan	Juliano 2001c, pp.62-71
Tomb of Yu Hong	592	Taiyuan	Stone outer coffin	Hunting lion	Persia	Yu Hong	Zhang Qingjie 2005.p.l46
Sui shu	604-618	Luoyang	Historical source	Gain lion and glass bowl etc.	Sogdiana	Wei Jie	Wei Zhen 649
Ce fu yuan gui	635	Chang'an	Historical source	Tribute to Emperor Taizong	Sogdiana	Yu Shinan	
Ce fu yuan gui	696	Suyab-Luoyang	Historical source	Tribute to Empress Wu	Sogdiana (Tashkent)	Wang Fangyi	*Ce fu yuan gui*
Ce fu yuan gui	727 and 729	Samark and Chang'an	Historical source	Tribute to Emperor Xuanzong	Sogdiana	Unknown	*Ce fu yuan gui*
Dunhuang 159	756-884	Dunhuang	Cave mural painting	Ridden by Manjusri	India	With Indian mahout	Whitfield R. 1995, p.320
Caledon flask	618-755	Taiyuan	Caledon flask	A tamer with a pair of lions	Sogdiana	Unknown	
Clay figurine	755-906	Astana 336, Turpan	Clay figurine	Two dancers wearing lion masks	Lion Dance of Liangzhou	Poem of Bai Juyi	

Conclusion

1. Archaeological materials reveal that from the sixth to the eighth century lions from Sogdiana (Mount Mugh or Suyab) arrived in Chang'an/Luoyang via Turpan, Dunhuang, Guyuan and Tianshui. The lion tribute also reflects the prosperity and fall of the Imperial China.

2. In Sogdian Zoroastrianism, the goddess Nana appears seated on a lion, not only painted in Panjikent chamber II, XXV, but also on her arrival in China in the sixth century by the Sogdian migrants, on the cliff relief of Lashaosi and a stone panel in the Miho Museum.

3. In the Chinese Buddhist context, the lion is often ridden by Manjusri instead of the Goddess Nana.

4. The scene of Yu Hong mounted on an elephant and hunting a lion, transmits the Sasanian depiction of royal hunters, which inspired the hunting images that prevailed in the Imperial Tang period.

5. A pair of lions dancing with a Sogdian tamer or flanking an incense burner became a popular topic in Buddhist art from the Northern Zhou period to the Tang.

英文摘要

The Barbarian concepts of wealth in Middle Ages

Ge Chengyong (Chinese Academy of Cultural Heritage)

Abstract: Previous studies of barbarian who came to China in the Middle Ages normally criticize barbarian secular "concepts of wealth", based on the ancient Chinese records and the traditional concepts of Han Chinese. This results in many mistakes but also lacks ideological debate.

This paper is based on the historical relics images to observe barbarian business activities from their views and explain barbarian desire to be rich and show off, their character of indulging in enjoying pleasure, and their mentality of monopolizing trading roads, but not condescending Confucian ethics. A number of difference exist in the "concepts of wealth" of barbarian and Han Chinese, which are attributed to social background, psychological belonging, cultural acceptance and recognition of the value.

Keywords: Middle ages; Barbarian; Wealth; Commerce

Study on the prairie road Hexi to Si-chuan: anthersilk road

Wang Zijin (Renming University of China School of Chinese classic)

Abstract: The phenomenon of stone-constructed tombs based on archaeological data reflects the early opening road which from Gansu and Qinghai to the prairie of western Sichuan. The word "Xian river"（鲜水）appears in different areas which were called the cultural survival of immigrant movement. "Officials of Sichuan" " The donkey divers" "to Sichuan" and so on were found in Hexi Bamboo Slips of the Han Dynasty widely, which proved the existence of anther Silk Road in Han Dynasty. The images of Hu people and camels discovered in Portraits of Han Dynasty unearthed in the area of Sichuan may be an antique proof reflected this road. Understanding "isolate hu people and qiang people" and "unchoke hu people and qiang people" by the history in "Xian river" of Qinghai lake and "Xian river" of black river is the important theme of of the silk road researches.

Keywords: Gansu and Qinghai; Sichuan; Traffic; Silk Road; South Qiang people

Archaeological Culture of Hexi Corridor and Its relationship with the Yuezhis and Wusuns

Yang Fuxue (Institute of Ethnic Religions and Cultures, Dunhuang Academy)

Abstract: The archaeological culture of Hexi District can be divided into two stages by the Qijia culture roughly: early agriculture dominated animal husbandry, later animal husban-dry dominated agriculture. Thus the sequence of culture of the Hexi Corridor in the eastern and western regions has resulted in the differences, i.e. Siba culture and Shanma culture were formed in west, while at the same time, Shajing culture was formed in east. Shanma cultural belongs to remains of the Wusuns, Shajing culture belongs to the remains of the Yuezhis, we could make the presumption with its geographical distribution, profession characteristics, and its age. Shanma culture and Shajing culture both were the foreign culture that they were the settlement of animal husbandry economy rather than the "nomad" in the historicalrecords. The reason why archaeological materials and historical records has sucha large deviation is because the Chinese historiographer has no enough animal husbandry culture, and were confused "animal" and "nomadic" culture through the ages. This misunderstanding leading us made no direct link between direct link between settle animal husbandry culture and socalled historical "nomads", namely the Yuezhis and the Wusuns in Hexi, even if the link has been questioned also.

Keywords: Archaeological culture; Hexi Corridor; animal husbandry; the Yuezhis; the Wusuns

The Starting Point of the Silk Road and the Initial Path Direction

Liu Rui (Institute of Archaeology of Chinese Academy of Social Sciences)

Abstract: The research on the path direction of the Silk Road has attracted attention of scholars, but there are not many discussions on the specific routes after starting from Chang'an and the differences of path directions in different historical periods, etc. This paper analyzes the construction and status of Jian Zhang Palace on the west of the Han Chang'an city, also includes the history, content, status and management of the Shang Lin Yuan around the Han Chang'an city. It points out that due to the existence of the Shang Lin Yuan and Jian Zhang Palace, on the west side of the Han Chang'an city, there is no west avenue crossing the Shang Lin Yuan. After analyzing the historical records and archaeological discoveries of the Wei river bridges,this paper argues that when Zhang Qian took diplomatic mission to the Western Regions, because the West Wei Bridge had not yet built, he inevitably went north gate and passed the Middle Wei Bridge and then went west. Soon after his departure, the West Wei Bridge was built. Since then,the transportation to the west of the Chang'an city has a new choice. Afterward, there were two ways at the beginning section of the Silk Road, passing the Middle Wei Bridge or the West Wei Bridge.

Keywords: Chang'an city; Wei Bridge; the Silk Road

A trans-continent trip: Greek Elements in Images of the Gods of the Sun, the Moon, and the Wind Found in Dunhuang Murals

Zhang Yuanlin (Dunhuang Research Academy, China)

Abstract: This paper verified the images of the Sun-god in Chariot drawn by horses, of the Moon-god in Chariot drawn by swans and images of the Wind-god holding a scarf or riding on a bull found in Dunhuang murals, and concluded that these images retained some iconographical elements of the anciebt Greek-Roman Art, after having a comparative studies with those images found in the regions where the influences of Hellenic civilization were strong, such as region of the Central Asia.

Keywords: image; Sun-god; Moon-god; Wind-god; Greek-Roman

A Study on Hong Lan Hua in the Western Regions

Liu Jingyun (Dunhuang Research Academy, China), Yang Jianjun (Tsinghua University)

Abstract: Hong and Lan Hua (literally translated as the red and blue flower) was cultivated in ancient Egypt five millennia ago for extraction of natural dye to be used for making rouge or powder, and dyeing apparel fabric. According to legend, before Zhang Qian was sent by Emperor Wudi of the Han Dynasty as an imperial envoy to the Western Regions, Hong Lan Hua was already introduced into China by the natives. Since then, Hong Lan Hua was given a variety of names. But why was its names associated with a place name（燕支）, rouge（脂粉）, the queen of the Huns（阏氏）, and so on? According to legend, the flower and its extract were red in colour, but why was it called the red and blue flower? Many intriguing stories about its names have been told since ancient times.

Keywords: Hong Lan Hua（红蓝花）; red dye（红蓝染）

The Introduction of Huping and Changing the Way of Pouring Wine in Tang Dynasty

Gao Qi'an (Lanzhou University of Finance and Economics)

Abstract: "Huping" is a vessel for containing or pouring drink, which was introduced from the western. Before that, ancient Chinese used can to fill water and used spoon or goblet to fill wine. However, due to its easiness to handle and dust proof, Huping became the popular vessel for filling wine in ancient China.

Keywords: Huping; pouring wine; pouring drink

From Persia to China: About the Transmission and Transition of the Rhyton on the Silk Road

Han Xiang (Institute for Western Frontier Region of China)

Abstract: On the basis of the archaeological data and pictures unearthed, this paper argues the process of the transmission and transition of Rhyton, a kind of vessel between the West and the East. The Rhyton should be first produced in Mesopotamia and spread to Greek Peninsula which was used for drinking or sacrifice. With development and the Eastern spreading of the Persian civilization, the Rhyton became an important part of the noble and aristocratic life of Persia. It is widely used for drinking in the banqueting scene and become secularized and popularized. This kind of drinking vessel was also transported to China with the immigration of Western and central Asia. Although Rhyton was primarily used by Hu people, but it was gradually accepted by Chinese and became a fashion in the noble life of Tang Dynasty and also got great improvement.

Keywords: Rhyton; transmission; transition

The Non-Chinese Musicians and Performers on the Jade Belt Plaques

Yang Jin (Shaanxi history museum)

Abstract: Jade belt plaques were embedded into the bureaucratic hierarchy during the Tang Dynasty. Due to the rarity of material, most of them were unearthed from the tombs of elites or imperial remains in Guanzhong Plain. The most famous finds were from Hejiacun hoard. Among which, those with carved designs of musicians and performers were real treasures. The number of the plaques relates to the content of the performance. The images were Non-Chinese in appearance. They were playing the exotic musical instruments, dancing, performing tribute or drinking like the westerner. The scale of the team was designated according to the circumstance and the taste of the customers. The samples in this article demonstrate the early stage of the input of western music and dance into Tang territory, the figures were purely westerners with high noses, deep eyes and heavy mustaches.

Keywords: Tang Dynasty; Jade Belt Plaque; Non-Chinese; Musician and Performer

On the image of the transport and exchange along the silk road

——**Based on the *painting of Sogdian merchants meeting the robbers* in Dunhuang Caves**

Sha Wutian (Silk Road Institute of historical culture, SNNU)

Abstract: Dunhuang is an important city along the silk road. As is said in the *history of Sui* ,Volume 67 *Pei Ju' biography:* the three roads from the Hexi Corridor to Western Region begin from Dunhuang, as if it's key to the throat of person. This is the geographical knowledge about Dunhuang dating to the Sui Dynasty and it is the description of the height about Dunhuang' location along the silk road. What's more, Dunhuang is an important settlement for the Sogdian who is an important nationality make exchanges between west to China along the silk road. As is said by 池田温、姜伯勤、陈国灿、郑炳林、荣新江，the research works on trade about Dunhuang and silk road is extremely rich, and *the paintings of Sogdian merchants meeting the robbers* in the Dunhuang caves are the good examples.

Not only the Sogdian merchants along the silk road are the important figure between the western civilization and China but also are the important object when researching the silk road. Such archaeological theme image also appears in the Dunhuang mural paintings, silk paintings, paper paintings, such as *Transformation tableau painting of Lotus Sutra, Chapter of the Universal Gate*（妙法莲华经·观音菩萨普门品）.

As the first-hand archaeological materiel, the studies on the image which preserved from the Sui Dynasty to Tangut Kingdom, reflecting the history of the Sogdian merchants' life along the silk road in the ancient period. Interestingly, according to the image we know that the robbers are always the soldiers, which is an important iconological record of such a phenomena in historical period. At the same time, we could know a historical issue that the Sogdian merchants on the silk road tried to protected their lives and property at the risk of life based on the image, which was described in the documents barely. What's more, a large number of donkeys appeared in the image, making a difference to the traditional idea that the camel is the first important transport. So only viewing from a different angle can we know the contributions of the donkey made to the silk road in the ancient period.

Keywords: Dunhuang Caves; the *painting of Sogdian merchants meeting the robbers*; Sogdian merchants; soldier robbers along the silk road ; donkey

Study on the Ownership of Suzhou and Jinshan Kingdom's Territory during 909-914 A.D.
——Mainly Based on the Dunhuang Manuscript P.3633

Yang Baoyu (Institute of History, Chinese Academy of Social Sciences)

Abstract: Firstly, this paper made a detailed analysis of the Dunhuang Manuscript P.3633, especially its poem *Longquan Divine Sword*. Then the author confirmed that the Jinshan Kingdom's first battle against Ganzhou Uighur took place on the east bank of Jin River in Suzhou in July 910A.D. The dissertation then further explored that during the first year of Jinshan Kingdom, Suzhou, at least the west part of Suzhou belonged to Jinshan Kingdom. This proved that at the establishment of Jinshan Kingdom, its territory contained not only Guazhou and Shazhou, instead, at least part of Suzhou was under Jinshan Kingdom's government. But after defeated by Ganzhou Uighur, Jinshan Kingdom lost much territory in its east part, and Suzhou was no longer under its control after the autumn in 910A.D.

Keywords: Suzhou; Jin River; P.3633; Jinshan Kingdom; Dunhuang

Image of Silk Road in the unearthed documents of Hexi Corridor

Jia Xiaojun (Hexi University)

Abstract: Since modern times, the Hexi Corridor found a large number of material in Han and Tang Dynasties, Bamboo slips, Dunhuang documents, murals and other tombs of literature, and handed down literature records and various types of urban and road sites and provides abundant information for the study during the Han and Tang Dynasties of the silk road. Which in the Han Dynasty, "mileage Jane", Sogdian letters, the Dunhuang documents "the Shazhou dudufu tujing" and in Jiayuguan Tomb of the 5th "Yi Chuan map" painted brick, Dunhuang Mogao Grottoes in the Tang Dynasty the

No.323 cave north wall "Western Envoy Zhang Qian" diagram, the Mogao grotto of the Tang Dynasty the No. 45 south wall of cave "Hu Shangyu Pirates of the figure and image data to most representative. The historical data, the explicit or implicit are reflected in the silk road but from the Central Plains " of China through customs, the Hexi Corridor, Xinjiang, leading to Central Asia and even Europe's trade routes; and visible importance of unified the Central Plains Dynasty in the silk road trade exchanges; and descriptions of historical materials in details and description, but also reflects the silk road environment along peace and war intertwined, business in a difficult and dangerous journey of hope and frustration, and mercenary pursuit and longing.

Keywords: Hexi Corridor; Unearthed documents; The Silk Road; Imagery

On the ideological and cultural belt of Sarvastivada on the Silk Road
——Focus on the Buddhism in Kucha

Huo Xuchu (Academy of Xinjiang Kucha)

Abstract: The spread of Northern Buddhism has depended on the Silk Road in the Eurasia continent. The Buddhist heritage was a gorgeous impress of spiritual civilization for one thousand years. Since one century, the study on the Buddhism and grottoes of Kucha in Northern route of Silk Road in the Western Regions has attained impressive achievement. In recent years, due to the application of new idea, vision and material, the study on the Buddhism and grottoes of Kucha came into a comprehensive stage of history, archaeology, religion, sociology. After a combined observation, a new knowledge produced: one ideological and cultural belt of Sarvastivada has existed in ancient Xinjiang. In this paper, the author discussed preliminary from four aspects of survey, thought, special method of expressing Buddhism, historical value. By the investigation and study of Sarvastivada, it could be significant for learning deeply the civilization of Silk Road in ancient Xinjiang.

Keywords: the Silk Road; the ideological and cultural belt of Sarvastivada; Buddhism in Kucha; grottoes

Buddhist Sūtras Engraving on Stone Stūpas and Scribes in the Northern Liang (397-439)

Cui Zhonghui (Centre of Buddhist Studies,The University of Hong Kong)

Abstract: In the 20th century, fourteen Buddhist stone stūpas of the Northern Liang (397—439 CE) were excavated in Dunhuang, Jiuquan, Wuwei and the Turfan areas. Among them, six stūpas have been identified as the earliest extant ancient stūpas in China and are revered as having significant cultural values. These st ū pas were engraved with dates, names of donors and prayers, whilst some with bilingual Buddhist sūtras have been identified as the earliest Buddhist stone sūtras. The engraving of Buddhist sūtras on stone stūpa is a way of offering to accumulate merits by Buddhists. It is also a notable milestone to introduce Buddhism to the society for general public in the history of the transmission of Buddhism into China. With reference to historical documents and archaeological discoveries, this paper investigates the origin and causes of these phenomenal stūpas spreading in various geographical locations; and will examine the unique features on the Buddhist scriptural calligraphy by comparing inscriptions on the Buddhist stone steles and manuscripts. The relationship between official scribes with the local Buddhist scribal workshop in the early 5th century will also be further discussed.

Keywords: Dunhuang; Turfan; Northern Liang; Buddhist sūtras; bilingual stone stūpas; Buddhist scribal culture; Buddhist calligraphy

On the Rui-xiang (Miraculous Buddha Images) of the Ancient Khotan Found in the Zu-zo (Buddhist Iconographic Paintings) of 13th Century Japan

HIDA Romi (Waseda University)

Abstract: Ever since the 9th century, large numbers of "Zu-zo（図像）", or sketches of various iconographic Buddhist images in ink has been brought to Japan from China. It was during the 13th century that such sketches were transcribed and collected most actively, and many of them remain in temples still today. I found that among the sketches, there were two little-known works that show several kinds of ancient Khotanese Rui-xiang（瑞像）. One is in the collection of Daigo-ji（醍醐寺）Temple in Kyoto（京都）, showing a curious half-naked standing Buddha with the inscription "Bhaisajyaguru image of the Sea-Eyes Temple（海眼寺）in Khotan". The iconography matches with the image in the Dunhuang cave murals, inscribed "the Buddha image of Jiuquan（酒泉）". In the other sketch owned by a temple in Kyoto, we can see a seated Buddha that closely resembles so-called the Cosmological Buddha excavated from Balawaste in Khotan. In this paper I would like to introduce them in detail.

Keywords: Khotan; Rui-xiang（瑞像 MiraculousBuddha Images）; Zu-zo（図像 sketches of various iconographic Buddhist images in ink）

The Comparative Study of Burying Buddhist Sarrira between China and Korea
——Around Northern and Southern Dynasties to Sui and Tang Dynasties

Ran Wanli (School of Cultural Heritage, Northwest University)

Abstract: The system of burying buddhist sarrira is an important subject in the study of Silk Road. As the starting point of burying buddhist sarrira system, from the literatures, ways of burying, combination of buddhist sarrira containers, shapes of buddhist sarrira containers and others amounting to seven aspects, the paper makes a comparative study about burying buddhist sarrira between China and Korea in the Northern and Southern Dynasties to the Sui and Tang Dynasties. Through comparison, the writter thinks that burying buddhist sarrira in Korea was spread by Liang Dynasty which was a part of Southern Dynasties. Some Korean buddhist sarrira containers didn't have characteristics of Sui and Tang Dynasties. To some extent, it reflected the burying buddhist sarrira of Liang

Dynasty, which is worth noticing and thinking. It wasn't an accidence that the characteristics and factors of buddhist sarrira containers of Sui and Tang Dynasties appeared in Korean buddhist sarrira containers. But it reflected a close relationship between China and Korea on burying buddhist sarrira. In the place of burying buddhist sarrira, Korea didn't use underground palace, but placed buddhist sarrira in the heart of tower foundation, which fully reflected that Korea had formed its own characteristics in burying buddhist sarrira. But burying buddhist sarrira in Heavenly Palace could be found in Indian covered bowl tower, Chinese pavilion-style tower or tight tiles tower, Korean tight tiles stone tower or pavilion-style stone tower. This showed that the way of burying buddhist sarrira, which began in India, was popular in Chinese and Korean activities of burying buddhist sarrira.

Keywords: Ancient Times; China; Korea; Buddhist Sarrira; Comparison

A Study on the Buddha with Crown in Mogao Cave 220

Zhang Xiaogang(Archaeological Research Institute, Dunhuang Academy, Dunhuang, Gansu)

Abstract: There is a Buddha with Crown in Cave 220 of Mogao Grottoes. We think that the image on Shakyamuni to become the Buddha has been described.

Keywords: Dunhuang Murals; Mogao Grottoes; Cave 220; Buddha with Crown; To Become the Buddha

Wat Lord and Dunhuang Grottoes construct and Rebuilt: Centered on Yin family

Zhang Jingfeng (Lanzhou University History and Culture School)

Abstract: This paper is a detailed study on the Family Yin as the center of Dunhuang extended family in the construction of the Mogao Grottoes. Caves constructed by Family Yin at the Grottoes are very active and appeared almost every historical period. The images occasionally appeared in the pre-Tang caves constructed by Family Yin. And the post-Tang caves constructed by them also exhibited the then popular Buddhist thoughts at Dunhuang. Before repairing generation caves, Dunhuang Yin's also timely introduction of reflect the early concept of Shan Dao's dharma-gate ideas born Vipasyana Sukhavativyuha Sutra Illustrations in Cave 431. Family Yin was also a pioneer in trying new Buddhist beliefs, thoughts as well as images and indicated that they were easy to accept new things.

Keywords: Dunhuang Mogao Grottoes; Grottoes construction; donor figures; Family history; Grotto Archeology

The Research on "Ghost" and "Deity"
——Based on the Zhang Yanyuan's Notes of Past Famous Paintings

Yang Dan (School of Culture and history, Shaanxi Normal University)

Abstract: Zhang Yanyuan's Notes of *Past Famous Paintings* has been important document literature about the research on capital and other areas' murals in temples in Tang Dynasty for a long time. The contents of *Past Famous*

Paintings involved have always been precious proofs in literalness. It becomes more and more precious because we cannot see any specific image of these temples' murals now. However, there are many fuzzy appellations about murals called "ghost" and "deity". This is also the theme we researched in this essay. What's the specific image of "ghost" and "deity" in Zhang Yanyuan's Notes of *Past Famous Paintings*? If it is a changeless appellation in Tang Dynasty when Zhang Yanyuan lived? Many murals recorded in *Past Famous Paintings* have similar style on paintings which we called "Wu Daozi's style". So in this essay, we discuss the specific image of "ghost" and "deity" according to researching those paintings which have "Wu Daozi's style".

Keywords: Tang Dynasty; Mural; Temples; *Past Famous Paintings*; Wu Daozi; Ghost; Deity

Reassessing Printed Buddhist Frontispieces from Xi Xia

Shih-shan Susan Huang (Rice University)

Abstract: This study uses printed Buddhist frontispieces to reevaluate Xi Xia visual culture and its connections to neighboring cultures—the Song, the Khitan Liao, and the Jurchen Jin. Many frontispieces, produced in large numbers with Chinese woodblock printing technology, have been excavated at Khara Khoto, Inner Mongolia, and sites in Gansu and Ningxia. Applying a visual approach, the author pays special attention to the uses of modular motifs across cultures. The production of Buddhist texts and frontispieces in early Yuan Hangzhou attests to the legacy of Xi Xia visual culture, which was promoted by Tangut monks active at the Chinese court and in the Jiangnan area. Far from being peripheral, Xi Xia's visual culture participated in dynamic dialogues with its neighbors and deserves a reassessment.

Keywords: Tangut; Xi Xia; frontispiece; print culture; Buddhism

Study on Time of the Brocade with Images of Lotus, Dancing and Hunting against Brown Background excavated at Damago, Hetian

Zhang Shiqi (Xinjiang Uygur Automous Region Museum)

Abstract: Studying on the Brocade with Images of Lotus, Dancing and Hunting against Brown Background found at Damago Township in Qira County of Hetian (Khotan) Prefecture, Xinjiang, we think that its times is Liao Dynasty and there is the reason why it appeared at Hetian (Khotan) Prefecture, when Khotan paid tribute to Liao Dynasty, it was rewarded by Emperor Shengzong of Liao (YelvLongxu), then it was taken to Hetian (Khotan).

Keywords: Dancing; Kunfa; Hunting Pattern; Lotus Pattern; Phoenix Pattern; Liao Dynasty

A Brief Excavation Introduction of Astana Ancient Tombs and its Serial Numbers
——Based on the first general survey on the Movable Cultural Relics and the Archives of Major National Historical and Cultural Sites

Li Yadong (Academia Turfanica, Editorial Department Of *Turfanological Research*)

Abstract: Some archaeological excavation messages about Astana and Khara-khoja Ancient Tombs reserved in relevant research achievements of the Turpan manuscripts and a few bits of the archives, helping us get to know the history of the two areas and how the unearthed relics are numbered.We can see some special unearthed relics serial numbers of Astana and Khara-khoja Ancient Tombs in Turpan Museum: one part keeps many important messages; another was caused by the transcriber's mistakes; and the third one is too simple to fully comprehend because of some historical reasons.On one hand, some articles concerning technological protection and restoration supply a lot of valuable messages for us; on the other hand, these articles are not easy to publish, leading to many valuable messages cannot open to researchers timely. However, it's necessary for us to pay more attention of these.

Keywords: Astana; Khara-khoja; the Number of Ancient Tombs; the First General Survey on the Movable Cultural Relics

Lions from Sogdiana to Chang'an（550-755）

Mao Ming (University of London)

Abstract: Lion is the symbol of the rate in the ancient India, Persia, Sogdiana. As the active people, the Sogdiana donated the lions to China in the 6-7C, along the silk road. At the same time, the Nana riding a lion of the Zoroastrian introduced to China, which excavated in Panjikent of the central Asia. What's more, the Persia style image of hunting lions uncovered in Yu Hong'（虞弘）tomb of Tai Yuan,Zhanghuai（章怀）and Yide（懿德）Crown Prince' tombs in Shaan'xi as the results of the Sogdiana immigrants in Tang Dynasty. The image of Lion not only belong to the Zoroastrian but also the Buddhism in Northern and Sui, Tang dynasties, which is the symbol of the Sakyamuni and the rider of the Bodhisattva Manjushri.

Keywords: Lion; Sogdiana; Chang'an

英文目录

The Barbarian concepts of wealth in Middle Ages

    Ge Chengyong

Study on the prairie road Hexi to Si-chuan:anther silk road

    Wang Zijin

Archaeological Culture of Hexi Corridor and Its relationship with the Yuezhis and Wusuns

    Yang Fuxue

The Starting Point of the Silk Road and the Initial Path Direction

    Liu Rui

A trans-continent trip: Greek elements in images of the gods of the Sun, the Moon, and the Wind found in Dunhuang murals

    Zhang Yuanlin

A Study on Hong Lan Hua in the Western Regions

    Liu Jingyun, Yang Jianjun

The introduction of Huping and changing the way of pouring wine in Tang Dynasty

    Gao Qi'an

From Persia to China:About the Transmission and Transition of the Rhyton on the Silk Road

    Han Xiang

The Non-Chinese Musicians and Performers on the Jade Belt Plaques

    Yang Jin

On the image of the transport and exchange along the silk road
——Based on the *painting of Sogdian merchants meeting the robbers* in Dunhuang Caves

    Sha Wutian

Study on the Ownership of Suzhou and Jinshan Kingdom's Territory during 909-914 A.D.
—Mainly Based on the Dunhuang Manuscript P.3633

    Yang Baoyu

Image of Silk Road in the unearthed documents of Hexi Corridor

  Jia Xiaojun

On the ideological and cultural belt of Sarvastivada on the Silk Road
——Focus on the Buddhism in Kucha

  Huo Xuchu

Buddhist Sūtras Engraving on Stone Stūpas and Scribes in the Northern Liang (397-439)

  Cui Zhonghui

On the Rui-xiang (Miraculous Buddha Images) of the Ancient Khotan Found in the Zu-zo (Buddhist Iconographic Paintings) of 13th Century Japan

  HIDA Romi

The Comparative Study of Burying Buddhist Sarrira between China and Korea
——Around Northern and Southern Dynasties to Sui and Tang Dynasties

  Ran Wanli

A Study on the Buddha with Crown in Mogao Cave 220

  Zhang Xiaogang

Wat Lord and Dunhuang Grottoes construct and Rebuilt: Centered on Yin family

  Zhang Jingfeng

The Research on "Ghost" and "Deity"
——Based on the Zhang Yanyuan's Notes of Past Famous Paintings

  Yang Dan

Reassessing Printed Buddhist Frontispieces from Xi Xia

  Shih-shan Susan Huang

Study on Time of the Brocade with Images of Lotus, Dancing and Hunting against Brown Background excavated at Damago Hetian

  Zhang Shiqi

A Brief Excavation Introduction of Astana Ancient Tombs and its Serial Numbers
——Based on the first general survey on the Movable Cultural Relics and the Archives of Major National Historical and Cultural Sites

  Li Yadong

Lions from Sogdiana to Chang'an (550-755)

  Mao Ming

《丝绸之路研究集刊》征稿启事

《丝绸之路研究集刊》是由陕西师范大学历史文化学院和陕西历史博物馆联合主办的学术年刊，每年一辑。本刊立足丝绸之路的起点长安，关注丝绸之路沿线历史、地理、民族、宗教、语言、文字、艺术、考古新材料，尤其关注与之相关的文物、考古、图像研究，倡导以图证史的研究方法，借助丝绸之路新发现和已有的文物考古资料，探索其鲜活的历史。

《丝绸之路研究集刊》刊发与丝绸之路有关的原创性学术论文、考古新发现、学术书评、学术综述，包括丝绸之路及其沿线国家历史、考古、地理、经济、民族、语言、文字、宗教、艺术研究，涵盖中外关系史、中亚研究、西域史地、西北史地、敦煌学、吐鲁番学、西夏学、藏学等领域和方向。

本刊以中文为主，同时欢迎英文、日文等其他文字稿。

本刊系彩色印刷，尤其欢迎基于文物考古和图像研究的文章。

本刊公开向学术界约稿，同时依托主办单位不定期组织的有关专题学术会议，约请专家学者，组织专稿。

本刊审稿由专门的学术委员会负责进行，特殊稿件聘请相对应的专家审稿。

稿件一律采取网上电子投稿和纸本两种方式，字数不限，稿件书写格式参见附件稿件格式规范。

稿件一经采用，酌付稿酬。每辑出版后向作者寄送样书2本，抽印本20册。

稿件接收人联系方式：

710119 陕西省西安市长安区西长安街620号

陕西师范大学历史文化学院 沙武田 收

电话：18292870965，13919399260

投稿邮箱：shawutian@163.com 或 987475512@qq.com

《丝绸之路研究集刊》编辑部

2017年1月1日

《丝绸之路研究集刊》稿件格式规范

一、稿件格式

（一）文稿内容：

1.标题（宋体，小二号，加粗）；

2.作者（宋体，小四号）及作者单位（楷体，五号）；

3.正文（宋体，五号）；

4.题目、作者、单位的英文翻译和英文摘要（Times New Roman，300-500字）。

文本采用WPS或WORD编辑，1.25倍行距，页边距普通格式（上下25.4mm，左右31.75mm）

（二）正文注释采用每页脚下注，正文中的注释序号和脚注序号均用1、2、3……按序标识，每页单独排序。正文中的注释序号统一置于包含引文的句子（有时候也可能是词或词组）之后，标点符号之前左上角。如需大段引用典籍文献原文，请单独另起一段落，楷体（字号不变），引用符号置于标点符号之后右上角。

（三）文中采用新式标点符号，破折号（——）、省略号（……）占两格，其余符号占一格。另外，正文也可采用少量夹注。涉及古代帝王的年号应标注公元纪年（公元前可省略为"前"，公元后可省略），如唐贞观元年（627）。国外的地名、人名首次出现时标注外文名字，如尼罗河（Nile）、阿尔卑斯山（Alps）、斯坦因（M. Aurel Stein）。

（四）正文各级标题，一级标题用"一、二、三、……"，二级标题用"（一）、（二）、（三）……"，三级标题用"1. 2. 3.……"，四级标题用"（1）（2）（3）……"。

二、文内数字使用

（一）使用汉字情况

1.古籍文献中的数字和卷数

（1）《晋书》卷一一《天文志上》："古旧浑象以二分为一度，凡周七尺三寸半分。"

2.中国朝代的年号及干支纪年使用的数字

（1）元鼎七年（前110），雍正十一年（1733）

3.数字的惯用语

（1）十之八九，四分五裂

4.带有"几"字的数字

(1) 几千年来

(二) 使用阿拉伯数字情况

1.公历世纪、年代、年、月、日。

2.公制的度量衡单位计数与计量,包括正负数、分数、小数、约数和百分比,各种物理量值。

3.表的顺序号、数据及计量单位均用阿拉伯数字。

4.引用敦煌写本,用S.、P.、Ф、Дx、千字文、大谷等缩略语加阿拉伯数字形式。

三、脚注标注格式

(一) 书籍:作者姓名+责任方式:书名,出版者,出版时间,起止页码。(责任方式为著时,"著"可省略,其他责任方式不可省略。引用翻译书籍时,将译者作为第二责任者置于文献题名之后;如果引用点校过的古籍,点校或校注者放在书名前面;外国国籍和朝代,请分别用[ ]和( )在作者姓名前注明。)第二次及以上引用同一古籍文献时,只需注明书名、卷数、篇名、页码;专著只注明作者、书名、页码。

1.唐长孺:《魏晋南北朝史论丛》,三联书店,1995年,第158页。

2.[法]戴密微著,耿昇译:《吐蕃僧净记》,甘肃人民出版社,1984年,第20页。

3.(唐)玄奘、辨机撰,季羡林校注:《〈大唐西域记〉校注》,中华书局,1985年,第200页。

4.(汉)司马迁:《史记》卷七《项羽本纪》,中华书局,1982年,第10页。

(二) 期刊:作者姓名:篇名,刊名并发表年份及卷(期),起止页码。

1.王尧、陈践:《敦煌藏文写本PT1083、1085号研究》,《历史研究》1984年第5期,第45页。

2.姜伯勤:《唐敦煌"书仪"写本中所见的沙州玉关驿户起义》,《中华文史论丛》第1辑,中华书局,1981年,第157页。

(三) 论文集:析出文献作者姓名:析出文献篇名,原文献题名,出版者,出版年,析出文献起止页码。

1.荣新江:《萨保与萨薄:北朝隋唐胡人聚落首领问题的争论与辨析》,载《粟特人在中国——历史、考古、语言的新探索》,中华书局,2005年,第49—71页。

2.施萍婷、贺世哲:《敦煌壁画中的法华经变初探》,载敦煌文物研究所编《中国石窟·敦煌莫高窟》(三),文物出版社、平凡社,1987年,第177—191页。

电子文献:作者姓名:电子文献名,电子文献的出处或可获得地址,发表或更新日期。

1.张俊民:《〈敦煌悬泉汉简释粹〉校读》,简帛网http://www.jianbo.org/admin3/2007zhangjunmin001.htm

(四) 未出版文献

1.学位或会议论文:作者姓名:文献篇名,获取学位学校及类型,文献形成时间,起止页码。

(1) 张元林:《北朝——隋时期敦煌法华艺术》,兰州大学博士学位论文,2009年,第1—5页。

（2）[日]京户慈光：《关于尊胜陀罗尼经变》，敦煌研究院石窟研究国际学术会论文，2004年，第88—90页。

2.手稿、档案文献：文献标题，文献形成时间，卷宗号或其他编号，藏所。

（1）《傅良佐致国务院电》，1917年9月15日，北洋档案1011—5961，中国第二历史档案馆藏。

（五）外文论著（书刊名用斜体，论文不用斜体）

1.Wu Hung, The Double Screen: Medium and Representation in Chinese Painting, University of Chicago Press, 1997, p.1.

2.Lawrence Stone, The Revival of Narrative: Reflections on a New old History, Past and Present, vol.3, 1979, p.22-32.

四、关于图版

本刊欢迎作者随文配附相应的能够说明文字内容的各类图版，在文中标示清楚图版序号（图1、图2、图3），图版标题为叙述式，简洁明了，图版质量在300dpi以上，并要求注明图版无版权问题。图版须与文本内容保持一致，需单独发送。

如：图1 陕西历史博物馆藏唐韩休墓出土《乐舞图》（采自《文博》2015年第6期）

图2 敦煌莫高窟西魏第285窟主室南壁五百强盗成佛图（敦煌研究院版权所有）

五、课题基金项目标注

若是课题研究项目，请在文中标明：课题来源、课题名称、课题编号等。题名右上角加注星号（*），内容标注在脚注1前面。